U0862098

高等院校本科财务管理专业教材新系

财务管理基础

Fundamentals of Financial Management

（第六版）

王满 任翠玉 主编

东北财经大学出版社
Dongbei University of Finance & Economics Press
大连

图书在版编目（CIP）数据

财务管理基础 / 王满，任翠玉主编．—6版．—大连：东北财经大学出版社，2023.7（2025.6重印）
（高等院校本科财务管理专业教材新系）
ISBN 978-7-5654-4898-0

Ⅰ．财… Ⅱ．①王… ②任… Ⅲ．财务管理-高等学校-教材 Ⅳ．F275

中国国家版本馆CIP数据核字（2023）第133221号

东北财经大学出版社出版
（大连市黑石礁尖山街217号 邮政编码 116025）
网 址：http://www.dufep.cn
读者信箱：dufep@dufe.edu.cn
大连雪莲彩印有限公司印刷 东北财经大学出版社发行
幅面尺寸：185mm×260mm 字数：432千字 印张：17.75 插页：1
2023年7月第6版 2025年6月第3次印刷
责任编辑：高 铭 吴 茜 责任校对：佟 欣
封面设计：张智波 版式设计：原 皓
定价：45.00元

教学支持 售后服务 联系电话：（0411）84710309

如有印装质量问题，请联系营销部：（0411）84710711

第六版前言

在中国共产党第二十次全国代表大会上，习近平总书记指出："全面建设社会主义现代化国家，是一项伟大而艰巨的事业，前途光明，任重道远。"当前，世界百年未有之大变局加速演进，新一轮科技革命和产业变革深入发展。这不仅为企业的发展带来了新的机遇，同时也导致竞争的加剧和新风险的产生。面对激烈的竞争，企业要想求得生存并获得发展，必须重视企业管理。财务管理是企业管理的重要组成部分，并始终贯穿于企业管理的全过程，因此企业财务管理的水平直接影响企业管理水平的高低，进而影响企业经济效益的好坏。为此，拓展财务研究的深度和广度，提高企业财务管理能力，挖掘价值创造潜力，对促进企业可持续的高质量发展具有重要意义。

"财务管理基础"是财经院校课程体系中一门重要的专业基础课。我们根据财经院校课程设置的实际情况，结合我们多年来的教学实践编写了这部教材。在编写过程中，我们以培养学生专业理念，突出基础知识、基本方法和提高学生的理论联系实际的能力为出发点，对财务管理基础知识进行了去粗取精，删去了具体的、繁杂的财务处理方法，突出对财务基本理论和基本方法的阐述，以简洁明晰的语言阐明财务管理的基本概念、基本内容和基本方法，对财务管理的核心内容（融资、投资、分配等主要财务活动）的阐述做到简洁、实用，并在每章后配有总结与结论、练习题、案例分析题等，努力使教材内容具有理论性、技术性和实践性，为学生从容地应对未来实际工作中可能出现的各种情况和问题奠定了坚实的基础。

本教材将财务管理的系统理论与实务有机结合，在注重自身体系独立性和完整性的同时，兼顾与其他相关课程和内容的衔接，既保证本教材理论体系的清晰、完整，又体现财务管理学科建设的教学规律。本教材既可以作为财经类高等院校财务管理专业、会计学专业、资产评估专业等本专科学生学习财务管理和其他后续课程的入门教材，也可以作为实务工作者学习和了解财务管理基础知识以及报考会计专业相关资格考试的广大考生的辅助参考用书。

第六版教材不仅根据我国相关政策和制度的变化对相关内容进行了修订，而且对本教材的篇章结构进行了重新设计，对部分章节的内容进行了补充和完善，对各章中的"小资料""例题"及各章后的"练习题""案例分析题"等进行了更新，增强了本教材的时效性。本次修订特别融入党的二十大精神和课程思政内容，帮助学生了解相关专业和行业领域的国家战略、法律法规和相关政策，引导学生深入社会实践、关注现实问题，培养学生树立正确的价值观，具有诚实守信、德法兼修的职业素养。

本教材共设11章。第1章主要阐述了财务管理的概念、目标、职能、环境等财务管理的基本问题，为进一步学习财务管理的后续内容打下牢固的理论基础。第2章系统地介绍了财务管理的两大基础理念——时间价值和风险价值。这两个基本的财务管理理念对筹资管理、投资管理和营运资本管理都有重要影响。第3章在对财务报表分析的一些基础性内容进行阐述后，着重介绍了财务比率分析和综合财务分析。第4章在阐明财务预测和预算的基本概念和基本原则的基础上，具体介绍了财务预测的主要方法和财务预算的编制方法。第5章探讨了企业筹资的目的与动机、筹资渠道与筹资方式、筹资特征与相关法律规定等诸多问题。第6章主要阐述了资本成本的意义以及资本成本的估算方法。资本成本是财务管理的重要基础，对企业的投资决策、融资决策和价值管理起着至关重要的作用。第7章在阐明经营风险和财务风险概念以及杠杆计量的基础上，阐述了资本结构的相关理论和决策方法。第8章系统阐述了投资决策的基本程序、投资项目现金流量预测的基本原则，以及项目投资决策的评价标准和决策方法。第9章重点阐述现金管理、应收账款管理和存货管理等流动资产管理的基本内容、分析框架和基本方法。第10章主要阐述了股利政策的基本理论、股利支付的类型，以及股票股利、股票分割、股票回购等股利决策问题。第11章探讨了国际财务管理的概念和内容，介绍了外汇风险的管理方法，以及国际财务管理中投资、筹资和现金管理的内容。

本教材由王满、任翠玉担任主编，负责制订本书的写作大纲，并对全书进行修改、总纂。各章分工如下：第2、5、10、11章由王满编写；第1、3、6、7、9章由任翠玉编写；第4章由宋淑琴编写；第8章由熊伟编写。

由于我们水平有限，书中难免有不当和疏漏之处，恳请广大读者不吝赐教，以便我们进一步修改和完善。

编者

2023年5月

目　录

第1章　财务管理概述　⇨1
学习目标　/1
导言　/1
1.1　财务管理的概念与内容　/1
1.2　财务管理的目标　/5
1.3　财务管理的环境　/10
总结与结论　/17
案例分析题　/17
第2章　财务管理的价值观念　⇨19
学习目标　/19
导言　/19
2.1　货币时间价值观念　/19
2.2　风险与收益权衡观念　/35
总结与结论　/54
练习题　/54
案例分析题　/56
第3章　财务报表分析　⇨58
学习目标　/58
导言　/58
3.1　财务报表分析概述　/58
3.2　财务比率分析　/66
3.3　财务比率的综合运用：杜邦分析法　/76
总结与结论　/78
练习题　/79
案例分析题　/81
第4章　财务预测与预算　⇨83
学习目标　/83
导言　/83
4.1　财务预测与预算概述　/83

4.2 业务预算的编制 /93
4.3 财务预算 /100
总结与结论 /104
练习题 /105
案例分析题 /107
第5章 企业筹资 ⇨109
学习目标 /109
导言 /109
5.1 企业筹资概述 /109
5.2 短期负债筹资 /113
5.3 长期负债筹资 /119
5.4 权益筹资 /130
总结与结论 /135
练习题 /136
案例分析题 /137
第6章 资本成本 ⇨139
学习目标 /139
导言 /139
6.1 资本成本的概念 /139
6.2 个别资本成本 /141
6.3 加权平均资本成本 /145
总结与结论 /147
练习题 /148
案例分析题 /149
第7章 杠杆分析与资本结构 ⇨151
学习目标 /151
导言 /151
7.1 杠杆分析 /151
7.2 资本结构决策 /159
总结与结论 /165
练习题 /165
案例分析题 167/
第8章 投资决策管理 ⇨169
学习目标 /169
导言 /169
8.1 投资项目的类型和投资决策程序 /169
8.2 投资项目现金流量预测 /171
8.3 投资项目评价指标 /179
8.4 项目投资决策分析 /183

总结与结论　/187
练习题　/187
案例分析题　/189
第9章　流动资产管理　⇨191
学习目标　/191
导言　/191
9.1　现金管理　/191
9.2　应收账款管理　/199
9.3　存货管理　/208
总结与结论　/216
练习题　/217
案例分析题　/219
第10章　股利分配管理　⇨221
学习目标　/221
导言　/221
10.1　股利分配概述　/221
10.2　股利政策的基本理论　/227
10.3　常用的股利政策类型　/232
10.4　股利支付方式　/236
总结与结论　/242
练习题　/243
案例分析题　/244
第11章　国际财务管理　⇨246
学习目标　/246
导言　/246
11.1　国际财务管理概述　/246
11.2　汇率预测与外汇风险管理　/250
11.3　国际投资管理　/262
11.4　国际融资管理　/265
11.5　国际现金管理　/268
总结与结论　/271
思考题　/272
练习题　/272
案例分析题　/272
附录　系数表　⇨275
附录1　复利终值系数表　/275
附录2　复利现值系数表　/276
附录3　年金终值系数表　/277
附录4　年金现值系数表　/278

第1章 财务管理概述

学习目标

本章作为财务管理基础的开篇，主要阐述了财务管理的概念、目标、环境等一些与财务管理有关的基本问题。通过对这些问题的学习与理解，目的是明确财务管理的内容及特征，了解财务管理应达到的根本目标，理解理财环境对财务管理工作的重要性，为进一步学习财务管理的后续内容打下牢固的理论基础。

导言

假设你拥有一项专利，准备设立一家制药公司，你必须筹集资本购买各种资产，比如厂房、设备、原材料、办公场所、运输工具、商标专利等。公司如何筹集这些资金呢？你并不是财务管理的高手，所以为了解决所面临的问题，你聘用了一位专业的财务经理。那么，财务经理的职责是什么？作为财务经理，他进行财务管理的目标是什么？如何评价他是否达到了目标？另外，财务经理也是人，他不可能是时时处处使股东财富最大化的优秀"仆人"，那么公司治理如何协调财务经理与股东的利益冲突呢？我们要求财务经理使股东财富最大化，那么财务经理会不会因此做出不道德或非法的财务行为？最后，为什么一名优秀的财务经理只有深谙理财环境，才能做出正确的决策，为公司创造价值？本章围绕上述问题展开，系统阐述财务管理的含义及内容、财务管理的目标、财务管理的环境等基本理论问题。

1.1 财务管理的概念与内容

1.1.1 财务管理的概念

提起"财务"，很多人认为它与"会计"是一回事，实际上它们是不同的。会计以货币为主要计量单位，对特定主体的经济活动进行确认、计量、记录和报告，为各有关方面提供会计信息，其核心是信息。"财务"一词与英语的Finance相对应，也被翻译为金融，国外将财务管理的范围限定在公司内，所以也叫公司理财或公司金融。

那么，什么是财务管理？要理解这个概念，我们需要了解企业再生产过程的资金运动。首先，企业要从事生产经营，必须筹集一定数量的货币资金，用货币资金购入生产经营所需的物资，这就形成了货币资金向储备资金的转化；在生产经营过程中，企业将购入的实物资产与劳动力结合，生产出产成品，这一过程也是储备资金向生产资金、商品资金的转化；最后，企业将生产的产品销售，取得销售收入，商品资金又转化为货币资金。由此可见，资金从货币形态开始，经过一系列的形态变化又回到货币形态，这一过程就是资金循环。生产经营不断地进行而引起资金不断地循环，这个过程就叫作资金周转。资金的周转运动是通过一系列财务活动来实现的。这些财务活动主要由融资、投资、运营和分配四个方面组成，如图1-1所示。它们驱动了资金运动，并贯穿企业再生产全过程。

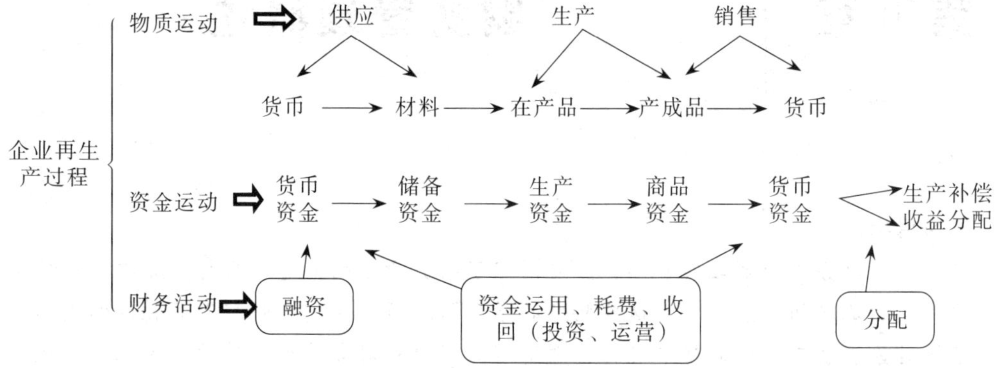

图1-1　企业再生产过程的资金周转及财务活动

因此，财务管理就是以企业战略目标为出发点，通过对企业的融资、投资、运营和分配等财务活动进行科学决策与有效管理，以实现企业价值最大化的管理活动。财务管理的核心是资金。它通过对资金运动的管理，渗透、贯通到企业的研发、采购、生产、销售等所有的业务领域，因此财务管理对企业至关重要。

1.1.2　财务管理的内容

财务管理的内容是财务管理对象的具体化。财务管理的对象是企业再生产过程中的资金活动。就一般状态下的企业而言，资金活动的具体表现通常有资金的筹措（筹资）、资金的使用（投资）、日常资金的营运及收益的分配等四个方面。我们通常将这些方面称为财务管理的基本内容。

（1）筹资管理

筹资是企业存在和发展的基本条件，是资本运作活动的起点，也是资本运用的前提。从这一意义上讲，筹资管理是现代企业财务管理的首要环节。事实上，在企业的发展过程中，筹资中的筹资管理是贯穿始终的。无论是企业创立、企业成长过程中的规模扩张，还是日常经营周转，企业都可能需要筹措资金。

筹资管理要解决的问题是多层次的。首先，筹资管理必须注重资本结构的合理安排，以保证企业财务既有稳定性又有灵活性。其次，筹资管理还必须注重成本的控制，因为任何资金提供者都要求获得报酬，但他们之间又会存在差异，所以企业必须进行广泛的比较与选择。最后，筹资管理还应该注意密切配合投资和生产经营的实际需要，做到适时和适量。

一般情况下，企业可以从两个方面筹资并形成两种性质的资本：一种是企业权益资本，它可以通过所有权融资方式取得，如向投资者吸收直接投资、发行股票、企业内部留存收益等；另一种是企业债务资本，它可以通过负债融资方式取得，如向银行借款、发行债券、应付款项等。

（2）投资管理

投资是现代企业财务管理的又一重要环节。广义而言，投资包括长期投资和短期投资两个方面，但财务管理中所指的投资通常是狭义的概念，即长期投资。投资决策的成败，对企业未来的经营成败具有根本性的影响。

投资管理的首要任务是如何进行投资方向的选择，如多元化投资、一体化投资、专业化投资等。由于不同的投资方向选择意味着不同的企业发展方向和路径，因此，投资方向的选择是一个非常具有战略意义的问题，必须慎之又慎。

投资管理的基本内容是围绕着选定的投资方向或具体的投资项目进行投资决策分析，在具体的投资决策分析中，一方面要谨慎地估算现金流量，另一方面还要充分考虑投资风险。在投资项目形成之后，还应注意加强跟踪管理，以确保投资项目实施过程取得预期效果。

（3）营运资本管理

营运资本又称营运资金，是指企业在日常生产经营活动中发生的一系列经常性的资本收付。营运资本有广义和狭义之分。广义的营运资本又称毛营运资本，是指一个企业流动资产的总额。狭义的营运资本又称净营运资本，是指流动资产减去流动负债后的余额。营运资本管理既包括流动资产的管理，又包括流动负债的管理。

营运资本管理的基本任务是短期资金来源的筹措和短期资产的周转效率的提高。营运资本管理的基本目标是通过有效地进行资金的日常调度和调剂，合理配置资金，以提高资金使用效率，增强短期资金的流动性。

营运资本管理的首要任务是合理安排流动资产与流动负债的比例关系，确保企业具有较强的短期偿债能力。其次，如何加强流动资产的管理、提高流动资产的周转效率，也是企业改善财务状况的一个十分重要的方面。此外，还应该注意流动资产及流动负债各自内部结构的优化，以使企业短期资金周转得以顺利进行、短期信用能力得以维持。

（4）收益分配管理

收益分配管理主要研究对企业实现的税后净利如何进行分配，即多少用于发放股利，多少用于企业留存。在进行收益分配决策时，股东的近期利益与长远利益是一对需要权衡的矛盾。股利分配水平过低会使股东的近期利益得不到满足，而股利分配水平过高，则保留盈余过少，不利于企业的长期发展。具体而言，收益分配管理主要研究的问题包括：股东对分红的要求、企业发展对保留盈余的要求、影响收益分配政策制定的具体因素、股利政策的连续性问题等。

【课堂拓展】　　现金分红总额超过净利润 梅花生物遭上交所问询

2019年4月12日晚间，梅花生物（600873）收到上交所的问询函，被要求说明当前新项目情况、资金情况、历年来高比例现金分红的依据以及2018年年报的会计处理等。

梅花生物发布的2018年年报显示，期内公司实现营业收入126.5亿元，同比增长13.6%；归母净利润10.02亿元，同比下降14.66%。公司计划10派3.3元（含税）。按照现有股本计算将派发现金红利10.25亿元，超过公司当期净利润规模。

上交所首先要求公司说明在新增白城基地仍需资金投入、预期需要偿还负债的情况下，拟将2018年净利润全部用作利润分配、进行高比例分红的合理性，同时要求公司结合生产经营、资金及负债等情况，补充披露货币资金、长期借款、分红等相关情况，以及在赖氨酸整体盈利能力下滑的情况下新增白城年产40万吨赖氨酸项目的主要考虑及合理性。

上交所关注到，2016年至2018年，梅花生物现金分红比例分别为89.51%、87.4%和102.41%。公司前十大股东中6名为自然人，合计持股高达40.83%，年度合计现金分红超过4亿元。此外，公司控股股东孟庆山与一致行动人王爱军、何君合计持股30.52%，年度合计现金分红超过3亿元。此前，在2015年，梅花生物曾拟以发行股份购买资产的方式购买韩国食品公司希杰第一制糖，孟庆山等8名股东将向希杰第一制糖协议转让公司控制权，但未成功。

上交所要求梅花生物说明前期控股股东谋求控制权转让未成功，公司在有息负债逐年增加的情况下，此后连续三年现金分红比例均超过85%，前几大自然人股东获得高额分红的原因、目的及合理性，是否增加上市公司负担和偿债风险，并说明控股股东的基本情况，包括质押情况、资产负债情况等。

此外，问询函还关注了梅花生物持有的可供出售金融资产等会计处理细节、生产经营效率显著高于同业等问题，要求公司详细说明相关会计处理的依据以及详细生产销售情况。

资料来源：张玉洁，现金分红总额超过净利润 梅花生物遭上交所问询［EB/OL］.［2019-04-12］. https：//baijiahao.baidu.com/s？id=1630616537849576123.

1.1.3 财务管理的特点

财务管理作为企业管理的重要组成部分，具有以下特征：

（1）管理的侧重性

与企业其他各项管理工作相比，财务管理侧重于价值管理，而非使用价值管理。

（2）管理的综合性

综合性的特点一方面表现为相关财务指标具有很强的综合性，另一方面表现为财务管理的工作环节（职能）需要相互配合，同时也表现为财务管理工作与企业其他管理工作的相互配合。

（3）管理的协调性

从组织财务活动来看，资金筹集是前提基础，资金运用是过程手段，获取收益是根本目的。筹资为投资提供保障，投资为获利和分配奠定基础，三者之间表现出高度的协调性。

小资料1-1　　世界著名首席财务官谈CFO职责

（1）与各种内部与外部顾客沟通的能力已成为CFO的关键能力。西格费里德·路德（贝塔斯曼CFO）说道："CFO应该一半是会计师，一半是战略家，并且在这两个角色中，他都越来越有必要成为有效的沟通者。"

（2）CFO们忙于建立一种财务机构，里面的员工不仅具备传统的财务知识和能力，还熟练掌握包括运营知识在内的非传统技能。凯茜·罗斯（联邦快递CFO）说道："我鼓励财务部门的员工离开财务部，到公司的其他部门去工作。这对公司有利，同时也能开扩员工的视野。"

（3）随着当今资本市场和企业一样开始变得更加全球化，在促进公司业务战略与股东价值模式进行更紧密的联系方面，CFO们正日益处于领导地位。蒂埃里·穆隆盖（雷诺汽车CFO）说道："我们必须在整个公司范围内传播如何创造价值、如何获得最佳资产回报率这一文化。"

（4）为确保战略一致性，CFO还需要额外承担起"首席考评官"的责任。罗伯特·朗普金斯（嘉吉公司CFO）说道："绩效评估能驱动行为，我们要确保员工的行为符合期望，并且要确保他们将精力集中于正确的事情上。这是CFO工作的一部分。"

（5）宝洁公司（Procter & Gamble）的CFO克莱顿·达利（Clayton Daley）也与此类似对自己的职责进行了重新定位："我意识到自己正扮演着双重角色。"他对我们这样说道："我负责传统的会计事务——现金流、资金和成本结构。但是我的职责越来越多地与战略和运营相关。"

资料来源：诺顿.CFO思想领袖：世界著名首席财务官访谈实录［M］.李芳容，译.上海：上海远东出版社，2007.

1.1.4 财务管理基础的核心内容

"财务管理基础"课程的知识结构可简要概括如下：

（1）一个目标，即企业或公司价值最大化。它解决的是财务管理尤其是财务决策所依据的最好准则是什么的问题，是企业资本运作所要达到的最终目标。

（2）四大决策，即筹资决策、投资决策、营运资本决策和收益分配决策，它解决的是财务管理管什么的问题，明确了财务管理的客体范畴。

（3）三大环境，即经济环境、法律环境、金融市场环境，它解决的是企业财务管理受哪些环境因素的影响和制约，以及如何适应这些环境因素的变化以便做出相应的调整和改善等问题，明确了财务管理与环境的密切关系。

（4）两大观念，即货币时间价值观和风险与收益权衡观，它解决的是财务管理尤其是财务决策应融入的基本理念问题，它明确了财务人员开展财务管理工作并作出正确选择应遵循的基本观念。

（5）五大职能（手段），即财务预测、财务预算、财务决策、财务控制、财务分析与评价，它解决的是财务管理如何管、怎样管的问题，它明确了财务管理的基本技巧和方法以及如何应用。

综上所述，"财务管理基础"课程体现了以环境为背景、以目标为追求、以内容为载体、以观念为指引、以手段为技巧的贯穿全书的一种逻辑关系。

1.2 财务管理的目标

1.2.1 财务管理目标的主要观点

根据现代企业财务管理理论和实践，最具有代表性的财务管理目标主要有以下几种提法：

1）利润最大化

亚当·斯密、大卫·李嘉图和马歇尔的古典经济理论认为，企业财务目标就是获得最大的利润，而且利润总额越大越好。将利润最大化作为企业的财务目标，有其积极的意义。首先，利润是反映企业经济效益状况最直接、最有效的指标，获取最大的利润既是企业的基本宗旨，也是企业不断发展的基本前提。其次，利润不仅代表着企业为社会创造的财富，还代表着企业的竞争优势。最后，利润是衡量企业经营业绩的综合性指标。这种观点浅显通俗，容易被人们理解和接受，在实际中应用得也较为普遍。

但是，以利润最大化作为财务目标也有明显的缺陷和不足。首先，利润是一个绝对量指标，没有考虑投入与产出之间的关系，不便于不同规模的企业间的横向比较；其次，利润最大化既没有考虑货币的时间价值，又没有考虑相应的风险问题；再次，片面追求利润最大化容易导致企业经营上的短期行为倾向，从而影响企业的长远发展；最后，追求利润最大化容易使企业为了粉饰业绩而出现人为操控利润的行为。

2）每股盈余最大化

每股盈余最大化又称每股收益最大化，它是企业的净收益与发行在外流通的普通股股数的比值。利润最大化是从总量的角度考察企业盈利，而每股盈余最大化是从单位量的角度考察企业盈利。尽管每股盈余最大化把企业实现的净利同企业的投入结合起来考虑，有了一定的进步，但是，它仍然无法避免利润最大化的其他缺陷和不足。

3）股东财富最大化

股东不仅是企业的出资人、创办者，也是企业终极产权的所有者和风险承担者。通过财务上的合理经营，为股东创造最大化的财富，不仅符合逻辑，还符合股东的预期目标要求。一般情况下，股东的财富源于两个方面：一是来自企业的分红，即红利所得；二是来自外部市场，即市场所得。红利所得是由企业的经营业绩和既定的分配政策决定的，市场所得是由股东所拥有的股票数量和股票市场价格决定的。在股票数量一定的条件下，股票价格越高，股东获取的财富越大。在企业不分红或现金红利派发很少的情况下，在运行良好的资本市场里，股东财富最大化也可以理解为股票价格最大化。

与利润最大化目标相比，股东财富最大化目标的积极意义在于：首先，它强调了企业经营业绩的长期持续性，在一定程度上克服了短期行为，因为不仅当前的利润影响股票价格，预期未来的利润对股票价格也会产生重要的影响；其次，股东财富最大化考虑了风险因素，风险的高低直接影响股票价格的变化，把股东财富与风险紧密结合，有利于企业开展风险管理和评价；最后，股东财富最大化可以在一定程度上规范资本市场的运行并促进资本市场的繁荣。

但是，股东财富最大化目标也存在明显的不足。首先，它只适用于上市公司，非上市公司难以应用；其次，股票价格的变化可能与公司业绩并不存在必然的联系，股票价格受多种因素影响，并非都是企业所能控制的，把不可控因素引入财务目标是不合理的；最后，片面强调股东财富可能会伤害企业的其他利益相关者，不利于财务目标的协调与整合。

4）企业价值最大化

通俗地讲，企业价值是指企业本身值多少钱。它反映的是企业全部资产的市场价值而非账面价值。它是由企业潜在的或预期的获利能力决定的，是通过市场来评价的。企业价值最大化就是通过财务上的合理经营，采用最优的财务政策，充分考虑货币时间价值和风险与报酬的关系，在保证企业长期稳定发展的基础上使企业总价值达到最大。在理论上，企业价值就是企业所拥有的资产或权利产生的未来现金流量按一定的折现率所确定的现值。

以企业价值最大化作为企业的财务目标，其理由是：首先，它充分考虑了货币时间价值和风险价值，强调了时间价值和风险对企业价值实现的重要影响作用；其次，它充分考虑了资本的优化配置和合理使用，体现了投资者对资本保值增值的要求；最后，它克服了企业在经营管理和财务行为上的短期行为，体现了企业长期稳定可持续发展的要求。

但是，以企业价值最大化作为财务目标也存在一定的问题：首先，企业价值是一个比较抽象的概念，不如利润、每股盈余、股东财富等直观、具体，因而不易被人们接受和理解；其次，在计算企业价值时涉及的许多参数，如未来现金流量、折现率、折现期等存在预计上的困难；最后，企业价值的确定是否客观、公正，能否被企业所接受，还受到评估机构、评估标准、评估方法、评估日期等一系列因素的影响，具有一定的主观性。

以上关于财务管理目标的各种观点各有利弊，相比较而言，目前理论界和实务界普遍接受和认可的观点是企业价值最大化，这也是本书采纳的观点。

1.2.2　目标的冲突与协调

在实现财务管理目标的过程中，会涉及不同的利益主体。利益主体不同，目标则不同。受利益的驱动，各主体间产生利益分歧和目标冲突是必然的。如何协调和解决他们之间的分歧和冲突也是财务管理所面临的现实问题。

（1）股东与经营者之间的冲突与协调

股东既是企业的出资者，又是企业的所有者。经营者即企业的经理人。在两权分离的条件下，股东和经营者之间形成了一种委托-代理关系。股东的目标是追求财富最大化，而经营者的目标是得到更好的待遇，包括物质的和精神的，较多的闲暇时间、较少的工作时间及较低的工作强度，尽量避免风险。股东若满足经营者目标的要求，就会放弃部分利益而影响自身的财富。股东若不能满足经营者目标的要求，则可能导致经营者背离股东目标，甚至进一步损害股东的利益。

经营者背离股东目标，损害股东利益，一般表现在两个方面：一是道德风险。例如，经营者在有能力的情况下不做最大努力的付出，放弃对股东有利的机会等。二是逆向选择，以工作需要为名，巧立名目乱花股东的钱，豪华装修办公场所，购买高档汽车等。

为了防止经营者背离股东目标，减少对股东的伤害，可采取以下解决方法：

①解聘

股东一旦发现经营者有损害股东利益的企图或行为，可选择直接解聘经营者。这是对经营者的一种行政约束。

②接收

因经营者经营不力，决策失误，使股东利益受损，公司就可能被其他公司强行接收或吞并，经营者也会随之被解聘。这是对经营者的一种市场约束。

③监督

经营者背离股东目标，其条件是双方的信息不一致，经营者了解和掌握的信息远远多于股东。为避免经营者的道德风险和逆向选择，股东就要获取更多的信息来对经营者实施监督。监督虽然在一定程度上减少了经营者违背股东意愿的行为，但却相应地增加了为此而付出的代价，即监督成本。

④激励

股东将经营者的报酬与其绩效挂钩，用激励的方式，使经营者分享企业增加的财富，从而鼓励其采取符合企业利益最大化的行动，一方面为其自身带来了好处，另一方面也有利于股东财富的增加。股东给予经营者的鼓励可以通过提高年薪、股票选择权、绩效股等方式来实现。尽管通过鼓励的方式也可以达到减少经营者违背股东意愿行为的目的，但同时也因激励的实施而削减了股东的财富，增加了激励成本。

股东同时采用监督和激励两种方法来协调自己和经营者的目标，但仍不能保证经营者完全按股东的意愿行动，他们仍然可能会采取一些对自己有利而不符合股东利益最大化的决策，并由此给股东带来一定的损失。监督成本、激励成本和偏离股东目标的损失三者之间彼消此长，相互制约。因此，解决股东和经营者之间目标冲突的最好办法就是力求使上述三项之和最小。

（2）股东与债权人之间的冲突与协调

当企业向债权人借入资金后，两者之间便形成了一种事实上的契约关系。作为企业的债权人，其目标就是按照约定到期收回本金并取得利息收入。债权人事先知道借出资金是有风险的，但资金一旦到了企业，债权人就失去了控制权。股东可以通过经营者为自身利益而做出一些伤害债权人利益的事情。

股东伤害债权人利益的行为通常表现在两个方面：一是未经债权人的同意，将借入资金投资于比债权人预期风险更高的投资项目。如果投资成功，不仅股东得到了超额回报，对债权人也有了偿还保障。一旦投资失败，企业无力偿还，债权人目标将难以实现。二是未经债权人同意而迫使管理层借入新债。新债的借入导致旧债的价值下降，使旧债权人蒙受损失，同时，新债的借入也会使旧债权人权益的保障程度大大降低，目标难以实现。

解决股东和债权人之间冲突的方法有：一是寻求立法保护，如破产时优先接管，优先于股东分配剩余财产等；二是在借款合同中加入限制性条款，如规定借款的用途，不得发行新债或限制发行新债的数额等；三是拒绝借款或收回借款，当债权人发现企业有伤害其利益的企图或行为时，可采取措施拒绝进一步提供新的借款或提前收回借款。

（3）企业与社会的冲突与协调

企业价值最大化并不意味着可以忽视企业的社会责任。企业的社会责任是指企业在谋求自身利益和股东利益最大化之外所负有的维护和增进社会利益的义务。从一定意义上讲，企业社会责任观念的高低标志着企业素质和企业文化水平的高低。高层次的理财者应当将企业的发展和社会的发展相融合，树立起良好的企业形象，经得起社会的监督与评价，确保企业长期、健康、持续发展。

归纳起来，企业的社会责任主要表现在以下几个方面：

第一，对员工的责任，主要包括：按时足额发放劳动报酬、增加职工收入；依法保护职工合法权益，提供安全的工作环境；加强职工职业教育和岗位培训，提高员工素质；积极开展工会活动，保证职工身心健康；提供各种保险及福利待遇等。

第二，对债权人的责任，主要包括：依法依规及时披露企业信息；诚实信用；主动偿债，不无故拖欠；确保交易安全，切实履行合法订立的合同等。

第三，对消费者的责任，主要包括：确保产品货真价实，保障消费安全；诚实守信，确保消费者的知情权；提供完善的售后服务等。

第四，对环境和资源的责任，主要包括：承担可持续发展和节约资源的责任；承担保护环境和维护自然和谐的责任。

第五，对社会公益的责任，主要包括：扶贫济困和发展慈善事业；关心社区建设；积极参与各种公益性的社会宣传教育活动等。

第六，对政府的责任，主要包括：自觉履行法律规定的义务、为政府献计献策、遵从和接受政府的管理与监督、支持政府各项事业、分担社会压力等。

企业是社会的一部分。在许多方面，企业目标与社会目标是一致的。企业在追求自身目标的同时，自然会使社会受益。企业为了生存，必须生产出符合顾客需要的产品，满足社会的需求；企业为了发展，要扩大规模，自然会增加职工人数，创造就业机会；企业为了获利，必须提高劳动生产率，改进产品质量，改善服务，从而提高社会生产效率和公众的生活质量。

当企业目标与社会目标一致时，企业往往是无意而为之，其做法是一种自发的行为。当企业目标与社会目标不一致，甚至伤害社会利益时，企业往往是有意而为之，其做法是一种故意行为。企业为了一己之利，会采取一些不正当的行为，伤害消费者的利益、劳动者的利益、其他竞争对手的利益，甚至还可能造成环境的严重污染等。协调企业和社会的冲突，可以通过法律手段、行政干预、道德约束、社会舆论监督等方式来解决。

【课堂拓展】　“社会责任”内涵外延在拓展

2022年，国务院国资委成立社会责任局。成立该局是为了“抓好中央企业社会责任体系构建工作，指导推动企业积极践行ESG（环境、社会和公司治理）理念，主动适应、引领国际规则标准制定，更好推动可持续发展”。

上海、深圳证券交易所数据显示，发布“2020年社会责任报告”的上市公司累计有1 070家，占“两市”总上市公司的22.88%。与发布“2015年社会责任报告”的上市公司数量相比，增加了358家。

据中国社会科学院发布的《中国企业社会责任研究报告（2021）》显示，针对中国企业300强（国企、民企、外企各100强）的调研结果显示，126家企业尚处于一星级水平、“旁观者”阶段（星级水平分为五星级、四星级、三星级、二星级、一星级，分别对应卓越者、领先者、追赶者、起步者和旁观者五个阶段）。与2010年相比，这一数据呈下降趋势，从218家下降到126家。这说明更多的企业越来越重视并履行社会责任。从企业属性看，国企社会责任发展指数得分最高，民企次之，外企最低。

南京大学商学院教授刘海建告诉新京智库：“国企承担的社会责任是最多的，这毫无疑问。”为什么说国企履责好？这是因为，国企的属性在某种程度上体现了国家意志，比如参与乡村振兴、西部大开发、希望工程、脱贫攻坚和共同富裕等，同时，也有创造就业、实现社会稳定的目的。

刘海建认为，民企履行社会责任多数是出于一种工具性动机。如果某一项社会责任可能增加企业的品牌知名度和美誉度，那么这家民企就可能会在捐赠上下功夫，但是对于乡村振兴、共同富裕、希望工程、脱贫攻坚等，大多数民企是无意愿也无能力参与的。大型民企例外。

山东大学管理学院教授辛杰则对新京智库表示，履行社会责任不在法律的强制范畴，导致不同属性的企业在履行社会责任时呈现层次不同的现状。比如，国资委监管的国企参与履责的情况就会更多，大型非国企则因企业家的个人喜好而参与程度不同。至于中小企业，由于其自身还处于生存发展阶段，自然就难以参与到广义的社会责任行动中。

西南财经大学消费经济研究所副教授叶胥告诉新京智库，这说明我国社会对企业社会责任的内涵和外延的认识在进一步拓展：从最初的经济责任、消费者责任拓宽到更加丰富、多元的范畴。比如在脱贫攻坚战中，很多企业所履行的社会企业责任就不只是针对消费者或者单纯的经济方面。

复旦大学管理学院教授郑琴琴认为，企业响应国家号召，整体规划、有序推进社会责任，也是我国企业履行社会责任从弱到强的过程。比如，新冠肺炎疫情期间，企业纷纷结合自身特点开展不同类型的社会责任工作。这与国外的企业重点关注公司业务，做一些周边社区等类型的社会责任有所差异。“这是我国企业履行社会责任的主要特点。”

资料来源：肖隆平，查志远.经济发展水平提升有利于企业承担社会责任［EB/OL］.［2022-03-30］.https：//baijiahao.baidu.com/s？ id=1728691010323621068&wfr=spider&for=pc.

1.3 财务管理的环境

1.3.1 财务管理环境的含义

环境是一个系统，通常是指影响主体行为和目标实现的各种客观条件或因素。任何事物都是在一定的环境下存在和发展的，是一个与其环境相互作用、相互依存的系统，财务管理活动也不例外。

财务管理环境，又称理财环境，是制约和影响企业财务管理活动的各种条件或因素的统称，它是企业财务活动赖以存在和发展的各种因素的集合。这些因素包括社会、政治、经济、文化等方面的因素。财务管理环境具有复杂性、动态性、不确定性、差异性等特征。

财务管理环境可分为内部环境和外部环境、动态环境和静态环境、可控环境和不可控环境等。

1.3.2 财务管理环境的内容

尽管影响财务管理的环境因素有很多，但从与企业财务活动的密切程度来看，企业财务管理应重点关注以下环境因素：

1）经济环境

经济环境是指对企业财务管理生产影响的一切经济因素的总和，包括经济体制、经济结构、经济周期、经济政策、通货膨胀、市场竞争等。

（1）经济体制

经济体制又称经济管理体制，是指在一定的社会制度下，经济关系的具体形式以及组织、管理和调节国民经济的体系、制度、方式和方法的总称。经济体制是一个国家的基本经济制度，包括计划经济体制和市场经济体制两种类型。计划经济体制是指一国经济以计划为基础和主体进行运作；市场经济体制是指一国经济以市场为基础和主体进行运作。我国已经由计划经济体制过渡到市场经济体制，并不断地得到完善。

经济体制不同，决定了企业财务管理的立足点、财务管理的目标、财务管理的主体及财务管理的手段等都存在明显的差异。计划经济体制要求企业按照国家计划进行一切财务管理活动，以完成国家下达的计划为目标，财务管理手段主要以制订和实施计划为主，企业不是真正的财务管理主体。市场经济体制要求企业面向市场进行财务管理活动，以实现企业价值最大化为财务管理目标，财务管理手段主要是通过市场进行预测和决策，企业具有真正的财务管理主体地位。

（2）经济结构

经济结构有两种解释：一是指一定社会生产关系的总和，即生产资料所有制的构成状态；二是指国民经济各个部门，社会再生产的各个方面的组成和构造，包括产业结构、部门结构、地区结构等。经济结构合理与否，关系到国民经济能否有序、协调、健康地向前发展。若经济结构不合理，则需要进行调整与变动。经济结构的调整与变动必然会对企业的财务管理活动产生影响，并要求企业的财务管理做出相应的调整。例如，产业结构的变动与调整，引导企业投资政策、投资方向、投资规模、投资结构的转变，从而影响企业的投资效益。

（3）经济周期

在市场经济条件下，经济通常不会较长时间停留在某一个阶段上，而是在波动中前行。经济运行沿着复苏、繁荣、衰退、萧条四个阶段周而复始地循环，称为经济周期。在西方国家，国民生产总值、企业利润和失业率一般被认为是划分经济周期的三个重要标准。

经济的周期性波动对财务管理具有重要的影响。在不同的发展时期，企业的生产规模、销售能力、获利能力以及由此而产生的资本需求都会出现重大差异。例如，在萧条阶段，经济不景气，需求减少，投资锐减；在繁荣阶段，市场需求旺盛，需要大量的投融资。经济运行的周期性，要求企业财务管理适时地做出政策调整，以适应环境的变化，争取主动，避免被动。

（4）经济政策

经济政策是国家进行宏观经济调控的重要手段。国家产业政策、金融政策、财税政策等对企业财务管理活动都会产生重要影响。例如，金融政策中的货币发行量、信贷规模会影响企业的资本结构及投资项目的选择；财税政策会影响企业的收益及税后留利。企业的财务管理活动应密切关注经济政策调整对财务管理产生的重要影响。

（5）通货膨胀

一般认为，通货膨胀是一种客观存在的经济现象，它是多种因素共同作用的结果。通货膨胀的水平在不同的国度、不同的时期表现出不同的差异，通货膨胀导致货币贬值，购买力下降。通货膨胀不仅对消费者不利，还会严重影响企业的财务活动。例如，通货膨胀会引起企业资本占用的增加、利率的上升、利润的虚增等，从而导致企业筹资难度加大、筹资成本增加、企业资本流失等。为减轻通货膨胀给企业造成的不利影响，从财务管理的角度来看，企业应尽量将资本投放到预期收益率较高的项目，以减少通货膨胀带来的损失和风险。

（6）市场竞争

市场经济是一种竞争经济，伴随竞争而来的必然是风险的存在。按市场环境和竞争程度，可将市场分为完全垄断市场、完全竞争市场、不完全竞争市场和寡头垄断市场。不同的市场环境对财务管理具有不同的影响。在完全垄断市场下，价格由垄断企业决定，具有垄断地位的企业一般不会面临竞争压力，因而，其市场风险极小，财务活动处于有利地位。在完全竞争市场下，价格完全由市场来决定，企业时刻面临竞争风险，并因经营风险或市场风险的存在而加剧财务风险。在不完全竞争和寡头垄断市场下，企业财务管理面临的竞争风险小于完全竞争市场，可通过优质或特色服务使自身处于优势和垄断地位，增强对市场的控制能力，但这种优势和垄断地位的取得是要付出代价的，如研发投入、广告宣传、信用条件放宽等。虽然能保持一定时期的相对稳定并获取一定的垄断利润，但由于其他企业的赶超，企业仍然面临一定的经营风险和市场风险，进而引发企业的财务风险。

2）法律环境

法律环境是指用来约束和规范企业财务行为和财务关系的各种法律法规的总和，包括企业应遵守的相关法律、法规和规章。市场经济是法治经济。在市场经济条件下，法律法规既对企业的财务行为进行约束和规范，又为企业的财务活动提供法律保障，其影响是多方面的，比如企业组织形式、公司治理结构、投融资活动、日常经营活动、收益分配等。

按照对财务管理内容的影响，法律法规可以分为以下几类：①影响企业组织形式的法律主要有《公司法》。《公司法》规定，企业可以采用独资、合伙、公司制等企业组织形式。企业组织形式不同，所有者权利责任、企业投融资、收益分配、纳税等不同。②影响企业投融资活动的法律法规主要有《公司法》《证券法》《民法典》《企业财务通则》等。这些法律法规从不同方面、不同角度规范企业的投融资活动。③影响企业收益分配的各种法律法规有《公司法》《企业财务通则》及税法等，这些法律法规从不同方面对企业收益分配进行了规范。

3）金融市场环境

（1）金融市场及其构成要素

在现代经济系统中，对经济运行起主导作用的有三大市场模块，分别是要素市场、商品市场和金融市场。要素市场是分配土地、劳动与资本等生产要素的市场；商品市场是商品交换和提供服务的市场；金融市场是引导资本流向的市场，即资金的供应者和资金的需求者双方借助某种金融工具融通交易资金的场所。金融市场包括以下基本要素：

① 交易主体。广义地讲，交易主体包括在金融市场上进行金融交易的所有参与者，如个人、企业、政府、金融机构、证券公司等。这些参与者通常以两种身份出现，即资金的供应者（投资人）和资金的需求者（筹资人）。一般而言，金融交易活动的推动力主要来自两个方面：一是参与者的逐利行为；二是资金供应者和资金需求者的竞争。

② 交易客体。交易客体是指金融市场的参与者进行交易的标的物，即交易对象。与商品市场上交易的一般商品不同，金融市场上交易的客体是金融商品或金融工具。

③ 交易方式。交易方式是指在金融市场上资金供需双方采取的交易形式。交易方式除了证券交易所交易、金融机构柜台和中介交易之外，还包括有形市场和无形市场交易等。

④ 交易标准。交易标准体现的是金融资产交易过程中所使用的价格标准。与一般商品交易不同，金融资产的特殊性决定了它的交易标准是以利率为基础的。利率就是资金的价格。

（2）金融市场的功能

金融市场是市场经济体系的重要组成部分。无论是国家调控宏观经济活动，还是企业进行融通资金活动，金融市场都发挥着重要的作用。一般来讲，金融市场的功能主要表现在以下几个方面：

①融通资金功能。金融市场是进行资金融通的场所：一方面，为资金的提供者（投资

人）寻找到有利的投资机会或场所，以获得投资收益；另一方面，也为资金的需求者（筹资人）提供了广泛的筹资渠道和灵活多样的筹资方式，满足其获取不同资本的需要。融通资金的功能是金融市场的首要功能。

小资料1-2 2022年A股市场IPO大盘点 沪深交易所荣登全球IPO融资冠亚军

据Wind数据显示，按上市日期统计，2022年全年共有428家公司登陆A股市场，同比下降18.32%；2022年度A股市场IPO募资总额为5 869.66亿元，同比增幅达8.17%，再创历史新高。相比之下，去年美国资本市场IPO市场融资额下降了70%。一升一降之下，2022年沪深交易所分别摘得全球IPO融资冠亚军。

回顾2022年A股IPO情况，首发上会企业共582家，其中创业板230家、科创板125家、北交所113家、沪深主板114家。从2022年IPO上会结果来看，通过526家，被否27家，剩余29家为暂缓表决或者临时取消审核。2022年整体IPO过会率为90.38%，较2021年的90.04%略微上升0.34个百分点。

从各板块IPO上市情况来看，科创板2022年度IPO融资规模达到2 520.44亿元，占比42.94%，创业板2022年度IPO融资规模达到1 796.36亿元，占比30.60%。可以看到，在注册制下，目前“双创（科创板和创业板）板块”的IPO融资规模已远超主板。其中，科创板已成为A股资本市场的融资主力。

从募资规模来看，据Wind数据统计，2022年度首发募集资金超20亿元的上市公司共有64家，占比14.95%，其中有5家企业IPO募资规模达到百亿级别。2022年1月5日登陆上证主板的中国移动首发募资资金519.81亿元，居2022年度IPO募资榜榜首。此外，中国海油、联影医疗、海光信息、晶科能源首发募集资金分别为322.92亿元、109.88亿元、108.00亿元、100亿元。在2022年度前二十IPO融资中，科创板占据14席，占比70%，创业板占据4席，上交所占据2席。

国内IPO活动活跃，也带动中资投行在全球IPO承销商中排名靠前。彭博排行榜显示，中信证券超越高盛，成为2022年最大的IPO承销商。紧随其后的是中金公司、中信建投。自1999年以来，首次由中资投行占据排行榜前三名。

资料来源：佚名.2022年A股市场IPO大盘点 沪深交易所荣登全球IPO融资冠亚军［EB/OL］.［2023-01-04］.https：//baijiahao.baidu.com/s？id=1754083758003367473&wfr=spider&for=pc.

②资本转换功能。金融市场上各种形式的金融交易，为实现资本的相互转换提供了基础，包括时间上长短期资本的互相转换、空间上不同区域资本的相互转换以及数量上大额资本和小额资本的相互转换。例如，通过股票、债券发行可将储蓄资本转换为生产资本，将流动的短期资本转换为相对固定的长期资本，将不同地区的资本转换为某一地区的资本等。

③风险分散功能。在金融市场上，有各种各样的金融工具可供选择。对于筹资者而言，通过设计合理的筹资组合方案，优化资本结构，可以有效地分散和降低筹资风险；对于投资者而言，通过科学的投资组合选择，可以分散投资风险；对于金融机构而言，通过推出风险不同的金融工具或产品，可以满足不同风险偏好者的需求。

④定价功能。金融市场上，买方和卖方的相互作用决定了交易资产的价格，或者说确定了金融资产要求的收益率。金融市场这一定价功能揭示着资本流动的方向与性质。

⑤资源优化配置功能。金融市场打破了资金利用上的时间和空间限制，为资金的自由

流动提供了一个最有效的场所，它通过金融市场的利率机制来调节资金的流量、流向和流速，使资金在各个部门重新组合，优化配置。

此外，金融市场还具有节约信息成本、信号传递等功能。

总之，金融市场要想实现上述功能，还需要不断地完善。理想的金融市场需要具备两个条件：一是完整、准确和及时的信息；二是市场价格完全由供求关系决定，而不受其他力量干扰。

【课堂拓展】 充分发挥资本市场枢纽作用 为高质量发展提供强劲动力

时任国务院副总理刘鹤在深交所创业板改革并试点注册制首批企业上市仪式上发表书面致辞指出，资本市场对于优化资源配置，推动科技、资本和实体经济高水平循环具有枢纽作用。资本市场是直接融资的主渠道，是市场化要素配置最为有效的方式之一，对于促进资本形成、价格发现、管理风险等具有不可替代的作用。在当前全球疫情蔓延、产业链面临重构的背景下，更需要资本市场发挥高效动员、集聚和配置要素资源的重要作用，为经济高质量发展提供强大动能。2020年4月9日，中共中央、国务院印发《关于构建更加完善的要素市场化配置体制机制的意见》（以下简称《意见》）。在推进资本要素市场化配置方面，《意见》明确提出，完善股票市场基础制度，加快发展债券市场，增加有效金融服务供给，健全多层次资本市场体系。这些政策要求指明了资本市场改革的重点方向。

资本市场的枢纽功能，不但包括投融资功能和要素资源配置功能，还包括政策传导、风险防范化解、预期引导等功能。这些对落实创新发展理念、服务实体经济、推动经济结构调整等，均具有重要意义。

资料来源：杨毅.充分发挥资本市场枢纽作用 为高质量发展提供强劲动力［EB/OL］.［2020-08-25］.https：//www.financialnews.com.cn/gc/sd/202008/t20200825_199133.html.

（3）金融市场的类型

金融市场按不同的标准可以分为不同的市场类型，其划分标准有：

① 按期限划分，金融市场分为短期资本市场和长期资本市场。短期资本市场又称货币市场，是指融资期限在1年以内的短期金融市场，包括短期存贷市场、短期债券市场、票据市场、同业拆借市场等；长期资本市场又称资本市场，是指融资期限在1年以上的长期金融市场，包括长期存贷市场、长期债券市场、股票市场等。

② 按市场功能划分，金融市场分为一级市场和二级市场。一级市场又称发行市场，即发行证券的市场；二级市场又称交易市场，即进行证券买卖和转让的交易市场。

③ 按融资对象划分，金融市场分为资金市场、外汇市场和黄金市场。资金市场是指进行资金借贷的市场，包括货币市场和资本市场；外汇市场是以外国货币为主进行买卖交易的市场；黄金市场是专门集中进行黄金买卖交易的市场。

④ 按交割的时间划分，金融市场分为即期市场和远期市场。即期市场又称现货市场，是指成交后立即或在若干个交易日内办理交割手续的交易市场；远期市场是指成交后在约定的时间按照契约的规定进行交割的金融市场，包括期货、远期、互换和期权市场。

⑤ 按金融工具大类划分，金融市场分为货币市场、债券市场、股票市场、外汇市场、期货市场和期权市场。其中，前三个市场属于有价证券市场，外汇市场是一个辅助性的市场，后两个属于投机保值市场。

从企业财务管理的角度看，货币市场、债券市场、股票市场与财务管理的关系最为密切。

（4）金融工具的基本属性

金融工具是指为金融市场的参与者进行交易而设计的金融资产，也称金融商品，是代表未来收益或资产合法要求权的凭证。在现代金融市场体系中，可把金融工具分为基础金融工具和衍生金融工具。前者是为筹资、投资而设计的，包括债券、股票、借款合同、票据等；后者是为保值、投机而设计的，如期权、期货、利率互换合同等。金融工具具有如下属性：

① 流动性。流动性是指金融工具在不受或少受损失的情况下随时或迅速变为现金的能力。判断金融工具的流动性程度一般有两个标准：一是能否随时变现或在规定的时间内变现；二是能否以理想的价格变现。

② 收益性。收益性是指金融工具能够定期或不定期给其持有人带来收益的特性。其收益包括利息或股息收入及资本利得或损失。

③ 风险性。风险性是指投资于金融工具可能遭受的损失。金融工具的风险主要有违约风险和市场风险两种。

在上述金融工具的属性中，流动性越强，收益性越差，风险性越小；流动性越弱，风险性越大，收益性越强。流动性与风险性呈反向变化关系，风险性与收益性呈同向变化关系，流动性与收益性呈反向变化关系。

金融工具除具有上述基本属性外，还具有虚拟性、人为可分性、期限性、名义价值的不变性等属性。

（5）金融市场利率的构成

市场利率是金融市场上资金供求双方竞争形成的利率，是资金使用权的价格。市场利率的高低取决于市场上资金供求关系的变化。一般来讲，金融市场利率的构成需考虑以下因素：

①纯利率。纯利率是指无风险、无通货膨胀条件下的平均利率。它受社会平均利润率、资金供求关系等影响。实务中，通常以无通货膨胀条件下的国库券的利率代表纯利率。

②通货膨胀附加率。由于通货膨胀使货币贬值，购买力下降，投资者的真实报酬降低。为弥补因通货膨胀给投资者带来的损失，在确定市场利率时通常会考虑通货膨胀预期水平，即在纯利率基础上加预期通货膨胀率。

③违约风险附加率。违约风险附加率是指因债务人违约致使投资人蒙受损失而要求的额外收益补偿。违约风险越大，要求的收益补偿越高。违约风险的大小与债务人的信用程度有直接关系。一般认为，政府发行的国库券无违约风险，公司债券的违约风险比较大。

违约风险附加率=公司债券利率-政府债券利率

④变现力风险附加率。变现力风险附加率是指因各种金融资产的市场变现能力不同而要求的额外收益补偿。变现力较差的金融资产要求给予的风险补偿也较高。市场上最具有变现力与最不具有变现力的金融资产一般存在1%~2%的利率差距。

⑤到期风险附加率。到期风险附加率，又称再投资风险附加率，是指因债券到期的时间不同引起的利率变动的风险而要求做出的补偿。一般来讲，长期债券的利率高于短期债

券的利率。投资人购买短期债券，虽然1年后很快变现，但变现后的资金若找不到理想的投资机会或场所，相对于购买长期债券会产生一部分收益损失；若投资于长期债券，虽然变现较晚，但能保持一个长期稳定的收益。若购买长期债券1年后市场利率上升，投资人在未来持有期间会产生一部分利差损失。若在市场利率上升后将长期债券出售，因资金供求关系的影响，又会再次增加变现力风险。

综上所述，金融市场利率可通过以下关系式表达：

$$\text{市场利率} = \text{纯利率} + \text{通货膨胀附加率} + \text{违约风险附加率} + \text{变现力风险附加率} + \text{到期风险附加率}$$

1.3.3 财务管理与环境的关系

企业财务管理与财务管理的环境是相互依存、相互制约的。企业财务活动的组织和财务关系的处理总是在一定的环境背景下进行的。财务管理的环境内容不同、环境氛围不同，对企业财务行为的要求和制约也不同。企业要想在激烈的市场竞争中生存，财务管理就必须主动面对各种纷繁复杂的财务管理环境，通过研究财务管理环境变化的规律性，抓住环境因素的突变可能出现的各种机会，制定和选择富有弹性的财务管理战略和政策，防范和避免环境变化可能对财务活动造成的不利影响。在尊重客观环境存在的同时，也要正确地认识到财务管理对环境的反作用，通过主观能动性的发挥、财务管理工作水平的提高，在一定的条件下，财务管理有能力运用科学的方法改变其环境，特别是改变微观环境。

总而言之，财务管理要正视环境的客观存在性。对于那些微观的、相对稳定的和可控制的环境因素，通过调整和改变，来保证财务目标的实现。对于那些宏观的、变动的和不可控的环境因素，财务管理要努力去适应，以减少甚至避免可能带来的不利影响。

小资料1-3　　“一带一路”建设中财务管理面临的挑战

共建“一带一路”倡议既有利于中国经济的可持续健康发展，又有利于沿线国家和地区乃至全球经济的发展，与此同时，也给我国企业财务管理带来了新的挑战，主要表现是：

（1）不同国家会计准则之间的差异带来的挑战。“一带一路”沿线国家处在东西方文明的交汇地带，具有不同的民族文化和宗教信仰，多种认定的官方语言，涉及多种不同的会计准则，使用不同会计准则的各国之间在进行业务处理时所提供的会计信息不一致，从而使我国企业在处理财务问题时面临了新的问题。

（2）汇率波动带来的挑战。目前“一带一路”沿线国家中，一些亚洲国家还缺乏相对完善而稳定的货币体系，且未能提供人民币自由兑换的条件。“走出去”企业一般涉及多个国家、多个币种。当沿线国家的货币与金融市场不稳定时，本币对外币的汇率波动较大，就会给“走出去”企业带来较大的损失或者收益。

（3）税收风险。“一带一路”沿线国家除少数采取低税率甚至不征收所得税的“避税港”优惠政策外，各国都采取了征收所得税的税收制度。如果企业对跨境税收法规、税收协定条款、申报抵税等投资税务环境缺乏了解，未能制定与境外投资战略相符的税收管理策略，就不能有效地防范投资贸易中的税收风险。

（4）融资风险。“一带一路”沿线国家的金融机构和资金初步进入相关市场时，要面临金融及法律体系不够健全、所在国的币值不稳定以及信用评级体系不完善等风险，导致

“走出去”企业的融资难度加大，融资成本增加。

（5）传统的财务管理机制无法满足新经济环境的要求。一方面，一些“走出去”企业的财务管理信息系统仍然局限在传统的核算层面，缺乏对财务战略的判断分析和财务风险的控制；另一方面，财务人员缺乏对会计国际化发展趋势的了解，其专业素质和财务管理水平无法满足企业财务管理方面的要求，已不能适应“一带一路”建设的时代潮流。

资料来源：唐洋，李晓宇．“一带一路”建设中我国企业财务管理面临的问题及应对策略［J］．财务与会计，2018（11）：16-17.

总结与结论

➢ 财务管理就是以企业战略目标为出发点，通过对企业的融资、投资、运营和分配等财务活动进行科学决策与有效管理，以实现企业价值最大化的管理活动。

➢ 财务管理的内容包括筹资管理、投资管理、营运资本管理和收益分配管理。财务管理具有侧重性、综合性和协调性等主要特征。

➢ 财务管理的目标有利润最大化、每股盈余最大化、股东财富最大化和企业价值最大化等多种提法。每一种关于财务管理目标的表述各有其优点与不足。

➢ 财务管理环境是指制约和影响企业财务管理活动的各种条件或因素的统称，包括经济环境、法律环境、金融市场环境等。

➢ 金融市场是资金的供应者和资金的需求者双方借助某种金融工具融通交易资金的场所。金融工具具有流动性、收益性和风险性等属性。金融市场利率是由纯利率、通货膨胀附加率和违约风险附加率等因素构成的。

案例分析题

ST圣莱自曝大股东占用资金后连续跌停

因控股股东关联方非经营性占用资金，圣莱达（ST圣莱）已于2020年7月27日“戴帽”。7月24日，ST圣莱公告，在自查中，圣莱达发现存在控股股东关联方星美国际影院有限公司占用上市公司资金的情形。数据显示，2020年6月至发稿，圣莱达自有资金共计7 319.77万元转至控股股东关联方的账户代付款项，截至发稿尚未归还7 319.77万元。截至7月24日，非经营性占用资金余额为7 319.77万元，占公司最近一期经审计净资产的43.28%。圣莱达表示，上述占用资金主要用于控股股东关联方代付款项、偿还债务等用途。

5日后，ST圣莱控股股东关联方占用资金金额又继续增加，此次为另一关联方——华民贸易有限公司（以下简称“华民贸易”）。根据ST圣莱7月29日公告，在自查中新增发现存在控股股东关联方华民贸易占用上市公司资金的情形，资金占用余额合计500万元。具体来看，2019年12月6日公司与瑞孚工业集团签订500万元金额的借款协议，借款直接汇至华民贸易。截至公告日，华民贸易尚未归还上述款项，上述款项构成控股股东关联方非经营性占用上市公司资金事宜。

至此，ST圣莱控股股东关联方合计占用ST圣莱资金7 819.77万元，合计占ST圣莱最近一期经审计净资产的46.23%。

资料来源：何玉晓.ST圣莱自曝大股东占用资金后连续跌停［EB/OL］.［2020-07-29］.http：//stock.jrj.com.cn/2020/07/29211630454765.shtml.

案例思考题：

1. 你认为大股东和中小股东之间存在代理问题吗？为什么？
2. 大股东侵害中小股东利益的主要形式有哪些？
3. 如何协调大股东与中小股东之间的冲突？

二维码1-1　案例分析题提示

第2章 财务管理的价值观念

学习目标

通过本章的学习，学生应能够全面、深刻地理解财务管理的价值观念，掌握货币时间价值的含义，及货币时间价值的不同计算形式；掌握风险与风险报酬的含义及计量，以及资本资产定价模型等，并能够在财务管理工作中，熟练地运用时间价值和风险价值。

导言

财务管理活动实际上就是一种权衡的过程，它包括成本与效益的权衡、风险与收益的权衡。在成本与效益的权衡中，需要将不同时点的收入和支出放在同一时点进行比较，这就需要借助于货币时间价值观念；在风险与收益的权衡中，也需要找出企业所得收益与所愿意承担风险的均衡点。因此，在财务管理中考虑时间价值和风险价值就成为财务管理工作者所必须具备的、重要的价值观念。

2.1 货币时间价值观念

2.1.1 货币时间价值的含义

货币时间价值（time value of money），又称资金的时间价值，是指货币经过一定时间的投资和再投资所增加的价值。

本杰明·弗兰克说：钱生钱，并且所生之钱会生出更多的钱。这就是货币时间价值的本质。在商品经济条件下，即使不存在通货膨胀，投资使用的等量货币在不同时点上的价值量也不相等。现在的1元和1年后的1元两者的经济价值不相等，或者说其经济效用不同。前者要比后者的经济价值大。例如，若银行存款的年利率为10%，将今天的100元存入银行，1年后得到利息10元。可见，银行经过1年的使用，这100元发生了10元的增值。所以，今天的100元钱和1年后的110元钱等值。增值的10元便可视为按时间计算的银行使用这100元的投资收益或支付给你的报酬。再如，我们有100万元现金，如果闲置不用，无论经过多长时间，它的价值都不会发生变化。但是，如果我们将这100万元存入银行，按照目前的银行存款年利率2%计算，1年后，我们可以得到102万元；如果我们用这100万元购买互联网金融产品，假定产品收益率为5%，1年后就会获得105万元；如果我们用这100万元投资办企业，假定该企业的收益率为15%，则1年后就可以得到115万元，2年后可以得到132.25万元，3年后就可以得到152.09万元。以此类推，使用货币的时间越长，得到的增值额就越大。

货币一经投入使用，其价值就会随着时间的推移而不断增长，这是一种客观的经济现象。企业货币循环和周转的起点是投入货币资金。企业用其来购买所需的资源，将其投入到产品生产环节，继而在出售产品时得到的货币资金大于最初投入的数额。货币的循环和周转以及因此实现的货币增值，需要一定的时间。每完成一次循环，货币就增加一定数额；周转的次数越多，增值额也越大。因此，随着时间的推移，货币总额在循环和周转过程中呈几何级数增长，使得货币具有时间价值。

从量的规定性来看，货币的时间价值是在没有风险和通货膨胀条件下的社会平均货币利润率。在竞争环境下，市场经济中各部门投资的利润率趋于平均化。企业在对某项目进行投资时，至少要取得社会平均的利润率，否则会转而投资于其他的项目。因此，货币的时间价值成为评价投资方案的基本标准。财务管理中对时间价值的研究主要是从量上对货币资金的筹集、投放、使用和收回等进行分析，找出适用于分析方案的数学模型，提高财务决策的质量。

例如，已探明一个储量丰富的矿井，现在立即转让可获得100亿元的现金净流入；如果将矿井转让时间延后5年，则会由于开采技术进步、矿石价格上涨而预计获得125亿元的现金净流入。若不考虑货币时间价值，根据125亿元大于100亿元的判断标准，即可得出延后5年转让更为有利的结论。若考虑货币时间价值，立即转让后获得的100亿元可用于其他投资机会，假设平均每年获利8%，那么5年后将有货币147亿元（$100\times(1+8\%)^5$）。因此，可以得出现在转让更有利的结论，并表明将货币时间价值考虑在内更符合现实的经济生活。

货币的时间价值可以用绝对数表示，也可以用相对数表示。绝对数即时间价值额，是资金在生产经营过程中带来的真实增值额，即一定数额的资金与时间价值率的乘积。相对数即时间价值率，是指没有风险和没有通货膨胀条件下的社会平均资金利润率，通常用利息率表示。各种形式的利息率，如贷款利率、债券利率、股票利率等，都是根据社会平均资金利润率确定的。

在财务管理中，为正确地进行筹资决策和投资决策，需要把不同时点上的货币换算到相同的时间基础上，然后才能进行大小的比较和比率的计算。因此，需要了解在不同时点上收到和付出的货币价值之间的关系，掌握时间价值的计算，以及各种终值和现值的换算关系。

2.1.2 一次性收付的货币时间价值的衡量

由于货币在不同时点的价值不同，货币时间价值的表现形式就有两种：从现在时点看的现值（present value，PV）和从将来时点看的终值（future value，FV）。现值是指未来一定时间的特定货币按一定利率折算到现在的价值。终值则是指现在一定数额的货币按一定的利率计算一定时间后的价值。

由于货币时间价值是货币运用中所发生的增值额，所以它通常是用利息或利息率来表示的。利息的计算通常包括单利（simple interest）和复利（compound interest）两种形式。在单利方式下，本能生利，而利息不能生利。在复利方式下，每经过一个计息期，便要将所生利息加入本金再计利息，逐期滚算，俗称“利滚利”。

在实际工作中，货币的增值额一般都作为追加资本继续留在企业使用，所以货币时间价值的计算方法一般采用复利计算方法。

1）复利终值

复利终值，是指一次性的收款或付款项经过若干期的使用后，所获得的包括本金和利息在内的未来价值。

假设现值为P，利率i，n期后的终值为F_n，则F_n与P的关系归纳如下：

【例2-1】假设某人现将10 000元存入银行，存款年利率为2%，则1年后的终值（本利和）为：

F_1=P+P×i

=P×（1+i）

=10 000×（1+2%）

=10 200（元）

若此人并不提走现金，而是将10 200元继续存在银行，则第2年的终值为：

F_2=［P×（1+i）］×（1+i）

=P×$(1+i)^2$

=10 000×$(1+2\%)^2$

=10 404（元）

同理，第3年的终值为：

F_3=P×$(1+i)^3$

=10 000×$(1+2\%)^3$

=10 612.08（元）

以此类推，第n年的终值为：

$$F_n=P(1+i)^n \tag{2.1}$$

复利的增长意味着货币价值每期都以（1+增长率）倍的速度增加。t期之后的价值将等于原始价值乘以$(1+增长率)^t$。如果资金以复利投资，其增长率就是利率。（2.1）式即为复利终值的一般公式，其中，$(1+i)^n$称作复利终值系数（future value interest factor），用符号（F/P，i，n）表示，如（F/P，5%，10）表示利率为5%的10年期复利终值系数。于是，复利终值计算公式亦可写为如下形式：

$$F_n=P(F/P,\ i,\ n) \tag{2.2}$$

为简化计算过程，可以直接查阅复利终值系数表（附录1）。查表可知：（F/P，5%，10）=1.6289，即在利率为5%的情况下，现在的1元和10年后的1.6289元在经济上是等价的。根据这个系数可以把现值换算成终值。

该表的作用在于，不仅能在已知i和n时查找（F/P，i，n），还可以在已知（F/P，i，n）和n时查找i，或已知（F/P，i，n）和i时查找n。

2）复利现值

复利现值是复利终值的对相对概念，指未来一定时间的特定资金按复利计算的现在价值，或者说是为取得将来一定本利和现在所需要的本金，也可以认为是将来这些面值的实际支付能力（不考虑通货膨胀因素）。

通过前面的计算可知，10 000元以2%的利率存入银行，1年后可以获得10 200元。现在反过来想：如果为了在1年后得到10 200元，我们现在应该投入多少钱呢？这种由本利和计算本金的过程也称为折现，此时使用的利率i又称为折现率。我们在计算复利终值时，是计算现在的一笔钱在将来的价值，即本利和。计算复利现值，正好与计算复利终值相反，因此，可以说，复利现值是复利终值的逆运算。

已知：$F=P(1+i)^{n}$

则：$P=\frac{F}{(1+i)^{n}}=F(1+i)^{-n}$ (2.3)

(2.3) 式中的 $(1+i)^{-n}$ 是将终值折算为现值的系数，称为复利现值系数（present value interest factor)，用符号（P/F，i，n）来表示。为简化计算过程，可以直接查阅复利现值系数表（附录2)。

【例 2-2】如果现在银行5年的定期存款利率为3%，某人要想在到期时得到100 000元，那么现在应存入多少钱？

P=F（P/F，i，n）

=100 000×（P/F，3%，5）

=100 000×0.8626

=86 260（元）

2.1.3 等额系列收付的货币时间价值的衡量

复利的终值和现值指的是一次性收支，而年金（annuity）是指在一定时期内，每隔相同的时间，发生的相同数额的系列收支。年金具有连续性和等额性的特点。年金的连续性是指在一定时期内每隔一段时间就必须发生一次收支业务，形成一系列的同性质的业务活动，中间不得间断。等额性要求每期收支在数额上必须相等。

年金在我们的经济生活中十分普遍，如支付房屋的租金、按年限平均法提取的折旧费、发放的养老金、保险费、租金、等额分期收付款、零存整取存款业务中的零存数、整存零取储蓄存款业务中的零取金额、债券利息和优先股股息以及等额回收的投资额等，都属于年金的范畴。

年金按照收付时点和方式的不同分为普通年金（或后付年金)、预付年金（或即付年金)、递延年金和永续年金。其中，普通年金应用最广泛，其他几种年金均可在普通年金的基础上推算出来。

1）普通年金的终值和现值

普通年金（ordinary annuity）是指从第一期起，在一定时期内每期期末等额收付的系列款项。由于普通年金是在期末这一时点发生的，故又称后付年金。年金是与复利相联系的，年金的终值或现值都是以复利的终值或现值为基础进行计算的。普通年金终值或现值的计算也是如此。在实际工作中，我们常把普通年金终值或现值的计算简称为年金终值或现值的计算。

(1) 普通年金终值

普通年金终值（future value of ordinary annuity）是指其最后一次业务发生时系列款项的终值之和，它是一定时期内每期期末等额收付款项的复利终值之和。

假定每期期末等额收付款项为A=100，i=10%，n=3，则普通年金终值的计算可用图2-1来加以说明。

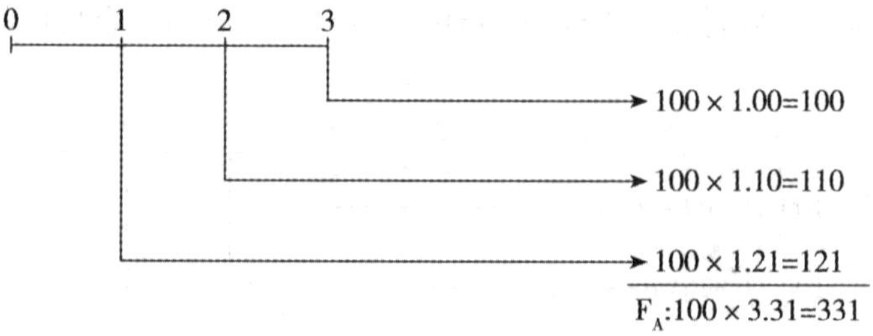

图2-1　普通年金终值

运用上述方法计算普通年金终值在期数较多时就相当烦琐，但显然这种计算是有规律的，可以找出更为简便的算法：

$$F_A=A+A(1+i)+A(1+i)^2+\cdots+A(1+i)^{n-1} \tag{2.4}$$

等式两边同时乘以（1+i）：

$$(1+i)F_A=A(1+i)+A(1+i)^2+A(1+i)^3+\cdots+A(1+i)^n \tag{2.5}$$

式（2.5）–式（2.4）：

$$(1+i)F_A-F_A=A(1+i)^n-A$$

$$F_A=\frac{A(1+i)^n-A}{(1+i)-1}=\frac{A\cdot[(1+i)^n-1]}{i}=A\cdot(F_A/A, i, n) \tag{2.6}$$

（2.6）式中，$\frac{(1+i)^n-1}{i}$称为普通年金终值系数（future value interest factor for annuity），用符号（F_A/A，i，n）表示，为简化计算过程，可以直接查阅年金终值系数表（附录3）。

【例2-3】在银行存款利率为5%的情况下，某人连续5年每年年末存入银行10 000元，请问他在第5年年末，可一次取出的本利和为多少？

$$F_A=A\cdot\frac{(1+i)^n-1}{i}=10\,000\times\frac{(1+5\%)^5-1}{5\%}=55\,256(\text{元})$$

或：$F_A=A\cdot(F_A/A, i, n)=10\,000\times(F_A/A, 5\%, 5)=10\,000\times5.5256=55\,256$（元）

（2）偿债基金

在普通年金终值的计算中，我们是已知（F_A/A，i，n）、A来求F_A。如果已知（F_A/A，i，n）、F_A来求A，这就是偿债基金，即为使年金终值达到既定金额每年应支付的年金数额。

由于，$F_A=A\cdot(F_A/A, i, n)$

所以，$$A=\frac{F_A}{(F_A/A, i, n)}=\frac{i}{(1+i)^n-1}\times F_A \tag{2.7}$$

（2.7）式中，$\frac{i}{(1+i)^n-1}$为偿债基金系数，用符号（A/ F_A，i，n）表示，它是年金终值系数的倒数。因此，可根据年金终值系数的倒数来确定。

【例2-4】某人需要在5年后偿还200 000元债务，决定从现在起每年存入银行一笔钱，年利率为5%，那么每年应存入多少元？

$$A=200\,000\times\frac{1}{(F_A/A, 5\%, 5)}=200\,000\times\frac{1}{5.5256}=36\,195.16(\text{元})$$

（3）普通年金现值

普通年金现值（present value of ordinary annuity），是指为在每期期末收付相等的款项，现在需要投入或收取的金额。

假定每期期末等额收付款项A=100，i=10%，n=3，则普通年金现值的计算可用图2-2来加以说明：

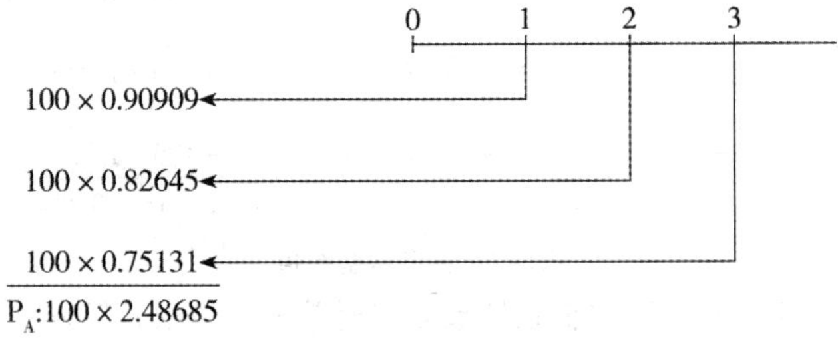

图2-2　普通年金现值

由此，我们可以推导出普通年金现值的一般公式：

普通年金现值$P_A=\frac{A}{(1+i)}+\frac{A}{(1+i)^2}+\cdots+\frac{A}{(1+i)^n}$　　(2.8)

等式两边同时乘以（1+i），则：

$P_A(1+i)=A+\frac{A}{(1+i)}+\frac{A}{(1+i)^2}+\cdots+\frac{A}{(1+i)^{n-1}}$　　(2.9)

式（2.9）−式（2.8），得：

$$P_A(1+i)-P_A=A-\frac{A}{(1+i)^n} \tag{2.10}$$

$$P_A=\frac{A-\frac{A}{(1+i)^n}}{(1+i)-1}=A\cdot\frac{1-(1+i)^{-n}}{i} \tag{2.11}$$

（2.11）式中，$\frac{1-(1+i)^{-n}}{i}$称为普通年金现值系数（present value interest factor for annuity），用符号（P_A/A，i，n）表示，为简化计算过程，可以直接查阅年金现值系数表（附录4）。

【例2-5】*在银行存款利率为5%的情况下，某人于2023年9月初存入一笔资金，预计未来4年于每年8月末从银行取出30 000元，以满足孩子大学生活开销。请问，他应于2023年9月初一次性存入多少元？*

$P_A=A\cdot\frac{1-(1+i)^{-n}}{i}=30\ 000\times\frac{1-(1+5\%)^{-4}}{5\%}$=106 380（元）

或：P_A=A·（P_A/A，i，n）=30 000×（P_A/A，5%，4）=30 000×3.5460=106 380（元）

（4）资本回收值

在一定时期内，分若干期回收一笔利率固定的款项，该笔款项每一期应回收的相等金额称为资本回收值。这就是根据已知年金的现值，求以后每年应回收的本金额。

由于资本回收值是已知年金现值求年金，因此计算资本回收值的公式可从年金现值公式导出：

因为：P_A=A·（P_A/A，i，n）

所以：$A=\frac{P_A}{(P_A/A,\ i,\ n)}=P_A\cdot\frac{i}{1-(1+i)^{-n}}$　　(2.12)

（2.12）式中，$\frac{i}{1-(1+i)^{-n}}$为资本回收系数，用符号（A / P_A，i，n）表示，它是现值系数的倒数。因此，可根据年金现值系数的倒数来确定。

【例2-6】某人采取银行贷款方式于2023年1月购买一套价值100万元的房产，贷款协议约定年贷款利率为6%，期限10年，未来每年1月采用等额本息的方式偿还银行贷款，请问每年1月的偿还额为多少？

$$A=\frac{P_A}{(P_A/A,\ i,\ n)}=\frac{100\,000}{(P_A/A,\ 6\%,\ 10)}=\frac{100\,000}{7.3601}=135\,867.72(\text{元})$$

2）预付年金的终值和现值

预付年金（annuity due）是指从第一期起，在一定时期内每期期初等额收付的系列款项，又称为即付年金或先付年金，记作A′。预付年金与普通年金的区别仅在于付款时间的不同，普通年金发生在期末，而预付年金发生在期初。于是预付年金终值、现值可分别通过普通年金终值、现值的计算公式调整得出。

（1）预付年金终值

预付年金的支付形式如图2-3所示。

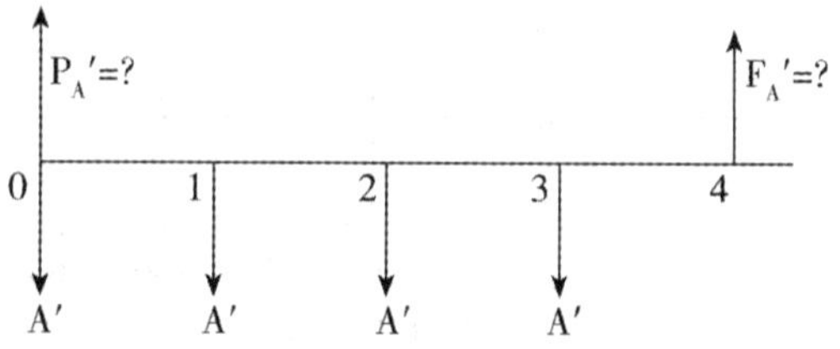

图2-3　预付年金的支付形式

预付年金终值的计算公式为：

$$\begin{aligned}F_{A'}&=\sum_{k=1}^{n}A'(1+i)^k\\&=A'(1+i)+A'(1+i)^2+A'(1+i)^3+\cdots+A'(1+i)^n\\&=[A'+A'(1+i)+A'(1+i)^2+A'(1+i)^3+\cdots+A'(1+i)^n]-A'\\&=(F_{A'}/A',\ i,\ n+1)\cdot A'-A'\\&=[(F_{A'}/A',\ i,\ n+1)-1]\cdot A'\\&=(F_{A'}/A',\ i,\ n)\cdot A'\cdot(1+i)\end{aligned}\tag{2.13}$$

式（2.13）中，［（$F_{A'}/A'$，i，n+1）−1］称为预付年金终值系数，可利用“普通年金终值系数表”查出（n+1）期的值，再对其进行求解。

【例2-7】某人为出国留学做准备，连续5年每年年初存入银行100 000元，在年利率为5%的情况下，第5年年末可一次取出的本利和为多少？

$$\begin{aligned}F_{A'}&=[(F_{A'}/A',\ i,\ n+1)-1]\cdot A'\\&=[(F_{A'}/A',\ 5\%,\ 6)-1]\times100\,000\\&=(6.8019-1)\times100\,000\\&=580\,190(\text{元})\end{aligned}$$

（2）预付年金现值

预付年金现值的计算公式如下：

$$\begin{aligned}P_{A'}&=A'+A'(1+i)^{-1}+A'(1+i)^{-2}+\cdots+A'(1+i)^{-(n-1)}\\&=A'+[A'(1+i)^{-1}+A'(1+i)^{-2}+\cdots+A'(1+i)^{-(n-1)}]\\&=A'+(P_{A'}/A',\ i,\ n-1)\cdot A'\\&=A'\cdot[(P_{A'}/A',\ i,\ n-1)+1]\end{aligned}\tag{2.14}$$

式（2.14）中，［（$P_{A'}/A'$，i，n−1）+1］称为预付年金现值系数，可利用“普通年金现值系数表”查出（n−1）期的值，再对其进行求解。

【例2−8】某企业打算连续6年于每年初投资200万元建设一个项目，请计算当投资方式改为在第1年年初一次性投入全部资金时，该企业需要投入多少资金才能在价值上等于分次投资额的总和（假定折现率为6%）。

$$P_{A'} = A' \cdot [(P_{A'}/A',\ i,\ n-1)+1]$$
$$= 200 \times [(P_{A'}/A',\ 6\%,\ 5)+1]$$
$$= 200 \times (4.2124+1)$$
$$= 1\,042.48(\text{万元})$$

3）递延年金

递延年金（deferred annuity）是指在一定时期内，从0期开始，隔m期（m≥1）以后才发生等额系列收付款项的一种年金形式，又称延期年金，记作A″。假定m=3，在第4期期末，连续支付4次，折现率为8%，即m=3，i=10%，n=4，递延年金的支付形式如图2−4所示。

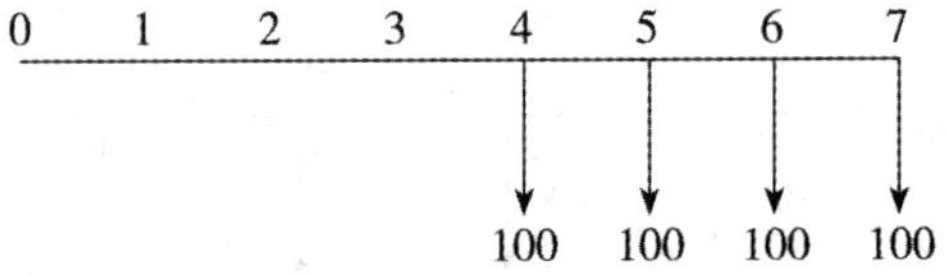

图2−4　递延年金

（1）递延年金的终值

递延年金的终值与递延期无关，故计算方法和普通年金终值相同。

$$F_{A''} = A'' \cdot (F_{A''}/A'',\ i,\ n)$$
$$= 100 \times (F_{A''}/A'',\ 8\%,\ 4)$$
$$= 100 \times 4.50611$$
$$= 450.61(\text{元})$$

（2）递延年金的现值

由于递延期的存在，递延年金的现值不能按照普通年金的方式进行计算。递延年金现值的计算有两种方法：

方法Ⅰ：把递延年金视为n期普通年金，求出递延期期末的现值，然后再将其用复利调整到第1期期初。其计算方法如图2−5所示。

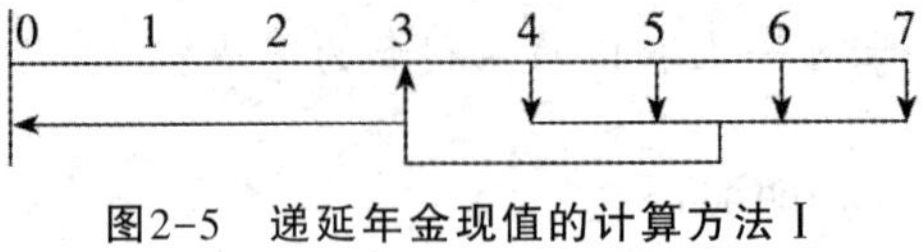

图2−5　递延年金现值的计算方法Ⅰ

该方法的计算公式如下：

$$P_{A''}=A'' \cdot (P_{A''}/A'',\ i,\ n) \cdot (P/F,\ i,\ m) \tag{2.15}$$

【例2−9】仍用上述资料，该项递延年金的计算如下：

$$P_{A''} = 100 \cdot (P_{A''}/A'',\ 8\%,\ 4) \cdot (P/F,\ 8\%,\ 3)$$
$$= 100 \times 3.31213 \times 0.79383$$
$$= 262.93(\text{元})$$

方法Ⅱ：假设递延期中也有收付款项，先求出（m+n）期的年金现值，然后扣除实际并未发生收付行为的递延期（m）的年金现值，即可得出递延年金的现值。

其计算原理如图2−6所示。

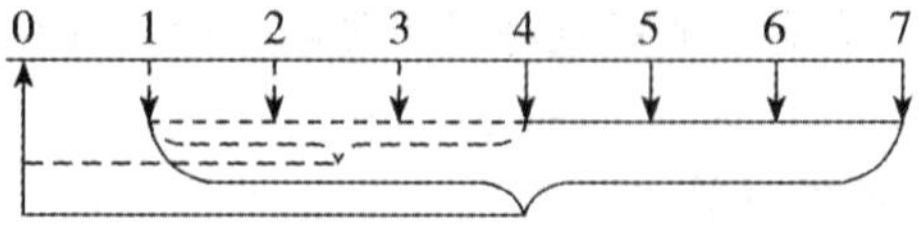

图2-6　递延年金现值的计算方法II

该方法的计算公式为：

$P_{A''}=A''\cdot[(P_{A''}/A'', i, m+n)-(P_{A''}/A'', i, m)]$　(2.16)

【例2-10】仍用上述资料，该项递延年金的计算如下：

$P_{A''}=100\cdot[(P_{A''}/A'', 8\%, 3+4)-(P_{A''}/A'', 8\%, 3)]$

$=100\times(5.20637-2.57710)$

$=262.93$(元)

4）永续年金

永续年金（perpetual annuity）是指无限期等额收付的特种年金，是普通年金的特殊形式，即期限趋于无穷的普通年金。西方有些债券为无期限债券，这些债券的利息可视为永续年金；优先股因为有固定的股利而无到期日，因此优先股股利可视为永续年金；在实际经济生活中，还可以将利率较高、持续期较长的年金视为永续年金。永续年金无终止时间，所以不存在终值问题，只有现值。永续年金的现值同样是通过普通年金现值的计算推导出来的：

$P_A=A\cdot(P_A/A, i, n)$

$=A\cdot\frac{1-(1+i)^{-n}}{i}$

当$n\to\infty$时，$(1+i)^{-n}\to0$，因此：

$$P_A=\frac{A}{i} \tag{2.17}$$

【例2-11】某人有10 000股优先股，每年分得股息3元，投资者要求的必要报酬率为5%，则该优先股的价值是多少？

$P_A=3\div5\%=60$（元）

为方便大家对比和记忆，我们将前述各系数之间的关系归纳见表2-1：

表2-1　各系数之间的关系

系数之间的关系	预付年金现值系数与普通年金现值系数： ①预付年金现值系数=普通年金现值系数×（1+i） ②预付年金现值系数=普通年金现值系数的期数减1，系数加1
	预付年金终值系数与普通年金终值系数： ①预付年金终值系数=普通年金终值系数×（1+i） ②预付年金终值系数=普通年金终值系数的期数加1，系数减1
	倒数关系： ①复利终值系数与复利现值系数 ②偿债基金系数与年金终值系数 ③资本回收系数与年金现值系数

2.1.4　货币时间价值计算中的几个特殊问题

上述货币时间价值的基本原理，是就一般情况而言的，即各项系列收付款项是等额的，计算期是按年计算的，利息率和折现率是事先给定的。现在对货币时间价值的几个特殊问题做如下说明：

1）不等额系列款项现值的计算

年金时间价值的各种计算是针对等额的系列收付款项进行的，而在经济生活中，每次付款的数额往往并不相等，这就需要计算不等额的系列付款（unequal series of payments）的现值之和。

为求得不等额的系列付款的现值之和，可先计算每次付款的复利现值，然后加总。不等额系列付款现值的计算公式如下：

$$PV = \frac{A_1}{1+i} + \frac{A_2}{(1+i)^2} + \cdots + \frac{A_{n-1}}{(1+i)^{n-1}} + \frac{A_n}{(1+i)^n} = \sum_{t=1}^{n} \frac{A_t}{(1+i)^t} \tag{2.18}$$

【例 2-12】某企业连续5年购买原材料，每年年末的付款金额见表2-2。

表2-2　**某企业购买存货连续5年年末的付款金额**　单位：元

年	1	2	3	4	5
付款额	100 000	150 000	200 000	250 000	300 000

若折现率为10%，则该项系列付款的现值为：

$$PV = \frac{100\,000}{1+10\%} + \frac{150\,000}{(1+10\%)^2} + \frac{200\,000}{(1+10\%)^3} + \frac{250\,000}{(1+10\%)^4} + \frac{300\,000}{(1+10\%)^5}$$

$$= 100\,000 \times 0.9091 + 150\,000 \times 0.8265 + 200\,000 \times 0.7513 + 250\,000 \times 0.6830 + 300\,000 \times 0.6209$$

$$= 722\,165(元)$$

以上各复利现值系数，可通过查阅“复利现值系数表”获得。如遇有若干期不连续发生的不等额的系列付款，可列表计算各项付款的复利现值，然后求系列付款的现值之和。

【例 2-13】某企业第3年年末需用300 000元，第5年年末需用400 000元，第6年年末需用500 000元。为保证按期从银行提出款项满足各年年末的需要，在年利率为5%的情况下，该企业现在应向银行存入多少钱？

该企业应向银行存入的款项计算见表2-3。

表2-3　**现值计算表**　金额单位：元

年数	A_t	（P/F，i，n）	PV
3	300 000	0.8638	259 140
5	400 000	0.7835	313 400
6	500 000	0.7462	373 100
合计	1 200 000		945 640

2）年金与不等额的系列付款混合情况下现值的计算

如果在一组不等额的系列付款中，部分是连续发生的等额付款，则可分段计算其年金现值及复利现值，然后对其进行加总。

【例2-14】某企业各年年末付款额见表2-4。

表2-4 企业各年年末付款额 单位：元

年数	1	2	3	4	5	6	7	8
付款额	50 000	50 000	50 000	50 000	30 000	30 000	30 000	40 000

在这个例子中，1—4年为等额系列款项，可按普通年金计算其现值；5—7年也为等额系列款项，可按递延年金计算其现值；第8年为一笔款项，可按复利计算其现值（假定利率为5%）。

该项不等额的系列款项的现值可按下列公式计算：

$$PV = 50\,000 \times (P_A/A,\ 5\%,\ 4) + 30\,000 \times [(P_A/A,\ 5\%,\ 7) - (P_A/A,\ 5\%,\ 4)] + 40\,000 \times (P/F,\ 5\%,\ 8)$$
$$= 50\,000 \times 3.5460 + 30\,000 \times (5.7864 - 3.5460) + 40\,000 \times 0.6768$$
$$= 271\,584(元)$$

3）报价利率、计息期利率和有效年利率

复利的计息期间不一定是一年，有可能是季度、月份或日。在复利计算中，若按年计算，一年就有一个计息期；若按季度计算，一年就会有四个计息期。计息期越短，一年中复利的次数就越多，每年的利息额就会越大。这就需要辨析以下三个概念：报价利率、计息期利率和有效年利率。

（1）报价利率

银行等金融机构在为利息报价时，通常会提供一个年利率以及每年的复利次数，该年利率被称为报价利率，亦称为名义利率。在提供报价利率时，必须同时提供每年的复利次数（或计息期的天数），否则意义是不完整的。

（2）计息期利率

计息期利率是指借款人对每1元本金每期支付的利息。它可以是年利率，也可以是半年率、季度利率、每月利率、每日利率等。计息期利率的计算公式为：

计息期利率=报价利率/每年复利次数 （2.19）

【例2-15】某人拥有货币10 000元，现将其用于投资一个为期2年的项目，年利率12%，按季度付息，则到期后可获得的终值为：

每季度利率=12%÷4=3%

复利次数=2×4=8

$$F=10\,000\times(1+3\%)^8$$
$$=10\,000\times1.2668=12\,668（元）$$

（3）有效年利率

有效年利率是指在按照给定的计息期利率和每年复利次数计算利息时，能够产生相同结果的每年复利一次的年利率，亦称为等价年利率。假设每年复利m次，则有效年利率的计算公式为：

$$有效年利率=\left(1+\frac{报价利率}{m}\right)^m-1 \tag{2.20}$$

用有效年利率重新计算【例2-15】可得出相同的结果：

$$有效年利率=\left(1+\frac{12\%}{4}\right)^4-1=1.1255-1=12.55\%$$

$F=10\,000\times(1+12.55\%)^2$

$=10\,000\times1.2668$

$=12\,668$（元）

4）利率的确定

在前文中，我们已经讨论了如何利用货币时间价值系数计算有关指标的各种情况。这些指标的计算具有以下共同步骤：

（1）判断该时间价值的计算属于哪种类型（是复利还是年金），确定应查阅的相应系数表；

（2）根据已知的期数和利率（折现率）确定相应的系数；

（3）将系数与已知的有关金额相乘，计算出所要求的货币时间价值指标。

对于复利来说，若已知P，F，n，可不用查表而直接计算出i。其计算公式如下：

$$i=\sqrt[n]{\frac{F}{P}}-1 \qquad (2.21)$$

对永续年金的利率也不必查表。但对普通年金问题，首先要根据年金A、相应的终值F_A或现值P_A，计算出相应系数（F_A/A，i，n）或（P_A/A，i，n）；然后根据该系数和已知的期数n去查相应的年金系数表。如果在该系数表中能找到对应的数值，则该系数所对应的i即为所要求的利率（或折现率）；如果在该系数表中不能找到对应的数值，则需要用内插法计算所要求的利率（或折现率）。

采用内插法的步骤如下：

（1）查阅相应的系数表，如果能在表中查到相应的数值，则对应的利率就是所求的利率。

（2）如果在系数表中无法查到相应的数值，则可以使用内插法（也叫插值法）计算。假设所求利率为i，i对应的现值（或者终值）系数为B，B_1、B_2为现值（或者终值）系数表中与B相邻的系数，i_1、i_2为B_1、B_2对应的利率。可以按照下面的方程计算：

$$\frac{i_2-i}{i_2-i_1}=\frac{B_2-B}{B_2-B_1}$$

解得：$i=i_2-\dfrac{B_2-B}{B_2-B_1}\times(i_2-i_1)$

也可以按照下面的方程计算：

$$\frac{i-i_1}{i_2-i_1}=\frac{B-B_1}{B_2-B_1}$$

解得：$i=i_1-\dfrac{B-B_1}{B_2-B_1}\times(i_2-i_1)$

列方程时应该把握一个原则：具有对应关系的数字在等式两边的位置相同（例如i_2在等式左边的位置与B_2在等式右边的位置相同）。按照这个原则还可以列出其他等式。不同等式计算的结果是相同的。

【例2-16】某人用100 000元购买债券，问年利率i是多少时，才能保证在以后6年中每年可得22 292元。

（P_A/A，i，6）=100 000÷22 292=4.4859

从年金现值系数表中可以看到，当期数为6，系数为4.4859时，对应的折现率为9%。

【例2-17】某人现在向银行贷款100 000元，问年利率i是多少时，需要在以后的6年中每年均支付20 000元用以偿还债务。

（P_A/A，i，6）=100 000÷20 000=5

在年金现值系数表中，当期数为6，没有找到值为5的系数。但是，我们可以看到与5相邻的两个系数的数值分别为5.0757和4.9173，相应的折现率分别为5%和6%，因此，可以用插值法计算所要求的利率（或折现率）。

假设所要求的利率为i，则利用插值法的计算过程如下：

$$\frac{i - 5\%}{6\% - 5\%} = \frac{5 - 5.0757}{4.9173 - 5.0757}$$

计算得：i=5.48%

除公式法外，内插法求利率也可以使用Excel中的TREND函数来计算：

【例2-18】以【例2-17】中的数据为例，方法如下：

（1）以利率（5%、6%）为Y，对应系数以及所求利率的系数（5.0757、4.9173、5）为X，将数值输入Excel表中，如图2-7所示：

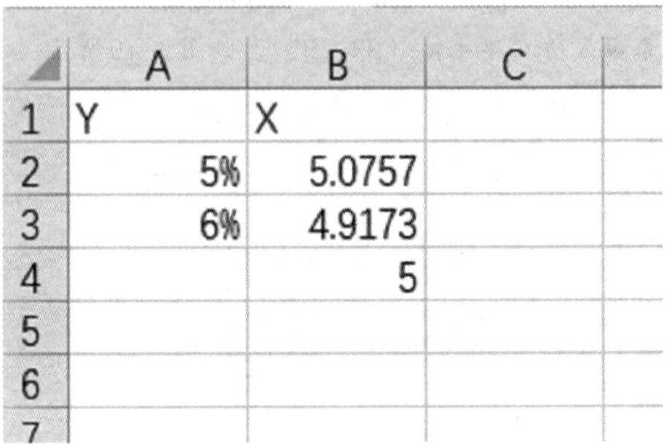

图2-7　将数值输入Excel表

（2）选中要计算的值的单元格，点击“公式—插入函数”，选择“TREND”，点击“确定”，如图2-8所示：

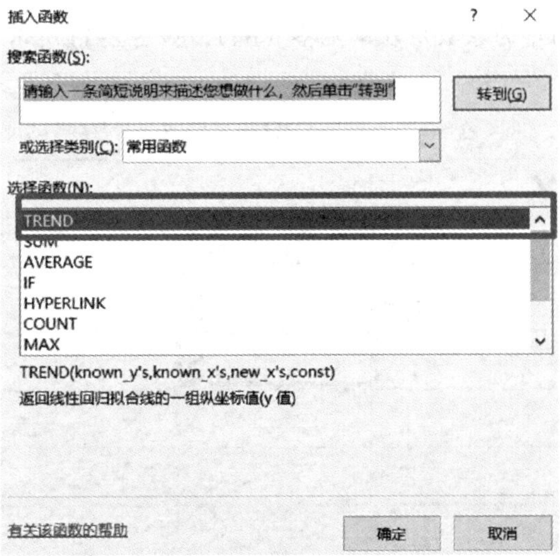

图2-8　插入函数

（3）第一行选中利率Y所在单元格（A2：A3），如图2-9所示：

	A	B	C
1	Y	X	
2	5%	5.0757	
3	6%	4.9173	
4		5	
5			
6			
7			

图2-9　选中利率Y所在单元格

第二行选中对应系数X所在单元格（B2：B3），如图2-10所示：

	A	B	C
1	Y	X	
2	5%	5.0757	
3	6%	4.9173	
4		5	
5			
6			
7			

图2-10　选中对应系数X所在单元格

第三行选中所求利率的系数所在单元格（B4），如图2-11所示：

	A	B	C
1	Y	X	
2	5%	5.0757	
3	6%	4.9173	
4		5	
5			
6			
7			

图2-11　选中所求利率的系数所在单元格

点击“确定”，函数参数如图2-12所示：

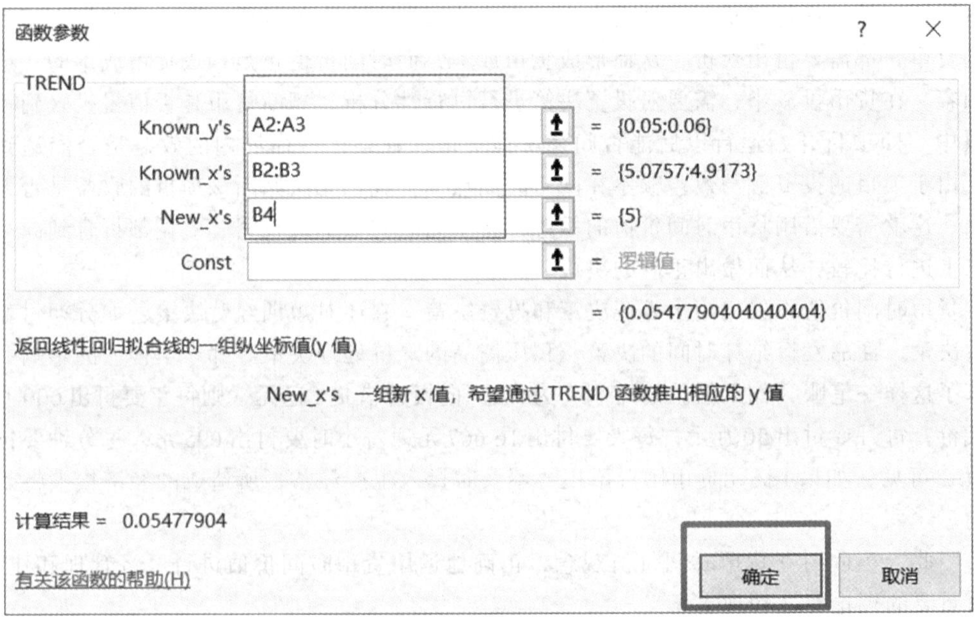

图2-12　函数参数

（4）得出结果5.48%（0.054779×100%）。计算结果如图2-13所示：

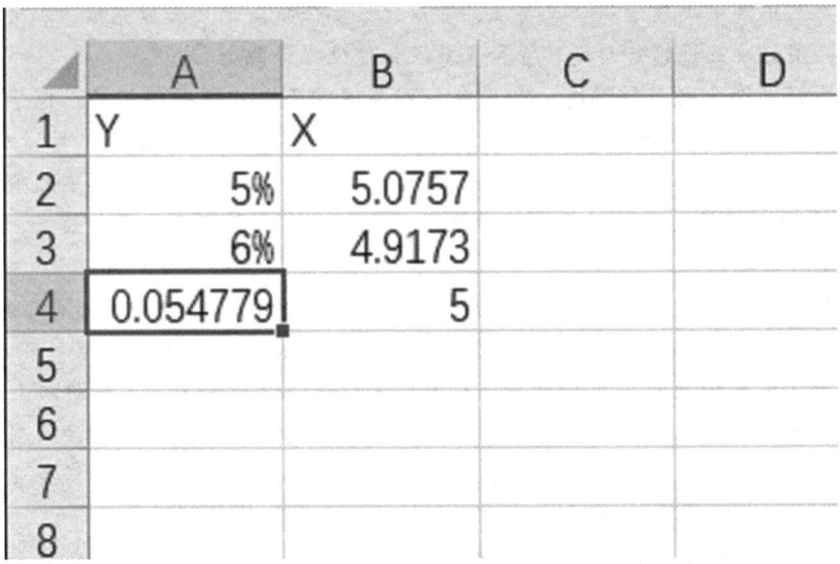

图2-13　计算结果

以上例题说明了有关货币时间价值主要指标的计算方法。这些计算方法是熟练运用货币时间价值的基础。掌握了这些基本的计算方法，就可以在财务管理中根据实际情况具体运用了。

2.1.5　货币时间价值的应用

货币时间价值是一种客观存在的经济现象。在财务管理过程中，货币的筹集、投放和经营决策都离不开时间价值问题。

从企业的角度来看，在货币的筹集方面，为了获得货币的使用权，其筹集的货币无论来自财政拨款、银行借贷还是社会大众，无论是投资者投入的货币，还是从债权人那里借入的货币，都需要付出代价，从而形成货币成本，而时间价值正是构成货币成本的一项重要内容。在货币投放中，需要对投资决策进行可行性分析，判断货币是否值得投入到一个项目中，即项目开始运行以后能否归还所借货币，在整个寿命期内的效益是否能达到预期。由于项目的投资额与效益额不在同一时间点上，我们无法判断该项目的收益是否大于支出，这就需要借用货币时间价值的概念，将不同时间点上的投资、效益都折合到同一时间点上进行比较，从而做出正确的决策。

货币时间价值不仅应用于筹资决策和投资决策，它还对短期经营决策，如分期付款的定价决策、商品发运结算时间的决策、积压商品的降价处理决策等都产生很大的影响。我们算了这样一笔账，如果借款的年利率为6%，向银行借贷1亿元，则每年要付出600万元的代价，每月要付出50万元，每天要付出16 667元，每小时要付出695元，每分钟要付出12元。可见，如果1亿元货币闲置不用，不及时投入生产经营，所造成的经济损失将是巨大的。

因此，牢固树立货币时间价值观念，正确地运用货币时间价值进行经济管理和建设，具有重要的理论意义和现实意义。

小资料2-1　　货币政策着力巩固经济恢复基础

当前处于经济恢复紧要关口，加快释放政策效能至关重要。货币政策如何在扩大需求上积极作为？中共中央政治局会议要求，货币政策要保持流动性合理充裕，加大对企业的信贷支持，用好政策性银行新增信贷和基础设施建设投资基金。

（1）**用好新增金融工具额度。**2022年，国务院常务会议部署稳经济一揽子政策的接续政策，明确在3 000亿元政策性开发性金融工具已落到项目的基础上，再增加3 000亿元以上额度。在坚持不搞大水漫灌、不超发货币的前提下，加大金融对重大项目的支持力度，有助于实现扩大有效投资、带动微观就业、促进社会消费的综合效应，加力巩固经济恢复发展基础。

（2）**推动降低企业融资成本。**推动降低企业融资成本一直是货币政策的发力重点。2022年1月、8月公开市场操作和中期借贷便利（MLF）中标利率两次累计下降了20个基点，带动1年期贷款市场报价利率（LPR）下行0.15个百分点，5年期以上LPR下行0.35个百分点。下一步，要进一步发挥贷款市场报价利率指导性作用和存款利率市场化调整机制的作用，引导金融机构将存款利率下降效果传导到贷款端，降低企业融资和个人信贷的成本。

（3）**聚焦重点领域和薄弱环节。**2022年8月22日，人民银行召开的部分金融机构货币信贷形势分析座谈会。对于下一阶段货币信贷工作，在“保持贷款总量增长的稳定性”的同时，会议强调“要增加对实体经济贷款投放，进一步做好对小微企业、绿色发展、科技创新等领域的信贷支持工作”。这凸显了贷款投放要支持实体经济的重点领域和薄弱环节。

“货币政策为经济服务，不同国家的经济基本面不一样，金融环境不一样，货币政策也理所当然应该不同，不同的经济要实行不同的货币政策。中国作为经济大国，更应该立足自己的国情自主实施货币政策。”中国人民银行副行长刘国强表示，疫情发生以后，中国高效统筹疫情防控和经济社会发展，率先实现经济正增长，使我国有条件也有必要实施正常的货币政策，坚持不搞大水漫灌，不超发货币，没有实施非常规货币政策，没有把工具箱掏空。所以，当前中国货币政策的空间还比较充足，政策工具丰富，既不缺价格工具，也不缺数量工具。

资料来源：姚进.货币政策着力巩固经济恢复基础［EB/OL］.［2022-09-25］.http：//paper.ce.cn/pc/content/202209/25/content_261450.html.

2.2 风险与收益权衡观念

货币时间价值是在无风险和无通货膨胀的情况下的社会平均收益率。但企业的财务管理活动通常是在有风险的环境中进行的，不同风险的项目需要使用不同的折现率。因此，我们需要了解企业在风险环境中进行财务管理活动时，如何进行风险和收益的权衡。

2.2.1 风险及风险报酬

1）风险的概念、特点及种类

风险是个非常重要的经济概念。财务管理活动中的风险同时间价值一样，也是一种客观存在，并对企业实现其财务管理目标具有重要的影响。

一般来说，风险是指一定条件下和一定时期内可能发生的结果的不确定性。简单地讲，如果做一件事有几种可能的结果，那么便会存在风险；如果做一件事只能有一个预知的结果，就没有风险。例如，同一笔资金如果用于买股票，就有风险；如果将其存入银行，就没有风险。

风险和不确定性事先都不能确定。但严格来说，风险和不确定性是有一定区别的。风险发生的各种概率是客观存在的，决策者事先可以了解到某种情况发生的概率。例如掷硬币，抛掷者对全部结果是知道的，对正面或反面出现的可能性也是知悉的，只是对每次掷硬币出现的结果（正面或反面）不能确定，这称之为风险。而不确定性则是由于各种原因不能知晓全部可能出现的结果，或者虽然知道可能出现的全部结果但不知道它们出现的概率，因此对结果也就无法确定，如企业将500万元资金投入到寻找与企业生产有关的油田项目中，但是对于能否找到油田无法确定，更不能对其进行计量。这种既不能确定又无法计量的未来事件的结果就是不确定性。

无论是风险还是不确定性，从财务管理的角度来看，都表现为无法达到预期报酬的可能性。而且在财务管理中，对“不确定性”事件进行决策时，一般也规定一个主观概率对其进行定量分析。因此，实务上往往不区分风险和不确定性。

一般来说，我们所谈论的风险通常具有以下五大特点：

（1）两面性。风险可能给企业带来意外的损失，也可能带来超出预期的收益。但是在实际生活中，人们更注重风险的不利方面，认为风险是不利事件的可能性。而且从财务管理的角度看，风险就是指企业实际收益与预期收益发生偏离而蒙受损失的可能性。

（2）客观性。风险是客观存在的，不以人的意志为转移。人们只能在一定范围内改变风险形成的条件，降低风险事故发生的概率，但不能彻底消除风险。

（3）普遍性。风险在人们的生产生活中无处不在、无时不有。

（4）相对性。一般认为，风险产生的原因主要是由于信息的不对称性。不同的人掌握的信息程度不同，因此，对某人来说风险很大的行动，对另一个人来说风险可能很小。

（5）收益性。高风险通常具有高收益，否则就不会有人冒险行事。

风险贯穿于财务管理的全过程。不同的学者从不同的角度对风险进行了分类。Mowbray、Blanchard等将风险分为纯粹风险和投机风险两大类；COSO将风险分为固有风险和剩余风险。本书从企业本身的角度，将风险分为经营风险（商业风险）和财务风险（筹资风险）；从个别投资主体的角度，将风险分为市场风险（不可分散风险或系统风险）和企业特有风险（可分散风险或非系统风险）。

小资料2-2　　　　中小企业风险投资与产业结构优化

风险投资是推动中小企业成长的一种有效融资制度选择，被称作“企业孵化器”，其将资本、技术、人才、管理等创新要素引入受资企业，在提升受资企业发展质量和创新动力等方面发挥积极作用。我国中小企业群体数量庞大，是我国经济韧性与就业韧性的重要支撑。中小企业整体发展水平提升意味着市场活力增强，产业结构高度化和产业链现代化的基础得以巩固夯实，经济发展的内生动力被有效激发。因此，风险投资、中小企业发展和产业结构优化之间存在紧密联系。

研究结果表明：第一，风险投资对中小企业发展有显著促进作用。第二，风险投资能够促进地区产业结构优化，具体表现为风险投资可显著降低产业结构偏离度和显著提升产业结构高度化水平。第三，风险投资通过促进中小企业发展提升地区产业结构优化水平。一方面，风险投资通过促进中小企业发展提高地区产业结构合理化水平，中小企业发展在风险投资与产业结构合理化之间的关系中发挥部分中介作用；另一方面，风险投资通过促进中小企业发展提升地区产业结构高度化水平，中小企业发展在风险投资与产业结构高度化之间的关系中发挥完全中介作用，说明中小企业发展在风险投资促进产业结构高度化过程中发挥重要功能。

资料来源：曹文婷，杨永华.风险投资能否促进产业结构优化——基于受资中小企业溢出视阈的考察［EB/OL］.［2022-12-06］.http：//kns.cnki.net/kcms/detail/42.1224.G3.20221205.1042.003.html.

2）风险报酬

风险的概念一般在进行财务决策时使用，因此，任何财务决策的确定都应尽可能回避风险，以减少损失。但是一些风险大的筹资或投资事项，如海上石油勘探、高利率借款等，依然会被接受。原因在于，风险大的项目虽然可能带来较大损失，但也可能带来较大的额外报酬，即冒风险投资比不冒风险投资所获得的额外报酬会超过货币时间价值，通常称为投资的风险报酬（risk return of investment）或投资的风险价值（risk value of investment）。

投资的风险报酬既可以用风险投资报酬额表示，又可以用风险投资报酬率（风险报酬额与投资总额的比率）表示。在实际工作中，二者并不做严格的区分，但通常以相对数——风险报酬率进行计量。

在不考虑通货膨胀的情况下，投资报酬率包括两部分：一部分是货币的时间价值，即无风险报酬率；另一部分是风险溢价，即风险投资报酬率。其关系式如下：

投资报酬率=无风险报酬率+风险报酬率

风险与报酬率之间的关系可用图2-14表示。

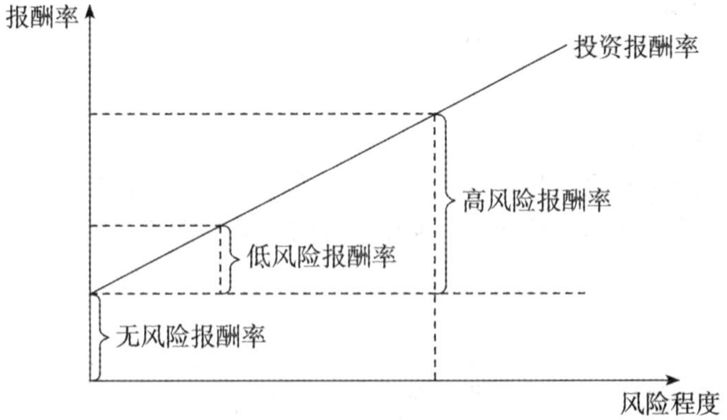

图2-14 风险与报酬率之间的关系

由此可见，风险与风险报酬如同形与影的关系，二者是相伴而生的。要取得报酬就会产生风险，冒风险就要求有较高的报酬进行补偿。冒风险程度越大，所要求的报酬也就越高。因此，在财务管理中，如果风险已经确定，则应尽可能选择报酬率较高的方案；如果报酬率已被确定，则要选择风险小的方案，使损失降到最低，从而取得最大收益；当各备选方案收益不同、风险也不同时，则要比较各方案单位收益所冒的风险之后再进行选择。

2.2.2 单项资产风险与收益的衡量

风险客观存在且广泛影响着企业日常的生产经营活动，因此正视风险程度并予以量化便成为财务管理中的一项重要工作。如前所述，我们把风险理解为可测量概率的不确定性。因此，单项资产的风险常常借助于概率统计中的标准差（standard deviation）、变异系数（variable ratio）等离散指标进行定量的描述和评估。一个已被大家普遍接受并且可以达到目的的方法就是利用标准差和变异系数衡量单项资产的风险。

运用概率方法计量单项资产的风险及风险报酬，其具体步骤和计算公式如下：

1）确定概率及概率分布

一个事件发生的概率是指这一事件的某种结果发生的可能性大小。例如，购买股票的投资收益率为20%的概率是0.30，这就意味着购买股票投资收益率为20%的可能性是30%。如果把某一事件所有可能的结果都列示出来，对每个结果给予一定的概率，就构成概率分布。

如果概率以P_i表示，n表示可能出现的所有情况，一般认为概率必须符合以下两个要求：

（1）所有的概率都在0和1之间，即$0 \leq P_i \leq 1$；

（2）所有结果的概率和为1，即$\sum_{i=1}^{n} P_i = 1$。

2）计算期望值

期望值就是指随机变量的各个取值，以相应的概率为权数的加权平均数，它反映随机变量取值的平均化。

报酬率的期望值（E）$=\sum_{i=1}^{N} P_i r_i$ (2.22)

式中：P_i——第i种结果出现的概率；

r_i——第i种结果出现后的预期报酬率；

N——所有可能结果的数目。

3）计算方差和标准差

表示随机变量离散程度的指标包括平均差、方差、标准差和全距等，最常用的是方差和标准差。方差是用来表示随机变量与期望值之间离散程度的一个变量，它是离差平方的平均数。

方差（σ^2）$=\sum_{i=1}^{N}(r_i-E)^2 \cdot P_i$ (2.23)

标准差也叫均方差，是方差的平方根。

标准差（σ）$=\sqrt{\sum_{i=1}^{N}(r_i-E)^2 \cdot P_i}$ (2.24)

4）计算变异系数

由于标准差受可能出现的结果数额的影响，即如果概率分布相同，可能结果的数额越大，标准差也就越大，因而不利于不同规模项目之间的风险比较。为了解决这一问题，引入变异系数这个概念。变异系数是标准差与期望值的比值，反映某资产每单位预期收益中所包含的风险大小，又称标准离差率。其计算公式如下：

变异系数（V）$=\frac{\sigma}{E}$ (2.25)

一般来说，方差、标准差、变异系数越大，表明变量的离散程度越大，也就是风险越大。需要注意的是，方差和标准差都属于绝对数指标，它们不能对期望值不同的随机变量进行风险比较，而变异系数是方差和期望值的比值，是相对指标，运用范围较广，尤其可以用于不同期望值的随机变量之间的风险比较。

5）计算风险报酬率

变异系数虽然可以评价投资项目的风险程度，但并不能表示其风险报酬程度。因此，需要借助一个系数——风险报酬系数，将这种风险程度转换为风险报酬率。风险报酬率、风险报酬系数和变异系数之间的关系可用公式表示如下：

风险报酬率=风险报酬系数×变异系数

如用符号表示，为：$R_R=bV$ (2.26)

由于，投资报酬率=无风险报酬率+风险报酬率

如用符号表示，为：$K=R_F+R_R=R_F+bV$ (2.27)

一般把国库券报酬率视为无风险报酬率。

风险报酬系数是将变异系数转化为风险报酬的一种系数，它可以根据同类项目的历史数据加以确定，也可以由企业组织有关专家研究确定。

【例2-19】A企业和B企业投资报酬率及其相应的概率见表2-5。

表2-5　　投资报酬率及其概率分布

经济情况	发生概率	预计年报酬率	
		A企业	B企业
繁荣	0.5	30%	50%
正常	0.3	20%	10%
衰退	0.2	0	-35%

（1）计算期望值

E_A=0.5×30%+0.3×20%+0.2×0=21%

E_B=0.5×50%+0.3×10%+0.2×（-35%）=21%

（2）计算方差

σ_A^2=（30%-21%）^{2}×0.5+（20%-21%）^{2}×0.3+（0-21%）^{2}×0.2=0.01290

σ_B^2=（50%-21%）^{2}×0.5+（10%-21%）^{2}×0.3+（-35%-21%）^{2}×0.2=0.1084

（3）计算标准差

$\sigma_A=\sqrt{0.01290}\approx 11.36\%$

$\sigma_B=\sqrt{0.1084}\approx 32.92\%$

上述两个项目的期望值都是21%，但它们的报酬率与期望值的离散程度却不同，即风险程度不同。B企业的标准差比A企业的大，可见B企业的风险大于A企业，因此，应选择A企业进行投资。

由于标准差的大小与投资报酬率的绝对水平有关，因此，只有当期望值相等或接近相等的情况下比较标准差的大小，才能确定风险的程度。

（4）计算变异系数

V_A=11.36%÷21%≈0.54

V_B=32.92%÷21%≈1.57

在对两个或两个以上方案进行比较时，如果期望值相同，可直接利用标准差来比较风险程度，这是由于利用变异系数计量风险的结果与利用标准差计量风险的结果是一致的。但是，在对两个或两个以上方案进行比较时，如果期望值不同或标准差不同，就只能用变异系数来衡量风险程度了。

例如，假设A、B两企业的标准差仍然是11.36%和32.92%，但A企业的报酬率是5%，B企业的报酬率是30%，那么究竟哪个企业的风险更大呢？这时，就不能用标准差作为判断标准，只能用变异系数。

A企业的变异系数：V_A' = 11.36% ÷ 5% ≈ 2.272

B企业的变异系数：V_B' = 32.92% ÷ 30% ≈ 1.10

这说明，当报酬率发生变化时，B企业的风险要小于A企业的风险，因此，应选择投资B企业。

（5）计算风险报酬率

假设A、B两企业的风险报酬系数分别为8%和10%，无风险报酬率为6%，则企业的风险报酬率分别为：

$R_R^A=bV=8\%\times0.54=4.32\%$

$R_R^B=bV=10\%\times1.57=15.7\%$

（6）计算投资报酬率

$K^A=R_F+R_R=6\%+4.32\%=10.32\%$

$K^B=R_F+R_R=6\%+15.7\%=21.7\%$

一般来说，投资者都想尽量回避风险。在一个由众多风险回避的投资者支配的市场中，风险越大，其所要求的报酬率就越高；若这种情况无法维持，则投资者会在市场中采取行动使其发生。例如，A企业和B企业的股票价格都是100元/股，收益率都是21%，然而B企业的风险远大于A企业。这时由于存在回避风险的倾向，投资者喜欢购买A企业的股票，从而导致A企业的股票价格上升，报酬率下降，而B企业的股票价格下跌，报酬率上升。因此，在财务管理中所面临的风险也是不断转化和变化的，管理者必须能够根据时刻变化的环境及时调整其财务战略。

2.2.3 组合资产的风险与收益

以上研究的是单项资产的风险与收益。而实际情况是很少有人只选取一项资产进行投资。投资者往往将不同资产组合在一起进行投资，以降低总投资的风险程度。这种将不同资产进行投资组合的形式，称为组合资产投资或简称为投资组合（investment portfolio）。

在资产投资组合中，个别投资的风险对决策没有重要意义，投资者主要关注的是由此引发的组合资产的收益与风险的变动情况。因而，从个别投资的风险与收益如何影响组合资产投资的风险与收益这一角度进行分析才有意义。

1）组合资产期望收益率

组合资产的收益是组合资产投资中个别投资的加权平均收益。两种或两种以上证券的组合，其预期报酬率可以直接表示为：

$$r_p=\sum_{j=1}^{m}r_jA_j \tag{2.28}$$

式中：r_j——第j种证券的预期报酬率；

A_j——第j种证券在全部投资额中的比重；

m——组合中证券种类总数。

如果某企业持有A、B两种证券，其中A的报酬率为20%，投资比重为40%；B的报酬率为30%，投资比重为60%，则该企业证券组合投资的平均报酬率为：

$r_p=r_jA_j=40\%\times20\%+60\%\times30\%=26\%$

2）组合资产的风险及度量

由于投资组合能降低风险，因而组合资产的风险并不是组合资产投资中个别投资标准差的加权平均数。为了便于理解，下文用证券组合来代表企业的组合资产。由此可知，证券组合的标准差并不是单个证券标准差的简单加权平均数。证券组合的风险不仅仅取决于组合内各种证券的风险，还取决于各个证券之间的相关关系。

投资组合报酬率概率分布标准差的计算公式如下：

$$\sigma_p=\sqrt{\sum_{j=1}^{m}\sum_{k=1}^{m}A_jA_k\sigma_{jk}} \tag{2.29}$$

式中：m——组合中证券种类总数；

A_j——第j种证券在投资总额中的比重；

A_k——第k种证券在投资总额中的比重；

σ_{jk}——第j种证券与第k种证券报酬率的协方差。

我们用协方差和相关系数来衡量两个变量之间是否相关和相关度如何。其中，协方差是对两个变量之间的一般运动关系的度量。例如，如果A股票的价格随经济繁荣而上涨，而B股票的价格变动情况如何？协方差就是对A、B股票价格的这种相互关系进行度量和评价。相关系数实际上是标准化了的协方差，可以使得资产之间相互变动的程度在一个相同的基础上进行比较。

（1）协方差的计算

两种证券报酬率的协方差，是用来衡量它们之间共同变动的程度：

$$\sigma_{jk}=r_{jk}\sigma_j\sigma_k \tag{2.30}$$

式中：r_{jk}——证券j和证券k报酬率之间的预期相关系数；

σ_j——第j种证券的标准差；

σ_k——第k种证券的标准差。

（2）协方差矩阵

公式（2.29）中根号内双重的$\sum$符号，表示对所有可能配成组合的协方差，分别乘以两种证券的投资比例，然后求其总和。

例如，当m=3时，所有可能配成组合的协方差矩阵如下所示：

$$\begin{pmatrix}\sigma_{1,1} & \sigma_{1,2} & \sigma_{1,3}\\ \sigma_{2,1} & \sigma_{2,2} & \sigma_{2,3}\\ \sigma_{3,1} & \sigma_{3,2} & \sigma_{3,3}\end{pmatrix}$$

位于矩阵对角线上的投资组合，其协方差就是各证券自身的方差。组合$\sigma_{1,2}$代表证券1和证券2的报酬率的协方差，组合$\sigma_{2,1}$代表证券2和证券1的报酬率的协方差。从定义上看，两者数值必然相同，这就表明需要计算两次证券1和证券2之间的协方差。除对角线位置上的投资组合外，其余投资组合均需要重复计算两次。双重求和符号就是把所有组合构成的矩阵中的方差项和协方差项全部加计汇总。三种证券构成的组合，一共有9项，由3个方差项和6个协方差项（3个重复计算两次的协方差项）组成。

该公式表明，影响证券组合的标准差不仅取决于单个证券的标准差，还取决于证券之间的协方差。随着证券组合中证券个数的增加，协方差项比方差项越来越重要。例如，在两种证券的组合中，有2个方差项$\sigma_{1,1}$、$\sigma_{2,2}$以及两个协方差项$\sigma_{1,2}$、$\sigma_{2,1}$；对于三种证券的组合，沿着对角线有3个方差项$\sigma_{1,1}$、$\sigma_{2,2}$、$\sigma_{3,3}$以及6个协方差项；在四种证券的组合中，有4个方差项以及12个协方差项。由此可见，当组合中证券数量较多时，总方差主要取决于各证券间的协方差。例如，在含有60种证券的组合中，矩阵共有60个方差项和3 540个协方差项。当一个组合扩大到能够包含所有证券时，只有协方差是重要的，方差的影响将变得微不足道。因此，充分投资组合的风险，只受证券之间协方差的影响，而与各证券本身的方差无关。

【例2-20】假设A证券的标准差是10%，B证券的标准差是18%。假设企业等比例投资于两种证券，即各占50%。如果两种证券的相关系数等于1，没有任何风险抵消作用，在等比例投资的情况下，该组合的标准差等于两种证券各自标准差的简单算术平均数，即14%。

如果两种证券之间的相关系数是0.3，组合的标准差会小于加权平均的标准差，其标准差是：

$$\sigma_p = \sqrt{0.5 \times 0.5 \times 0.1^2 + 2 \times 0.5 \times 0.5 \times 0.3 \times 0.1 \times 0.18 + 0.5 \times 0.5 \times 0.18^2} \times 100\%$$
$$= \sqrt{0.0025 + 0.0027 + 0.0081} \times 100\%$$
$$= 11.53\%$$

从上述计算过程可以看出：只要两种证券之间的相关系数小于1，证券组合报酬率的标准差就会小于各证券报酬率标准差的加权平均数。

（3）组合资产之间的相关系数

两种证券的相关系数在[-1，1]范围内取值。当相关系数为+1时，表示一种证券报酬率的变动总是与另一种证券报酬率的变动呈完全正相关关系；当相关系数为-1时，表示一种证券报酬率的变动与另一种证券报酬率的变动呈完全负相关关系；当相关系数为0时，表示不存在相关性，即该种证券的报酬率独立于其他证券报酬率的变动情况。一般情况下，大多数证券的报酬率趋于同向变动，因此两种证券之间的相关系数多为小于1的正值。实际上，各种证券之间既不可能完全正相关，也不可能完全负相关，所以证券的投资组合虽可以降低风险，但并不能将风险完全消除。一般而言，股票的种类越多，风险越小。

$$相关系数r = \frac{\sum_{i=1}^{n} [(x - \overline{X}) \times (y_i - \overline{Y})]}{\sqrt{\sum_{i=1}^{n} (x - \overline{X})^2} \times \sqrt{\sum_{i=1}^{n} (y - \overline{Y})^2}} \tag{2.31}$$

【例2-21】某企业的投资由股票A和股票B组成的AB投资组合，其所占的比重各为50%，2022—2026年的收益率、组合投资收益率见表2-6。

表2-6 **组合资产投资收益表**

年度	股票A收益率	股票B收益率	AB组合投资收益率
2022	45%	-15%	15%
2023	-15%	45%	15%
2024	35%	-5%	15%
2025	-5%	35%	15%
2026	15%	15%	15%
平均收益	15%	15%	15%
标准差	25.5%	25.5%	0

上述关系可用图2-15表示如下：

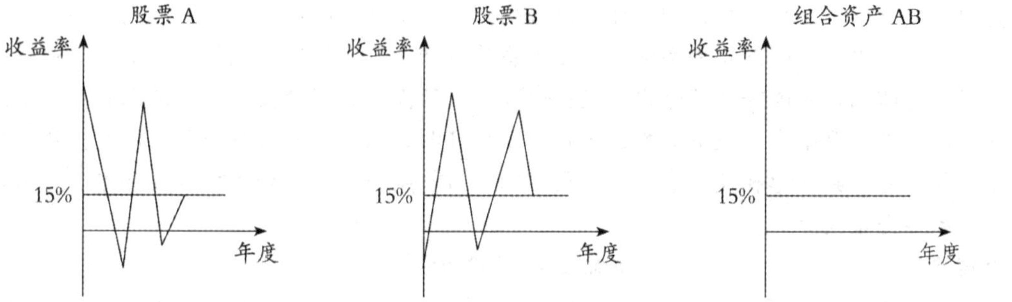

图2-15 组合资产投资收益率

如图2-15所示，如果只投资股票A或股票B，那么，它们的风险都很高；但是，如果将股票A和股票B组合起来进行投资，AB组合投资的风险便消失了，标准差为零。上述股票A和股票B构成的组合投资之所以会形成一个无风险的组合投资是因为股票A和股票B两种投资的收益率的变动方向正好相反；当股票A投资收益上升时，股票B投资收益就下降，反之亦然。由于这两种投资收益的变动方向正好相反，其收益率存在完全负相关关系，即相关系数r=-1。

完全负相关的反面就是完全正相关。如果两种投资收益的变动方向和程度完全相同，那么，这两种投资存在完全正相关关系，即相关系数r=1。这两种股票组成的组合投资的风险等于个别投资风险的加权平均数。

【例2-22】某企业由M和N各50%组成的MN组合投资，其有关资料见表2-7。

表2-7 组合资产投资收益率表

年度	M收益率	N收益率	MN组合投资收益率
2022	45%	45%	45%
2023	-15%	-15%	-15%
2024	35%	35%	35%
2025	-5%	-5%	-5%
2026	15%	15%	15%
平均收益	15%	15%	15%
标准差	25.5%	25.5%	25.5%

由表2-7可知，由M和N各占50%所组成的组合投资MN的标准差与个别投资M或N的标准差一样，都是25.5%。这说明了如果组合投资中的各种投资之间存在完全正相关的关系，那么，企业无法通过组合投资消除投资组合的风险。

上述两个极端的例子表明：①当各种投资之间存在完全负相关关系时，组合投资中的风险可以全部消除；②当各种投资之间存在完全正相关关系时，组合投资中的风险无法相互抵消。事实上，许多投资之间存在正相关关系，但并非完全正相关关系。平均而言，如果随机抽取两种投资，它们的相关系数大约为0.6（多数情况下，相关系数在0.5~0.7之间取值）。综上所述，组合投资可以降低风险，但是无法完全消除风险。

然而，如果组合投资是由两种以上个别投资组成的，其结果又将如何？一般而言，随着组合投资中个别投资数目的增加，组合投资的风险就会降低。至于风险能小到何种程度就要看各种投资之间的相关系数，即相关系数越低，组合投资的风险就越小。个别投资的数目大大增加是否能完全消除组合投资风险？一般而言，组合投资风险是不能被完全消除的，而且当组合中个别投资的数目大到一定程度时，组合投资风险降低的程度就会越来越小。除非能找到一组相关系数为零或负数的项目并组成一个组合进行投资，才能将组合投资的风险完全消除。

小资料2-3　　基金投资 以“组合”为道

2020年以来，基金投资迎来“高光时刻”，“基金热”持续发酵。2021年2月18日，支付宝公布的数据显示，春节假期，有多家金融机构通过理财直播等形式在支付宝平台上“营业”，直播观看人次同比2020年春节增长超10倍，基金讨论区访问量也同比翻倍。然而，2021年春节后，A股市场趋势出现变化，春节前涨幅靠前的休闲服务、食品饮料、医药生物等板块均普遍大跌。相应地，基金投资也随之转入“Hard”模式。

为什么基金投资从赚到亏，仿佛也只在朝夕之间？在当下的市场环境中，基金投资到底该怎么“玩”？投资者心中充满了困惑。

事实上，随着投资市场的发展和投资者教育的持续深入，投资者对于买入数只基金进行组合投资以对冲市场风险的意愿正逐渐增强。投资者需要依据一定的原则对所投基金“篮子”进行合理组合，以期对冲风险，平滑波动；又或者，投资者可以直接购买诸如公募FOF、基金投顾等的组合投资产品，借助专业力量享受更加平稳的长期投资回报。而在供给端，近年来，公募FOF、公募MOM、私募FOF、公募基金投顾、互联网投顾等，也都实现了较快发展。这些业务、产品和服务的不断升级，除了希望通过专业的投研力量为投资者提供专业投资服务外，还旨在通过定期的业绩报告、市场解读和投资者教育等持续顾问服务，从潜移默化中改变基金投资者过去短频交易的投资习惯，改善投资者盈利体验，进而改变资本市场的投资生态。无论基金投资是“火了”还是“凉了”，投资者都切不可盲从。唯有静下心来，以组合投资为道，方能应时应势。

资料来源：吕晶晶.基金投资 以“组合”为道［J］. 金融博览（财富），2021（4）：26-27.

3）两种证券组合的投资有效集

如果不同证券的投资比例发生变化，投资组合的预期报酬率和标准差也会随之而变。图2-16描绘出随着对两种证券投资比例的改变，期望报酬率与风险之间的关系。图中所描绘的曲线是机会集，它反映出风险与报酬率之间的权衡关系。

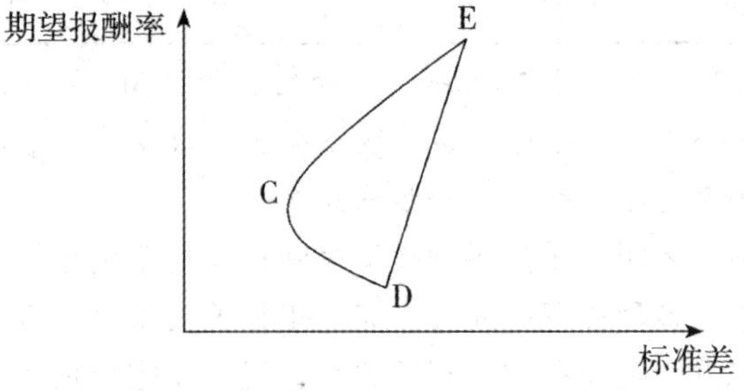

图2-16　两种证券组合投资的有效集

两种证券组合投资有效集的以下特征至关重要：

① 它反映了最小方差组合。曲线最左端的组合（C点）被称作最小方差组合，它在持

有证券的各种组合中有最小的标准差。离开此点，无论增加或者减少投资于其中某证券的比例，都会导致标准差的小幅上升，从而使得风险增大。

② 它表明了投资的有效集合。在只有两种证券的情况下，投资者的所有投资机会只能出现在机会集曲线上，而不会出现在该曲线的上方或下方。投资比例变动只会使组合在机会集曲线上的位置发生改变。最小方差组合点（C点）至最高预期报酬率点（E点）的部分，为有效集或有效边界。C点以下的投资组合都是无效的，即机会集曲线CD的弯曲部分是无效的。这是因为它们比最小方差组合的风险大、报酬低，所以没人会持有这段曲线上的投资组合。

③ 它揭示了分散化效应。曲线和直线间的距离反映了分散化效应的程度。离直线越远，分散效应越大，反之亦然。直线表示的是两种证券完全正相关时的机会集曲线，无分散风险效应。任何组合的风险都不会大于正相关时的风险。由曲线向后弯曲的部分可以看出，从D点出发，拿出一部分货币投资于风险较大的B证券的组合标准差会比全部投资于风险较小的A证券的标准差还小。虽然这与人们的直觉相反，却揭示了风险分散化的内在特征。一种证券的未预期变化往往会被另一种证券的反向未预期变化所抵消。即使两种证券的变化方向相同，抵消效应也会存在。只要两种证券的相关系数小于1，并非完全正相关，组合风险就会降低。而且两种证券的相关系数越小，机会集曲线就越弯曲，风险分散化效应也就越强。

4）多种证券组合的风险与报酬

对于两种以上证券构成的组合，以上原理同样适用，但是多种证券组合的机会集不同于两种证券的机会集。随着可供投资的证券数量增加，所有可能的投资组合数量都将呈几何级数上升。两种证券的所有可能组合都落在一条曲线上，而两种以上证券的所有可能投资组合会落在一个甲壳虫形状的平面中，如图2-17的阴影部分所示。这个机会集反映了投资者所有可能的投资组合，每种可能的投资组合都与图中的一点相对应。最小方差组合是图中最左端的点，它具有最小组合标准差。多种证券组合的机会集外缘有一段向后弯曲，这与两种证券组合中的现象类似：不同证券报酬率的波动相互抵消，产生风险分散化效应。

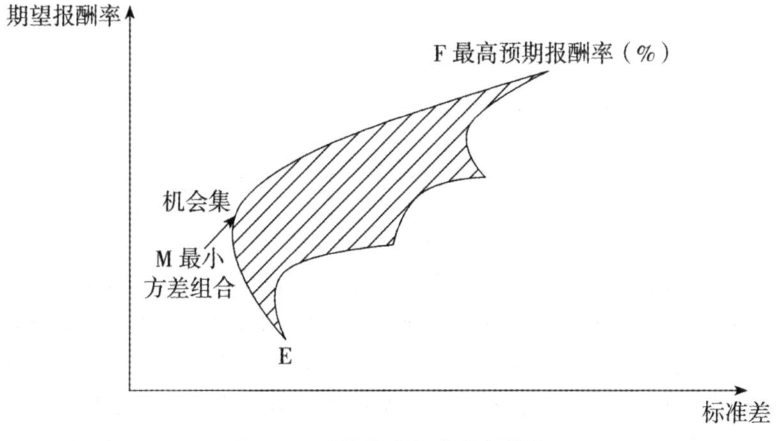

图2-17　N种资产组合的有效集

在图2-17中，曲线MF为有效集或有效边界，它是机会集的顶部界限，从最小方差组合点起到最高预期报酬率点止。投资者应在有效集上寻找投资组合，这些组合称为有效投资组合。有效投资组合，又称有效前沿或有效边界，是指符合以下两个条件之一的投资组合：其一是同等风险条件下收益最大，其二同等收益条件下风险最小。有效集以外的投资组合与有效投资组合相比，有三种情况：相同的标准差和较低的期望报酬率；相同的期望报酬率和较高的标准差；较低的报酬率和较高的标准差。这些投资组合都是无效的。如果投资组合是无效的，可以通过改变投资比例转换到有效边界上的某个组合，以达到提高期望报酬率而不增加风险，降低风险而不降低期望报酬率，或者得到一个既提高期望报酬率又降低风险的组合。

5）资本市场线（CML）

从上述内容中我们可以看出，若只考虑风险投资，投资者的最优选择便是曲线MF上的一点。如果存在无风险资产，并且投资者可以在资本市场上以固定的无风险资产的报酬率借到钱，将其纳入自己的投资总额；或者可以将多余的钱以上述报酬率贷出。那么，投资者的最优选择会是怎样的呢？

资本市场线是指表明有效组合的期望收益率和标准差之间的一种简单的线性关系的一条射线。它是沿着投资组合的有效边界，由风险资产和无风险资产构成的投资组合。如图2-18所示，从无风险资产的收益率（Y轴的r_f）开始，作有效边界的切线，切点为M，该直线被称为资本市场线，即包括风险资产和无风险资产在内的所有资产的有效集。由全部风险证券和无风险证券构成的投资组合中，没有任何组合可以优于r_fMZ。因为同样大小的风险，可以在r_fMZ上找到更高的报酬率。切点M是所有证券以各自的总市场价值为权数的加权平均组合，它代表唯一最有效的风险资产组合，我们将其定义为“市场组合”。M点左边为贷出资金，组合的风险相对较小；M点右边为借入资金，组合的风险相对较大。

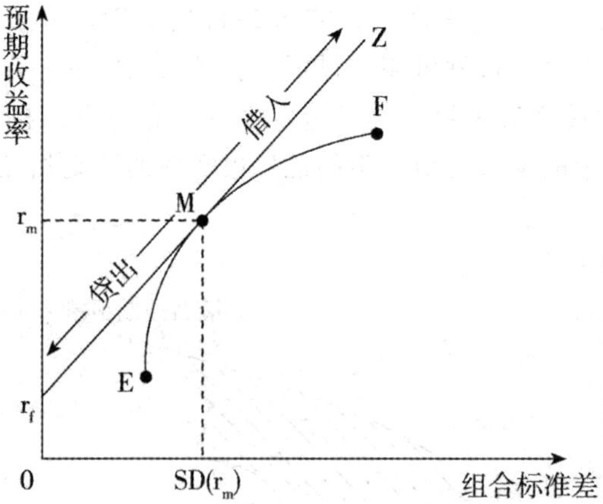

图2-18 资本市场线

存在无风险资产的情况下，投资人可以通过贷出货币减少自己的风险，当然也会同时降低期望报酬率。最厌恶风险的人可以将全部货币贷出，用来购买政府债券并持有至到期。而偏好风险的人可以借入货币，增加购买风险资产的资本，以使期望报酬率增加。如果贷出货币，他承担的风险小于市场平均风险；如果借入货币，他承担的风险大于市场平均风险。资本市场线反映出有效投资组合的风险和报酬是一种线性关系。直线的截距表示无风险利率，它可以视为时间价值。直线的斜率代表风险的市场价格，它告诉我们当标准差增长某一幅度时相应要求的报酬率的增长幅度。直线上的任何一点都可以告诉我们投资于市场组合和无风险资产的比例。在M点的左侧，表示同时持有无风险资产和风险资产的组合。在M点的右侧，表示仅持有市场组合M，并且会借入货币以进一步投资于组合M。

从这里我们也可以看出，投资者个人对风险的态度仅仅影响借入或贷出的资金数量，并不会对最佳风险资产组合产生任何影响，即所谓的分离定理。最佳风险资产组合取决于各种可能风险组合的期望报酬率和标准差。个人的投资行为可分为两个阶段：第一阶段是确定最佳风险资产组合，第二阶段是考虑无风险资产和最佳风险资产组合的理想组合。只有第二阶段受投资人风险反感程度的影响。分离定理在财务管理方面非常重要，它表明企业管理层在决策时不必考虑每位股东对风险的态度。

6）可分散风险与不可分散风险

有些风险可以通过上述投资组合消除或分散，而有些风险则仍保持不变。因此，我们有必要根据风险的这种特性，对其进行分类，并分别予以研究。

（1）可分散风险

可分散风险（diversifiable risk）又称非系统风险或公司特有风险，是指那些存在于个别投资却可以通过组合投资方式来消除的风险。例如，个别公司由于自身原因所引起的竞争失利、突发火灾、质量或者安全事故等。在证券投资中，这种风险是专指个别股票所独有并随时变动的风险，其主要特点有：一是由于特殊因素所引起；二是只影响某种股票的收益；三是可以通过股票多样化来消除或分散。其来源和表现主要有企业风险和财务风险。这两方面的风险可能通过股票持有的多样化和正确的投资组合来降低或消除，这是由于在持有多种股票的情况下，当有些股票价格下跌、股息减少时，另一些股票的价格和股息可能上升，这样此消彼长就可能使风险彼此冲销。由此可知，在一个充分的投资组合中，可分散风险几乎没有并且与市场无关，市场也不会对它进行任何价格补偿。

（2）不可分散风险

不可分散风险（non-diversifiable risk）又称系统风险或市场风险，是指由于多种因素的影响和变化，投资者风险增大，从而给投资者带来损失的可能性。例如，通货膨胀、国家某项经济政策的变化，有关法律的制定，甚至政府成员的更换等，都会影响整个证券市场价格。这类风险的主要特点有：一是由于共同的因素所引起；二是它对市场上所有的股票持有者都有影响；三是不可能通过股票证券的多样化来回避或消除。其来源和表现主要有政策风险、购买力风险、市场风险和利率风险。在这种泛指所有股票投资不可分散的共有风险中，不同的股票所受影响程度是不一样的，有的股票价格易受整个经济环境影响，比如一些昂贵且耐用的消费品生产厂家的股票价格就较易受到经济变动的影响。当整个经济不景气时，消费者首先减掉的是昂贵的耐用消费品购买计划，进而影响厂家的生产和利润，这些企业的股价也随之变动；而粮食、副食品等基本消费品生产加工经营企业，无论经济是否景气，它们的收益均显得较为稳定，股价变动也要小一些。尽管各股票的涨跌幅度有所区别，但是多数股票的变动方向却是一致的。所以，不管投资多样化多充分，也不可能消除全部风险，即使购买的是全部股票的市场组合。

（3）可分散风险与不可分散风险的关系

用标准差衡量某一资产或者资产投资组合的风险时，实质上衡量的是由可分散风险和不可分散风险两部分组成的资产投资的总风险。随着证券组合中的股票数量的增多，可分散风险在总风险中的比例下降，不可分散风险对总风险的贡献越来越大，投资组合与市场的相关程度也越来越大。可分散风险与不可分散风险的关系如图2-19所示。

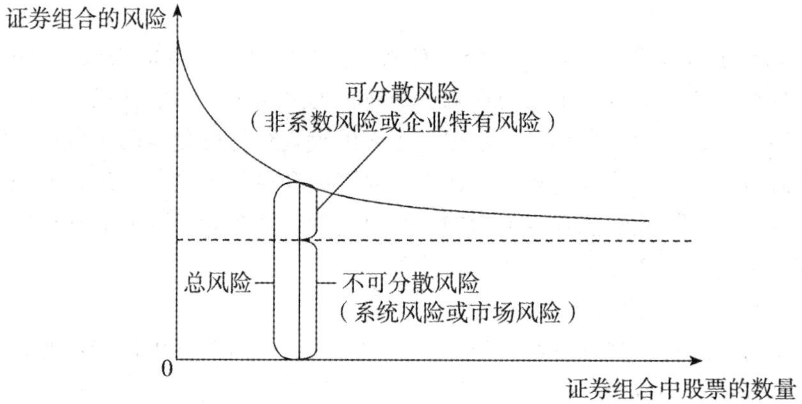

图2-19　可分散风险与不可分散风险的关系图

7）β系数与投资组合的收益

在股票市场上，股票价格由于种种原因经常发生波动，具有极大的不确定性，这就存在股票投资的风险，包括系统风险与非系统风险，而一项资产的期望报酬率取决于它的系统风险。系统风险对个别股票的影响程度，可由该股票价格变动的历史数据和市场价格的历史数据计算分析得出，通常用β系数来表示。

β系数用以度量一种证券或一个投资证券组合相对总体市场的波动性。其计算公式如下：

$$\beta_j=\frac{\sigma_{jm}}{\sigma_m^{\ 2}}=\frac{r_{jm}\sigma_j\sigma_m}{\sigma_m^{\ 2}}=r_{jm}\left(\frac{\sigma_j}{\sigma_m}\right) \tag{2.32}$$

式中：σ_{jm}——第j种证券的收益与市场组合收益之间的协方差，它等于该证券的标准差、整个市场的标准差及该证券与市场相关系数三者的乘积。

根据式（2.32）可以看出，一种股票的β系数大小取决于：①该股票和整个股票市场的相关性；②自身的标准差；③整个市场的标准差。

β系数的计算方法有两种：

一是使用直线回归法。根据数理统计的线性回归原理可知，β系数均可以通过同一时期内的资产收益率和市场组合收益率的历史数据，使用线性回归方程预测出来。β系数就是该线性回归方程的回归系数。

二是按照定义，根据证券与股票指数收益率的相关系数、股票指数的标准差和股票收益率的标准差直接计算。

β系数计算方法多样，而且实际计算过程十分复杂，但幸运的是，β系数一般不需要投资者自己计算，而是由一些投资服务机构定期计算并予以公布。

β系数的经济意义在于告诉投资者相对于市场组合而言特定资产的系统风险是多少。整个证券市场的β系数为1。β=1，表示某种股票的风险情况与整个股票市场的风险一致；β＞1，表示该股票的风险程度高于整个市场水平；β＜1，表示该股票的风险程度低于整个市场水平。从另一种角度说，如果计算出β系数是1，这就说明市场收益率上涨1%，这种股票的收益率也随之提高1%，该股票波动的程度与整个股票市场相同。如果β系数是1.5，则表明这种股票收益率的波动幅度是市场波动幅度的1.5倍。即当市场上涨1%时，这种股票的收益率便会提高1.5%；反之，如果市场收益率下降1%，则该股票的收益率将降低1.5%。如果β系数是0.5，则表示该股票的系统风险是市场组合系统风险的一半。当市场组合价格涨或跌1%时，该股票收益率只提高或降低0.5%。

由此可见，β系数的大小反映该股票收益率波动与整个市场收益率波动之间的相关性及程度，即通过表示某只股票收益率随市场波动的大小，说明其风险的程度。β系数大的股票风险大，β系数小的股票风险小。如果β系数的数值超过1.5，则可以看作高风险的股票。在国外，有些证券咨询服务企业把许多股票的β系数的数值都计算出来，以供投资者选购时参考。一般认为1.0是一个分界：将β系数的数值小于1.0的股票称为防守型的股票；将β系数的数值大于1.0的股票称为进攻型的股票。β系数对测定个股的市场表现及相应的市场风险，进行个股及股票投资组合选择，具有重要的参考价值。

投资组合的β系数是投资组合中个别证券的β系数的加权平均数。如果一个β系数>1的股票加入投资组合，则该组合的风险将会被拉高；反之，如果一个β系数<1的股票加入投资组合，则该组合的风险将会因其而降低。投资组合β系数的计算公式如下：

$$\beta_p = \sum_{i=1}^{m} x_i \beta_i \tag{2.33}$$

式中：β_p——组合投资的β系数，它表示个别组合投资报酬率相对于市场组合投资报酬率的变动程度；

x_i——第i种股票在投资组合中所占的比重；

β_i——第i种股票的β系数。

【例2-23】如果企业持有一个由A、B、C三种股票构成的投资组合，总投资额为10 000万元，其中A股票6 000万元，B股票3 000万元，C股票1 000万元，三只股票的β系数分别为2.3、1.7、0.6，则证券组合的β系数为：

$$\beta_p=\sum_{i=1}^{m} x_i\beta_i=\frac{6\,000}{10\,000}\times 2.3+\frac{3\,000}{10\,000}\times 1.7+\frac{1\,000}{10\,000}\times 0.5=2.09$$

至此，我们可以将证券组合投资风险归纳如下：

①证券组合投资后的风险是由可分散风险和不可分散风险两部分组成，如图2-12所示。

②可分散风险可以通过证券组合来消减。从图2-12中可以看到，可分散风险随着证券组合中股票数量的增加而逐渐减少。

③不可分散风险由市场变动所产生，它对所有股票都有影响，不能通过证券组合而消除，应当通过β系数计量后，在投资报酬中得到补偿。

小资料2-4　　经济政策不确定性贝塔溢价

经济政策对经济运行具有举足轻重的影响。近年来，为了应对复杂多变的经济形势，推动经济转型高质量发展，我国积极发挥经济政策的宏观调控作用。然而，在提升国民经济整体效能的同时，经济政策的不确定性也在持续加剧。根据Merton（1973）的跨期资本资产定价模型，当投资和消费机会集中受到市场状态的随机冲击时，投资者有动机进行对冲。因此，经济政策作为能够从多种渠道影响市场状态的重要因素，经济政策不确定性对资产价格的决定作用愈来愈强。

面对当前复杂严峻的国际形势、艰巨繁重的国内改革和稳定发展任务，特别是新冠肺炎疫情的严重冲击，既要发挥经济政策在优化资源配置、刺激市场信心等方面的宏观调控功效，更要关注经济政策不确定性所产生的经济后果。以我国股票市场作为实证研究对象，将股票收益对经济政策不确定性回归的系数贝塔作为经济政策不确定性的风险暴露来进行研究，研究当经济政策不确定性加剧时，获利的投资者为了规避不确定性，会减少投资对经济政策不确定性正向暴露的股票，从而使其产生低的预期收益，因此经济政策不确定性贝塔的负向溢价是由投资者在经济政策不确定性加剧时的“确定效应”所致。

资料来源：邢红卫，王汉瑛.经济政策不确定性贝塔溢价：基于确定效应的解释［J］. 上海财经大学学报，2021，23（3）：64-78.

8）证券市场线

由资本市场线进入到证券市场线，是由组合风险与收益研究向个别证券的风险与收益研究推进的过程。单一证券的风险和收益之间的关系可由证券市场线（SML）来描述（如图2-20所示）。

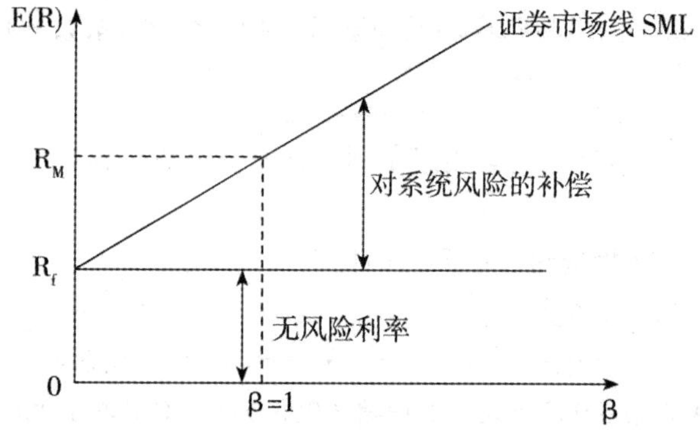

图2-20 β系数与要求的报酬率

一般认为，投资者只有在一种证券的期望收益可以弥补其风险时才会持有这种风险性证券。β系数正是衡量单一证券系统风险的指标。因此，一种证券的期望收益应与其β系数正相关。图2-20中斜率为正的证券市场线可以证明这一点，其纵轴是证券收益率，横轴便是衡量证券系统风险的β系数。

从图2-20可以看出，β系数为0时的证券收益率为无风险利率；β系数为1时，证券期望收益率就是证券市场组合的期望收益率；证券市场线为一条直线。因为任何低于证券市场线的证券组合，其β系数与证券市场线上组合的β系数相同，但期望收益率却低于证券市场线上的证券组合。因此，没有投资者会持有证券市场线以外的任何证券组合。证券市场线很清晰地反映了风险资产的预期报酬率与其所承担的系统风险β系数之间呈线性关系，充分体现了高风险高收益的原则。

证券市场线受通货膨胀、风险回避程度及β系数的变化的影响：

① 通货膨胀。投资者要求的回报包括无风险报酬和风险报酬两部分。无风险报酬率是SML线的截距，它由纯粹利率与通货膨胀补偿率两部分构成。因此，如果通货膨胀水平提高，投资者要求的报酬率便会有所提高，而且提高的幅度为通货膨胀变化的比率，从而导致SML线向上平移相同幅度。

② 风险回避程度。SML线的斜率反映了投资者的风险回避程度，SML线的斜率越大，SML线越陡，则表明投资者回避风险的程度越大；相反，SML线的斜率越小，SML线越平缓，则表明投资者回避风险的程度越小。当风险回避程度增加时，意味着投资者更厌恶风险，要求的风险报酬率便更高，SML线的斜率就更大。

③ 随着时间的推移，β系数也在不断变化。比如一个企业的资产组合、负债结构等发生变化，β系数也会随之而变。β系数的变化会使企业股票的报酬也发生变化。β系数越大，证券收益率越高。

2.2.4　资本资产定价模型

上面我们分别讨论了组合投资的风险与收益，接下来我们要进一步讨论风险与收益之间的关系。

在西方金融学和财务学中，有许多模型论述了风险和收益的关系，其中最著名的模型为资本资产定价模型（Capital Asset Pricing Model，CAPM）。资本资产定价模型是由美国学者威廉·夏普（William Sharpe）、林特尔（John Lintner）、特里诺（Jack Treynor）和莫辛（Jan Mossin）等人于1964年在资产组合理论和资本市场理论的基础上发展起来的，主要研究证券市场中资产的预期收益率与风险资产之间的关系，以及均衡价格是如何形成的。

资本资产定价模型（CAPM）基于如下假设研究市场均衡条件下，期望收益率与风险之间的关系：

① 所有投资者都追求单期财富的期望效用最大化，并以各备选组合的期望收益和标准差为基础进行组合选择。

② 所有投资者均可以无风险利率无限制地借入或贷出资金。

③ 所有投资者都拥有相同的期望，对所有资产报酬的均值、方差和协方差等有完全相同的主观估计。

④ 所有资产都可被完全细分，拥有充分的流动性且没有交易成本。

⑤ 没有税金。

⑥ 所有投资者均为价格接受者，即任何一个投资者的买卖行为都不会对股票价格产生影响。

⑦ 所有资产的数量都是给定和固定不变的。

从证券市场线上，我们可以建立一种证券的期望收益公式，这条证券市场线的截距为R_f，直线的斜率为（R_m-R_f），则资本资产定价模型（CAPM）公式为：

$$K_i=R_f+\beta_i(R_m-R_f) \tag{2.34}$$

式中：K_i——第i种股票的必要收益率；

R_f——无风险收益率，一般以短期国债的利率为近似替代；

β_i——第i种股票的β系数；

R_m——将所有股票都包括在内的市场组合投资的平均收益率，同时也是平均风险（β=1）股票的必要收益率。

R_m-R_f——市场的风险溢价（Market Risk Premium），是市场投资组合的期望收益率与无风险收益率之差，即为该市场的平均风险收益。

【例2-24】假设现行国库券的收益率为5%（无风险收益率），平均风险股票的必要收益率为8%，某企业持有的i股票的β系数是0.5。

那么，i股票的必要收益率为：

K_i=5%+0.5×（8%−5%）=6.5%

如果i股票的β系数是2，那么，i股票的必要收益率为：

K_i=5%+2×（8%−5%）=11%

如果i股票的β系数是1，那么，i股票的必要收益率与市场组合投资的必要报酬率相同：

K_i=5%+1×（8%−5%）=8%

由此可见，β系数影响股票的必要收益率。尽管资本资产定价模型存在争议，但是它揭示了风险与收益的关系。必要收益率等于无风险收益率加上风险收益率。资本资产定价模型为计算风险补偿提供了基本思路。投资者能够期望得到补偿的风险是市场风险，他们不能期望市场对企业特有风险有任何超额补偿，这就是资本资产定价模型隐含的逻辑思路。

小资料2-5　　CAPM模型在A股市场的适用性

A股市场作为中国股票市场的主体，是国内企业股权融资和国内投资者股权投资的主要场所，所以A股市场应该在优化市场资源配置上和促进国民经济发展上发挥重要的作用。然而，由于我国资产定价研究发展时间较短，尚未形成有效的理论模型，因此所研究的资产定价模型多以国外备受关注的资本资产定价模型（CAPM模型）为基础。国内学者早在20世纪90年代开始尝试检验CAPM模型在我国市场的适用性。但是，由于国内外股票市场的交易环境大相径庭，而且在市场运作、机制等方面也存在诸多差异，随着我国资本市场的开放程度和股票市场监管程度的不断提高，可以尝试使用更多、更新的样本股票数据对CAPM模型在A股市场的适用性重新进行研究探索。

经过研究表明：我国的证券交易市场尚处于弱式有效市场状态，并没有达到CAPM模型所要求的前提假设条件。因此，并不是所有投资者都能正确、有效地分析市场信息，做出准确的投资决策，在更多时候，他们是随波逐流、盲目跟风投资的。并且，我国的A股市场系统风险占总风险的比重较小，股票价格变动大多是由非系统性风险引起的。因此，CAPM模型并不适用于我国的A股市场。

资料来源：杨双会，郑智楷.CAPM模型在A股市场适用性的实证检验［J］. 金融理论与教学，2021（6）：39-44.

2.2.5　套利定价模型（APT）

套利定价模型（Arbitrage Pricing Theory，APT）是由斯蒂芬·罗斯于1976年12月首先提出来的，实际上也是有关资本资产定价的模型。根据资本资产定价模型可知，只有不可分散风险影响证券的期望收益，而套利定价理论则指出，多种风险因素共同影响收益。证券之间的相关性就是由这些共同的风险因素造成的。

套利定价理论也是建立在一定的基本假设上的，主要包括：

① 投资者有相同的理念；

② 投资者是回避风险的，而且要实现效用最大化；

③ 市场是完全的，因此对交易成本等因素都不做考虑；

与资本资产定价模型不同的是，套利定价理论没有以下假设：

① 单一投资期；

② 没有税金；

③ 投资者能以无风险利率自由借贷；

④ 投资者以收益率的均值和方差为基础选择投资组合。

套利定价理论假定，每个投资者都相信资产收益具有以下结构：

$$R_j=R_f+\beta_{1j}I_1+\beta_{2j}I_2+\cdots+\beta_{nj}I_n+\varepsilon_j,\ j=1,\ 2,\ \cdots,\ n \tag{2.35}$$

式中：I_K（K=1，2，…，n）——第K个影响证券收益的因素，且各因素互不相关；

ε_j——资产特有风险；

β_{nj}——各因素对证券收益率的影响程度。

套利定价模型是多因素的风险模型，投资人可以根据需要调整投资组合的风险构成，进行投资组合管理。如果投资人对某个风险因素预测更有把握，愿意承担这种风险，可以根据APT构建一个投资组合，增加这个风险因素的β系数，从而减少其他风险因素的β系数。

CAPM依赖于市场有效组合的存在，而APT依赖于无套利的存在。虽然两者依赖的条件不同，但都表明了期望收益和风险的正相关关系。在套利定价理论中，β系数是度量一种资产收益对某种因素变动的反应程度。当影响资产收益的风险因素只有一个时，就会得到：

$$\overline{R_i}=R_f+\beta_i\left(\overline{R_M}-R_f\right) \tag{2.36}$$

上述公式同资本资产定价模型完全一致，因此CAPM可以视为APT特殊的单因素模型。

虽然APT和CAPM都说明只有系统风险才能得到补偿，但CAPM没有明确影响系统风险的因素。而APT指出，正是一些共同的风险因素使得证券之间存在相关性。很明显，APT的优点之一是存在多个影响因素，因而可以更准确地度量投资组合对于不同风险的敏感度和期望收益。缺点在于，投资者很难确定哪些是影响资产期望收益的合适因素，不同决策者可能会据此作出不同的判断。

【课堂拓展】　党的二十大报告——构建高水平社会主义市场经济体制

党的二十大报告提出：要坚持和完善社会主义基本经济制度，毫不动摇巩固和发展公有制经济，毫不动摇鼓励、支持、引导非公有制经济发展，充分发挥市场在资源配置中的决定性作用，更好发挥政府作用。深化国资国企改革，加快国有经济布局优化和结构调整，推动国有资本和国有企业做强做优做大，提升企业核心竞争力。优化民营企业发展环境，依法保护民营企业产权和企业家权益，促进民营经济发展壮大。完善中国特色现代企业制度，弘扬企业家精神，加快建设世界一流企业。支持中小微企业发展。深化简政放权、放管结合、优化服务改革。构建全国统一大市场，深化要素市场化改革，建设高标准市场体系。完善产权保护、市场准入、公平竞争、社会信用等市场经济基础制度，优化营商环境。健全宏观经济治理体系，发挥国家发展规划的战略导向作用，加强财政政策和货币政策协调配合，着力扩大内需，增强消费对经济发展的基础性作用和投资对优化供给结构的关键作用。健全现代预算制度，优化税制结构，完善财政转移支付体系。深化金融体制改革，建设现代中央银行制度，加强和完善现代金融监管，强化金融稳定保障体系，依法将各类金融活动全部纳入监管，守住不发生系统性风险底线。健全资本市场功能，提高直接融资比重。加强反垄断和反不正当竞争，破除地方保护和行政性垄断，依法规范和引导资本健康发展。

资料来源：习近平.高举中国特色社会主义伟大旗帜 为全面建设社会主义现代化国家而团结奋斗——在中国共产党第二十次全国代表大会上的报告［EB/OL］.［2022-10-16］.http://jhsjk.people.cn/article/32551583.

总结与结论

➢货币时间价值是财务管理的基本概念之一。任何财务管理活动，都是在特定的时空中进行的。离开了时间价值这一因素，就无法正确计算不同时期的财务收支，也无法正确评价企业的盈亏。

➢货币时间价值是指使用中的货币在经历一定时间后所增加的价值，也称为资金时间价值。货币时间价值的基本表现形式有两种：从未来观点看的终值与从现在观点看的现值。货币时间价值一般都是按照复利方式进行计算，有复利终值与现值的计算和年金终值与现值的计算两种形式。其中，年金又分为普通年金、预付年金、递延年金和永续年金四种形式。普通年金是最基本的形式，其他形式的年金都可以转换成普通年金加以计算。

➢在财务管理中，不论是决定价值，还是选择投资都需要将风险考虑在内。承担风险，就要求得到相应的额外收益，否则投资者便不会去冒险。实际上，证券估价与“风险与收益”权衡观念是理解企业价值最大化的基础。在进行财务管理时，必须对风险进行研究和计量并设法将其控制在可承受范围内，以求最大限度地增加企业价值。

➢单项资产一般利用标准差和变异系数衡量其风险。然而，实际上很少有人只选取一个投资项目，投资者往往将不同的投资结合在一起，以减少总投资的风险程度。这种将不同的投资结合在一起构成的总投资称为组合资产投资。

➢可分散风险又称为非系统风险或企业特有风险，是指某些个别因素对单位股票造成损失的可能性，个别投资可以通过组合投资的方式来消除这种风险。不可分散风险又称为系统风险或市场风险，是指由于某种因素使股票市场上所有的股票都出现价格变动现象，会给一切证券投资者都带来损失的可能性。

➢β系数用以度量一种证券或一个投资证券组合相对总体市场的波动性，是衡量单一证券系统风险的指标。

➢资本资产定价模型讨论了风险与收益之间的关系。股票的必要收益率等于无风险收益率加上股票的风险报酬率。

➢套利定价模型（APT）是CAPM的拓展，是多因素定价模型。特殊的单因素APT模型同CAPM含义相同。

练习题

1.某公司拟从2022年至2026年之间的5年内，每年等额存入某金融机构若干元本金，以便在2027年至2030年之间的4年内每年年末从该金融机构等额获取100 000元本利和。假定存款年利息率（复利）不变，为5%。要求计算下列指标：

（1）甲公司在2027年至2030年的4年间从该金融机构获取的所有本利和相当于2024年年初的价值合计，则每年年末应存入多少本金？

（2）如果甲公司在2022年至2026年的5年内于每年年末将本金存入金融机构，则每年年末应存入多少本金？

（3）如果甲公司在2022年至2026年的5年内于每年年初将本金存入金融机构，则每年年初应存入多少本金？

2.已知某企业于年初存入银行200 000元，假定年利率为8%，每半年计息一次。已知（F/P，4%，5）=1.2167，（F/P，4%，10）=1.4802，（F/P，8%，5）=1.4693，（F/P，8%，10）=2.1589，则第5年年末的本利和为多少元？

3.某公司需用一台设备，价款为36 000元，使用寿命为10年，如果租入，则每年年初需支付租金4 400元，除此之外，其他情况相同，假设年利率为8%，试通过计算结果说明该公司应该选择购买设备还是租用设备？

4.某公司拟购置一处厂房用以放置存货，制订出两种付款方案：

（1）从现在起，每年年初支付25万元，连续支付10次，共250万元。

（2）从第3年开始，每年年初支付30万元，连续支付10次，共300万元。

假设该公司的最低报酬率为12%，你认为该公司应选择哪个方案？

5.某人准备4年后出国自费留学，所需费用为500 000元，他预计每年年末存入银行一笔等额款项以满足留学需求，假设年利率为5%，复利计算，试问他每年应存入多少钱？

6.某企业准备投资开发甲新产品，现有A、B两个方案可供选择，经预测，A、B两个方案的预期收益率见表2-8。

表2-8 **A、B方案预期收益率**

市场状况	概率	预期收益率（%）	
		A方案	B方案
繁荣	0.4	35	45
一般	0.5	10	10
衰退	0.1	-5	-15

要求：

（1）计算A、B两个方案预期收益率的期望值。

（2）计算A、B两个方案预期收益率的标准离差和标准离差率。

（3）假设无风险收益率为6%，与甲新产品风险基本相同的乙产品的投资收益率为16%，标准离差率为80%。计算A、B方案的风险收益率与预期收益率。

（4）假定资本资产定价模型成立，证券市场的平均收益率为18%，国债利率为5%，市场组合的标准差为5%。分别计算A、B项目的β系数以及它们与市场组合的相关系数。

7.国库券的利息率为3%，市场证券组合的收益率为15%。

要求：

（1）计算市场风险收益率。

（2）当β值为1.3时，计算必要收益率。

（3）如果一个股票投资项目的预计β值为0.9，期望收益率为13%，是否应当进行投资？

（4）如果某种股票的必要收益率为18%，其β值应该是多少？

8.某公司持有A、B、C三种股票构成的证券组合，它们的β系数分别是0.6、1.3和2，在证券组合中所占的比重分别为20%、30%和50%。已知证券市场的平均收益率为12%，无风险收益率为5%。

要求：

（1）计算A、B、C三种股票各自的必要收益率。

（2）利用（1）中结果计算该证券组合的预期收益率。

（3）计算证券组合的β系数。

（4）利用（3）中结果计算该证券组合的预期收益率。

二维码2-1　练习题参考答案

案例分析题

国家电网项目投资风险案例分析[①]

近几年，我国积极推动“一带一路”建设，稳步开展国际产能合作，“走出去”工作体系不断完善，中国企业主动融入经济全球化的进程加快。我国电网公司响应“一带一路”建设号召，在境外投资中不断取得突破，推动了电力基础设施互联互通。国家电网已在菲律宾、巴西、葡萄牙、澳大利亚、意大利等国家开展了海外业务，建立了规划设计、工程建设、装备制造、技术标准全产业链“走出去”的国际产能合作模式，国际产能合作不断深化，其中也不乏投资失败的案例。2006年，菲律宾国家电网公司通过招标方式出让全部经营权，期望借此偿还菲律宾国家电网公司68亿美元的债务，国家电网公司的工作小组前往菲律宾考察，认为该电网资产并非优质资产，而且在菲律宾当时的经济形势下，收购菲律宾电网不一定能给国家电网公司带来丰厚的投资回报，最终选择退出竞标。但在次年12月，国家电网公司与另外两家菲律宾当地公司（蒙特罗电网公司和开拉卡公司）组成的联合体，持股40%，以39.5亿美元的价格获得菲律宾电网25年的特许经营权（历时近一年才予以批复通过，这是国家电网公司首次获得境外国家级大型输电网络的特许经营权），并于2008年开始陆续派技术人员入驻菲律宾，参与电力项目的建设和电网的运营。然而，2015年2月，由于中菲两国的紧张关系，菲律宾单方面宣布因“国家安全的担忧”，将不再让中国技术人员直接参与其电网的运作，并表示菲律宾人已从中国技术人员身上学到了所有技能。

放眼国内投资项目，国家电网也是响应时代号召，紧抓机遇不放。由于粤港澳大湾区

① 作者根据“郭莉，王朋，方向，等.电网项目海外投资案例研究与风险识别［J］.科技管理研究，2018（18）”改编整理。

要建设富有活力和国际竞争力的一流湾区和世界级城市群，这为能源电力发展带来了巨大机遇，也提出了高质量发展的新要求。预计到2035年，粤港澳大湾区用电负荷将达到1.3亿千瓦，较2018年增长近50%；全社会用电量达7 000亿千瓦时，较2018年增长超过40%。同时，粤港澳大湾区的能源需求将呈现清洁低碳水平高、安全保障要求高、用能需求多样化等特点。基于此需求，2018年至2022年，南方电网将在粤港澳大湾区电网科技研发投入超过200亿元，聚焦大电网安全稳定运行等关键领域和技术方向开展科技攻关，掌握核心技术。预计到2030年，粤港澳大湾区将率先全面建成世界一流智能电网，支撑粤港澳大湾区现代化经济体系发展和智慧城市群建设。

案例思考题：

1. 根据以上资料和所学知识，请详细阐述国家电网公司存在的境外投资风险。

2. 考虑货币时间价值，粤港澳大湾区的项目要想收回投资，每年至少应该产生多少现金流？（假设项目要求的投资报酬率为15%，项目运营30年）

二维码2-2　案例分析题提示

第3章 财务报表分析

学习目标

通过本章的学习，学生应了解财务报表分析的目的、方法与局限性；熟悉财务报告体系内容；掌握各种财务报表分析方法；熟练运用财务比率对企业的偿债能力、盈利能力、营运能力和发展能力进行分析；能够对企业的经营业绩与财务状况进行综合分析与评价。

导言

财务报表是企业竞争的财务历史，财务报表的作用不仅是记录企业过去的经营行为。管理者可以通过财务报表数往知来，通过对财务数据和相关信息的汇总、计算、对比和说明，可以为企业投资者、债权人、经营者及其他关系企业的组织或个人了解企业过去、评价企业现状、预测企业未来，做出正确决策提供信息和依据。本章从财务报告体系的概念入手，介绍了财务报表分析的基本方法，详细阐述了如何运用财务比率分析企业的偿债能力、营运能力、盈利能力和发展能力，最后介绍了财务报表分析的具体应用——杜邦分析法。

3.1 财务报表分析概述

3.1.1 财务报告体系

根据我国会计法，财务报告是指企业对外提供的反映企业某一特定日期财务状况和某一会计期间经营成果和现金流量的文件。财务报告主要包括基本财务报表和报表附注。

1）基本财务报表

基本财务报表主要指资产负债表、利润表、现金流量表和所有者权益（或股东权益）变动表。

（1）资产负债表

资产负债表是反映企业某一时日（月末、季末、年末）财务状况的一种静态报表。它根据“资产=负债+所有者权益”这一平衡公式，依照一定的分类标准和一定的次序，将某一特定日期的资产、负债和所有者权益的具体项目予以适当的排列编制而成。资产负债表可以反映企业资产的构成及其状况，分析企业在某一日期所拥有的经济资源及其分布情况；可以反映企业某一日期的负债总额及其结构，分析企业需要偿付的债务数额及财务风险；可以反映企业所有者权益的情况，分析资本保值、增值的情况以及对负债的保障程度。表3-1是M集团公司2022年12月31日的资产负债表。

表3-1　　资产负债表

编制单位：M集团公司　　2022年12月31日　　单位：万元

资　产	期末余额	上年年末余额	负债和所有者权益（或股东权益）	期末余额	上年年末余额
流动资产：			流动负债：		
货币资金	1 177	1 108	短期借款	323	321
交易性金融资产	11	18	交易性金融负债	1	0
应收票据	972	736	应付票据	540	649
应收账款	607	570	应付账款	1 120	1 229
预付款项	82	197	预收款项	248	476
应收利息	0	0	应付职工薪酬	86	71
应收股利	0	0	应交税费	58	-115
其他应收款	40	61	应付利息	0	0
存货	992	1 236	应付股利	7	0
一年内到期的非流动资产	0	0	其他应付款	57	60
其他流动资产	180	72	一年内到期的非流动负债	44	0
流动资产合计	4 061	3 998	其他流动负债	705	602
			流动负债合计	3 189	3 293
非流动资产：			非流动负债：		
持有至到期投资	0	0	长期借款	148	138
长期应收款	108	105	应付债券	0	0
长期股权投资	36	47	长期应付款	0	0
投资性房地产	559	459	专项应付款	2	0
固定资产	776	821	预计负债	3	2
在建工程	0	0	递延所得税负债	3	3
固定资产清理	187	181	其他非流动负债	6	3
无形资产	251	237	非流动负债合计	162	146
商誉	0	0	负债合计	3 351	3 439
长期待摊费用	41	44	所有者权益（或股东权益）：		

续表

资　产	期末余额	上年年末余额	负债和所有者权益（或股东权益）	期末余额	上年年末余额
递延所得税资产	71	63	股本	338	338
其他非流动资产	0	0	资本公积	635	612
非流动资产合计	2 029	1 957	减：库存股	0	0
			盈余公积	105	84
			未分配利润	1 138	963
			外币报表折算差额	-10	3
			少数股东权益	533	516
			所有者权益（或股东权益）合计	2 739	2 516
资产总计	6 090	5 955	负债和所有者权益（或股东权益）总计	6 090	5 955

（2）利润表

利润表是反映企业一定会计期间（如月度、季度、半年度或年度）经营成果的一种动态报表。它是根据“收入-费用=利润”的基本关系而编制的，其具体内容取决于收入、费用和利润等会计要素及其内容。利润表全面揭示了企业在某一特定时期实现的各种收入、发生的各种费用、成本或支出，以及企业实现的利润或发生的亏损情况。利润表可以解释、评价和预测企业的经营成果和获利能力，可以评价和考核管理人员的绩效，为投资者及企业管理者等各方面提供有关企业经营成果的财务信息。表3-2是M集团公司2022年度的利润表。

表3-2　**利润表**

编制单位：M集团公司　**2022年度**　单位：万元

项目	本年金额	上年金额
一、营业收入	6 807	9 311
减：营业成本	5 254	7 562
税金及附加	32	35
销售费用	674	859
管理费用	362	319
财务费用	32	105
资产减值损失	6	4
加：公允价值变动收益	-8	3

续表

项目	本年金额	上年金额
投资收益	35	72
其中：对联营企业和合营企业的投资收益	7	5
二、营业利润	474	502
加：营业外收入	43	68
减：营业外支出	10	14
三、利润总额	507	556
减：所得税费用	94	102
四、净利润	413	454

（3）现金流量表

现金流量表是反映一定时期内（如月度、季度或年度）企业经营活动、投资活动和筹资活动对其现金及现金等价物所产生影响的财务报表。现金流量表提供了企业资金来源与运用的信息，便于分析企业资金来源与运用的合理性，判断企业的经营情况和效果，评价企业的经营业绩；提供了企业现金增减变动原因的信息。同时，将现金流量表与资产负债表、利润表衔接起来，可分析企业创造现金能力、盈利质量、偿债能力及支付能力，对分析企业总体经营与财务状况具有重要意义。

（4）所有者权益（或股东权益）变动表

所有者权益（或股东权益）变动表是反映企业在一定期间内，所有者权益（或股东权益）各组成部分当期的增减变动情况的报表。通过所有者权益（或股东权益）变动表，不仅可以为报表使用者提供所有者权益（或股东权益）总量增减变动的信息，还能为其提供所有者权益（或股东权益）增减变动的结构性信息，特别是能够让报表使用者理解所有者权益（或股东权益）增减变动的根源。所有者权益（或股东权益）变动表为资产负债表和利润表提供了辅助信息，也在一定程度上提供了企业全面收益的信息。

2）财务报表附注

财务报表附注是对资产负债表、利润表、现金流量表和所有者权益（或股东权益）变动表等报表中列示项目的文字描述或明细资料，以及对未能在这些报表中列示项目的说明等，可以使报表使用者全面了解企业的财务状况、经营成果和现金流量。

财务报表附注不仅使报表使用者更全面地了解企业状况，缓解财务报表信息披露压力，还可以提高会计信息的相关性和可靠性。财务报表附注披露可以在不降低会计信息可靠性的前提下提高信息的相关性，如或有事项的处理——或有事项由于发生的不确定性而不能直接在主表中进行确认，但可以通过在财务报表附注中进行披露，揭示或有事项的类型和影响，以此来提高信息的相关性；财务报表附注还可以通过披露企业的会计政策和会计估计的变更等情况，向投资者传递相关信息，使投资者能够“看透”会计方法的实质，而不被会计方法所误导。

财务报表附注的主要内容包括：①不符合基本会计假设的说明；②重要会计政策和会

计估计的说明，以及重大会计差错更正的说明；③财务报表附注应披露的重要会计政策；④或有事项的说明；⑤资产负债表日后事项的说明；⑥关联方关系及其交易的说明；⑦财务报表中重要项目的说明；⑧其他重大会计事项的说明。

【课堂拓展】 **上市公司财务造假对策**

国内外财务舞弊史告诉我们，只要经济利益诱惑足够大，监管等制度安排又有机可乘，就会有上市公司不惜以身试法，力图通过财务造假博取不当得利。从英国的南海泡沫事件，到安然财务丑闻，再到银广厦舞弊，直至康得新和康美药业恶性造假，都说明造假与反造假的博弈周而复始，生生不息。

当道德不能约束上市公司的财务造假时，唯有严刑峻法，将造假者绳之以法，才能形成强大的震慑力。在这方面，外有《萨班斯-奥克斯利法案》（SOX）可供借鉴，内有酒驾入刑之良法提供启示。首先，建议借鉴 SOX 的做法，大幅提高财务造假者的刑期。安然事件曝光后，董事长 Kenneth Lay 因去世未被追究刑事责任；首席执行官 Jeffery Skilling和首席财务官 Andrew Fastow 在 2003 年分别获刑 24 年和 6 年；世界通信董事长兼首席执行官 Bernard Ebbers 除被没收全部个人财产（超过 5 000 万美元）外，在 2005 年被判处 25 年徒刑；首席财务官 Scott D. Sullivan 被没收 500 万美元和一栋别墅，并处 5 年徒刑。其次，应区分上市公司财务造假的主犯和从犯，对于以实际控制人为代表的主犯，在量刑方面应当从严、从快、从重，对于从犯虽可从轻追责，但绝对不可放纵，而应当借鉴酒驾入刑的做法，凡是参与财务造假的都必须入刑，而不论财务造假是否造成严重的社会后果。

资料来源：黄世忠.上市公司财务造假的八因八策［J］.财务与会计，2019（16）.

3.1.2 财务报表分析的目的

为什么进行财务报表分析？这要从财务报表分析主体入手。财务报表分析的主体是指企业的利益相关者，他们需要将财务报表数据转换成有用的信息，以帮助他们对企业的经营状况和财务状况进行分析与评价，并据此做出正确的决策。那么，如何将财务报表数据转换成有用的信息呢？比如，要分析企业的盈利能力，我们仅孤立地看利润表中的净利润是不够的。假设A、B两家企业的净利润分别是1 000万元和2 000万元，我们不能据此判断B企业的盈利能力比A企业好，因为如果A企业的资产总额是5 000万元，而B企业的资产总额是2亿元，显然A企业的盈利能力要优于B企业，所以我们要将净利润和资产联系起来分析，以得到决策有用信息。因此，为了提高财务信息的有用性，需要对这些财务数据进行进一步分析、解释和加工，以便更全面、更深入地反映企业的财务情况及发展趋势，更好地为财务报表分析主体服务。

在财务报表分析的过程中，不同的财务报表分析主体对企业财务信息关注的侧重点也不同，具体分析如下：

（1）投资者

这里的投资者既包括企业现有的出资者，又包括资本市场上潜在的投资者。他们是企业经营获利的最大受益者，也是企业经营风险的最大承担者，所以他们对企业的盈利能力及投资风险极为关注。投资者期望自己投入的资金能实现保值增值，因此他们不仅关心企业当前的盈利能力，还关注企业的支付能力、营运状况、成长前景及风险控制能力。只有投资者认为投资企业能产生价值增值，现有的投资者才会保持或增加投资，潜在投资者才会踊跃地把大量资金投入该企业。此外，财务报表分析也有助于投资者评价企业经营者的经营业绩，发现经营过程中存在的问题，从而通过行使股东权利，及时纠正偏差，使企业保持良性发展状态。

（2）债权人

债权人是指那些给企业提供借款的金融机构以及购买企业债券的单位与个人，还包括以出售货物或劳务形式提供短期融资的单位或个人。债权人不参与企业的经营管理，不对企业承担终极风险。债权人最为关注的是企业是否能按期还本付息，是否能保证债权的安全性，因此他们侧重分析企业的偿债能力。当然，债权人并不期望企业通过处置资产的方式偿还债务，所以他们同时关注企业的收益状况与风险程度是否相适应，即将偿债能力与盈利能力结合分析，从而制定是否借款以及对该企业的借款额度、付款条件、利率水平、保障条款等决策。

（3）经营者

企业的经营者对股东投入的资本负有保值增值的责任。为履行“受托责任”，企业的经营者对财务报表信息的关注较其他分析主体更加全面。在财务报表分析中，除了关注企业的盈利能力、偿债能力、营运能力、风险控制能力之外，还要关注企业的筹资活动、投资活动等是否为企业创造价值，及时发现在价值创造过程中存在的问题和不足，并通过原因分析，决定如何运用财务控制和财务决策解决这些问题。因此，企业经营者进行财务分析的目的不仅仅是全面、综合评价企业的财务状况和经营成果，更重要的是为贯穿财务管理始终的财务决策和财务控制提供信息支持。

（4）企业的供应商和客户

在生产经营过程中，企业必然与供应商和客户发生业务往来。这些业务关联单位出于保护自身利益的需要，也关心企业的财务状况和经营状况。他们主要通过财务报表分析了解企业的信用状况。供应商需要了解企业的财务信用，判断其是否能及时结清各种款项，以便为制定信用政策提供依据；客户需要了解企业的商业信用，据以判断企业的经营管理能力及产品服务质量，以便为选择进货途径做出正确的决策。

（5）其他财务信息使用者

除投资者、债权人、经营者、供应商和客户之外，企业财务信息的使用者还包括：①中介机构，如证券公司、基金公司、资产评估机构、会计师事务所等，它们通过财务报表分析满足客户的需求；②政府部门，如财政部门、税务部门、统计部门等，它们通过财务报表分析了解企业的经营运作及发展状况，为宏观经济政策及法规制定提供依据；③企业的竞争对手，通过财务报表分析竞争对手可以了解企业的财务信息，掌握企业的战略定位和发展方向，为制定自身未来的发展战略及竞争策略提供依据。

3.1.3 财务报表分析方法

为了正确揭示各种会计数据之间存在的重要关系，全面反映公司的财务状况和经营成果，报表使用者通常采用以下几种方法进行报表分析：

1）比较分析法

比较分析法是对两个有关的项目或指标数值进行对比，揭示差异和矛盾的一种分析方法。比较分析法有绝对数比较和相对数比较两种形式。绝对数比较是将主要报表项目的绝对数与比较对象的绝对数进行比较，以揭示数量差异，从而了解金额变动情况。相对数比较是利用报表中有相关关系的数据的相对数进行比较，以揭示数量差异，从而了解变动程度。

比较分析的具体形式有：

（1）将本期的实际数据与前期的实际数据进行比较，可以了解企业财务状况及发展趋势。

（2）将本期的实际数据与计划数据相比较，考核企业管理层受托责任的完成情况，分析达成长期目标的可能性。

（3）将本期的实际数据与同行业同类数据相比较，便于找出企业与行业标杆企业的差距，制定新的目标，增强企业的竞争力。

小资料3-1　　塔牌集团：2022年度业绩预告

塔牌集团（002233）2023年1月13日晚发布2022年度业绩预告，公司预计实现净利润2.2亿元至3.12亿元，同比下降83%~88%；实现扣除非经常性损益后的净利润2.57亿元至3.69亿元，同比下降77%~84%；基本每股收益0.18元/股~0.26元/股。

作为一家水泥类上市企业，塔牌集团的盈利主要受水泥产销量、销售价格及水泥生产成本的影响。

在1月13日晚的公告当中，塔牌集团对其业绩变动原因解释为：2022年以来，受疫情多点散发及房地产调控累积效应等影响，水泥市场需求明显减少，供需关系严重失衡，导致各区域水泥价格出现较大降幅；粤东区域水泥价格自年初起持续回落，进入传统销售旺季9月份后才企稳回升。报告期内，公司水泥销量同比下降约8%，水泥销售价格同比下降约18%；同时，受煤炭采购价格同比上涨等影响，报告期内公司水泥销售成本同比上升约9%，致使公司综合毛利率同比下降较多，盈利水平明显下降。

资料来源：Wind数据库。

2）比率分析法

比率分析法是通过分析计算反映财务报表中各项目之间相互关系的比率，并同标准比率相比较，从而评价企业财务状况和经营成果的一种方法。比率分析法能够揭示数据间的内在联系，适用于不同经营规模企业之间的比较。

比率指标的类型主要有构成比例、效率比率和相关比率三类：

（1）构成比率，又称结构比率，是反映某项经济指标的各组成部分与总体之间关系的比率。其计算公式如下：

$$构成比率 = \frac{某个组成部分数值}{总体数值} \times 100\% \tag{3.1}$$

比如，企业资产中流动资产、固定资产和无形资产占资产总额的百分比（资产构成比率），企业负债中流动负债和非流动负债占负债总额的百分比（负债构成比率）等。利用构成比率，可以考虑总体中某个部分的形成和安排是否合理，以便协调各项财务活动。

（2）效率比率，是反映某项经济活动中投入与产出之间关系的比率。利用效率比率指标，可以进行得失比较，考察经营成果，评价经营效益。如果将利润项目与销售成本、销售收入、资本等项目加以对比，可计算出成本利润率、销售利润率以及资本利润率等利润率指标，可以从不同角度比较企业盈利能力的高低及其增减变化情况。

（3）相关比率，是以某个项目和与其有关但又不同的项目加以对比所得的比率，反映有关经济活动的相互关系。利用相关比率指标，可以考察企业相互关联的业务安排得是否合理，以保障经营活动顺畅进行。例如，将流动资产与流动负债进行对比，可判断企业的短期偿债能力；将负债总额与资产总额进行对比，可以判断企业长期偿债能力。

3）趋势分析法

趋势分析法是通过对比两期或连续数期财务报告中的相同指标，确定其增减变动的方向、数额和幅度，以此来说明企业财务状况和经营成果的变动趋势的一种方法。采用该种方法可以分析企业的财务状况和经营成果发展变化的原因和变动性质，并由此预测企业未来的发展前景。企业可以采用两种方法来进行分析：①定基动态比率，即用某一时期的数值作为固定的基期指标数值，将其他的各期数值与其对比来分析；②环比动态比率，它是以每一分析期的前期数值为基期数值而计算出来的动态比率。

4）因素分析法

因素分析法是依据分析指标与其影响因素之间的关系，从数值上确定各因素对分析指标的差异的影响程度的一种方法。企业是一个有机整体，每个指标的高低变化都会受到若干因素的影响，运用因素分析法可以帮助人们寻找问题成因，抓住主要矛盾，有助于下一步有针对性地解决问题，并为企业内部考核提供依据。因素分析法主要有连环替代法和差额分析法。

（1）连环替代法

连环替代法是将分析指标分解为单个可以计量的因素，并根据各个因素之间的依存关系，顺次用各因素的比较值（通常为实际值）替代基础值（通常为标准值或计划值），然后计算各因素对分析指标的影响。

设$Q=A\times B\times C$，基础值$Q_0=A_0\times B_0\times C_0$，比较值$Q_1=A_1\times B_1\times C_1$。

基数$Q_0=A_0\times B_0\times C_0$　①

替代A因素：$A_1\times B_0\times C_0$　②

替代B因素：$A_1\times B_1\times C_0$　③

替代C因素：$A_1\times B_1\times C_1$　④

④减①：Q指标的总变动量；

②减①：A因素的变动对Q指标的影响；

③减②：B因素的变动对Q指标的影响；

④减③：C因素的变动对Q指标的影响。

（2）差额分析法

差额分析法是连环替代法的简化形式，它是利用各个因素的比较值和基础值之间的差额，计算各个因素对分析指标的影响。

$(A_1-A_0)\times B_0\times C_0$：A因素的变动对Q指标的影响；

$A_1\times(B_1-B_0)\times C_0$：B因素的变动对Q指标的影响；

$A_1\times B_1\times(C_1-C_0)$：C因素的变动对Q指标的影响。

3.2 财务比率分析

3.2.1 偿债能力分析

偿债能力是指企业偿还到期债务的能力。企业的债权人最关心的就是企业的偿债能力，因为债权人出借资金的基本目的是取得利息收入。如果债务人到期不能还本付息，那么债权人不仅不能从这种资金借贷业务中获得预期的收益，反而会遭受一定的损失。偿债能力对于企业的投资者和经营者同样具有十分重要的意义。对于投资者来说，企业只有保持较强的偿债能力，才可能有良好的理财环境，才有可能筹集到更多的资金用于投资，从而为投资者带来更多的利润；对于经营者来说，使企业保持一定的偿债能力，一方面可减少企业的财务风险，不会因无力还债而陷入财务困境；另一方面也树立了企业的良好形象和信誉，增强债权人、投资者以及政府机构等有关方面对企业的信心，使企业能够筹集到更多的资金，保持企业良好的外部形象。

债务一般按照到期时间分为短期债务和长期债务，因此偿债能力分析也分为短期偿债能力分析和长期偿债能力分析。

1）短期偿债能力分析

短期偿债能力是企业偿还流动负债的能力，短期偿债能力的强弱取决于流动资产的流动性，即资产转换成现金的速度。企业流动资产的流动性强，相应的短期偿债能力也强。因此，通常使用流动比率、速动比率和现金比率衡量短期偿债能力。

（1）流动比率

流动比率是流动资产与流动负债的比值，反映企业可在短期内变现的流动资产偿还到期流动负债的能力。其计算公式为：

$$流动比率 = \frac{流动资产}{流动负债} \tag{3.2}$$

流动比率是衡量企业短期偿债能力的一个重要财务指标。一般而言，这个比率越高，说明企业偿还流动负债的能力越强，流动负债得到偿还的保障越大。但是有些企业虽然流动比率较高，账上却没有多少真正能够迅速用来偿债的现金和存款，其流动资产中大部分是变现速度较慢的存货、应收账款等，所以在分析流动比率时，还需进一步分析流动资产的构成项目。

此外，过高的流动比率也并非好现象，因为流动比率越高，可能是企业滞留在流动资产上的资金过多，未能有效加以利用，可能会影响企业的盈利能力。经验表明，流动比率为2左右比较合适。但是，对流动比率的分析应该结合不同的行业特点和企业流动资产结构等因素。有的行业流动比率较高，有的较低，不应该用统一的标准来评价各企业流动比率合理与否。只有与同行业平均流动比率、本企业历史的流动比率进行比较，才能知道这个比率是高还是低，是好还是坏。

根据表3-1M集团公司的资产负债表数据，可计算2022年年末M集团公司的流动比率：

$$流动比率 = \frac{4\,061}{3\,189} \approx 1.27$$

如果公司的流动比率低于行业平均值，这是好事还是坏事？答案取决于谁来问这个问题。如果是一家银行想确定是否向M集团公司提供信贷，它更愿意看到高流动比率，因为越高的流动比率显示短期债权人的要求权受可快速变现资产的保障程度越强；如果从一个股东的角度考虑流动比率，高流动比率则意味着公司大量的资金被占用在超额的现金或有价证券这类非生产性资产上，股东并不想要高流动比率。

（2）速动比率

速动比率是指速动资产对流动负债的比率。它是衡量企业流动资产中可以立即变现用于偿还流动负债的能力。速动资产包括货币资金、以公允价值计量且其变动计入当期损益的金融资产和各种应收、预付款项等可在较短时间内变现的资产。其他流动资产，如存货、预付账款、一年内到期的非流动资产及其他流动资产等，变现时间和数量具有较大的不确定性，被称为非速动资产。速动比率的计算公式为：

$$速动比率=\frac{速动资产}{流动负债} \tag{3.3}$$

经验表明，速动比率维持在1较为合理，它表明企业的每1元流动负债就有1元易于变现的流动资产来抵偿，短期偿债能力有可靠的保证。速动比率过低，则企业的短期偿债风险较大；速动比率过高，则企业在速动资产上占用资金过多，会增加企业投资的机会成本。但是，这个评价标准并不是绝对的，在实际工作中还应考虑企业的行业性质和流动资产质量。

根据表3-1M集团公司的资产负债表数据，可计算M集团公司2022年年末的速动比率：

$$速动比率=\frac{1\,177+11+972+607+40}{3\,189}\approx 0.88$$

（3）现金比率

在流动资产中，流动性最强，可直接用于偿债的资产称为现金资产，包括货币资金、以公允价值计量且其变动计入当期损益的金融资产。现金比率是现金资产与流动负债的比值。其计算公式为：

$$现金比率=\frac{货币资金+交易性金融资产}{流动负债} \tag{3.4}$$

现金比率是从现金流量角度反映企业当期偿付短期负债的能力，在衡量企业的短期偿债能力方面更为安全和保守。

根据表3-1M集团公司的资产负债表数据，可计算M集团公司2022年年末的现金比率：

$$现金比率=\frac{1\,177+11}{3\,189}\approx 0.37$$

2）长期偿债能力分析

长期偿债能力是指企业偿还非流动负债的能力。反映企业长期偿债能力的财务比率主要有：资产负债率、产权比率、权益乘数和利息保障倍数。

（1）资产负债率

资产负债率是负债总额除以资产总额的百分比，也就是负债总额与资产总额的比例关系。资产负债率反映在总资产中有多大比例是通过借债来筹资的，也可以衡量企业在清算时保护债权人利益的程度。其计算公式为：

$$资产负债率 = \frac{负债总额}{资产总额} \times 100\% \tag{3.5}$$

资产负债率反映企业偿还债务的综合能力。一般而言，这个比率越低，企业偿还债务的能力越强；反之，偿还债务的能力越弱。

对于资产负债率，企业的债权人和股东往往从不同的角度来评价。从债权人角度来看，他们最关心的是贷出资金的安全性。如果这个比率过高，说明在企业的全部资产中，股东提供的资本所占比重太低，则企业的财务风险主要由债权人承担，其贷款的安全性也缺乏可靠的保障。从企业股东角度来看，他们关心的主要是投资收益的高低，企业借入的资金与股东投入的资金在生产经营中可以发挥同样的作用，如果企业负债所支付的利息率低于资产报酬率，股东就可以利用举债经营取得更多的投资收益。资产负债率的高低没有一个明确的标准，不同行业、不同类型的企业存在较大差异。企业经营者在确定企业的负债比率时，一定要审时度势，充分考虑企业内部各种因素和企业外部的市场环境，在收益与风险之间权衡利弊，这样才能做出正确的财务决策。

根据表3-1M集团公司的资产负债表数据，可计算M集团公司2022年年末的资产负债率：

$$资产负债率 = \frac{3\,351}{6\,090} \times 100\% \approx 55\%$$

小资料3-2　　论负债的意义

通常，资产负债率是比较期末资产负债表上负债总额与资产总额得出的，是目前经常用于评价企业债务风险的指标。

中国恒大资产负债率（2020年年报，百万元）：1 950 728÷2 301 159=84.77%；

万科A资产负债率（2020年年报，百万元）：1 519 333÷1 869 177=81.28%；

若仅从数字层面观察，中国恒大与万科公司都是高负债公司，它们的负债率超过80%，且万科的负债率只低于恒大不到4%，它们的负债应当是处于同一区间。实际情况是，尽管恒大和万科的负债率都超过80%，但与它们真实的负债水平相去甚远。其中，万科的15 193亿元人民币负债总额中，来自购房者交付的预付购房款高达6 307.47亿元，这部分“债权人”需要的不是到期还钱，而是如期交付商品房。只要万科能够如期交付房屋，这部分负债就会转变成营业收入 。扣除这部分的影响，万科的负债率降为72%（资产和负债同时扣减预收款）。进一步分析，万科的刚性债务（有期、有息的长短期借款、应付债券、应付票据、租赁债务等）只有2 867.20亿元，而同期万科账面上现金余额是1 970.27亿元。因此，同为账面负债超过1.5万亿元的房地产企业，万科没有遭受负债的困扰。

相比之下，恒大的1.95万亿负债中，刚性负债约16 151亿元（含各类借款、各类应付贸易账款等），同期恒大的现金类资产合计1 935.81亿元，与16 151亿元负债之间的缺口很大。这也是恒大被市场普遍怀疑的直接原因。

资料来源：刘峰，詹昀菲，林熹.论负债的意义［J］.财务研究，2022（5）.

（2）产权比率

产权比率是负债总额与股东权益总额之间的比值，反映股东权益对债权人权益的保障程度，是企业财务结构稳健与否的重要标志。其计算公式为：

$$产权比率 = \frac{负债总额}{股东权益总额} \times 100\% \tag{3.6}$$

产权比率不仅反映了由债务人提供的资本与所有者提供资本的相对关系，而且反映了企业自有资金偿还全部债务的能力，因此它又是衡量企业负债经营安全程度的重要指标。一般而言，产权比率越低，企业长期偿债能力越强，债权人权益保障程度越高，承担的风险越小。

根据表3-1M集团公司的资产负债表数据，可计算M集团公司2022年年末的产权比率：

$$产权比率 = \frac{3\,351}{2\,739} \times 100\% \approx 122\%$$

（3）权益乘数

权益乘数是资产总额相当于股东权益的倍数。权益乘数越大，表明所有者投入企业的资本占全部资产的比重越小，企业负债的程度越高。其计算公式为：

$$权益乘数 = \frac{资产总额}{股东权益总额} \tag{3.7}$$

权益乘数越大，代表公司对外融资的数额越大，承担的财务风险越大。但是，如果企业处于高成长阶段，较高的权益乘数提高了财务杠杆比率，从而提高了企业的净资产收益率，有利于实现企业价值最大化。

根据表3-1M集团公司的资产负债表数据，可计算M集团公司2022年年末的权益乘数：

$$权益乘数 = \frac{6\,090}{2\,739} \approx 2.22$$

（4）利息保障倍数

利息保障倍数是指企业生产经营所获得的息税前利润与利息费用的比率，它反映了企业实现的利润对债务偿付的保证程度。其计算公式为：

$$利息保障倍数 = \frac{息税前利润}{利息费用} \tag{3.8}$$

利息保障倍数主要用于分析公司在一定盈利水平下支付债务利息的能力。这一比率越高，说明公司的利润为支付债务利息提供的保障程度越高。因此，债权人通常利用利息保障倍数指标来衡量债权的安全程度。为了正确评价企业偿债能力的稳定性，一般需要计算连续数年的利息保障倍数，并且选择一个指标最低的会计年度考核企业长期偿债能力的状况。

根据表3-2M集团公司的利润表数据，可计算M集团公司2022年度的利息保障倍数：

$$利息保障倍数 = \frac{413 + 32 + 94}{32} \approx 16.84$$

除了上述财务比率以外，在财务报表分析工作中，还经常计算长期资本负债率、现金流量利息保障倍数、现金流量债务比等指标来评价企业的长期偿债能力。除此之外，还应考虑影响企业长期偿债能力的一些表外因素，如长期租赁、债务担保、未决诉讼等。

3.2.2 营运能力分析

营运能力通过资产管理比率来衡量，反映企业经营管理中运营资金的能力。资产管理比率是衡量公司资产管理效率的财务比率，主要包括应收账款周转率、存货周转率、流动资产周转率、总资产周转率。

1）应收账款周转率

应收账款周转率是销售收入与平均应收账款余额的比率，反映企业应收账款的周转速度。其计算公式为：

$$应收账款周转率=\frac{赊销收入净额}{平均应收账款余额} \tag{3.9}$$

其中：

赊销收入净额=销售收入-现销收入-销售退回、折让、折扣

平均应收账款余额=（期初应收账款余额+期末应收账款余额）÷2

从理论上讲，应收账款周转率应按赊销收入净额计算较为准确，但仅限于企业内部分析时，用赊销数即可。在与其他企业比较时，因为企业赊销资料作为商业机密不对外公布，所以应收账款周转率一般是用赊销和现销总额，即销售收入净额。应收账款周转率可以用来估计应收账款变现的速度和管理的效率。账款回收迅速既可以节约资金，又说明企业信用状况好，不易发生坏账损失，所以，应收账款周转率越高越好。企业在分析时，还可以结合应收账款周转天数（平均收现期或账龄）进行分析。

应收账款周转天数指应收账款周转一次所需要的时间。其计算公式为：

$$应收账款周转天数=\frac{计算期天数}{应收账款周转率} \tag{3.10}$$

$$=\frac{计算期天数\times平均应收账款余额}{赊销收入净额} \tag{3.11}$$

通常，应收账款周转天数越短越好。如果公司实际收回账款的天数超过了公司规定的应收账款周转天数，一方面说明债务人拖欠时间长，发生坏账损失的风险比较大；另一方面说明公司催收账款不力，使结算资产形成了呆账、悬账甚至坏账，造成了流动资产不流动，这不利于公司经营活动的正常进行。

根据表3-1、表3-2M集团公司的资产负债表和利润表数据，可计算M集团公司2022年度的应收账款周转率和应收账款周转天数：

$$应收账款周转率=\frac{6\,807}{(607+570)\div 2}\approx 11.57（次）$$

$$应收账款周转天数=\frac{365}{11.57}\approx 32（天）$$

2）存货周转率

存货周转率是企业一定时期销售成本与平均存货余额的比率，用于反映存货的周转速度。其计算公式为：

$$存货周转率=\frac{销售成本}{平均存货余额} \tag{3.12}$$

其中：

平均存货余额=（期初存货余额+期末存货余额）÷2

存货周转天数是指存货周转一次所需要的时间。其计算公式为：

$$存货周转天数=\frac{计算期天数}{存货周转率} \tag{3.13}$$

$$=\frac{计算期天数 \times 平均存货余额}{销售成本} \tag{3.14}$$

存货周转率是衡量和评价企业购入存货、投入生产、销售收回等各环节管理效率的综合性指标。一般来讲，存货周转速度越快，即存货周转率越大、存货周转天数越少，存货占用水平越低，流动性越强，存货转化为现金或应收账款的速度就越快，这样会增强企业的短期偿债能力及获利能力。通过存货周转速度的分析，有利于找出存货管理中存在的问题，尽可能降低资金占用水平。但是，在具体分析时还应注意以下几点：①存货周转率的高低与企业的经营特点密切相关，应注意行业特点；②该比率反映的是存货整体的周转情况，不能说明企业经营各环节的存货周转情况和管理水平；③应结合应收账款周转情况和信用政策进行分析。

根据表3-1、表3-2M集团公司的资产负债表和利润表数据，可计算M集团公司2022年度的存货周转率和存货周转天数：

$$存货周转率=\frac{5\,254}{(992+1\,236)\div 2}\approx 4.72（次）$$

$$存货周转天数=\frac{365}{4.72}\approx 77（天）$$

3）流动资产周转率

流动资产周转率是销售收入净额与平均流动资产余额的比值，反映企业流动资产的周转速度。其计算公式为：

$$流动资产周转率=\frac{销售收入净额}{平均流动资产余额} \tag{3.15}$$

其中：

平均流动资产余额=（期初流动资产余额+期末流动资产余额）÷2

流动资产周转天数是指流动资产周转一次所需要的时间。其计算公式为：

$$流动资产周转天数=\frac{计算期天数}{流动资产周转率} \tag{3.16}$$

$$=\frac{计算期天数 \times 平均流动资产余额}{销售收入净额} \tag{3.17}$$

在一定时期内，流动资产周转次数越多，周转天数越少，表明以相同的流动资产完成的周转额越多，从而节约了资金，提高了资金的利用效率。流动资产周转率要结合存货周转率、应收账款周转率一并进行分析，并和反映盈利能力的指标结合在一起使用，可较全面地评价企业的盈利能力。

根据表3-1、表3-2M集团公司的资产负债表和利润表数据，可计算M集团公司2022年度的流动资产周转率和流动资产周转天数：

$$流动资产周转率=\frac{6\,807}{(4\,061+3\,998)\div 2}\approx 1.69（次）$$

$$流动资产周转天数=\frac{365}{1.69}\approx 216（天）$$

4）总资产周转率

总资产周转率是销售收入净额与平均总资产余额的比值，反映企业总资产周转速度。

其计算公式为：

$$总资产周转率=\frac{销售收入净额}{平均总资产余额} \tag{3.18}$$

其中：

平均总资产余额=（期初总资产余额+期末总资产余额）÷2

总资产周转天数是指总资产周转一次所需要的时间。其计算公式为：

$$总资产周转天数=\frac{计算期天数}{总资产周转率} \tag{3.19}$$

$$=\frac{计算期天数\times平均总资产余额}{销售收入净额} \tag{3.20}$$

总资产周转率是综合评价企业全部资产的经营质量和利用效率的重要指标。一般来说，总资产周转次数越多、周转天数越少，表明其周转速度越快，盈利能力越强。在此基础上，可以对总资产周转率的构成要素进行分析，查明总资产周转率升降的原因，从而采取相应措施积极改善，提高资产利用效率。

根据表3-1、表3-2M集团公司的资产负债表和利润表数据，可计算M集团公司2022年度的总资产周转率和总资产周转天数：

$$总资产周转率=\frac{6\,807}{(6\,090+5\,955)\div 2}\approx 1.13（次）$$

$$总资产周转天数=\frac{365}{1.13}\approx 323（天）$$

3.2.3 盈利能力分析

盈利能力是指企业获取利润的能力。盈利能力指标主要包括销售净利率、总资产净利率、净资产收益率等。实务中，除上述指标以外，上市公司还会采用一些特殊的评价指标，如每股收益、每股股利、市盈率等评价其盈利能力。

1）销售净利率

销售净利率是指企业的净利润与销售收入的比率。它反映了企业经营者通过经营获取利润的能力。其计算公式为：

$$销售净利率=\frac{净利润}{销售收入}\times 100\% \tag{3.21}$$

该比率越大，说明企业的获利水平越高，盈利能力越强。在产品销售价格不变的条件下，利润的多少要受产品成本和产品结构等的影响。产品成本降低，产品结构中利润率高的产品比例上升，销售净利率就提高；反之，产品成本上升，产品结构中利润率高的产品比例下降，销售净利率就下降。分析、考核销售净利率，对改善产品结构，促进成本降低等有积极的作用。

根据表3-2M集团公司的利润表数据，可计算M集团公司2022年度的销售净利率：

$$销售净利率=\frac{413}{6\,807}\times 100\%\approx 6.07\%$$

2）总资产净利率

总资产净利率是指公司净利润与平均总资产余额的百分比。该指标反映的是公司运用全部资产所获得净利润的水平，即公司每占用1元的资产平均能获得多少元的净利润。该指标越高，表明公司投入产出水平越高，资产运营越有效，成本费用控制得越好。其计算公式为：

$$总资产净利率 = \frac{净利润}{平均总资产余额} \times 100\% \tag{3.22}$$

总资产净利率越高，表明企业经营者运用全部资产获取收益的水平越高，投入产出的水平越好，企业的资产运营越有效。该指标是一个综合性指标，它的高低与企业的资产结构、经营管理水平有着密切的关系。为了正确评价企业经济效益的高低，挖掘提高利润水平的潜力，可以将该项指标与企业的历史前期、预算指标、本行业平均水平和同行业内先进企业进行对比，分析形成差异的原因。从财务比率视角来看，影响总资产净利率的因素可以分解为销售净利率和总资产周转率。其计算公式为：

$$\begin{aligned}总资产净利率 &= \frac{净利润}{平均总资产余额} = \frac{净利润}{销售收入} \times \frac{销售收入}{平均总资产余额} \\ &= 销售净利率 \times 总资产周转率\end{aligned} \tag{3.23}$$

根据表3-1、表3-2M集团公司的资产负债表和利润表数据，可计算M集团公司2022年度的总资产净利率：

$$总资产净利率 = \frac{413}{(6\,090 + 5\,955) \div 2} \times 100\% \approx 6.86\%$$

3）净资产收益率

净资产收益率又称股东权益收益率，是净利润与平均股东权益余额的百分比，该指标反映股东权益的收益水平。其计算公式为：

$$净资产收益率 = \frac{净利润}{平均股东权益余额} \times 100\% \tag{3.24}$$

该指标是衡量企业盈利能力的核心指标，也是杜邦财务分析体系的核心。一般而言，净资产收益率越高，表明股东投入资本获得的收益越大，股东和债权人的利益保障程度越高。

根据表3-1、表3-2M集团公司的资产负债表和利润表数据，可计算M集团公司2022年度的净资产收益率：

$$净资产收益率 = \frac{413}{(2\,739 + 2\,516) \div 2} \times 100\% \approx 15.72\%$$

4）每股收益

每股收益即每股盈利，又称每股税后利润、每股盈余，指税后利润与普通股股本总数的比值，该指标反映企业的经营成果，普通股的获利水平及投资风险，是股东据以评价企业盈利能力、预测企业成长潜力，进而做出相关经济决策的重要财务指标之一。每股收益包括基本每股收益和稀释每股收益。

（1）基本每股收益

基本每股收益的计算公式为：

$$基本每股收益 = \frac{归属于公司普通股股东的净利润}{发行在外的普通股加权平均数} \tag{3.25}$$

其中：

$$\begin{matrix}发行在外的\\普通股加权\\平均数\end{matrix} = \left(\begin{matrix}期初发行\\在外的普通\\股股数\end{matrix} + \begin{matrix}当期\\新发行的\\普通股股数\end{matrix}\right) \times \begin{matrix}已发行\\时间\end{matrix} \div \begin{matrix}报告期\\时间\end{matrix} - \begin{matrix}当期回购\\普通股\\股数\end{matrix} \times \begin{matrix}已回购\\时间\end{matrix} \div \begin{matrix}报告期\\时间\end{matrix}$$

【例 3-1】某上市公司2022年度归属于普通股股东的净利润为12 500万元。2021年年末的股本为4 000万股，2022年2月18日，经公司2021年股东大会决议，以截至2021年年末公司总股本为基础，向全体股东每10股送红股10股，工商注册登记变更完成后公司总股本变为8 000万股。2022年10月29日发行新股3 000万股。该公司的基本每股收益是多少？

$$\text{基本每股收益}=\frac{12\,500}{4\,000+4\,000+3\,000\times\frac{2}{12}}\approx 1.47\text{（元/股）}$$

（2）稀释每股收益

稀释每股收益又称冲淡每股收益，是新会计准则所引入的一个全新概念，用来评价“潜在普通股”对每股收益的影响，以避免该指标虚增可能带来的信息误导。“潜在普通股”主要包括：可转换公司债券、认股权证和股票期权等。

①可转换公司债券。对于可转换公司债券，计算稀释每股收益时，分子的调整项目为可转换公司债券当期已确认为费用的利息等的税后影响额；分母的调整项目为假定可转换公司债券当期期初或发行日转换为普通股股数的加权平均数。

②认股权证和股票期权。认股权证、股票期权等的行权价格低于当期普通股平均市场价格时，应当考虑其稀释性。

计算稀释每股收益时，作为分子的净利润金额一般不变；分母的调整项目为增加的普通股股数，同时还应考虑时间权数。

对投资者来说，每股收益是一个综合性的盈利指标，在分析时可以进行企业之间的比较，以评价企业相对的盈利能力；也可以进行不同时期的比较，了解该企业的盈利能力的变化趋势。一般而言，每股收益越高，说明企业的盈利能力越强，也越能吸引投资者的眼球，从而促使股价上涨。但是每股收益指标也存在局限性，它不能反映股票所包含的风险，另外，不同股票的每一股在经济上不等量，因为它们所包含的净资产不同，即每股收益的投入量不同，也就限制了企业之间每股收益的比较。

5）每股股利

每股股利是现金股利总额与期末发行在外的普通股股数的比值。其计算公式为：

$$\text{每股股利}=\frac{\text{现金股利总额}}{\text{期末发行在外的普通股股数}} \tag{3.26}$$

每股股利反映的是上市公司普通股股东每持有一股普通股获取的现金股利额，是投资者股票投资收益的重要来源之一。由于净利润是股利分配的来源，因此每股股利的多少很大程度上取决于每股收益的多少。但还应注意，上市公司每股股利发放多少，除了受上市公司获利能力的影响外，还取决于公司的股利发放政策和投资机会。

6）市盈率

市盈率是指普通股每股市价与每股收益的比值，反映普通股股东愿意为每1元净利润支付的价格。其计算公式为：

$$\text{市盈率}=\frac{\text{每股市价}}{\text{每股收益}} \tag{3.27}$$

市盈率指标将股票价格与上市公司当前的盈利状况直观地联系在一起，而且能作为上市公司某些特征（包括风险性与成长性）的代表，因而在股票投资中，市盈率成为分析股票价值的重要指标之一。从投资者角度而言，市盈率表明投资者愿意用高于盈利的多少倍的价格来购买某种股票，一方面反映投资者对该公司未来业绩增长的预期，另一方面也反映了股票投资成本的高低。

市盈率的倒数就是股票的预期收益率。市盈率的高低反映了市场对该股票的评价，同时也体现了股票的投资风险。市盈率常被用来衡量上市公司的股票价格与其当前业绩的偏离程度。市盈率越高的股票，其价格与价值的背离程度越高，收回买入股票资金的时间就越长，投资者预期收益率就越低；而市盈率越低则投资回收期越短，风险越小，投资价值越高，投资者预期收益率越高。虽然市盈率高意味着投资回收期长、风险大，但在一定程度上也反映了市场对公司增长潜力的认同。

3.2.4　发展能力分析

企业的发展能力即企业的成长性，是指企业通过自身的生产经营活动，不断扩大积累而形成的发展潜能。衡量企业发展能力的主要指标有：销售增长率、资本积累率和总资产增长率等。

1）销售增长率

销售增长率是企业本年销售收入增长额与上年销售收入总额的比值，反映企业销售收入的增减变动情况，是评价企业成长状况和发展能力的重要指标。其计算公式为：

$$销售增长率=\frac{本年销售收入增长额}{上年销售收入总额}\times 100\% \tag{3.28}$$

销售增长率是衡量企业经营状况和市场占有能力，预测企业经营业务拓展趋势的重要指标。不断增长的销售收入是企业生存的基础和发展的条件，因此，该指标值越高，表明增长速度越快，企业市场前景越好。在实际分析时，应结合企业历年的销售水平、企业市场占有情况、行业未来发展及其他影响企业发展的潜在因素，进行前瞻性预测，或者结合企业前3年的销售收入增长率做出趋势性分析判断。

根据表3-2M集团公司的利润表数据，可计算M集团公司2022年度的销售增长率：

$$销售增长率=\frac{6\,807-9\,311}{9\,311}\times 100\%=-27\%$$

2）资本积累率

资本积累率是企业本年所有者权益增长额同年初所有者权益的比率，反映企业当年的资本积累情况。其计算公式为：

$$资本积累率=\frac{本年所有者权益增长额}{年初所有者权益}\times 100\% \tag{3.29}$$

资本积累率越高，表明企业的资本积累越多，越有发展壮大潜力，应对风险、持续发展的能力越强。

根据表3-1M集团公司的资产负债表数据，可计算M集团公司2022年度的资本积累率：

$$资本积累率=\frac{2\,739-2\,516}{2\,516}\times 100\%=8.86\%$$

3）总资产增长率

总资产增长率是企业本年总资产增长额同年初资产总额的比值，反映企业本期资产规模的增长情况。其计算公式为：

$$总资产增长率=\frac{本年总资产增长额}{年初资产总额}\times 100\% \tag{3.30}$$

总资产增长率指标从企业资产总量扩张角度衡量企业的发展能力。该指标越高，表明企业经营规模扩张的速度越快。但在实际分析时，应注意资产规模扩张的质与量的关系，以及企业的后续发展能力，避免资产盲目扩张。

根据表3-1M集团公司的资产负债表数据，可计算M集团公司2022年度的总资产增长率：

$$总资产增长率 = \frac{6\,090 - 5\,955}{5\,955} \times 100\% = 2.27\%$$

3.3 财务比率的综合运用：杜邦分析法

3.3.1 杜邦分析含义、等式及框架

杜邦分析法是利用各主要财务比率之间的内在联系，对企业财务状况和经营成果进行综合系统评价的方法。它是由美国杜邦公司在20世纪20年代率先采用的一种财务分析方法，故称杜邦财务分析体系。杜邦分析法是一种用来评价企业盈利能力和股东权益回报水平，从财务角度评价企业绩效的经典方法。其基本思想是将企业净资产收益率逐级分解为多项财务比率的乘积，这样有助于深入分析比较企业的经营业绩。在杜邦分析法下，净资产收益率可以分解为以下几个主要的财务比率：

净资产收益率=总资产净利率×权益乘数

=销售净利率×总资产周转次数×权益乘数 (3.31)

3.3.2 杜邦分析体系

杜邦分析体系以净资产收益率作为核心和起点，原因在于财务管理的目标之一是使股东财富最大化。净资产收益率反映了企业所有者投入资本的盈利能力，说明了企业筹资、投资、资产营运等各项财务及其管理活动的效率，而不断提高净资产收益率是使所有者权益最大化的基本保证。所以，这一财务分析指标是企业所有者、经营者都十分关心的。而净资产收益率高低的决定因素主要有三个，即营业净利率、总资产周转次数和权益乘数。这样，在进行分解之后，就可以将净资产收益率这一综合性指标发生升降变化的原因具体化，从而它比只用一项综合性指标更能说明问题。综上所述，杜邦分析体系的基本框架如图3-1所示。

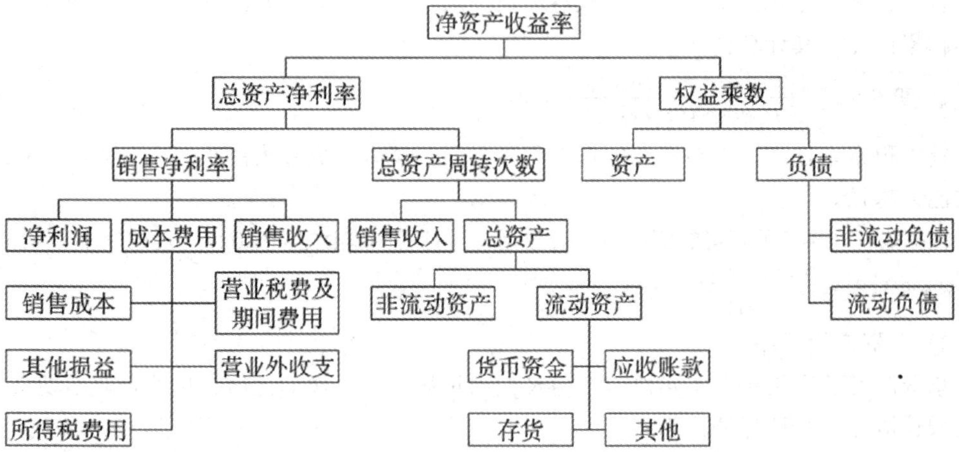

图3-1 杜邦分析体系的基本框架

从图3-1我们可以发现提高净资产收益率的三种途径：

（1）使销售收入增长幅度高于成本和费用的增加幅度；

（2）增加销售收入或减少公司资产；

（3）在不危及公司财务安全的前提下，增加债务规模，提高负债比率。

以苹果公司为例，截至2022年6月25日，苹果公司的资产总值为3 363.09亿美元，其中股东应占权益只有581.07亿美元，其余的2 782.02亿美元为负债，也就是说，以581.07亿美元的股本撬动5.79倍的资产。正因为杠杆如此高，苹果公司最近12个月的股本回报率（ROE）高达162.82%，即每1美元的股本投入产生的年回报高达1.6282美元，如此高的回报是通过有效的财务资源配置取得的。

杜邦分析体系的作用在于通过自上而下的分析，了解企业财务状况、经营成果的全貌及各项指标之间的内在联系，明确影响净资产收益率变动的因素及其存在的主要问题，为经营者提供解决财务问题的思路；同时，也为企业提供了财务目标分解控制的途径。按照杜邦分析体系自下而上的运用，可以考查企业经营活动中各项财务指标的实际情况，为企业的财务控制和评价考核提供依据，有利于正确评价经营者的业绩。

【例3-2】某企业有关基本财务数据见表3-3，财务比率见表3-4，请分析该企业净资产收益率变化的原因。

表3-3 基本财务数据 单位：万元

年度	净利润	营业收入	平均资产总额	平均负债总额	平均权益总额	全部成本
2021	22 568.08	822 448.02	812 445.88	611 354.14	201 091.74	807 934.86
2022	29 307.84	1 515 227.62	861 160.42	631 319.08	229 841.34	1 473 494.48

表3-4 财务比率

年度	2021	2022
净资产收益率	11.22%	12.75%
权益乘数	4.04	3.75
资产负债率	75.25%	73.31%
总资产净利率	2.78%	3.40%
营业净利率	2.74%	1.93%
总资产周转次数	1.01	1.76

（1）对净资产收益率的分析

该企业的净资产收益率在2021年至2022年间出现了一定程度的好转，从2021年的11.22%增加至2022年的12.75%。企业的投资者在很大程度上依据这个指标来判断是否投资或是否转让股份，考察经营者业绩。

净资产收益率=权益乘数×总资产净利率

2021年：11.22%=4.04×2.78%（计算误差由四舍五入导致，下同）

2022年：12.75%=3.75×3.40%

通过分解可以明显地看出，该企业净资产收益率的变动是权益乘数变动和总资产净利率变动两方面共同作用的结果，该企业的总资产净利率有较大提高，显示出较好的资产利用效果。

（2）对总资产净利率的分析

总资产净利率=营业净利率×总资产周转次数

2021年：2.78%=2.74%×1.01

2022年：3.40%=1.93%×1.76

通过分解可以看出，2021年该企业的总资产周转次数有所提高，说明资产的利用得到了比较好的控制，显示出比上一年更好的效果，表明该企业利用其总资产产生营业收入的效率在增加。总资产周转次数提高的同时，营业净利率减少，阻碍了总资产净利率的增加。

（3）对营业净利率的分析

营业净利率=净利润÷营业收入×100%

2021年：2.74%=22 568.08÷822 448.02×100%

2022年：1.93%=29 307.84÷1 515 227.62×100%

该企业2022年大幅度提高了营业收入，但是净利润的提高幅度却很小，分析其原因是成本费用增多，从表3-3可知：全部成本从2021年的807 934.86万元增加到2022年的1 473 494.48万元，增加了82%。

本例中，正是因为全部成本的大幅度提高导致了净利润提高幅度不大，而营业收入大幅度增加就引起了营业净利率的降低，显示出该企业盈利能力的降低。总资产净利率的提高当归功于总资产周转次数的提高，营业净利率的减少却起到了阻碍的作用。

（4）对权益乘数的分析

权益乘数=平均资产总额÷平均权益总额

2021年：4.04=812 445.88÷201 091.74

2022年：3.75=861 160.42÷229 841.34

2022年的权益乘数较2021年有所减小。权益乘数越小，企业负债程度越低，偿还债务的能力越强，说明2022年财务风险有所降低。这个指标同时也反映了财务杠杆对利润水平的影响。该企业的权益乘数一直处于2～5之间，即负债率在50%～80%，属于激进战略型企业。管理者应该准确把握企业所处的环境，准确预测利润，合理控制负债带来的风险。

（5）结论

该企业最为重要的就是要努力降低各项成本，在控制成本上下功夫，同时要保持较高的总资产周转次数。这样可以使营业净利率得到提高，进而使总资产净利率有较大的提高。

总结与结论

➢ 财务分析是指以财务报表和其他相关资料为主要依据，采用一定的标准和一系列专门的科学分析方法，对企业的财务状况、经营成果及其发展趋势进行的系统分析和评价。

➢ 财务报告是指企业对外提供的反映企业某一特定日期财务状况和某一会计期间经营成果、现金流量的文件。财务报告主要包括基本财务报表和报表附注。

➢ 财务报表分析方法主要有：比较分析法、比率分析法、趋势分析法和因素分析法。

➢ 企业偿债能力分析包括短期偿债能力分析和长期偿债能力分析。其中，分析短期偿债能力的指标有流动比率、速动比率和现金比率等；分析长期偿债能力的指标有资产负债率、产权比率、权益乘数和利息保障倍数等。

➢ 资产管理比率是衡量公司资产管理效率的财务比率，主要包括应收账款周转率、存货周转率、流动资产周转率和总资产周转率。

➢ 盈利能力是指企业获取利润的能力。衡量盈利能力的指标主要包括销售净利率、总资产净利率、净资产收益率等。除上述指标以外，上市公司还会采用一些特殊的评价指标，如每股收益、每股股利、市盈率等评价其盈利能力。

➢ 企业的发展能力即企业的成长性，是指企业通过自身的生产经营活动，不断扩大积累而形成的发展潜能。分析发展能力的主要指标有销售增长率、资本积累率和总资产增长率等。

➢ 杜邦分析法是利用各主要财务比率之间的内在联系，对企业财务状况和经营成果进行综合系统评价的方法。杜邦分析体系的作用在于通过自上而下的分析，了解企业财务状况、经营成果的全貌及各项指标之间的内在联系，明确影响净资产收益率变动的因素，为经营者提供解决财务问题的思路。

练习题

1.A公司是一家小型制造业公司，其2022年简要的资产负债表和一些财务指标的行业水平见表3-5和表3-6。

表3-5　**A公司资产负债表**　单位：万元

资产	金额	负债和所有者权益	金额
货币资金	200	短期借款	400
交易性金融资产	300	应付账款	200
应收票据	98	非流动负债	600
应收账款	102	负债合计	1 200
存货	500		
固定资产	1 296		
无形资产	214	所有者权益合计	1 510
资产总计	2 710	负债和所有者权益总计	2 710

表3-6 **行业水平**

比率名称	同行业水平分析
流动比率	1.0
速动比率	1.0
资产负债率	40%

要求：

（1）根据表3-5的资料，计算该公司2022年的流动比率、速动比率和资产负债率。

（2）假设该公司同行业的各项比率的平均水平见表3-6，试根据（1）的计算结果，对公司财务状况作简要评价。

2.B公司2022年的简化资产负债表见表3-7。

表3-7 **B公司资产负债表** 单位：万元

资产	金额	负债和所有者权益	金额
货币资金	100	应付账款	200
应收账款		非流动负债	
存　货		实收资本	200
固定资产	350	留存收益	200
资产总计		负债和所有者权益总计	

其他有关财务指标如下：

（1）非流动负债与所有者权益之比为0.5；

（2）销售净利率为60%，销售成本为1 000万元；

（3）存货周转率（存货按年末数计算）为10次；

（4）应收账款周转天数为60天，一年按360天计算；

（5）当年净利润为900万元。

要求：请根据以上信息将B公司2022年的资产负债表的其他项目金额补充完整。

3.已知D公司2022年年末的资产总额为480万元，流动资产占资产总额的35%，其中货币资金有45万元，其余为应收账款和存货。所有者权益项目共计280万元。本年销售收入为960万元，年末流动比率为1.68，存货周转率为12次。

要求：计算D公司2022年的应收账款、存货、非流动负债、流动负债、流动资产的金额。

4.X公司是一家生产家电的上市公司，已公布的公司2022年财务报表显示，该公司2022年净资产收益率为9.6%，较2021年有大幅下降，引起市场各方的广泛关注。为此，某财务分析师详细分析了X公司2021年和2022年的有关财务指标见表3-8。

表3-8 **X公司相关财务指标**

项目	2021年	2022年
销售净利率	15%	12%
总资产周转率	0.6	0.4
权益乘数	1.8	2

要求：

（1）X公司2021年的净资产收益率是多少？2022年净资产收益率与2021年的差异是多少？

（2）请利用因素分析法依次测算销售净利率、总资产周转率和权益乘数的变化对X公司2022年净资产收益率下降的影响。

二维码3-1　练习题参考答案

案例分析题

上市公司财务比率分析

爱博诺德（北京）医疗科技股份有限公司（简称“爱博医疗”）成立于2010年4月，于2020年7月上市，股票代码688050，公司的主营业务是眼科医疗器械的自主研发、生产、销售及相关服务。公司是国内首家高端屈光性人工晶状体制造商，也是国内主要的可折叠人工晶状体制造商之一。2023年2月15日，公司发布2022年度业绩快报，见表3-9和表3-10。

表3-9　**2022年度爱博医疗利润表主要财务数据和指标**　金额单位：万元

项目	本报告期	上年同期	增减变动幅度
营业总收入	57 949.69	43 307.07	33.81%
营业利润	25 739.16	18 499.16	39.14%
利润总额	26 220.51	18 776.85	39.64%
归属于母公司所有者的净利润	23 177.80	17 134.42	35.27%
归属于母公司所有者的扣除非经常性损益的净利润	20 649.51	14 968.07	37.96%
基本每股收益（元）	2.20	1.63	34.97%
加权平均净资产收益率	13.06%	10.78%	增加2.28个百分点

表3-10　**2022年度爱博医疗资产负债表主要财务数据和指标**　金额单位：万元

项目	本报告期末	本报告期初	增减变动幅度
总资产	223 365.73	204 759.60	9.09%
归属于母公司的所有者权益	186 009.78	167 384.61	11.13%
股本	10 517.67	10 513.93	0.04%
归属于母公司所有者的每股净资产（元）	17.69	15.92	11.09%

报告期内，爱博医疗实现营业收入57 949.69万元，同比增长33.81%，其中："普诺明"等系列人工晶状体同比增长15.77%，"普诺瞳"角膜塑形镜同比增长62.09%。2022年度全国区域性疫情频发，尤其第四季度，多城市局部严格封控管制，12月发布新防疫政策后居民普遍感染居家，导致白内障科室和视光验配机构大面积停诊，在很大程度上延缓了公司业务增速。

本报告期实现归属于母公司所有者的净利润23 177.80万元，同比增长35.27%，与营业收入基本保持同步增长。

本报告期末，公司总资产223 365.73万元，较本报告期初增长9.09%。公司山东蓬莱生产基地一期工程已竣工验收，正在加快多条生产线布局，该项目有效缓解了公司生产空间不足的局面。

案例思考题：

1.通过哪些财务指标可以反映公司的偿债能力、营运能力、盈利能力和发展能力？

2.依据爱博医疗2023年财务报告，计算资产负债率、存货周转率、总资产周转率、销售净利率和净资产收益率指标，并通过杜邦分析法分析其业绩变化的原因。

3.搜集爱博医疗相关资料，结合财务分析数据，对公司盈利前景及未来发展做出预测。

二维码3-2 案例分析题提示

第4章 财务预测与预算

学习目标

通过本章的学习，学生应掌握财务预测的概念和作用，并理解财务预测的编制原则；掌握销售预算、生产预算、直接材料预算、直接人工预算、制造费用预算和现金预算的编制过程；掌握预计资产负债表、预计利润表和预计现金流量表的编制方法。

导言

随着商品经济的不断发展，企业面临的竞争越来越激烈。越来越多的企业已经意识到拥有一个有效的预算管理系统将对提升企业的管理水平起到极大的促进作用。“凡事预则立，不预则废”高度地概括了预测的重要性。预测是进行科学决策的前提，它是根据所研究现象的过去信息，结合该现象的一些影响因素，运用科学的方法，预测现象将来的发展趋势，是人们认识世界的重要途径。所谓财务预测，就是财务工作者根据企业过去一段时期财务活动的资料，结合企业当前面临和即将面临的各种变化因素，运用数理统计方法，以及结合主观判断，来预测企业未来财务状况。

进行预测的目的，是为了体现财务管理的事先性，即帮助财务人员认识和控制未来的不确定性，使对未来的无知降到最低限度，使财务计划的预期目标同可能变化的周围环境和经济条件保持一致，并对财务计划的实施效果做到心中有数。

4.1 财务预测与预算概述

4.1.1 财务预测概述

1）财务预测的相关概念

财务预测是在财务业绩分析的基础上，以公司预测期的战略目标、经营目标和财务目标为导向，通过编制预计财务报表反映公司一定期间的经营业绩和财务状况。

2）财务预测的内容

财务预测的内容包括销售预测、成本费用预测、资本支出预测、资金预测和预计财务报表。

（1）销售预测

销售预测是其他各项预测的起点。销售预测包括销售量预测和销售额预测。销售量预测往往需要通过市场调查来进行。市场调查是指通过了解与特定产品有关的销售环境和各类市场的情况，做出该产品有无现实市场或潜在市场以及市场大小的结论的过程。它是销售量预测的基础。销售量预测又叫产品需求量预测，是根据市场调查所得到的有关资料，通过对有关因素的分析研究，预计和测算特定产品在一定时期内的市场销售量水平及变化趋势，进而预测本企业产品未来销售量的过程。销售额预测是根据销售量预测结果以及预计产品的销售单价预测销售收入。由于受到销售政策的影响，当期销售额不一定全部实现现金流入，所以销售额预测还要根据销售政策预测当期的现金流入和期末产生的应收账款。

（2）成本费用预测

成本费用预测是在生产量预测的基础上运用专门方法预计企业未来成本费用水平及发展趋势的过程。生产量预测又是根据“以销定产”的原则在销售预测基础上的预测结果。成本费用预测包括产品成本预测和期间费用预测。产品成本预测包括：生产成本预测、产品成本预测、单位产品成本预测，以及由此产生的现金流出和应付账款预测。期间费用预测包括管理费用和销售费用预测，以及由此产生的付现部分的现金流出和非付现部分的费用金额。期间费用预测不包括利息费用预测，因为利息费用是根据企业的融资计划计算出来的数据。

（3）资本支出预测

资本支出预测是单独的需要授权审批的预测项目，因为资本支出往往金额比较大，所以这部分预测通常需要根据股东大会或董事会决议结果进行预测。比如，根据生产预测，预计未来生产能力饱和，需要增加资本性投资、提高生产能力，那么需要进行投资决策分析，对具备财务可行性的投资方案以资本预算的方式提请股东大会和董事会决议。因此，资本支出预测往往作为重大项目单独预测，资本支出金额与企业的战略目标紧密联系在一起。

（4）资金预测

资金预测是指在销售预测、成本费用预测和资本支出预测的基础上，根据企业未来经营发展目标并考虑影响资金的各项因素，运用一定方法预计、推测企业未来一定时期内或一定项目所需要的资金数额、来源渠道、运用方向及其效果的过程。广义资金预测包括：全部资金需用量及其来源预测；现金流量预测；资金分布预测；资金运用效果预测。狭义的资金预测是指资金需用量预测，具体包括：固定资产项目投资需用量预测；流动资金需用量预测；追加外部资金需求量预测。本章只介绍追加外部资金需求量预测。

（5）预计财务报表

预计财务报表是财务预测的结果，包括预计利润表、预计资产负债表和预计现金流量表。根据前面的销售预测、成本费用预测、资本支出预测、资金预测，编制预计利润表、预计资产负债表和预计现金流量表。预计财务报表的编制与会计期间的财务报表编制的原则是一样的，只不过报表科目的数据是来源于预测数据，而非历史数据，因此，预计资产负债表也要遵循“资产=负债+所有者权益”的等式原则，也要建立严格的预计利润表和预计资产负债表的钩稽关系。预计现金流量表也是基于收付实现制原则将前面预测中的现金流量予以列报，由于预计现金流量表的数据均来源于现金预算，因此，预计现金流量表也可以用现金预算来替代。

4.1.2　财务预测的方法

财务预测中主要涉及两大部分预测：一个是销售预测，它是所有预测的起点；另一个是资金需求量预测，它决定了企业的融资方案。销售预测使用的方法有很多，下面只介绍一些预测中常用的定量分析法和定性分析法。定量分析法有趋势外推分析法和因果预测分析法。

1）销售预测的方法

（1）趋势外推分析法

趋势外推分析法又称为时间序列分析法，即根据某项指标过去的、按时间顺序排列的历史数据，运用一定数学方法进行计算，借以预测未来发展趋势的方法。包括算术平均法、加权平均法、移动平均法、趋势平均法、平滑指数法和修正的时间序列回归分析法等具体方法，下面以销售量预测为例介绍各种方法的运用。

①算术平均法。算术平均法是以过去若干期的销量算术平均数作为销量预测数的一种预测方法。

$$\overline{Q}_{n+1} = \frac{\sum_{t=1}^{n} Q_t}{n} \tag{4.1}$$

式中：Q——第t期的销量；

n——历史计算期；

$\overline{Q}_{n+1}$——预测期销量。

这种方法的优点是计算公式比较简单；缺点是把不同时间的差异平均化，没有考虑远近期销售业务变动对预测期销量影响的程度不同，可能造成预测结果产生较大误差。该方法适用于观测期间销售状况比较稳定，并且预测期与历史销售状况趋同的企业。

②加权平均法。加权平均法是对过去各期的销量按近大远小的原则确定权数，并以此计算加权平均销量的方法。

$$\overline{Q}_{n+1} = \frac{\sum_{t=1}^{n} Q_t W_t}{\sum_{t=1}^{n} Q_t} \tag{4.2}$$

式中：Q——第t期的销量；

n——历史计算期；

W_t——第t期权数；

$\overline{Q}_{n+1}$——预测期销量。

权数选择有自然权数法和饱和权数法。自然权数法是指以权重按照观测期期数取正整数为权重。例如，2023年某产品1—6月的销售额分别为120万元、132万元、128万元、140万元、136万元、118万元，则分别以正整数1至6为权重，加权平均数为：

$$\overline{Q} = \frac{120 \times 1 + 132 \times 2 + 128 \times 3 + 140 \times 4 + 136 \times 5 + 118 \times 6}{1 + 2 + 3 + 4 + 5 + 6} = 129.33\ (\text{万元})$$

饱和权数法是指各期权数之和为1，各期权数分配以近大远小的原则主观判断，如当n=3时，可设权数分别为0.2、0.3、0.5，也可设成0.1、0.3、0.6，主要根据近期和远期实际销售数额对预测期影响的大小来判断。

加权平均法的优点是克服了算术平均法远近期销售量对预测量影响程度相同的缺点，有助于消除远期偶然因素的不规则影响；缺点是仍存在只考率n期数据中的最后m期资料，缺乏代表性。该方法适用于销售业务略有变动的产品预测。

③移动平均法。移动平均法是从n期的时间数列销量中选取一组m期的数据作为观察期数据，求其算术平均数，并不断向后移动，连续计算观测值平均数，以最后一组平均数作为未来销售预测值的一种方法。

$\overline{Q}_{n+1}$=最后m期的算术平均销售量 (4.3)

【例4-1】甲公司2022年1—12月K产品的实际销售额和预测值见表4-1。

表4-1 甲公司实际销售额和预测销售额 单位：万元

月份	实际销售额	3个月移动平均值	4个月移动平均值
1	15		
2	18		
3	16		
4	20	16.33	
5	22	18.00	17.25
6	24	19.33	19.00
7	26	22.00	20.50
8	25	24.00	23.00
9	28	25.00	24.25
10	27	26.33	25.75
11	29	26.67	26.50
12	31	28.00	27.25

表4-1中，以3个月为移动期时，n=3时，4月份销售额预测值为16.33万元（（15+18+16）÷3），以4个月为移动期时，n=4时，5月份销售额预测值为17.25万元（（15+18+16+20）÷4）。

如果移动平均期的平均值变动具有稳定的趋势，预测时还可以考虑趋势值：

趋势值=最后移动期的平均值-上一个移动期的平均值

预测期销售量=最后m期移动平均销售量+趋势值

由表4-1可见，预测2023年1月的销售额时，最后3期的移动平均值为28万元，上一个移动期的平均值为26.67万元，趋势值为1.33万元（28-26.67），所以2023年1月的销售量为29.33万元（28+1.33）。

移动平均法的优点是克服了算术平均法远近期销售量对预测量影响程度不同的缺点，有助于消除远期偶然因素的不规则影响；缺点是仍存在只考虑n期数据中的最后m期资料，缺乏代表性。该方法适用于销售业务略有变动，且变动趋势相对稳定的企业。

④趋势平均法。趋势平均法是指在移动平均法计算n期时间序列移动平均值的基础

上，进一步计算趋势值的移动平均值，进而利用特定基期销售量移动平均值和趋势值移动平均值来预测未来销售量的一种方法。计算公式为：

Q_{n+1}=基期销售量移动平均值+基期趋势值移动平均值×基期与预测期的时间间隔　　(4.4)

其中：

某期的趋势值=该期销售量移动平均值-上期销售量移动平均值

基期趋势值移动平均值=最后一个移动期趋势值之和÷趋势值移动的期数

趋势平均法的优点就在于没有假设特定的模式，而只是通过移动平均，从而提供比随机系列较为平滑的趋势系列。

【例4-2】A公司2022年1月至12月的销售额见表4-2。假定未来时期的销售是与它相接近时期的销售的直接继续，而同较远时期的销售关系较小。同时，为了尽可能缩小偶然因素的影响，可以最近若干时期的平均值作为计算预测值的基础，以下把有关的计算一并集中在表4-2中。

表4-2　　**趋势平均数的计算**　　单位：万元

月份	销售额	5期平均值	变动趋势	3期趋势平均数
1	56			
2	58			
3	64	62.2		
4	58	66.6	4.4	
5	75	73.6	7.0	5.27
6	78	78	4.4	5.93
7	93	84.4	6.4	5.27
8	86	89.4	5.0	4.60
9	90	91.8	2.4	3.27
10	100	94.2	2.4	
11	90			
12	105			

如果根据2022年12月的销售额预测2023年1月的销售额，以最后一个趋势平均数对应的月份为基期，用基期的平均销售额加上预测期与预测期的时间间隔乘以趋势平均数，其预测值可按下式计算：

91.8+4×3.27=104.88（万元）

上式中，91.8是2022年9月计算的平均销售额，2022年9月到2023年1月相距4个月，2022年8月至10月这3个月每月平均增长3.27万元，因而预计到2023年1月销售额可达到104.88万元。

⑤平滑指数法。平滑指数法是在基期销售的实际数和预测数的基础上，利用事先确定的平滑指数预测未来销售数额的一种方法。公式为：

$$\overline{Q}_t = \alpha Q_{t-1} + (1-\alpha)\overline{Q}_{t-1} \tag{4.5}$$

式中：Q_{t-1}——前期实际销售数额；

$\overline{Q}_{t-1}$——前期预测销售数额；

α——平滑指数。

α是一个经验数据，其取值范围通常在0.3～0.7之间。平滑指数具有修匀实际数所包含的偶然因素对预测值的影响的作用。平滑指数取值越大，近期实际数对预测结果的影响就越大；平滑指数越小，近期实际数对预测结果的影响就越小。因此，进行近期预测或销售波动较大时，应采用较大的平滑指数；进行远期预测或销售波动较小时，可采用较小的平滑指数。

（2）因果预测分析法

因果预测分析法是指从某项指标与其他指标的相互联系中进行分析，将它们之间的规定性联系作为预测依据的方法，包括本量利分析法、投入产出法、回归分析法和经济计量法等具体方法。

（3）定性分析法

定性分析法，又称非数量分析法、判断分析法或集合意见法，是指由熟悉情况和业务的专家根据个人的经验进行分析判断，提出初步预测意见，然后再通过一定形式（如座谈会等）进行综合分析，最后作为预测未来状况和发展趋势主要依据的方法体系。该类方法一般在缺乏完备的历史资料或有关因素之间缺乏明显的数量关系，难以进行定量分析的条件下采用。

定量分析法与定性分析法在实际应用中并非相互排斥，而是相互补充，相辅相成的。定量分析法较精确，但很多非计量因素无法考虑进去，如国家经济政策发生重大变动，市场上出现强大的竞争对手等，而定性分析虽可将这些非计量因素考虑进去，但带有一定的主观随意性。因此，在实际工作中，应根据具体情况将两类分析法有机结合起来加以应用，这样才能提高预测分析结果的准确性和可信性。

2）资金需求量的预测方法

资金需求量的预测通常使用销售百分比法。

（1）销售百分比法的概念

销售百分比法，是指以未来销售收入变动的百分比为主要参数，考虑随销量变动的资产负债项目及其他因素对资金的影响，从而预测未来需要追加的外部资金需求量的一种定量方法。

其基本公式为：

$$\Delta F = \Delta S \cdot (A - L) - S \times M \times (1 - D) \tag{4.6}$$

式中：ΔF——预计预测期需要追加的外部资金需求量；

S——预测期销售收入；

ΔS——预测期销售收入增加额；

A——基期的随销售额变动的资产占销售收入百分比；

L——基期的随销售额变动的负债占销售收入百分比；

M——预测期销售净利润率；

D——预测期的股利支付率（等于“1-留存收益比率”）。

（2）销售百分比法的基本假设

①资产负债表的各项目可以划分为敏感项目与非敏感项目

随销售变动而变动并呈现一定比例关系的项目，称为敏感项目；不随销售变动而变动的项目，称为非敏感项目。敏感项目在短时期内随销售的变动而发生成比例变动，其隐含的前提是：现有的资产负债水平对现在的销售是最优的，即所有的生产能力已经全部使用。这个条件直接影响敏感项目的确定。例如，只有当固定资产利用率已经达到最优状态，产销量的增加将导致机器设备、厂房等固定资产的增加，此时固定资产净值才应列为敏感资产；如果当前固定资产的利用率并不完全，则在一定范围内的产量增加就不需要增加固定资产的投入，此时固定资产净值不应列为敏感项目。

②敏感项目与销售额之间成正比例关系

这一假设又包含两方面意义：一是线性假设，即敏感项目与销售额之间为正相关；二是直线过原点，即销售额为零时，项目的初始值也为零。这一假设与现实的经济生活不相符，比如现金的持有动机除了与销售有关的交易动机外，还包括投机动机和预防动机，所以即使销售额为零也应持有一部分现金。又如，存货应留有一定数量的安全库存以应付意外情况，这也导致存货与销售额并不总成正比例关系。

③基期与预测期的情况基本不变

这一假设包含三重含义：一是基期与预测期的敏感项目和非敏感项目的划分不变；二是敏感项目与销售额之间成固定比例，即比例不变；三是销售结构和价格水平与基期相比基本不变。由于实际经济情况总是处于不断变动之中，基期与预测期的情况不可能一成不变。一般来说，各个项目的利用不可能同时达到最优，所以基期与预测期的敏感项目与非敏感项目的划分会发生一定的变化，同样，敏感项目与销售额的比例也可能发生变化。

④内部资金仅包含留存收益

企业的内部资金来源仅包括留存收益，或者说，企业当期计提的折旧在当期全部用来更新固定资产。但是，企业固定资产的更新是有一定周期的，各期计提的折旧在未使用以前可以作为内部资金来源使用，与之类似的还有无形资产和递延资产的摊销费用。

⑤销售的预测比较准确

销售预测是销售百分比法应用的重要前提之一。只有销售预测准确，才能比较准确地预测资金需要量。但是，产品的销售受市场供求、同业竞争以及国家宏观经济政策等的影响，销售预测不可能是一个准确的数值。

（3）销售百分比法的基本步骤

① 计算销售收入增加额。用预测期销售收入减去基期销售收入，得到预测期销售收入增加额。

② 计算销售百分比。根据基期的资产、负债和所有者权益的敏感性项目的金额及基期收入额计算销售百分比。敏感性项目一般是生产经营性项目，资产类敏感性项目一般包括：应收账款、应收票据、预付账款、存货、生产能力饱和状态下的固定资产和无形资产等。货币资金属于综合类项目，因为货币资金除了经营活动产生之外还有融资活动和投资活动产生的，所以一般不将货币资金作为敏感性项目。负债类敏感性项目一般包括应付账款、应付票据、预收账款等经营性流动负债，这些敏感性负债项目形成了企业内部的自然性融资。所有者权益均不属于销售敏感性项目。

③ 计算预测期的资产、负债和所有者权益等项目的增加额。根据基期的有关销售百分比和预测期收入增加额，分别计算预测期的资产、负债和所有者权益的增加额。资产增加额减去负债和所有者权益增加额即为总的资金需求额。

④ 计算预测期留存收益的增加额。根据预测期销售收入额、销售净利率和留存收益率或股利支付率计算预测期留存收益的增加额。预测期留存收益增加额是唯一的内部资金来源。

⑤ 计算外部融资需求。外部融资需求额等于资金需求总额减去内部资金额。

【例 4-3】A 企业 2022 年的实际销售额为 300 000 元，获净利 25 000 元，发放股利 6 000 元；预计 2023 年的销售额增至 450 000 元，假定预测期销售盈利能力不变，仍按基期股利发放率支付股利，当期折旧全部用于更新改造支出，厂房设备能力已经饱和，该企业简略的资产负债表见表 4-3。

表 4-3 A企业2022年简略资产负债表 单位：元

资产		负债及所有者权益	
现金	15 000	负债：	
应收账款	30 000	应付账款	51 500
存货	60 000	应付票据	8 500
厂房设备	100 000	长期负债	56 000
无形资产	50 000	所有者权益：	
		实收资本	120 000
		留存收益	19 000
合计	255 000	合计	255 000

要求：用销售百分比法预测 2023 年的外部资金需求量。

解：

ΔS=450 000−300 000=150 000（元）

A=（30 000+60 000+100 000+50 000）÷300 000×100%=80%

L=（51 500+8 500）÷300 000×100%=20%

$$M = \frac{25\ 000}{300\ 000} \times 100\% = 8.33\%$$

$$D = \frac{6\ 000}{25\ 000} \times 100\% = 24\%$$

ΔF=150 000×（80%−20%）−450 000×8.33%×（1−24%）=61 511.40（元）

4.1.3 财务预算概述

1）财务预算的相关概念

财务预算是一系列专门反映企业未来一定预算期内预计财务状况和经营成果，以及现金收支等价值指标的各种预算的总称，具体包括现金预算、预计利润表、预计资产负债表和预计现金流量表等内容。由于现金预算和预计现金流量表只有格式上的不同而内容上几乎没有差异，因此，在实际工作中，常以现金预算代替预计现金流量表。

财务预算是全面预算的一部分。全面预算是指从企业全局出发，对企业一定时期内的销售、生产、采购、成本费用以及财务状况等方面的预算进行汇总、协调而统一编制的预算。全面预算包括经营预算（也称业务预算）、资本支出预算和财务预算。其中，经营预算和资本支出预算是编制财务预算的基础。

经营（业务）预算是对企业在未来一定期间经常发生的各项经营活动的预算，主要包括销售预算、生产预算、经营成本预算和存货预算。其中，经营成本预算又包括直接材料预算、直接人工预算、制造费用预算、销售费用预算和管理费用预算，但不包括财务费用预算，因为财务费用预算通常包含在现金预算中。

资本支出预算是对企业固定资产购建、更新，无形资产开发、引进等特殊业务活动的预算，也称为特殊业务预算或特种决策预算。固定资产购建、更新和无形资产开发、引进都属于一次性业务活动，不同于经常发生的经营活动，这些活动不仅涉及期限长，而且所用资金数额大，所以应在企业预算中单独列示。

上述各种预算间存在下列关系：销售预算是各种预算的编制起点，它是生产费用预算、期间费用预算、现金预算和资本预算的编制基础；现金预算是销售预算、生产费用预算、期间费用预算和资本预算中有关现金收支的汇总；预计利润表要根据销售预算、生产费用预算、期间费用预算、现金预算等预算编制；预计资产负债表要根据期初资产负债表、销售预算、生产费用预算、资本预算等预算编制；预计现金流量表要根据现金预算编制。

2）财务预算的作用

财务预算是企业全面预算体系的组成部分，它在全面预算体系中有以下重要作用：

第一，财务预算使决策目标具体化、系统化和定量化。在现代企业财务管理中，财务预算能够实现全面、综合地协调、规划企业内部各部门、各层次的经济关系与职能，使之统一服从于未来经营总体目标的要求；同时，财务预算又能使决策目标具体化、系统化和定量化，能够明确规定企业有关生产经营人员各自的职责及相应的奋斗目标，使得人人了解自己部门的任务，做到未雨绸缪。

第二，财务预算有助于实现财务目标和业绩评价。通过财务预算，一方面，可以建立评价企业财务状况的标准。将实际数与预算数对比，可及时发现问题并调整偏差，使企业的经济活动按预定的目标进行，从而实现企业的财务目标。另一方面，财务预算是生产经营过程中指导各部门或有关人员工作的标准，并可通过实际数与预算数进行对比，作为各部门和各相关人员业绩考核的依据。预算执行的情况越好，其业绩评价越高。

第三，财务预算可以反映各种决策预算和业务预算的综合结果。财务预算作为全面预算体系中的最后环节的预算，它可以从价值方面总括地反映经营期特种决策预算与业务预算的结果，使预算执行一目了然。其余预算均是财务预算的辅助预算。

另外，财务预算把整个企业各方面的工作严密地组织起来，而且把企业内部有关协作单位的配合关系也纳入统一的计划之中，使企业内部横向、纵向相互协调，环环相扣，达到平衡的效果。

【课堂拓展】

企业高质量发展第一步：构建全面预算管理体系

2022年3月2日，国资委在《关于中央企业加快建设世界一流财务管理体系的指导意见》中提出，企业要建立完善纵横贯通的全面预算管理体系。预算管理是企业战略目标落地的重要手段，也贯穿企业业务经营的全过程。但是，大多数国内企业的预算管理还停留在“重编制、轻执行，重静态、轻动态，重管控、轻赋能”的阶段。

随着经济环境的日渐复杂和市场竞争的日趋激烈，越来越多的企业发现，受制于企业所处经营环境蕴含的诸多不确定因素，预算编制工作越来越难做得具体、细致和准确。预算管理进行数字化转型与创新势在必行。

（1）数字化技术在全面预算管理中的快速迭代

①从产品化到平台化

单一的预算管理产品逐渐难以满足企业对预算的一体化多维度需求，预算数据存储在预算系统中，执行数据分别存储在各个业务系统中（如差旅系统、费控系统、OA系统、采购系统等），只能通过数据接口的方式定期抽取执行数据，无法在一个地方实时看到全量的预算及其执行数据，无法直接下载查看业务发生的明细数据（业务单据、记账凭证），不便于进行统一的统计、查询、分析、展现。从单一的预算产品到统一的预算平台的转变成为趋势。

②数据中台成为重塑预算的核心

在预算管理过程中，以“数据中台”为底座，协同发挥各个“预算模块”的不同作用，使基于“目标管理”的年度预算、基于“运营指导”的滚动预算、基于“专项资金或重点任务”的项目预算、基于“业管融合”的场景化预算、基于“过程管控”的预算控制和基于“执行情况”的预实分析融为一体、相互促进，重塑预算管理体系，形成一个完整“预算数据集”赋能业务、支持决策，引领企业数字化能力建设全面升级，从而达到“承接战略、资源配置、信息沟通、行为引导、过程监控、夯实基础、树立标杆、挖潜增效、促进管理”的目标，使预算管理真正成为企业经营管理的抓手。

③AI技术成为预算进阶的标配

市场发展瞬息万变，组织架构、资源配置和市场要素的调整变化，使得实际运营和预算数据差别巨大，“计划赶不上变化”，如何使预算做得更加实际，预算调整能更快地跟随业务发展需要，让预算真正实现指导运营、赋能业务、控制成本，推动各部门达成绩效指标，是一个巨大挑战。AI技术提供的丰富算法和运算速度使预算调整更加精准、快捷、高效，从年度预算推进到季、月、周，甚至实时滚动预算，给企业具体运营带来更大价值，指导、考核部门和员工的绩效达成和降本增效，推动企业的快速稳健发展。

（2）数字化时代全面预算管理的总体发展趋势

①预算主体的变化

从头部企业向中小企业拓展。以传统全面预算为主要内容的预算管理体系在大型头部企业的应用已经基本普及并在持续优化完善。在新形势下和数字化浪潮中，不管企业规模大小，企业管理层基本都有建立健全和优化完善预算管理的需求和认识。因此，中小企业预算管理需求日益凸显。

②预算定位的变化

一是从管控型向赋能型转变。在数字化时代，对预算管理的理解要跳出传统的认知，应当从数据、模型、算力、算法等方面构建、优化和完善“赋能型”预算管理体系和预算解决方案，赋能各级管理者对企业经营的不确定性进行管理，实时调整企业经营行为，更好地实现企业经营目标。

二是从静态目标管理向动态运营指导转变。受制于市场等环境的不确定因素，企业预算越来越难以做得具体、细致和准确。预算管理的“动态运营指导”功能日益受到重视，滚动预算的频次、精准度要求不断提升。预算管理逐渐从公司级向部门级、项目级转变，从关注“全局、长周期、静态目标”向“特定业务、短周期、动态调整”转变。

③预算内容的变化

一是预算内容从公司业务细化到更小的经营单元。随着数字化时代的来临，战略化将不再是预算管理的最高导向，预算管理与业务经营的融合更紧密，业务化变得越来越重要，部门级、轻量化的场景化预测开始深入到了企业最基础的细分业务环节中，预算深入到更小的业务单元。

二是从追求预算体系的整体化到追求经营预算的精细化。在预算管理应用实践过程中，需要企业厘清不同“预算模块”应用功能，重新审视现有预算模型是否科学合理，遵循“轻量化”的原则优化预算模型（特别是年度预算和滚动预算模型），让全面预算“拨冗”减负前行，提升预算管理工作的效率和效果，确保预算管理能够有效落地。

三是预算控制从“零散型”向“集约型”转变。通过构建统一的预算控制中心，灵活定义预算控制模型和控制策略，满足不同的预算控制场景，实现事前审批与预警机制，加强事中实时监控，完善事后分析评价，形成全方位的预算控制体系，提升预算控制的“归口管理”能力和效果，促使预算控制从“零散型”向“集约型”转变。

④数据、场景、智能成为预算的主旋律

一是数据驱动成为预算的新主线。通过数据驱动，企业经营者更关注与业务经营相关性更高的目标，将预算管理和业务活动进行充分融合，形成业财融合的双向数据互动模式，使预算管理能够真正驱动企业发展。

二是场景化预测赋能业务发展。场景化预测作为全面预算的支撑和深化，跟随管理不断向业务延伸、业管融合，反过来支持提升全面预算对业务的管控和运营能力。

三是智能应用使预算更有力量。在数据分析能力大幅提升和场景化分析应用日益广泛的基础上，企业管理开始呈现新的“数智运营”发展趋势。

随着企业对预算系统的功能需求越来越多，预算管理模式和系统平台也将真正走向全面：全业务、全时段、全员工、全领域的全面覆盖，预算管理的发展趋势将会更进一步：更多数据、更高效率、更复杂的模型、更智能的预测。

资料来源：中国会计视野网.企业高质量发展第一步：构建全面预算管理体系［EB/OL］.［2023-02-21］.https：//finance.sina.cn/2023-02-21/detail-imyhmaez8354898.d.html.

4.2　业务预算的编制

4.2.1　销售预算

企业为了保障供产销的整合效率，一般执行以销定产的经营策略，因此销售预算是整个预算的编制起点，其他预算的编制都以销售预算为基础。

销售预算的主要内容是销量、单价和销售收入。销量是根据市场预测或销货合同并结合企业生产能力确定的。单价是销售部门根据市场预测所做出的价格决策确定的。销售预算通常要分品种、销售区域、推销员按月来编制，但如果为了简化工作量，也可以按季度来编制。

销售预算中还应该包括销售收入的收现情况，其目的是为编制现金预算提供依据。销售收入的收现状况可根据公司的销售政策来预测。每一期的现金收入由两部分构成：一部分是本期销售的现金收入，另一部分是收回以前的应收账款。

【例4-4】天驰公司编制2023年的销售预算，预计各季度的销量和单价见表4-4，根据销售政策，该企业每季度的销售收入中的60%是现销收入，40%是赊销，赊销金额全部于下个季度收回。假设2023年年初的应收账款为5 000元，请编制销售预算。

表4-4 **销售预算** 金额单位：元

季度	一	二	三	四	全年
预计销售量（件）	100	150	200	180	630
预计单价	400	400	400	400	
销售收入	40 000	60 000	80 000	72 000	252 000
本期现销收入	24 000	36 000	48 000	43 200	151 200
期初应收账款	5 000	16 000	24 000	32 000	5 000
本期现金收入	29 000	52 000	72 000	75 200	228 200
期末应收账款	16 000	24 000	32 000	28 800	28 800

4.2.2 生产预算

生产预算是在销售预算的基础上编制的。根据销售量预测期初和期末存货、生产量。通常，企业的生产和销售不能做到完全匹配，会产生一定的库存产品，可以保证在发生意外需求时按时供货。虽然持有存货会产生管理成本和机会成本，但能够避免短缺成本。在企业生产技术不变的情况下，一定期间内使用的原材料，产生的在产品、半成品和产成品应该是趋于稳定的，所以，企业期末库存产品和销售量会存在一定的关系。因此，可以根据长期销售趋势来预测期末库存产品数量。通常，期末库存产品可根据下一期销售量的一定比例来预测，本期的预计生产量可以根据下列公式来预测：

预计生产量=预计销售量+预计期末库存产品-预计期初库存产品 (4.7)

生产预算在实际编制时是比较复杂的，产量受到生产能力的限制，存货数量受到仓库容量的限制，只能在此范围内安排存货数量和各期生产量。此外，有的季度可能销量很大，可能因为需要加班而产生额外的人工费用，而在生产淡季，会因为增加库存产品数量而增加机会成本。因此，实际库存产品数量可能因为经营状况的变化而与生产预算不相符。

【例4-5】承【例4-4】，假设天驰公司每期期末库存产品分别为15件、20件、18件、10件。2023年年初库存产品为20件，年末库存产品为18件，天驰公司2023年的生产预算见表4-5。

表4-5 **生产预算** 单位：件

季度	一	二	三	四	全年
预计销售量	100	150	200	180	630
加：预计期末库存产品	15	20	18	10	63
合计	115	170	218	190	693
减：预计期初库存产品	20	15	20	18	73
预计生产量	95	155	198	172	620

4.2.3 直接材料预算

直接材料预算是以生产预算为基础编制的，同时要考虑原材料存货水平。本期需要采购的原材料可根据下列公式来计算：

预计原材料采购量=本期生产需用量+期末材料存量-期初材料存量　　(4.8)

本期原材料的需用量根据本期生产量预测，等于本期生产量乘以单位产品材料耗用量，单位产品材料耗用量根据标准成本资料或消耗定额资料来确定。年初和年末的材料存货量根据当前库存情况和长期销售预测加以估计。各期的期末材料存量根据下一期生产需用量的一定比例加以预测。

直接材料预算还应该包括采购原材料的现金支出情况。每一期的现金支出由两部分构成：一部分是本期原材料采购的现金支出；另一部分是偿还以前的应付账款。原材料现金采购状况取决于供货商的销售政策，可根据历史原材料采购情况来预测预算期间原材料现金采购的比例。如果企业原材料品种很多，则需要按照原材料品种单独编制直接材料预算。

【例4-6】承【例4-5】，天驰公司产品消耗甲原材料，单位产品耗用量为50千克/件，单价为2元/千克。假设2023年年初库存原材料为800千克，期末库存原材料按照下1季度的材料生产需用量的10%预测，2023年年末库存原材料为850千克。根据以往的材料采购经验，2023年甲材料供应商仍然会执行当期50%现销的销售政策，年初的应付账款为5 000元，则直接材料预算的编制见表4-6。

表4-6 **直接材料预算**

季度	一	二	三	四	全年
预计生产量（件）	95	155	198	172	620
单位材料耗用量（千克/件）	50	50	50	50	
本期生产需用量（千克）	4 750	7 750	9 900	8 600	31 000
加：预计期末材料存量（千克）	775	990	860	850	850
合计（千克）	5 525	8 740	10 760	9 450	34 475
减：预计期初材料存量（千克）	800	775	990	860	800

续表

季度	一	二	三	四	全年
预计原材料采购量（千克）	4 725	7 965	9 770	8 590	31 050
单价（元/千克）	2	2	2	2	
预计采购金额（元）	9 450	15 930	19 540	17 180	62 100
本期现金采购支出（元）	4 725	7 965	9 770	8 590	31 050
期初应付账款（元）	5 000	4 725	7 965	9 770	5 000
本期现金支出（元）	9 725	12 690	17 735	18 360	58 510
期末应付账款（元）	4 725	7 965	9 770	8 590	8 590

4.2.4 直接人工预算

直接人工预算以生产预算为基础编制。根据人工费用的计价标准不同，工资制度可以分为计件工资制度和计时工资制度。

在计件工资制度下，直接人工费用可按照下列公式计算：

直接人工费用=预计生产量×单件人工费用 （4.9）

在计时工资制度下，直接人工费用可按照下列公式计算：

直接人工费用=预计生产量×单位产品工时×每小时人工成本 （4.10）

公式（4.9）和公式（4.10）中的单件人工费用、单位产品工时、每小时人工成本数据可根据标准成本资料预测。

人工工资需要使用现金支付，因此直接人工费用产生的现金支出将全部纳入现金预算中。

【例4-7】承【例4-6】，天驰公司的工资制度为计时工资制度，根据标准成本资料，单位产品需用工时为8小时/件，每小时人工成本为5元/小时，则直接人工预算见表4-7。

表4-7 **直接人工预算**

季度	一	二	三	四	全年
预计生产量（件）	95	155	198	172	620
单位产品工时（小时/件）	8	8	8	8	
人工总工时（小时）	760	1 240	1 584	1 376	4 960
每小时人工成本（元/小时）	5	5	5	5	
人工总成本（元）	3 800	6 200	7 920	6 880	24 800

4.2.5 制造费用预算

制造费用通常分为变动制造费用和固定制造费用两部分。变动制造费用通常包括间接人工费用、间接材料费用、机器设备修理费、生产车间的水电费等费用项目。变动制造费用预算以生产预算为基础编制。如果有完善的标准成本资料，可直接根据标准成本资料来估计各变动制造费用项目的单位成本，然后根据预计产品总工时与每小时变动制造费用的乘积来计算。如果没有标准成本资料，就需要逐项预计各项制造费用的单位工时成本。固定制造费用通常包括管理人员工资、保险费、财产税等。固定制造费用需要逐项进行预计，通常与本期产量无关，按每期实际需要的支付额预计，然后求出全年数额。

为了便于以后编制现金预算，制造费用预算也需要预计现金支出。制造费用中，除折旧费用外都需要支付现金，因此，根据每个季度制造费用扣除折旧后，即可得出需要支付现金的制造费用。

【例4-8】承【例4-7】和【例4-6】，天驰公司变动制造费用中的间接人工、间接材料费、修理费、水电费的每小时耗费成本和固定制造费用，以及制造费用预算见表4-8。

表4-8 **制造费用预算** 金额单位：元

季度	一	二	三	四	全年
变动制造费用：					
预计生产量（件）	95	155	198	172	620
人工总工时（小时）	760	1 240	1 584	1 376	4 960
每小时间接人工成本	1	1	1	1	1
每小时耗费材料费	2	2	2	2	2
每小时修理费	1	1	1	1	1
每小时水电费	1	1	1	1	1
单位变动制造费用	5.0	5.0	5.0	5.0	5.0
间接人工	760	1 240	1 584	1 376	4 960
间接材料	1 520	2 480	3 168	2 752	9 920
修理费	760	1 240	1 584	1 376	4 960
水电费	760	1 240	1 584	1 376	4 960
合计	3 800	6 200	7 920	6 880	24 800
固定制造费用：					
定期维修费	1 320	1 320	1 320	1 320	5 280
折旧	1 000	1 000	1 000	1 000	4 000
管理人员工资	1 000	1 000	1 000	1 000	4 000
保险费	200	200	200	200	800
财产税	200	200	200	200	800
合计	3 720	3 720	3 720	3 720	14 880
制造费用合计	7 520	9 920	11 640	10 600	39 680
减：折旧	1 000	1 000	1 000	1 000	4 000
现金支出的制造费用	6 520	8 920	10 640	9 600	35 680

表4-8中固定制造费用中的定期维修费、折旧、管理人员工资、保险费、财产税需要根据天驰公司历史数据逐项预计得出。为了便于编制产品成本预算，需要计算小时费用率。变动制造费用分配率即为单位变动制造费用，为5元/小时。固定制造费用分配率的计算为：

固定制造费用分配率=14 880÷4 960=3（元/小时）

4.2.6 产品成本预算

产品成本预算是生产预算、直接材料预算、直接人工预算和制造费用预算的汇总。其主要内容是产品的总成本与单位成本。其中，总成本又分为生产成本、销售成本和期末库存产品成本。

在变动成本法下，如果产成品存货采用先进先出法计价，则产品成本预算的编制程序为：①估算预算期预计发生的单位生产成本；②估算预算期预计发生的生产成本；③估算预算期的预计期末库存产品成本；④估算预算期预计的产品销售成本。相关计算公式为：

本期销售成本=期初库存产品成本+本期生产成本-期末库存产品成本 (4.11)

产品成本预算中的单位产品成本的有关数据来自直接材料预算、直接人工预算和制造费用预算。生产量、期末库存产品量、期初库存产品量来自生产预算。期初库存产品单位成本可从上期预算中获得。销售量来自销售预算。如果期初库存产品的单位成本与本期产品单位成本变化不大，本期的销货成本也可以直接用单位产品成本与销售量的乘积计算。

【例4-9】承【例4-5】至【例4-8】，天驰公司编制产品成本预算，已知2022年年末库存产品成本中的直接材料成本为1 800元，直接人工成本为900元，变动制造费用为900元，固定制造费用为500元，则2023年产品成本预算见表4-9。

表4-9 **产品成本预算**

项目	单位成本			生产成本（620件）(4) = (3) ×620	期末库存库存产品产品（10件）(5) = (3) ×10	期初库存产品（20件）(6)	销货成本（620件）(7) = (4) + (6) − (5)
	元/千克或元/小时 (1)	投入量 (2)	成本（元/件）(3) = (1) × (2)				
直接材料	2	50	100	62 000	1 000	1 800	62 800
直接人工	5	8	40	24 800	400	900	25 300
变动制造费用	5	8	40	24 800	400	900	25 300
固定制造费用	3	8	24	14 880	240	500	15 140
合计			204	126 480	2 040	4 100	128 540

4.2.7 销售及管理费用预算

销售及管理费用预算又称营业费用预算，是指为组织产品销售活动和一般行政管理活动以及与之有关的经营活动发生的费用支出而编制的一种业务预算。编制销售及管理费用预算的主要依据，是预算期全年和各季度的销售量及各种有关的标准耗用量和标准价格资料。为了便于编制现金预算，在编制销售及管理费用预算的同时，还要编制与销售及管理费用有关的现金支出计算表。

销售费用预算是指为了实现销售预算而需支付的费用预算。它以销售预算为基础，要分析销售收入、销售利润和销售费用的关系，力求实现销售费用的最有效使用。在安排销售费用时，要利用本量利分析方法，费用的支出应能获取更多的收益。在草拟销售费用预算时，要对过去的销售费用进行分析，考察过去销售费用支出的必要性和效果。销售费用预算应与销售预算相配合，应有按品种、按地区、按用途的具体预算数据。

管理费用预算是指在企业日常的生产经营中为搞好一般管理业务所必需的费用预算。随着企业规模的扩大，一般管理职能日益重要，因而其费用也相应增加。在编制管理费用预算时，要分析企业的业务成绩和一般经济状况，务必做到合理化。管理费用项目比较复杂，且多属固定成本，因此，可以先由各费用归口部门上报费用预算。企业在比较、分析过去的实际开支的基础上，充分考虑预算期各费用项目变动情况及影响因素，确定各费用项目预计数额。值得注意的是，企业必须充分考虑各种费用是否必要，以提高费用支出效率。另外，为了给现金预算提供现金支出资料，在管理费用预算的最后，还需要预计预算期管理费用的现金支出数额。管理费用中的固定资产折旧费、低值易耗品摊销、计提坏账准备、无形资产摊销和递延资产摊销均属于不需要现金支出的项目，在预计管理费用现金支出时，应予以扣除。在通常情况下，销售及管理费用各期支出比较均衡，因此，各季度的销售及管理费用现金支出数为预计全年管理费用现金支出数的1/4。

【例4-10】天驰公司2023年的销售及管理费用预算见表4-10。

表4-10　**销售及管理费用预算**　单位：元

销售费用	
销售人员工资	3 000
广告费	5 000
包装、运输费	2 000
保管费	2 500
合计	12 500
管理费用	
管理人员工资	3 000
福利费	600
保险费	800
办公费	1 100
合计	5 500
销售及管理费用合计	18 000
每季度支付现金	4 500（18 000÷4）

4.3 财务预算

财务预算的主要工作是根据业务预算编制现金预算和预计财务报表。预计财务报表与实际的财务报表内容、格式相同，只不过是利用预计数据反映企业未来一定期间的财务状况。预计财务报表分为预计利润表、预计资产负债表和预计现金流量表。在编制预计财务报表时需要注意两点：一是资产负债表是否实现了平衡关系；二是各财务报表间是否存在有效的钩稽关系。下面分别介绍现金预算和三个预计财务报表的编制。

4.3.1 现金预算

现金预算，也称现金收支预算或现金收支计划，用于预测企业还有多少库存现金，以及在不同时点上对现金支出的需要量。

现金预算是所有业务预算的汇总，由现金收入、现金支出、现金多余或不足、资金的筹集和运用四个部分组成。

现金收入部分包括期初现金余额和预算期现金收入，现金收入的主要来源是销货收入。期初现金余额是上一年度现金预算的期末现金余额；销货现金收入的数据来自销售预算；可供使用现金是期初现金余额与本期现金收入之和。

现金支出部分包括预算的各项现金支出。其中直接材料、直接人工、制造费用、销售与管理费用的数据，分别来自前述有关预算；所得税、购置设备、股利分配等现金支出的数据分别来自另行编制的专门预算。

现金多余或不足是现金收入合计与现金支出合计的差额。差额为正，说明收入大于支出，现金有多余，可用于偿还借款或用于短期投资，以增加收益；差额为负，说明支出大于收入，现金不足，需要向银行取得新的借款。现金预算通过对企业的现金收入、支出情况推算出企业预算期的现金结余情况。

【例4-11】承【例4-4】至【例4-10】，假设天驰公司2023年年初各季度现金余额和各季度需要缴纳的所得税见表4-11。预计天驰公司于2023年第二季度将采购一台价值为40 000元的机器设备，年末支付现金股利4 000元。根据天驰公司的现金管理制度，最低现金持有余额为3 000元，多余的现金用于偿还贷款，现金不足时通过银行借款融资。假设银行借款的金额要求是1 000元的倍数，贷款利率为6%。天驰公司的现金预算见表4-11。

表4-11中第一季度的现金多余11 555元，高于最低现金余额，因此不需要从银行获得贷款。第二季度现金余额为−9 655元，需要向银行借款金额为：

借款额=现金不足额+最低现金余额=9 655+3 000=12 655≈13 000（元）

第三季度现金多余33 650元，超过最低现金余额部分可以用来偿还借款，可以偿还13 000元贷款，一般按“每期期初借入，每期期末偿还”来预计利息，因此，天驰公司还款时的计息期为6个月，则应计利息为390元（13 000×6%×6÷12）。

表4-11　　**现金预算**　　单位：元

季度	一	二	三	四	全年
期初现金余额	8 000	11 555	3 345	20 260	8 000
加：销货现金收入（表4-4）	29 000	52 000	72 000	75 200	228 200

续表

季度	一	二	三	四	全年
可供使用现金	37 000	63 555	75 345	95 460	236 200
减：各项支出					
直接材料（表4-6）	9 725	12 690	17 735	18 360	58 510
直接人工（表4-7）	3 800	6 200	7 920	6 880	24 800
制造费用（表4-8）	6 520	8 920	10 640	9 600	35 680
销售及管理费用（表4-10）	4 500	4 500	4 500	4 500	18 000
所得税	900	900	900	900	3 600
购买设备		40 000			40 000
股利				4 000	4 000
支出合计	25 445	73 210	41 695	44 240	184 590
现金多余或不足	11 555	-9 655	33 650	51 220	51 610
最低现金余额	3 000	3 000	3 000	3 000	12 000
向银行借款		13 000			
还银行借款			13 000		
借款利息（利率6%）			390		
偿还本息和			13 390		
期末现金余额	11 555	3 345	20 260	51 220	51 220

第四季度现金多余51 220元，超过最低现金余额，不需要借款，因此天驰公司2024年年末有现金余额51 220元。

现金预算以各项营业预算和资本预算为编制基础，反映了各预算期的收入款项和支出款项，在资金不足时融资，资金多余时及时处理现金余额，同时提供了现金控制的最低限额，从而发挥了现金管理的作用。

4.3.2 预计利润表

预计利润表是在各项经营预算的基础上，根据权责发生制原则编制的利润表。它综合反映预算期内预计销售收入、销售成本和预计可实现的利润或可能发生的亏损，可以揭示企业预期的盈利情况，有助于管理人员及时调整经营策略，一般根据销售预算、生产预算、产品成本预算、期间费用预算、其他专项预算等有关资料分析编制。

承接前文天驰公司的例子，编制天驰公司2023年的预计利润表（见表4-12）。

表4-12　　**预计利润表（简化）**　　单位：元

项目	金额
销售收入（表4-4）	252 000
销货成本（表4-9）	128 540
毛利	123 460
销售费用（表4-10）	12 500
管理费用（表4-10）	5 500
利息（表4-11）	390
利润总额	105 070
所得税（表4-11）	3 600
净利润	101 470

表4-12中的所得税是在利润规划时估计的，并已列入现金预算。它通常不是根据利润和所得税税率计算出来的，因为有诸多纳税调整事项的存在。此外，从预算编制程序上看，如果根据利润总额和税率重新计算所得税，就需要修改现金预算中的所得税现金支出，引起信贷计划修订，从而改变利息费用，又会改变利润总额，从而陷入数据的循环修改中。这个问题无法通过手工调整来解决，可以通过Excel表格的“迭代计算”功能来解决。

预计利润表与实际利润表的内容、格式相同，只不过数据反映的是预算期的经营状况。它是在汇总销售、成本、销售及管理费用等预算的基础上编制的。通过编制预计利润表，可以了解企业预期的盈利水平。如果预算利润与业绩考核指标中的目标利润有很大差距，就需要调整部门预算，设法达到目标利润，或者经企业领导同意修改目标利润。预计利润表的编制可以为预计资产负债表的编制提供基础，因为预计利润表体现了销售的增长情况，按照“以销定产，以产定资，以资定融”的原则，为了实现预计资产负债表的平衡和预计财务报表的钩稽关系，需要预测资产增长所产生的资金需求量，通常利用销售百分比法预测外部资金需求量。

4.3.3 预计资产负债表

预计资产负债表与实际的资产负债表的内容、格式相同，只不过数据是反映预算期期末企业的财务状况。该表是利用本期期初资产负债表，根据销售、生产、资本等预算的相关数据加以调整进行编制的。

仍以天驰公司的例子说明预计资产负债表的编制（见表4-13）。

表4-13　　**预计资产负债表（简化）**　　单位：元

资产	期末余额	上年年末余额	负债和所有者权益	期末余额	上年年末余额
现金（表4-11）	51 220	8 000	应付账款（表4-6）	8 590	5 000
应收账款（表4-4）	28 800	5 000	短期借款	0	0
直接材料（表4-6）	1 700	1 600	负债合计	8 590	5 000
产成品（表4-9）	2 040	4 100			
固定资产（表4-11）	50 000	10 000	实收资本	10 000	10 000

续表

资产	期末余额	上年年末余额	负债和所有者权益	期末余额	上年年末余额
累计折旧（表4-8）	8 000	4 000	未分配利润	107 170	9 700
固定资产净额	42 000	6 000	所有者权益合计	117 170	19 700
资产总计	125 760	24 700	负债和所有者权益总计	125 760	24 700

表4-13中现金、应收账款、直接材料、产成品、固定资产、累计折旧、应付账款均来源于前述的相关预算。其中，期初直接材料和期末直接材料根据表4-6的期初直接材料数量和期末直接材料数量乘以单价求得。固定资产净额等于固定资产减去累计折旧。年末未分配利润的计算如下：

年末未分配利润=期初未分配利润+净利润-股利

=9 700+101 470-4 000

=107 170（元）

年末资产等于年末负债与所有者权益合计，即实现资产负债表平衡。编制预计资产负债表的目的在于判断预算期财务状况的稳定性和流动性。如果通过预计资产负债表的分析，发现某些财务比率不佳，必要时可修改有关预算，以改善财务状况。

如果资产负债表左方资产的增加超过了资产负债表右方资本的增加，那么就需要对外融资，可以利用销售收入百分比法确定外部融资需求额，作为融资额的初步预测。在天驰公司的例子里，现金预算中规定用短期借款来满足外部资金需求，这种假设只是一种情况。如果用长期负债满足资金需求，就会增加财务费用，从而降低利润总额，降低当期的留存收益，又需要修改长期负债融资额，从而陷入数据的循环修改中。这个问题无法通过手工调整来解决，也可以通过Excel表格的“迭代计算”功能来解决。

4.3.4　预计现金流量表

预计现金流量表反映了现金流的分布状况，主要是根据前述相关预算表，尤其是现金预算表来编制，以反映产生现金流入和现金流出的项目。有的项目也可根据预计利润表和预计资产负债表相关项目数据计算得出。表4-14是天驰公司的预计现金流量表。

表4-14　**预计现金流量表（简化）**　单位：元

现金来源及运用	金额
一、经营活动产生的现金流量：	
销售商品的现金流入（表4-11）	228 200
减：采购材料的现金流出（表4-11）	58 510
支付工资的现金流出（表4-11）	24 800
支付制造费用的现金流出（表4-11）	35 680
支付销售及管理费用的现金流出（表4-11）	18 000
支付税金的现金流出（表4-11）	3 600

续表

现金来源及运用	金额
经营活动现金净流量小计	87 610
二、投资活动产生的现金流量：	
购置固定资产的现金流出（表4-11）	40 000
投资活动现金净流量小计	-40 000
三、筹资活动产生的现金流量：	
借入短期借款的现金流入（表4-11）	13 000
减：偿还借款的现金流出（表4-11）	13 000
支付利息的现金流出（表4-11）	390
支付股利的现金流出（表4-11）	4 000
筹资活动现金净流量小计	-4 390
现金净流量合计	43 220

由于表4-14中的现金净流量合计43 220元恰好等于期末现金余额51 220元与期初现金余额8 000元的差额，因此，达成了预计现金流量表与预计资产负债表的钩稽关系。预计现金流量表中的所有项目均可根据现金预算表中的数据填列，因此有时也可以用现金预算表代替预计现金流量表。

总结与结论

➢ 财务预测是在财务业绩分析的基础上，以公司预测期的战略目标、经营目标和财务目标为导向，通过编制预计财务报表反映公司一定期间的经营业绩和财务状况。财务预测的内容包括销售预测、成本费用预测、资本支出预测、资金预测和预计财务报表。

➢ 财务预算是一系列专门反映企业未来一定预算期内预计财务状况和经营成果，以及现金收支等价值指标的各种预算的总称。

➢ 销售百分比法，是指以未来销售收入变动的百分比为主要参数，考虑随销量变动的资产负债项目及其他因素对资金的影响，从而预测未来需要追加的外部资金需求量的一种定量方法。

➢ 销售预算是预算编制的起点。销售预算的主要内容是销量、单价和销售收入。销量是根据市场预测或销货合同并结合企业生产能力确定的。单价是通过销售部门根据市场预测所做出的价格决策确定的。销售预算中还应该包括销售收入的收现情况，其目的是为编制现金预算提供依据。

➢ 制造费用通常分为变动制造费用和固定制造费用两部分。变动制造费用通常包括间接人工费用、间接材料费用、机器设备修理费、生产车间的水电费等费用项目。变动制造费用以生产预算为基础编制，根据预计产品总工时与每小时变动制造费用乘积来计算。固定制造费用通常包括管理人员工资、保险费、财产税等。固定制造费用需要逐项进行预计，通常与本期产量无关，按每期实际需要的支付额预计，然后求出全年数额。

➢ 现金预算，也称现金收支预算或现金收支计划，是指用于预测组织还有多少库存现金，以及在不同时点上对现金支出的需要量。现金预算是有关预算的汇总，由现金收入、现金支出、现金多余或不足、资金的筹集和运用四个部分组成。

➢ 在编制预计财务报表时需要注意两点：一是资产负债表是否实现了平衡关系；二是各财务报表间是否存在有效的钩稽关系。

练习题

1. 某公司2022年的实际销售额为500 000元，获净利30 000元，发放股利9 000元；预计2023年的销售额增长20%。假定预测期销售盈利能力不变，仍按基期股利发放率支付股利，杠杆比率保持不变，当期折旧全部用于更新改造支出，厂房设备能力已经饱和，为了适应增长需求，2023年增加固定资产投资200 000元。该企业简略的资产负债表见表4-15。

表4-15　**某公司2022年简略资产负债表**　单位：元

资产		负债和所有者权益	
货币资金	10 000	负债：	
应收账款	25 000	应付账款	20 000
存货	50 000	长期负债	80 000
固定资产	100 000	所有者权益：	
无形资产	50 000	股本	100 000
		留存收益	35 000
合计	235 000	合计	235 000

要求：用销售百分比法预测2023年外部资金需求量。

2. 启锐公司2023年1月31日的资产负债表部分数据见表4-16。

表4-16　**启锐公司资产负债表部分数据**　单位：元

项目	金额
现金	40 000
应收账款	80 000
减：坏账准备	400
应收账款净额	79 600
存货	160 000
固定资产	320 000
资产总额	599 600

补充资料如下：

（1）2023年销售额的预算数：2月份为120 000元，3月份为140 000元。

（2）预计销售当月可收回货款60%，次月收回39.8%，其余的0.2%收不回来。

（3）毛利为销售额的30%，每月进货为下月计划销售额的70%，假设不考虑坏账准备对利润的影响。

（4）每月用现金支付的其他费用为20 000元，每月折旧6 000元。

要求：根据上述资料回答下列问题：

（1）确定2023年2月份预算的现金期末余额。

（2）2023年2月份预计利润总额是多少？

（3）2023年2月28日应收账款的计划净额是多少？

3.某企业现着手编制2023年1月份的现金收支计划。预计2023年1月初现金余额为8 000元；月初应收账款5 000元，预计月内可收回80%；本月销货50 000元，预计月内收款比例为80%；本月采购材料8 000元，预计月内付款70%；月初应付账款余额5 000元须在月内全部付清；月内以现金支付工资8 400元；本月制造费用等间接费用付现16 000元；其他经营性现金支出900元；购买设备支付现金10 000元。企业现金不足时，可向银行借款，借款金额为1 000元的倍数；现金多余时可购买有价证券。要求月末现金余额不低于5 000元。

要求：

（1）计算经营性现金收入。

（2）计算经营性现金支出。

（3）计算现金余缺。

（4）确定最佳资金筹措或运用数额。

（5）确定现金月末余额。

4.ABC公司2023年度设定的每季末预算现金余额的额定范围为50万元至60万元，其中，年末余额已预定为60万元。假定当前银行约定的单笔短期借款必须为10万元的倍数，年利息率为6%，借款发生在相关季度的期初，每季末计算并支付借款利息，还款发生在相关季度的期末。2023年该公司无其他融资计划。ABC公司编制的2023年度现金预算的部分数据见表4-17。

表4-17　　**2023年度ABC公司现金预算金额**　　单位：万元

项目	第一季度	第二季度	第三季度	第四季度	全年
①期初现金余额	40				H
②经营性现金收入	1 010				5 516.30
③可运用现金合计		1 396.30	1 549		I
④经营性现金支出	800			1 302	4 353.70
⑤资本性现金支出		300	400	300	1 200
⑥现金支出合计	1 000	1 365		1 602	5 553.70
⑦现金多余或短缺	A	31.30	−37.70	132.30	

续表

项目	第一季度	第二季度	第三季度	第四季度	全年
⑧现金筹措及运用	0	19.70	F	-72.30	
加：短期借款	0	C	0	-20	0
减：支付短期借款利息	0	D	0.30	0.30	
购买有价证券	0	0	-90	G	
⑨期末现金余额	B	E		60	J

要求：计算表4-17中用字母"A~J"表示的项目数值（除"H"和"J"项外，其余各项必须列出计算过程）。

二维码4-1　练习题参考答案

案例分析题

远华公司的财务预算编制

远华公司2022年12月31日该公司的简略式资产负债表见表4-18。王莉为远华公司财务部预算科科长，她负责编制公司每年的财务预算。王莉在编制2023年财务预算时做了如下预测：

表4-18　远华公司资产负债表

2022年12月31日　单位：元

资产	金额	负债和股东权益	金额
现金	1 000	应付账款	5 000
应收账款	7 000	长期借款	0
存货：材料	1 338	负债合计	5 000
产成品	2 400	股本	35 000
固定资产净值	38 240	留存收益	9 978
合计	49 978	合计	49 978

（1）预计远华公司生产的甲产品2023年的价格为50元。2023年第一季度至第四季度甲产品预计销售量分别为400个、500个、600个和500个；甲产品的现销比例为70%。

（2）2022年年末甲产品存货50个，期末存货成本中直接材料成本为350元，直接人工成本为450元，变动制造费用为900元，固定制造费用为700元。预计产成品存货量资料如下：甲产品2023年年末存货量为60个，其余每季末存货量均为下季销量的10%，存货按先进先出法计价。

（3）单位甲产品直接材料消耗定额为3千克/件，材料单价为2元/千克；单位甲产品消耗人工工时2小时/件，小时工资率为4元/小时。

（4）预计材料存货量及付款方式如下：2022年年末材料存货量669千克；预计2023年材料存货量840千克。各种材料的季末存货量均为下季度生产总耗用量的30%。每季度购买材料只需支付60%现金，余款下季度内付清。

（5）预计制造费用、销售费用及管理费用预算如下：2022年全年变动制造费用为16 120元；固定制造费用为12 000元，其中固定资产折旧为4 000元，其余均为各季度均衡发生的付现成本；销售费用及管理费用合计为800元。

（6）其他资料如下：企业每季度预分500元股利；免交所得税；第二季度购置机器设备支出现金20 000元；根据财务制度，企业最低现金持有量为5 000元，各季季末应收账款均在下季度收回；各季度现金余缺可通过归还短期借款或取得短期借款解决，借款额为1 000的倍数，借款期初发生、期末偿还，借款利率为6%。

案例思考题：

根据王莉的上述预测，请帮助王莉编制如下预算：

1. 销售预算；
2. 生产预算；
3. 直接材料消耗及采购预算；
4. 直接工资及其他直接支出预算；
5. 制造费用预算（简略式）；
6. 产品生产成本预算；
7. 销售及管理费用预算（简略式）；
8. 现金预算；
9. 2023年度的预计利润表；
10. 2023年12月31日的预计资产负债表。

二维码4-2 案例分析题提示

第5章　企业筹资

学习目标

通过本章的学习，学生应理解并掌握各种不同的筹资方式及相关法律规定；了解不同筹资的目的或动机；充分认识不同筹资方式给筹资方带来的风险和收益；能客观评价各种筹资方式的优点及不足之处；了解不同筹资方式的具体要求及适用条件；充分认识筹资、投资及股利分配等内容之间的内在联系。

导言

资本是企业持续地从事生产经营活动的基本条件。企业根据其生产经营、对外投资和调整资本结构的需要，通过适当的筹资渠道和不同的金融市场，运用多种筹资方式，经济有效地向企业的投资者、债权人及其他有关方面筹措资本，是保证企业生产经营资金需求的一项重要理财活动。当企业的投资方向、投资规模及分配政策等重要问题被解决之后，筹资问题便自然而然地、合乎逻辑地凸显出来。本章重点探讨企业筹资的目的与动机、筹资渠道与筹资方式、筹资特征及相关规定等诸多问题，旨在揭示市场经济条件下企业筹资渠道的广泛性和筹资方式的多样性。

5.1　企业筹资概述

企业筹资是指企业根据其生产经营、对外投资、调整资本结构和其他需要，通过合理的渠道，采用适当的方式，经济有效地筹措和集中资本的活动。筹资管理是企业财务管理的一项重要内容，筹资管理解决为什么要筹资、从何种渠道、以何种方式筹资、要融通多少资金、如何合理安排融资结构等问题。

5.1.1　企业筹资的动机和分类

1）企业筹资的动机

企业筹资最基本的目的，是为企业经营的维持和发展，为企业的经营活动提供资金保障，但每次具体的筹资行为，往往受特定动机的驱动。概括而言，企业筹资的原因和动机包括：

（1）新建筹资动机

新建筹资动机，是指企业或公司设立时，为取得资本金并形成开展经营活动的基本条件而产生的筹资动机。根据《公司法》等相关法律的规定，任何一个企业或公司在设立时都要求有符合企业或公司章程规定的全体股东认缴的出资额。企业创建时，要按照经营规模核定长期资本需要量和流动资金需要量，形成企业的经营能力。

（2）偿债筹资动机

偿债筹资动机是企业为了偿还某即期债务而形成的筹资动机。偿债筹资通常有两种情形，一是调整性偿债筹资，即企业虽有足够的能力支付即期债务，但为了调整原有、现已不合理的资金结构而进行的筹资行为；二是恶化性偿债筹资，即企业现有的支付能力已不足以偿付到期旧债，被迫举新债还旧债，这表明企业财务状况已经恶化。

（3）扩张筹资动机

扩张筹资动机，是指企业因扩大经营规模或对外投资需要而产生的筹资动机。一般情况下，具有良好发展前景，处于成长期的企业，往往会产生扩张性的筹资动机，尤其是对长期资本的需求量加大。这种扩张筹资活动不仅会使企业的经营规模和资产规模扩大，同时也使企业的负债规模相应增大，既给企业带来了收益增加的机会，又增加了企业的经营和财务风险。

（4）混合性筹资动机

一般情况下，混合性筹资动机是基于企业规模扩张和调整资本结构两种目的，兼具扩张和偿债筹资动机的特性，这种筹资动机导致企业资产总额和资本总额、资产结构和资本结构同时变化。

2）企业筹资的分类

企业筹资可按多种标准进行不同分类，这里介绍几种主要的分类方式。

（1）按资金使用期限的长短，企业筹资可分为短期性筹资和长期性筹资

短期性筹资一般是指每次所筹资金使用期限不超过1年的筹资，如商业信用和短期借款等筹资方式。

长期性筹资一般是指每次所筹资金使用期限在1年以上的筹资，如长期银行借款、发行长期债券、发行股票等筹资方式。

（2）按资金的不同权益特征，企业筹资可分为所有者权益筹资和负债筹资

所有者权益筹资是指所有者在企业净资产中享有的经济利益，在数量上为资产减去负债后的余额，包括投资者投入企业的资本及持续经营中形成的经营积累，如资本公积和未分配利润等。另外，企业通过吸收直接投资、发行股票、内部积累等方式融通的资金也属于企业所有者权益。所有者权益一般不用归还，因而称之为企业的自有资本、主权资本或权益资本。

负债筹资是指企业通过向金融机构借款、发行债券、融资租赁等方式筹集的资金。这部分资金被称为企业的借入资本或债务资本。负债所筹资金到期需还本付息，因而风险较大。

（3）按资金的来源范围，企业筹资可分为内部筹资和外部筹资

内部筹资是指企业在内部通过留存利润而形成的筹资来源。内部筹资是在企业内部“自然”形成的，因此被称为“自动化的资本来源”，一般无须花费筹资费用，其数量通常由企业可分配利润的规模和分配政策所决定。

外部筹资是指企业在内部筹资不能满足需要时，向企业外部筹集而形成的资本来源，企业向外部筹资大多需要花费一定的筹资费用。

5.1.2 企业筹资渠道与方式

企业的筹资活动需要通过一定的渠道并采用一定的方式来完成。

1）企业筹资渠道

筹资渠道是指客观存在的融通资金的来源方向与通道。目前，我国企业的筹资渠道主要包括：

（1）国家财政资金

现有国有企业，特别是国有独资企业，其资金来源大多是由国家财政以直接拨款方式形成的。这类企业从产权关系上看，由于是国家投入的资金，其产权归国家所有。

（2）银行信贷资金

银行信贷资金是我国目前各类企业的重要资金来源。商业银行为各类企业提供各种商业贷款，而政策性银行为特定企业提供政策性贷款。

（3）非银行金融机构资金

非银行金融机构主要指信托投资公司、保险公司、租赁公司、证券公司、企业集团所属的财务公司等。它们所提供的金融服务，既包括信贷资金的投放，又包括物资的融通，还包括为企业承销证券等金融服务。

（4）其他企业资金

企业间的相互投资、拆借以及商业信用的存在，使其他企业资金也成为企业资金的重要来源。

（5）社会公众和个人资金

企业职工和居民个人的结余货币，可用于对企业的投资，形成民间资金来源，为企业所用。

（6）企业内部积累

它是指企业内部积累形成的资金，也称为企业的留存收益。

此外，企业还可以在一定程度上利用外商资金。

小资料5-1　　疫情防控常态化下产业链融资的趋势

以江西省汽车和家具产业链为调查对象，对疫情防控常态化下产业链企业融资状况开展调查。调查结果显示，疫情防控常态化下产业链融资的趋势有如下特点：

（1）融资需求由存量平衡转向增量扩张

调查显示，随着汽车和家具产业链企业生产逐步恢复，融资需求持续回升，总体上增加融资总量的意愿较强。从家具产业链看，在调查的91家企业中，有76家企业表示有增加贷款的打算，占比83.5%；而在汽车产业链中，企业的融资需求更为强烈，在调查的73家企业中，94.5%的企业均表示需要增加融资。

（2）融资模式由单家企业融资转向整条产业链融资

对汽车和家具产业链企业融资状况的调查发现，同一产业链的企业往往倾向于集中在一家或少数几家银行融资，“抱团融资”的现象较为明显。这反映产业链融资成为一种新型融资模式，因此，金融机构在支持制造业过程中，不宜将产业链企业割裂开来，而应从全产业链视角开展支持。

（3）融资服务内容由单纯的信贷转向综合金融服务

①保理服务需求增加。以调查的家具产业链为例，91家企业的应收账款比上年末平

均增长11.3%，应收账款平均回收期达到52.6天，比上年末高4.3天，整个产业链对保理服务的需求大幅增加。但截至目前，江西省商业保理公司仅有9家，其中一家保理公司还处于停业状态，导致当地商业保理服务缺口较大。

②保险服务需求增加。从家具产业链看，目前木材进口环节面临的风险因素较多，如市场掉价风险、销售不畅的库存风险、国外采购资金风险等，特别是受疫情影响，木材能否按时正常通关成为木材进口环节面临的最具挑战性的环节。为应对这些风险和挑战，不少家具产业链企业希望保险服务的介入。

（4）融资诉求重点由可得性、经济性转向便利性、快捷性

调查显示，当前产业链企业的融资获得感有了显著改善：一是融资可得性提升。调查的家具企业反映，去年以来至少接到过3家以上银行的融资推介服务；二是对融资贵问题反映下降。一些企业在比较了不同银行利率后，果断将高利率贷款置换成低利率贷款，实现了融资成本的下降。

资料来源：谢云峰.产业链企业融资调查［J］. 青海金融，2021（5）：28-31.

2）企业筹资方式

筹资方式是指企业在筹资时可以选用的具体融资形式，它表明的是融资的手段。我国企业目前筹资方式主要包括以下几种：①利用商业信用；②向银行借款；③发行公司债券；④租赁筹资；⑤吸收直接投资；⑥发行股票；⑦利用留存收益。利用前四种方式融通的资金为债务资本，利用后三种方式融通的资金为权益资本。

综上所述，筹资渠道解决的是资金来源问题，筹资方式则解决通过何种方式取得资金的问题，它们之间存在一定的对应关系。一定的融资方式可能只适用于某一特定的融资渠道，但是同一渠道的资金往往可以采用不同的方式去取得。

小资料5-2　　中小企业融资困境

中小企业的融资困境如下：

（1）融资方式单一

中小企业通常优先选择内源性融资，但内源性融资主要来源于企业经营活动的积累，资金额是远远不能够支撑一个企业发展所需的。在选择其他融资方法时，由于大多数中小企业都期望尽可能少地征收银行信贷税，这必然要求所贷资金的数额较小，然而，由于缺乏资源，中小银行无法承担这些中小企业所需的资金。中小企业太过于依赖银行的资金而导致融资渠道单一，制约了自身的发展。

（2）融资成本较高

中小企业发展速度较快，数量规模也逐渐增大，但由于发展基础薄弱、生产经营范围存在局限、信息不透明、缺少特色产品等问题而没有办法与同行业大中型企业相比。银行等金融机构出于对自身利益的考虑，更倾向于将贷款发放给发展稳定、信誉度高的大企业，中小企业需要花费更多的时间、精力和金钱以及时获取资金支持，融资总成本大大增加。

（3）融资难度较大

首先，我国中小企业存在生存风险。近年来，我国的中小企业数量急剧增加，但中小企业由于没有雄厚的资金支持、缺乏科学的管理制度、对资本市场的情况不够了解、没有前瞻性的经营战略，是最容易受到市场震荡而牺牲的群体。其次，我国中小企业的管理层

可能缺乏基本财务知识，不重视企业财务，导致企业财务信息真实度不高，从而缺失企业信用文化，存在较大的信用风险。因此，中小企业得不到银行等金融机构的青睐，无法获得贷款，部分企业光靠自己只会越来越陷入融资难的泥潭。

资料来源：孙雯露，白冰，陈云获.中小企业供应链融资现状研究［J］. 市场周刊，2022，35（7）：34-37.

5.1.3　企业筹资的基本原则

企业筹资是一项重要而复杂的工作，为了有效地筹集企业所需资金，必须遵循以下基本原则：

1）合法、合规原则

企业无论从何种渠道、以何种方式筹集资金，这种筹资行为都既影响企业自身的经济利益，又影响投资者的经济利益，甚至有时还会影响社会经济秩序。因此，企业的筹资行为和筹资活动必须遵循国家的相关法律法规，做到依法信息披露、依法筹集资金、依法履行责任，以维护各方的合法权益。

2）规模适当原则

企业筹资要根据现实和未来需求，正确、合理预测资金需要量，既要避免因筹资不足而影响生产经营等的正常进行，又要防止筹资过多而造成资金的闲置，力争做到筹资规模与资金需要量一致。

3）筹措及时原则

企业筹资要根据资金需求的具体情况，合理安排资金的筹集时间，适时获取所需资金。既要避免过早筹集资金形成的资金投放前闲置，又要防止取得资金的时间滞后，以免错过资金投放的最佳时间，力争做到筹资与用资在时间上的相互衔接。

4）来源合理原则

在市场经济条件下，企业筹资要付出资本成本的代价。筹资渠道和方式不同，决定了其资本成本各有差异。企业应当在充分考虑筹资难易程度的基础上，认真分析并估计不同来源资金的资本成本，尽可能选择来源渠道合理的筹资方式，力求降低筹资成本。

5）方式经济原则

企业筹资要综合考虑股权筹资与债务筹资的关系、长期筹资与短期筹资的关系、内部筹资与外部筹资的关系，合理安排资本结构，保持适当的偿债能力，防范企业财务危机，提高筹资效益。

5.2　短期负债筹资

短期负债筹资是指所筹资金使用期限不超过1年的筹资，主要包括商业信用筹资和短期借款筹资两种基本形式。

5.2.1　商业信用筹资

商业信用筹资是指在企业间的商品交易中，以延期付款或预收货款进行资金结算而形成的资金借贷关系，它是企业间的直接信用行为。由于商业信用产生于企业经常发生的商品购销活动之中，因而应用广泛，在短期负债筹资中占有相当大的比重。商业信用是指在商品交易中由于延期付款或预收货款所形成的企业间的信贷关系。商业信用的具体形式有应付账款、应付票据和预收账款等。

1）应付账款筹资

应付账款筹资是企业购买商品暂时未付款而对卖方的欠债。如果卖方允许买方在购进商品后的一定时期内支付货款，就构成了卖方与买方由于商业信用而形成的资金借贷关系。对于卖方来说，可以利用这种方式促销，而对于买方来说，延期付款则等于向卖方借用资金购进商品，可以满足短期资金的需要。

（1）应付账款筹资成本

应付账款筹资成本按其是否支付代价，可分为免费筹资和有代价筹资两种。如果供应商所提供的信用条件只规定信用期，不提供现金折扣（如N/30），购货方在信用期限（30天）内的任何时间支付货款均无代价；如果供应商在提供信用期限的同时又提供了现金折扣和现金折扣期的规定，购货方在折扣期限内支付货款也没有筹资成本。如果购货方虽然在规定的信用期限内付款，但超过了现金折扣期，就意味着放弃现金折扣的付款优惠，则放弃的现金折扣的成本就构成了有代价筹资的相关成本。我们可以通过以下例题分析计算放弃现金折扣所形成的筹资成本。

【例5-1】假设WD公司2022年5月按“2/10，N/30”的信用条件购入货物一批，价值10万元。这就意味着该采购企业如果在10天内付款，可获得折扣2 000元（100 000×2%），免费信用额也随之降低为9.8万元（10-0.2）。如果该采购企业放弃折扣优惠，在10天后（不超过30天）付款，便要承受因放弃折扣而造成的隐性成本。放弃现金折扣所造成的年度筹资成本（年成本率）可按照以下公式计算：

$$放弃现金折扣的年成本率=\frac{现金折扣百分比}{1-现金折扣百分比}\times\frac{360}{信用期-折扣期}\times100\% \quad (5.1)$$

$$=\frac{2\%}{1-2\%}\times\frac{360}{30-10}\times100\%=36.73\%$$

【例5-1】的计算公式和计算结果表明，现金折扣的百分比越大，放弃现金折扣的年成本率越高；现金折扣期越长，放弃现金折扣的年成本率也越高；但是，信用期越长，放弃现金折扣的年成本率就越低。

（2）现金折扣的利用

对采购方而言，是否利用现金折扣需要一个简单的财务权衡：只要公司能以低于放弃现金折扣年成本率的利率借入资金，便应在现金折扣期内，用借入的资金支付货款，享受现金折扣；反之，则应放弃。如果公司在折扣期内将应付账款所形成的资金来源用于短期投资，所得的投资收益率高于放弃现金折扣的年成本率，则应放弃折扣而去追求更高的收益。即使企业放弃现金折扣优惠是一个无奈的选择，也应将付款日推迟至信用期内的最后一天，以降低放弃折扣的成本。

【例5-2】WD公司拟购买一台设备，设备价格为100万元，信用条件为（2/10，1/20，N/90），假定企业资金不足，可向银行借入短期借款，银行短期借款利息率为10%，每年按360天计算，则：

$$放弃10天内付款的现金折扣的年成本率=\frac{2\%}{1-2\%}\times\frac{360}{90-10}\times100\%=9.18\%$$

$$放弃20天内付款的现金折扣的年成本率=\frac{1\%}{1-1\%}\times\frac{360}{90-20}\times100\%=5.19\%$$

放弃现金折扣的成本率均小于贷款利率（9.18%<10%，5.19%＜10%），说明在信用期内付款更有利，WD公司应该享受现金折扣。

（3）应付账款筹资评价

对于持续正常经营的企业而言，应付账款筹资评价是一种持续性的商业信用筹资方式。其主要优点在于：一是容易取得，公司不需要办理任何手续即可取得商业信用；二是公司享有很大的自主权——在信用期内，无论享受现金折扣，放弃现金折扣，还是超过信用期，请求延期支付等都有很大的灵活性；三是资金成本低，很多应付账款是不需要支付任何成本的，即使是有现金折扣的条件下，如果在折扣期内付款，也不需花费任何代价。

当然，应付账款筹资也有风险，特别是当企业过度延期支付其应付账款时，可能带来信用损失、利息罚金支出，有时还会导致供货方停止送货，甚至还会利用某些法律手段迫使公司不得不寻求破产保护等。

2）应付票据筹资

应付票据筹资是企业按照延期付款的结算要求，开具的反映债权债务关系的票据。根据承兑人的不同，应付票据分为商业承兑汇票和银行承兑汇票两种。支付期限一般为6个月，最长不超过9个月。应付票据可以带息，也可以不带息。应付票据的利率一般比银行借款的利率低，所以应付票据筹资的成本低于银行借款成本。但是，应付票据到期必须归还，如延期便要交付罚金，因而风险较大。

3）预收账款筹资

预收账款筹资是卖方企业在交付货物之前向买方预先收取部分或全部货款以取得资金的信用方式。对于卖方来讲，预收账款相当于向买方借用资金后用货物抵偿。预收账款一般用于生产周期长、资金需要量大的专用设备订购和市场紧俏商品销售。

需要指出的是，企业在生产经营活动中往往还存在一些自发性筹资的应付费用，如应付职工薪酬、应交税费、应付利息、其他应付款等。应付费用使企业受益在前、费用支付在后，相当于享用了无息借款，构成了企业无代价筹资。应付费用的期限通常具有强制性，不能由企业自主斟酌使用。

4）商业信用筹资的特点

商业信用筹资最大的优点在于容易取得。首先，对于多数企业来说，商业信用是一种持续性的信贷形式，且无须正式办理筹资手续。其次，如果没有现金折扣或使用不带息票据，商业信用筹资就不负担成本。其不足之处在于期限较短，放弃现金折扣时所付出的成本较高。

5.2.2 短期借款筹资

1）短期借款的种类

短期借款是指企业向银行或其他非银行金融机构借入的期限在1年以内的借款。短期借款按照有无担保，可分为信用借款和抵押借款。

（1）信用借款

信用借款，又称无担保借款，是指公司凭借自身的信誉从银行取得的借款。

信用借款分为有附加条件的借款和没有附加条件的借款两种。如果企业取得的短期信用借款带有不同的信用条件，则构成了不同信用条件的信用借款，主要包括：

① 信用额度。信用额度是指借款企业与银行之间协议规定的企业向银行借款的最高

限额。信用额度的有效期限通常为1年。企业在信用额度有效期内，可随时申请使用信用额度内的银行借款。但是，银行并不承担必须提供全部信用额度保证的义务。如果企业信誉恶化，或者银行贷款吃紧，即使银行曾同意按信用额度提供贷款，企业也可能得不到借款，银行并不为此承担法律责任。

② 周转信贷协议。周转信贷协议是指银行具有法律义务，对协议签订企业提供不超过某一最高限额贷款的协议。因此，协议签订企业在周转信贷协议的有效期限内，只要其贷款累计总额未超过最高限额，银行就必须满足企业任何时候提出的借款要求。企业之所以可享受周转信贷协议所规定的权利，是因为企业要按照贷款限额未使用部分付给银行一笔承诺费。例如，周转信贷限额为100万元，承诺费率为0.5%，借款企业年度内借用了60万元，尚有40万元未借用，则借款企业除了必须按照60万元实际贷款数额支付借款利息之外，还应向银行支付承诺费2 000元（400 000×0.5%）。

③ 补偿性余额。补偿性余额是银行要求借款企业在银行中保持占贷款限额或实际借用额的一定百分比（一般为10%~20%）的最低存款余额。从银行的角度讲，补偿性余额可降低贷款风险；对于借款企业而言，补偿性余额则提高了借款的实际利率。

【例5-3】WD公司2022年6月按10%的短期借款年利率向银行借款200万元并使用一年，银行要求维持贷款限额20%的补偿性余额，则该公司实际可用的借款只有160万元，此时，该公司的实际借款利率计算为：

10%÷（1−20%）×100%=12.5%

若补偿性余额的部分按照2%的存款利率计算利息收入，则此时该公司实际借款利率计算为：

（10%−2%×20%）÷（1−20%）×100%=12%

以上计算结果表明：其一，若存在补偿性余额的规定，则企业实际借款利率高于银行名义利率；其二，若将补偿性余额部分按照一定的存款利率计算利息收入，则企业的实际借款利率会适当降低。

虽然补偿性余额借款提高了借款企业的实际利率，但是，当借款企业因资金短缺而无法按期支付利息时，由于补偿性余额的存在，银行可以自动划转补偿性余额存款以支付到期利息，从而避免了借款企业逾期罚息的发生。因此，补偿性余额对企业规避逾期罚息风险也起到了保险作用。

（2）抵押借款

抵押借款是指借款企业以本企业的某些资产作为偿债抵押品而取得的借款。银行贷款的安全程度取决于抵押品的价值大小和变现速度，价值越大，变现能力越强，银行贷款风险越小。

通常，借款企业可提供的抵押品包括应收账款、应收票据、存货等。

① 应收账款抵押借款。应收账款抵押借款是指企业以应收账款作为抵押品而获得的短期借款。如果借款单位未能按期履行还款责任，而作为抵押品的应收账款又不能按期收回，贷款银行可以对借款单位行使追偿权。因此，借款单位仍要承担应收账款违约的风险。

② 应收票据贴现借款。应收票据贴现借款是指企业将持有的未到期的应收票据交付银行贴现而兑收现金。企业在办理票据贴现时，银行要收取一定的贴现息，以票据到期值

扣除贴现息的金额向贴现单位支付现金，而这种现金支付的本质属于提供贷款。因为，贴现单位仍要承担应收票据到期不能变现的违约风险，即当应收票据到期，而付款人不能付款时，贴现银行对贴现单位仍有追索权。

③ 存货抵押借款。存货抵押借款就是借款企业以存货作为担保品而向银行申请取得的借款。在存货抵押借款方式下，贷款银行应当慎重，不仅要对抵押存货的变现能力进行保守估计，还要适当提高借款利率。

2）短期借款成本

对筹资企业而言，短期借款成本主要取决于银行贷款的利率和利息的支付方式。

（1）银行贷款利率的影响因素

① 借款人的信用程度。借款人的信用程度越低，贷款利率越高。

② 贷款银行所要求保持的补偿性存款余额。贷款银行所要求保持的存款余额比例越大，贷款的实际利率越高。

③ 银行提供贷款服务的成本信用调查和贷款处理过程中发生的成本越大，贷款利率越高。

④ 借款人与银行的业务关系。借款人与银行之间的业务关系越密切，贷款利率越低。

（2）短期银行借款利息支付方法

一般来讲，借款企业可以采用4种方法向银行支付借款利息：

①银行划转支付法。这是比较普遍的利息支付方法，即在借款使用期间内，由银行按期（月或季）自动划转支付。因某种原因形成利息逾期支付的，借款企业还需要为此支付逾期罚息。

②收款法。收款法又称一次支付法，是在短期借款到期时借款企业向银行支付利息的方法。

③贴现法。贴现法是银行向企业发放贷款时，先从贷款中扣除利息，借款人实际得到的金额是借款额扣除利息后的余额，而到期偿还时必须按借款额偿还。由此造成借款人的实际利率要高于银行的名义利率。

【例5-4】WD公司2022年7月从银行取得一笔20万元的借款，期限为1年，年利率（名义利率）为6%，按贴现法付息，则：

利息额=200 000×6%=12 000（元）

实际可用贷款额=200 000−12 000=188 000（元）

借款实际利率=12 000÷188 000×100%≈6.38%

④加息法。加息法是分期等额偿还贷款时的一种利息收取方法。在分期等额偿还贷款的情况下，银行要将根据名义利率计算的利息加到贷款本金上，计算出贷款的本息和，要求企业在贷款期内分期偿还本息之和的金额。由于贷款分期均衡偿还，借款企业实际上只平均使用了借款本金的半数，却支付全额利息。这样，借款企业负担的实际利率便会高于名义利率大约一倍。

【例5-5】WD公司2022年8月借入年利率为6%（名义利率）的贷款100 000元，分12个月等额偿还本息。则该项借款的实际利率为：

$$借款的实际利率=\frac{100\ 000\times 6\%}{100\ 000\div 2}\times 100\%=12\%$$

5.2.3 短期负债筹资的评价

短期负债筹资具有如下优点：

1）筹资速度快

长期负债的债权人为了保护自身利益，往往要对债务人进行全面的财务调查，因而筹资所需时间一般较长且不易取得。短期负债在较短时间内即可归还，故债权人顾虑较少，容易取得。

2）筹资富有弹性

举借长期负债，债权人或有关方面经常会向债务人提出很多限定性条件或管理规定；而短期负债的限制相对宽松些，使筹资企业的资金使用较为灵活，富有弹性。

3）筹资成本较低

一般地讲，短期负债的利率低于长期负债，短期负债的筹资成本也就较低。

短期负债筹资的不足之处在于筹资风险较高。这种风险首先表现为偿债风险，若企业资金安排不当，债务到期无力支付，则企业会陷入财务危机；其次表现为利率风险，短期负债利率波动比较大，一时高于长期负债的水平也是有可能的。

5.2.4 短期筹资策略

企业的流动资产一般分为临时性流动资产和永久性流动资产两部分。前者是指由于季节性或临时性原因占用的流动资产，如销售旺季增加的应收账款和存货等，后者是指用于满足公司长期稳定需要的流动资产，如保险储备中的存货或现金等。与此相对应，企业的资本需求也分为临时性资本需求和永久性资本需求两部分。企业一般通过短期负债筹资满足临时性流动资产的需要，通过长期负债和股权资本筹资满足永久性流动资产和固定资产的需要。

短期筹资策略，主要是就如何安排临时性流动资产和永久性流动资产的资金来源而言的，一般可以区分为3种，即配合型筹资策略、激进型筹资策略和稳健型筹资策略。

1）配合型筹资策略

配合型筹资策略的特点是：对于临时性流动资产，运用临时性负债筹集资金满足其资金需求；对于永久性流动资产和固定资产（统称“永久性资产”，下同），运用长期负债、自发性负债和权益资本筹集资金满足其资金需求。

配合型筹资策略要求企业制订严密的临时性负债筹资计划，以实现现金流动与预期安排相一致。在季节性低谷时，企业除了自发性负债外应该没有其他流动负债，只有在临时性流动资产的需求高峰期，才举借各种临时性债务。

配合型筹资策略的基本思想是将资产与负债的期间相配合，以降低企业不能偿还到期债务的风险和尽可能降低债务资本成本的目的。但是，事实上，由于资产使用寿命的不确定性，往往达不到资产与负债的完全配合，一旦企业生产经营高峰期内的销售不理想，未能取得销售现金收入，便会出现偿还临时性负债困难的危险。因此，配合型筹资策略是一种理想的、对企业资金使用水平要求较高的短期筹资策略。

2）激进型筹资策略

激进型筹资策略的特点是：临时性负债融资不仅要解决临时性流动资产的资金需求，还要解决部分永久性资产的资金需求。

由于临时性负债的资本成本一般低于长期负债和权益资本的资本成本，而激进型筹资策略下临时性负债所占比重较大，所以该策略下的企业综合资本成本较低。与此同时，为了满足永久性资产的长期资金需求，企业必然要在临时性负债到期后重新举债或申请债务展期，这样企业便要更为经常地举债和还债，从而加大了筹资困难和风险；还可能面临由于短期负债利率变动而增加企业资本成本的风险。所以这种策略是一种收益性和风险性均较高的短期筹资策略。

3）稳健型筹资策略

稳健型筹资策略的特点是：临时性负债只融通部分临时性流动资产的资金需求，另一部分临时性流动资产和全部永久性资产，则由长期负债、自发性负债和权益资本作为资金来源。

稳健型筹资策略下，由于临时性负债所占比重较小，所以企业无法偿还到期债务的风险较低，同时蒙受短期利率变动损失的风险也较低。然而，长期负债资本成本高于临时性负债的资本成本，以及经营淡季仍需负担长期负债利息等原因，却会降低企业的收益。所以，稳健型筹资策略是一种风险和收益均较低的短期筹资策略。

一般来说，如果企业能够驾驭资金的使用，采用收益和风险配合得较为适中的配合型筹资策略是有利的。

小资料5-3　　《商业汇票承兑、贴现与再贴现管理办法》修订

2022年8月24日，中国人民银行、中国银保监会联合修订发布了《商业汇票承兑、贴现与再贴现管理办法》（以下简称《办法》）。该修订的主要内容如下：

《办法》共八章四十二条，包括总则、承兑、贴现和再贴现、风险控制、信息披露、监督管理、法律责任和附则。主要修订体现在以下方面：

一是明确相关票据性质与分类。商业汇票包括纸质或电子形式的银行承兑汇票、财务公司承兑汇票、商业承兑汇票等。明确供应链票据属于电子商业汇票。

二是强调真实交易关系。银行、农村信用合作社、财务公司承兑人开展承兑业务时，应当严格审查出票人的真实交易关系和债权债务关系。持票人申请贴现，应当与出票人或前手之间具有真实交易关系和债权债务关系。

三是强化信息披露及信用约束机制。在前期商业承兑汇票信息披露相关公告基础上，将信息披露范围扩大至银行承兑汇票。要求承兑人按规定披露相关信息，并强化了对承兑人的信用约束机制。

四是加强风险控制。金融机构应当具备健全的票据业务管理制度和内部控制制度，审慎开展商业汇票承兑和贴现业务。承兑人应当做到经营和财务状况良好，具备到期付款能力。对银行承兑汇票和财务公司承兑汇票的最高承兑余额和保证金余额设置比例上限。为落实国务院常务会议要求，将商业汇票最长期限由1年调整至6个月。

资料来源：王洋.人民银行 银保监会有关负责人就修订发布《商业汇票承兑、贴现与再贴现管理办法》答记者问［EB/OL］.［2022-11-19］.http：//www.gov.cn/zhengce/2022-11/19/content_5727837.htm.

5.3　长期负债筹资

长期负债筹资是指所筹资金的使用期限在1年以上的各种债务筹资方式，主要包括长期借款筹资、债券筹资、租赁筹资等。

5.3.1 长期借款筹资

1）长期借款的种类

长期借款是指公司向银行和非银行金融机构以及其他单位借入的使用期限在1年以上的借款。该类借款主要用于满足购建固定资产和其他长期流动资金占用的需要。

我国各金融机构对长期借款的划分有以下3类：

① 按借款用途，分为固定资产投资借款、更新改造借款、科技开发和新产品试制借款等。

② 按提供借款的金融机构的性质，分为政策性银行借款和商业银行借款。

③ 按借款有无担保，分为信用借款和抵押借款。

此外，企业还可以从信托投资公司取得信托投资借款，从企业集团财务公司取得各种中长期借款等。

2）借款的程序

金融机构对企业发放贷款要遵循安全性、流动性、效益性的原则。企业向银行等金融机构借款，通常要按以下程序进行：

（1）贷款申请

借款人需要贷款，应当向主办银行或者其他银行的经办机构直接申请。借款人应当填写包括借款金额、借款用途、偿还能力及还款方式等主要内容的借款申请书。

（2）对借款人的信用等级评估

根据借款人的领导者素质、经济实力、资金结构、履约情况、经营效益和发展前景等因素，评定借款人的信用等级。评级可由贷款人独立进行，内部掌握，也可由有关部门批准的评估机构进行。

（3）贷款调查

贷款人受理借款人申请后，应当对借款人的信用等级以及借款的合法性、安全性、盈利性等情况进行调查，核实抵押物、质押物、保证人情况，测定贷款的风险度。

（4）贷款审批

贷款人应当建立审贷分离、分级审批的贷款管理制度。审查人员应当对调查人员提供的资料进行核实、评定、复测贷款风险度，提出意见，按规定权限报批。

（5）签订借款合同

所有贷款应当由贷款人和借款人签订借款合同。借款合同应当约定借款种类、借款用途、借款金额、利率、借款期限、还款方式以及借贷双方的权利和义务等，此外，还应包括违约责任和双方认为需要约定的其他事项。

（6）贷款发放

贷款人要按借款合同的规定按期发放贷款。借贷双方如不能按合同约定按期发放贷款或用款的，应偿付违约金。

（7）贷后检查

贷款发放后，贷款人应当对借款人执行借款合同的情况及借款人的经营情况进行追踪调查和检查。

（8）贷款归还

借款人应当按借款合同的规定按时足额归还贷款本息。贷款人在短期贷款到期一个星期前、中长期贷款到期一个月前，应当向借款人发送还本付息通知单；对逾期未还的贷款要及时发出催收通知单；对不能按借款合同约定期限归还的贷款，应按规定加罚利息；对不能归还或者不能落实还本付息事宜的，应督促归还或依法起诉；借款人提前归还贷款，应与贷款人协商。

3）长期借款的成本

长期借款的成本大小主要由长期借款的利率决定，一般情况下，长期借款的利率要高于短期借款的同期利率。长期借款的利率主要有以下3种形式：

（1）固定利率

固定利率是以与借款企业风险类似的企业发行债券的利率作为参考，由借贷双方商定的借款期间的统一利率，此利率一经确定，不得随意改变。

（2）变动利率

变动利率是指由借贷双方协商，规定在长期借款的期限内，利率可以定期（一般为每半年或1年）根据金融市场的行情调整一次的利率。调整后的贷款余额按新利率计算利息。

（3）浮动利率

浮动利率是指经借贷双方协商同意，按照金融市场变动情况随时调整的利率。浮动利率通常有最高、最低限，并在借款合同中加以明确。调整后的贷款余额按新利率计算利息。

除了利息之外，银行还会向借款企业收取其他费用，如实行周转信贷协定所收取的承诺费、要求借款企业在本银行中保持补偿余额所形成的间接费用。这些费用会增大长期借款的成本。

4）长期借款的偿还方式

目前，长期借款的偿还方式主要有3种形式：

① 到期一次偿还本金。

② 定期偿还相等份额的本金。

③ 不定期分批偿还，每批金额不等。

不同的偿还方式对借款企业的财务管理工作有不同的影响：

第一种偿还方式：还款集中，企业需要在借款到期日前做好清偿准备。

第二种偿还方式：平均分摊了企业的还款支付压力。

第三种偿还方式：便于企业根据经营现金流入，灵活安排借款归还。

长期借款的利息一般根据长期借款的实际余额计算并按期（月、季、半年、年）由银行自动从企业账户中划转支付。企业存款账户中的存款不足而构成逾期支付的，企业需要支付逾期罚息。

5）长期借款筹资评价

（1）长期借款筹资的优点

① 融资速度快。长期借款所需的手续比发行债券简单得多，得到借款所花费的时间较短。

② 借款弹性较大。借款时企业与银行直接交涉，有关条件可协商确定；用款期间发生变动，亦可与银行再协商。

③ 借款成本较低。长期借款利率一般都低于债券利率，并且不需要筹资费用；长期借款筹资与股票筹资相比，利息可在税前列支，发挥抵税效应。

④ 可获得财务杠杆效应。公司借入款项后，如能使投资收益率大于长期借款的利息率，公司即可获得财务杠杆的良性效应。

（2）长期借款筹资的缺点

① 限制条件较多。这些限制条件限制了公司的经营活动，降低了借款的使用效果。

② 筹资数量有限。长期借款难以取得债券、股票等筹资形式所能取得的资金数额。

③ 筹资风险较高。借款通常有固定的利率和固定的偿付期限，一旦公司经营不佳，可能会产生不能偿付的风险，如公司严重亏损，还会面临破产风险。

5.3.2 债券筹资

1）债券的种类

债券是筹资主体为筹集资金而发行的，在约定期限内向债券持有者还本付息的一种有价证券。

债券按不同的标准，可进行如下分类：

（1）按发行主体分类

根据发行主体的不同，债券可分为政府债券、金融债券、公司债券和企业债券。

① 政府债券，是由中央政府或地方政府发行的债券。中央政府债券又称公债、国债或国库券，是中央政府为弥补国家财政赤字和为大型工程项目筹集资金而发行的债券。地方政府债券是各地方政府（如省、市政府）为地方建设筹集资金而发行的债券。政府债券风险小，流动性强，债券利息收入享受免税优惠。

② 金融债券，是由银行或其他金融机构发行的债券。这种债券风险不大，流动性较好，票面利率通常比政府债券高。

③ 公司债券，是由股份有限公司或有限责任公司发行的债券。这类债券风险较大，票面利率通常比金融债券高。

④ 企业债券，是由非公司制企业发行的债券。这类债券风险较大，只有提高票面利率才能达到理想的发行效果。

（2）按有无抵押担保分类

按有无抵押担保，债券可分为信用债券、抵押债券和担保债券。

① 信用债券，是指仅凭债券发行者的信用发行的，没有抵押品作抵押或担保人作担保的债券。政府债券一般属于信用债券，信誉良好的公司或企业也可发行信用债券。

② 抵押债券，是指以一定的抵押品作抵押而发行的债券。抵押债券按抵押物品的不同又分为不动产抵押债券、动产抵押债券和信托抵押债券。

③ 担保债券，是指由一定担保人作担保而发行的债券。当发行人没有足够的资金偿还债券时，债权人可要求担保人偿还。

（3）按是否记名分类

按是否记名，债券可分为记名债券和无记名债券。

① 记名债券，是指在债券票面上注明债权人的姓名，同时在发行公司的债权人名册上进行登记的债券。转让此种债券时须办理相应的过户手续，这种债券的优点是比较安全，缺点是转让时必须履行相关手续。

② 无记名债券，是指债券票面未注明债权人姓名，因而也不用设立债权人名册进行登记，此种债券可随意转让，无须办理过户手续，因而交易操作方便，且费用较低；但投资者持有债券的安全性会受到影响。

（4）按期限长短分类

按期限长短不同，债券可分为短期债券、中期债券和长期债券。

① 短期债券，是指期限在1年以内的债券。

② 中期债券，是指期限在1年以上、10年以内的债券。

③ 长期债券，是指期限在10年以上的债券。

（5）按是否可转换为普通股分类

按是否可转换为普通股，债券可分为可转换债券和不可转换债券。

① 可转换债券，是指按发行时的约定，允许债券持有人在预定的时间内按规定的转换价格或转换比例，将债券转换成发行公司普通股股票的债券。

② 不可转换债券，是指债券发行时没有约定可在一定条件下转换成发行公司普通股股票这一特定条款的债券。

（6）按是否可提前偿还分类

按是否可提前偿还，债券可分为可提前偿还债券和不可提前偿还债券。

① 可提前偿还债券，是指债券发行时约定发行单位可在债券到期前的某一时间以某一价格提前偿付本息的债券。这种债券使得发行单位在筹资上具有很大的灵活性，但对于投资人来说往往不能实现预期的收益，因而投资人要求收回价格必须高于发行价格。

② 不可提前偿还债券，是指只能按债券期限到期还本，而不能提前偿还本金予以收回的债券。

债券除可按上述标志分类外，还有其他一些形式的债券，如上市债券和非上市债券、固定利率债券和浮动利率债券、到期一次偿还债券和分次偿还债券等。

2）债券的特征

债券与股票都属于有价凭证，对于发行公司来说都是一种筹资手段，而对于购买者来说都是投资手段。与股票相比，债券主要有以下特征：

① 债券是债务凭证，是对债权的证明；股票是所有权凭证，是对所有权的证明。

② 债券的收入是利息，利息的多少一般与发行公司的经营状况无关，是固定的；股票的收入是股息，股息的多少是由公司的盈利水平决定的，一般是不固定的。

③ 债券的风险性较小，因其利息收入基本是稳定的；股票的风险则较大。

④ 债券是有期限的，到期须还本付息；股票一般不退还股本，除非公司破产。

⑤ 债券属于公司的债务，在公司破产时，其财产分配顺序中优于股票。

3）债券评级

根据中国人民银行的有关规定，凡是向社会公开发行债券的公司或企业，都必须经过债券资信评估机构进行信誉评定，以确认债券发行主体的信誉等级及所发债券质量的好坏。

（1）债券资信评估机构

债券的评级必须由专门的机构来进行，这样的机构应当是具有独立性、权威性、客观性和公正性的专门机构。例如，美国的标准普尔公司、穆迪公司等都是国际上公认的信用评定机构。近年来，我国也设立了一些资信评估机构，需要指出的是，开展此类业务必须经过政府的资格认定。

（2）债券资信评估内容

相关机构在对公司债券和企业债券进行信用评级时，主要考虑以下内容：

① 债券发行公司的经营状况，包括债券发行公司所处行业的状况、发展前景、竞争态势和市场环境等。

② 债券发行公司的财务状况，包括债券发行公司的债务现状、偿债能力、营运能力、盈利能力和资本实力，以及财务状况的未来趋势。

③ 债券的约定条件，包括债券发行有无抵押品、有无担保人、债券期限、还本付息方式以及可否转换为普通股股票、利率是否浮动等内容。

④ 债券到期前的社会政治形势和宏观经济环境等。

（3）债券信用等级及说明

按照国际惯例，债券信用等级一般分为三级九等，分别是A级、B级和C级，又具体分为AAA、AA、A、BBB、BB、B、CCC、CC、C共9个等级。各等级所反映的信用状况如下：

AAA级为最高级，对本金和利息偿付的能力最强，其投资风险最低。

AA级为高级，有很强的还本付息能力，投资风险略高于AAA级。

A级为中上级，具有较强的还本付息能力，但在经济情况不利时，无法完全避免不利影响。

BBB级为中级，在正常情况下有足够的还本付息能力，但在经济环境发生不利变化时会影响还本付息的实际能力。

BB级为中下级，还本付息能力有限，具有值得关注的投资风险。

B级为投机级，投资风险较高。

CCC级为完全投机级，投资风险很高。

CC级为最大投机级，投资风险最高。

C级为最低级，一般表示正在违约，连利息都不能支付。

（4）债券评级的意义

债券评级，对投资者来说，获悉投资风险的大小能够更有目的地进行投资。对发行公司来说，主要有两方面的意义：

① 债券等级会影响利息率的高低。债券等级越高，风险越小，投资人要求的报酬率可能较低，那么，企业可以按较低利率发行债券；反之，则要以较高利率发行债券。

② 债券等级对企业的筹资能力有重要影响。只有BBB级以上的债券才是大多数投资者愿意投资的债券。因此，若企业拟发行的债券低于BBB级时，发行债券会比较困难，发行企业对此应当有一定的思想准备，并准备相应的补救筹资方案。

4）债券的发行

关于债券的发行，可从以下几个方面加以说明：

（1）发行债券的资格认证

《公司法》规定，股份有限公司、国有独资公司和两个以上的国有企业或者其他两个以上的国有投资主体投资设立的有限责任公司，有资格发行公司债券。另外，具备条件的非公司制企业也可以发行企业债券。

（2）发行债券的决议

《公司法》规定，股份有限公司和国有有限责任公司发行公司债券，由董事会制订方案，股东大会做出决议；国有独资公司发行公司债券，由国家授权投资的机构或者国家授权的机构做出决定。总之，发行公司债券的决议或决定，是由公司最高权力机构做出的。

（3）发行债券的方式

发行债券的方式通常分为公募发行和私募发行两种：

①公募发行，是指以不特定的多数投资者作为募集对象而进行的债券发行。

公募发行的优点是：因向众多投资者发行债券，故能筹集较多的资金；提高发行者的知名度，扩大社会影响力；债券的利息率较低；可公开上市交易，有较好的流动性。

公募发行的缺点是：发行费用较高；所需发行时间较长。

②私募发行，是指以特定的少数投资者为募集对象而进行的债券发行。这里所说的"特定的"投资者，一般可分为两类：一是个人投资者，如企业职工；二是机构投资者，如大的金融机构。

私募发行的优点是：节约发行费用；发行时间短；限制性条件少。

私募发行的缺点是：利息率比较高；一般不能公开上市，缺乏流动性；由于债权人相对集中，发行者的经营管理容易受到债权人干预。

（4）发行债券的条件

《公司法》和《企业债券管理条例》规定，有资格发行债券的公司，必须具备以下条件：

① 股份有限公司的净资产总额不低于人民币3 000万元，有限责任公司的净资产总额不低于人民币6 000万元。

② 累计债券总额不超过公司净资产总额的40%。

③ 发行债券前连续3年盈利，最近3年平均可分配利润足以支付公司债券1年的利息。

④ 债券利率不得高于银行相同期限居民储蓄存款利率的40%。

⑤ 所筹资金的投向符合国家产业政策。

⑥ 国务院规定的其他条件。

（5）债券的发行价格

债券的发行价格通常有3种：平价发行、溢价发行、折价发行。

① 平价发行，是指票面金额和发行价格相等。平价发行的债券票面利率等于市场利率。

② 溢价发行：是指债券的发行价格高于票面额，以后偿还本金时仍按票面额偿还。溢价发行的债券票面利率高于市场利率。

③ 折价发行：折价发行，指债券发行价格低于债券票面额，而偿还时却要按票面额偿还本金。折价发行的票面利率低于市场利率。

债券发行价格的高低受诸多因素的影响，这些因素主要包括：债券面值、票面利率、市场利率和债券期限4个因素。其计算公式为：

$$\text{债券发行价格}=\sum_{t=1}^{n}\frac{\text{年利息}}{(1+\text{市场利率})^{t}}+\frac{\text{面值}}{(1+\text{市场利率})^{n}} \tag{5.2}$$

【例5-6】WD公司2022年年初为解决资金不足问题，决定发行债券筹资。债券面值为1 000元，期限为5年，发行时市场利率为10%。每年年末付息，到期还本。分别按票面利率为8%、10%和12%计算该债券的发行价格。

①票面利率为8%时：

发行价格=1 000×8%×（P/A，10%，5）+1 000×（P/F，10%，5）

=80×3.7908+1 000×0.6209=924（元）

②票面利率为10%时：

发行价格=1 000×10%×（P/A，10%，5）+1 000×（P/F，10%，5）

=100×3.7908+1 000×0.6209=1 000（元）

③票面利率为12%时：

发行价格=1 000×12%×（P/A，10%，5）+1 000×（P/F，10%，5）

=120×3.7908+1 000×0.6209=1 076（元）

小资料5-4　　　　2021年发行债券统计数据

《中华人民共和国2021年国民经济和社会发展统计公报》显示：2021年全年各类主体通过沪深交易所发行债券（包括公司债、可转债、可交换债、政策性金融债、地方政府债和企业资产支持证券）筹资86 553亿元，比上年增加1 776亿元。全国中小企业股份转让系统挂牌公司6 932家，全年挂牌公司累计股票筹资260亿元。全年发行公司信用类债券14.7万亿元，比上年增加0.5万亿元。

资料来源：国家统计局. 中华人民共和国2021年国民经济和社会发展统计公报［ED/OL］.［2022-02-28］. https://www.gov.cn/xinwen/2022-02/28/content_5676015.htm.

5）债券的偿还

（1）债券的偿还时间

债券的偿还时间按其实际发生与规定的到期日之间的关系，分为到期偿还、提前偿还和滞后偿还三类。

①到期偿还。到期偿还又包括分批偿还和一次偿还两种。

如果一个企业在发行同一种债券的当时就为不同编号或不同发行对象的债券规定了不同的到期日，这种债券就是分批偿还债券。到期一次偿还的债券是最为常见的。

②提前偿还。提前偿还又称赎回或收回，是指在债券尚未到期之前就予以偿还。只有在企业发行债券的契约中明确规定了有关允许提前偿还的条款，企业才可以进行此项操作。一般情况下，当企业资金较为充足或预测市场利率有所下降时，可选择提前偿还债券。

③滞后偿还。债券在到期日之后偿还叫滞后偿还。这种偿还方式一般在债券发行时便订立，主要是给予持有人以延长持有债券的选择权。滞后偿还有转期和转换两种方式，前者是指将较早到期的债券换成到期日较晚的债券，实际上是将债务的期限延长；后者是指股份有限公司发行的债券可以按一定的条件转换成本公司的股票。

（2）债券的偿还形式

债券的偿还形式是指在债券偿还时使用什么样的支付手段。常见的支付手段主要有3种：

① 用现金偿还债券。由于现金是债券持有人最愿意接受的支付手段，因此这一形式

最为常见。为了确保在债券到期时有足额的现金偿还债券，有时企业需要建立偿债基金。

② 以新债券换旧债券。这也叫债券的调换。企业之所以要进行债券的调换，原因在于：一是原有债券的契约中订有较多的限制条款，不利于企业发展；二是把多次发行，尚未彻底偿清的债券进行合并，以减少管理费；三是有的债券到期，但企业的现金不足。

③ 用普通股偿还债券。如果企业发行的是可转换债券，则可将其转换为普通股来偿还债券。

（3）债券的付息

债券的付息主要表现在利息率的确定、付息频率和付息方式3个方面。

① 利息率的确定。利息率有固定利率和浮动利率两种形式。浮动利率一般指由发行人选择一个基准利息率，在一定的时间间隔中按基准利息率水平对债券的利息率进行调整。

② 付息频率。付息频率越高，资金流发生的次数越多，对投资者的吸引力越大。债券的付息频率主要有按年付息、按半年付息、按季付息、按月付息和一次性付息（利随本清、贴现发行）5种。

③ 付息方式。付息方式有两种：一种是采取现金、支票或汇款的方式；另一种是采用息票债券的方式。付息方式多随付息频率而定，在一次付息的情况下，多用现金或支票；如果是贴现发行，发行人以现金折扣的形式出售债券，并不发生实际的付息行动；在分次付息的情况下，记名债券的利息以支票或汇款的形式支付，不记名债券则按息票付息。

6）债券筹资的评价

（1）债券筹资的优点

① 债券筹资的资本成本较低。债券的利息费用在税前支付，起到了抵减所得税的作用。

② 可发挥财务杠杆作用。由于债券的利息率是固定的，且在所得税税前支付，若能保证债券所筹资金的投资收益率高于债券利息率，就能使普通股的每股收益得到提高。

③ 保障股东控制权。债券持有人并非公司股东，无权参与公司管理，只能从公司获得固定利息。因而，发行债券不会影响股东对公司的控制权。

④ 筹资具有一定的灵活性。公司可根据自身的筹资要求，结合金融市场的实际情况确定债券的利息率、发行价格、偿还期限和偿还方式等。

（2）债券筹资的缺点

① 财务风险较高。债券筹资除了要支付固定的利息，还要在到期时偿还全部本金。与股票筹资相比，债券的还本付息给发行公司设置了无法解脱的财务压力。如果公司的投资收益率低于债券利息率，公司就会背上沉重的利息负担。此种情况持续一段时间后，发行公司可能会出现无力偿还债务的局面。

② 限制条件多。债券筹资涉及社会公共利益，因此，政府管制相对严格。这可能会影响发行公司财务活动的灵活性，在一定程度上可能影响公司的经营活动。

③ 筹资的有限性。债券筹资有一定的限度，当公司的负债比率超过一定程度后，债

券筹资就会发生困难。

小资料5-5　　绿色债券

“绿色债券”是指将所得资金专门用于资助符合规定条件的绿色项目或为这些项目进行再融资的债券工具。相比于普通债券，绿色债券主要在四个方面具有特殊性：债券募集资金的用途、绿色项目的评估与选择程序、募集资金的跟踪管理以及要求出具相关年度报告等。

2021年境内绿色债券发行量超过6 000亿元，同比增长180%，余额达1.1万亿元。根据对2012—2019年中国金融信息网中的绿色债券数据库与CSMAR绿色债券数据库进行交叉对比，我国共有277家企业存在绿色债券发行记录，其中上市企业为46家。在这46家企业中，金融企业有14家，在2018年和2019年首次发行绿色债券的非金融企业有17家。由此可见，绿色债券发展尤为迅速。

资料来源：王营，冯佳浩.绿色债券促进企业绿色创新研究［J］.金融研究，2022（6）：171-188.

5.3.3　租赁筹资

1）租赁筹资的含义

租赁是指出租人以收取租金为条件，在契约或合同规定的期限内将租赁物出租给承租人使用的一种经济行为。从表面上看，租赁涉及的是物而不是钱，但实质却有借贷属性。在租赁业务中，出租人主要是各种专业租赁公司，承租人主要是其他各类企业，租赁物大多为设备等固定资产，尤其是那些专业化程度比较高且价值比较大的资产，企业若自己购买则需要大量资金，而企业一时又无法及时、足额筹措到购买资产所需要的资金，在这种情况下，通过租赁既可以解决对资产的需求和使用，又可以解决资金不足的问题。因此，现代租赁已经成为企业筹集资金的一种方式，用于补充或部分替代其他筹资方式。

2）租赁筹资租金的构成

从出租人的角度看，为购置设备需要支付一定的代价，并以此来获得收益。这些代价或收益都需要通过租金收入来取得或补偿。因此，租金的构成主要包括以下内容：

① 租赁设备的购置成本，包括设备的买价、运费和途中保险等。

② 利息，是指租赁公司为承租企业购置设备融资而应计的利息。

③ 租赁手续费，包括租赁公司承办租赁设备的营业费用以及一定的利润。

④ 预计租赁设备的残值。

3）租赁筹资租金的支付与计算

租赁筹资租金的计算需要根据不同的租金支付方式确定，实际计算时，按其是否考虑时间价值可分为简算法和等额年金法两种。

（1）简算法

简算法在计算租金时不考虑时间价值，只按所确定的租金总额和支付次数即可确定每次应支付的租金。其计算公式为：

$$每次租金=\frac{租金总额}{支付次数} \tag{5.3}$$

（2）等额年金法

等额年金法需要考虑时间价值，即将每年定期支付的租金视为年金，利用年金现值的计算公式计算每年应支付的租金。

因为：年金（即年租金）×年金现值系数=年金现值（即租金总额）

所以，其计算公式为：

年租金=租金总额÷年金现值系数　　(5.4)

【例5-7】WD公司采用租赁方式于2022年1月1日从某租赁公司租入设备一台，设备价款为30万元，租期为5年，到期后设备归承租方所有，为了保证租赁公司完全弥补融资成本、相关的手续费并有一定的盈利，双方商定采用10%的折现率。

要求：分别按以下不同情况计算租金额。

①不考虑时间价值，每年支付等额租金，则：

年租金额=30÷5=6（万元）

②考虑时间价值，每年年末支付等额租金，则：

年租金额=30÷（P/A，10%，5）=30÷3.7908=7.91（万元）

③考虑时间价值，每年年初支付等额租金，则：

年租金额=30÷［（P/A，10%，4）+1］=30÷4.1699=7.19（万元）

4）租赁筹资的评价

（1）租赁筹资的优点

① 能够迅速获得所需资产。租赁是一种融资与融物相结合的筹资方式，因此，公司在筹到资本的同时，即可获得长期资产的使用权。

② 增加了筹资的灵活性。租赁可以避免长期借款筹资所附加的各种限制性条款，从而为公司的经营活动提供了更大的弹性空间。

③ 可以减少设备引进费。

④ 可以降低设备陈旧过时的风险。

⑤ 租金在整个租期内分期支付，避免了到期归还大量本金的支付压力。

⑥ 租金可在税前列支，发挥抵税效果。

（2）租赁筹资的缺点

① 融资成本高。租赁所形成的租金支出要高于债券利息支出。

② 承租企业在财务困难时期，支付固定的租金将成为一项沉重的财务负担。

③ 市场利率变动风险。在较长的租赁期间，市场利率发生变化的概率较大，会给租赁当事人的利益带来风险。

④ 承租企业对设备无所有权，因此难以根据自身需要对其改良。

小资料5-6　　《企业会计准则第21号——租赁》修订的主要内容

2018年12月7日，财政部修订发布了《企业会计准则第21号——租赁》(以下简称“新租赁准则”)。新租赁准则在租赁定义和识别、承租人会计处理方面做了较大修改，出租人会计处理基本延续现有规定。修订的主要内容如下：

(1) 完善了租赁的定义，增加了租赁识别、分拆、合并等内容。

新租赁准则将租赁定义为“在一定期间内，出租人将资产的使用权让与承租人以获取对价的合同”，并进一步说明如果合同中一方让渡了在一定期间内控制一项或多项已识别资产使用的权利以换取对价，则该合同为租赁或者包含租赁。

(2) 取消承租人经营租赁和融资租赁的分类，要求对所有租赁（短期租赁和低价值资产租赁除外）确认使用权资产和租赁负债。

（3）改进承租人后续计量，增加选择权重估和租赁变更情形下的会计处理。

（4）丰富出租人披露内容，为报表使用者提供更多有用信息。

资料来源：财政部会计司. 财政部会计司有关负责人就新租赁准则发布实施答记者问［J］. 财务与会计，2019（1）：4-5.

5.4 权益筹资

企业通过权益筹资方式融通的是企业的权益资本，或称主权资本，通常包括吸收投资、发行股票、利用留存收益等方式。

5.4.1 吸收投资

1）吸收投资的种类

企业吸收投资的方式一般可分为以下4类：

（1）吸收国家投资

国家投资是指有权代表国家投资的政府部门或者机构以国有资产投入企业，在这种情况下形成的资本称为国有资本。吸收国家投资是国有企业筹集自有资金的主要方式。吸收国家投资一般具有以下特点：①产权归属国家；②资金的运用和处置受国家约束较大；③在国有企业中采用比较广泛。

（2）吸收法人投资

法人投资是指法人单位以其依法可以支配的资产投入企业，在这种情况下形成的资本称为法人资本。法人投资一般具有以下特点：①发生在法人单位之间；②以参与企业利润分配为目的；③出资方式灵活多样。

（3）吸收外商直接投资

企业可以通过合资经营或合作经营的方式吸收外商直接投资，即与其他国家的投资者共同投资，创办中外合资经营企业或者中外合作经营企业，共同经营、共担风险、共负盈亏、共享利益。

（4）吸收社会公众投资

社会公众投资是指社会个人或本公司职工以个人合法财产投入公司，这种情况下形成的资本称为个人资本。吸收社会公众投资一般具有以下特点：①参加投资的人员较多；②每人投资的数额相对较少；③以参与公司利润分配为基本目的。

2）吸收投资中的出资方式

企业采用吸收投资的方式筹集资金时，投资者可以用货币资金、厂房、机器设备、材料物资、无形资产等作价出资，下面分别加以说明。

（1）以货币资金出资

以货币资金出资是吸收投资中最重要的一种出资方式，企业有了货币资金便可获取其他物质资源，支付各种费用，满足企业创建开支和随后的日常周转需要。

（2）以实物出资

以实物出资就是投资者以厂房、建筑物、设备等固定资产和原材料、商品等流动资产所进行的投资。一般来说，企业吸收的实物应符合如下条件：①确为企业科研、生产、经营所需；②技术性能比较好；③作价公平合理。

（3）以工业产权出资

以工业产权出资是指投资者以专有技术、商标权、专利权等无形资产所进行的投资。一般来说，企业吸收的工业产权应符合以下条件：①能帮助企业研究和开发出新的高科技产品；②能帮助企业生产出适销对路的高科技产品；③能帮助企业改进产品质量、提高生产效率；④能帮助企业大幅度降低各种消耗；⑤作价公平合理。

（4）以土地使用权出资

投资者也可以用土地使用权进行投资。企业吸收土地使用权投资应符合以下条件：①确为企业科研、生产、销售活动所需；②交通、地理条件比较适宜；③作价公平合理。

3）吸收投资的评价

（1）吸收投资的优点

① 有利于增强企业信誉。吸收投资所筹集的资金属于自有资金，能提高企业的信誉、增强其借款能力。

② 有利于尽快形成生产能力。吸收投资可以直接获取投资者的先进设备和先进技术，尽快形成生产能力，尽快开拓市场。

③ 有利于降低财务风险。吸收投资可以根据企业的经营状况向投资者进行报酬支付，比较灵活，所以财务风险也较小。

（2）吸收投资的缺点

① 资本成本较高。相对于负债筹资而言，采用吸收投资方式筹集资金所需负担的资本成本较高，特别是企业经营状况较好、盈利较强时更是如此。

② 容易分散企业控制权。采用吸收投资方式筹集资金，投资者一般都要求获得与投资数量相适应的经营管理权。如果企业吸收的外部投资数量较多，则投资者会有相当大的管理权，甚至会对企业实行完全控制。

5.4.2 优先股筹资

1）优先股的特征

优先股是享有优先权的股票。优先股的股东对公司资产、利润分配等享有优先权，其风险较小。但是，优先股股东对公司事务无表决权。

优先股是相对于普通股而言的，其基本特征如下：

① 优先股股东较普通股股东而言具有一定的优先权，即股利的优先分配权和剩余财产的优先求偿权。

② 优先股的股息率往往是固定的。

③ 优先股股东一般不享有公司经营参与权，即优先股股票不包含表决权，优先股股东无权过问公司的经营管理，但在涉及优先股股票所保障的股东权益时，优先股股东可发表意见并享有相应的表决权。

2）优先股的种类

优先股按发行条款和股息分配条款的不同，可进行以下分类：

（1）累积优先股和非累积优先股

累积优先股是指公司在任何营业年度内未支付的股利可累积起来递延到以后年度支付的优先股；非累积优先股是指公司对以前年度欠付的股息不予累积计算，也不再由以后年度补发的优先股。

（2）参与优先股与非参与优先股

参与优先股是指公司按规定的股息率支付完优先股股息和发放完普通股股利后，尚有剩余的可供分配利润时，能与普通股一起参与剩余利润分配的优先股；非参与优先股是指只能分得约定的股息，而不能与普通股一起参与分配剩余利润的优先股。

（3）可转换优先股与不可转换优先股

可转换优先股是指股票发行时就规定股东具有在股票发行后的某一个时期按一定比例将其转换成普通股股票这一权利的优先股；不可转换优先股则指不具备这种转换权利的优先股。

（4）可赎回优先股和不可赎回优先股

可赎回优先股是指在优先股发行条款中规定发行公司可在股票发行的某一个时期内，按发行价格和规定的方式予以赎回的优先股；不可赎回优先股是指发行后不能按原价赎回的优先股。

3）发行优先股的动机

公司发行优先股并非只有单纯的筹资动机，其他动机包括：

（1）保证公司的控制权

由于优先股股东通常没有表决权，发行优先股就可以避免公司股权分散，因此，不会产生对公司原有普通股股东控制权的影响。

（2）调剂现金余缺

公司在需要现金资本时可发行优先股，在现金充裕时将可赎回部分或全部优先股，从而调剂现金余缺。

（3）调整公司的资本结构

优先股筹资属于公司自有资本筹资，发行优先股有助于降低过高的负债比率，达到调整资本结构的目的。

（4）增强公司举债能力

优先股筹资在增加公司自有资本的同时，也为今后继续举债创造了有利条件。

4）发行优先股的相关规定

《公司法》没有关于优先股的规定。国务院在2013年11月30日发布了《关于开展优先股试点的指导意见》，证监会在2014年3月21日发布了《优先股试点管理办法》，这两项规定是目前我国关于优先股筹资的主要规范。按我国《优先股试点管理办法》，上市公司可以发行优先股，非上市公司可以非公开发行优先股。

上市公司公开发行优先股，应当符合以下情形之一：

① 其普通股为上证50指数成分股；

② 以公开发行优先股作为支付手段收购或吸收合并其他上市公司；

③ 以减少注册资本为目的回购普通股的，可以公开发行优先股作为支付手段，或者在回购方案实施完毕后，可公开发行不超过回购减资总额的优先股。

中国证监会核准公开发行优先股后不再符合本条第①项情形的，上市公司仍可实施本次发行。

上市公司公开发行优先股，应当在公司章程中规定以下事项：

① 采取固定股息率；

② 在有可分配税后利润的情况下必须向优先股股东支付利息；

③ 未向优先股股东足额派发股息的差额部分应当累积到下一个会计年度；

④ 优先股股东按照约定的股息率分配股息后，不再同普通股股东一起参加剩余利润分配。

此外，《优先股试点管理办法》中还规定了其他事项，如优先股每股票面金额为100元；上市公司不得发行可转换为普通股的优先股等。

5）优先股筹资的评价

（1）优先股筹资的优点

① 优先股没有固定的到期日，一般不用偿还本金，资本具有永久性。

② 股利支付既稳定，又有一定的灵活性。当公司盈余逐年增长时，支付给优先股的股息是不变的；当公司经营状况不佳时，公司又可不支付或暂时不支付优先股股息。这样就不会形成类似债权人逼迫公司的情况。

③ 发行优先股不会改变普通股股东对公司的控制权。

④ 从法律上讲，优先股属于自有资本，因而，优先股扩大了权益基础，可适当增加公司的信誉，提高公司的举债能力。

（2）优先股筹资的缺点

① 优先股筹资的成本较高。对优先股股东支付的股息要从税后利润中支付，不同于债务利息可在税前列支。

② 发行优先股有时会影响普通股股东的利益。这主要表现在股利分配和剩余财产的分配顺序上。

③ 优先股股息可能会成为一项较重的财务负担。因为优先股需支付固定股息，又不能在税前列支。所以，优先股的股息会成为一项较重的财务负担，有时不得不延期支付。

5.4.3 普通股筹资

1）普通股的特征

普通股是随着企业利润变动而变动的一种股份，是股份公司资本构成中最普通、最基本的股份，是股份企业资金的基础部分。其基本特征如下：

（1）期限上的永久性

发行普通股所筹集的资本无须归还，直至企业解散清算为止。

（2）责任上的有限性

普通股股东作为公司终极产权所有者，承担了公司所有的法定清偿和支付责任，并以股东的出资额为限。

（3）收益上的剩余性

普通股股东所能够获得的公司收益是公司各项支出支付后的剩余收益。

（4）清偿上的滞后性

公司进行清算时，普通股股东所能够获得的只能是各项清偿完成后的剩余财产。

2）普通股股东的权利

（1）对公司的管理权

普通股股东具有对公司进行管理的权利，这表现在依法行使股东大会上的表决权。通过投票表决，决定公司的管理层人选（董事会人选、监事会人选）和公司重大决策的讨论与通过。

（2）分享盈余的权利

盈余的分配方案由股东大会决定。每一个会计年度由董事会根据企业的盈利数额和财务状况来决定分发股利的数量并经股东大会投票表决。

（3）出售或转让股份的权利

股东有权出售或转让股票。

（4）优先认股权

当公司增发新股时，股东有权按持有公司股票的比例，优先认购新股。这主要是为了保证股东的控制权。

（5）剩余财产的要求权

当公司解散、清算时，普通股股东对剩余财产有要求权。然而，这种权利却位列债权人和优先股股东之后，所以普通股股东所具有的这一权利的实质是一种法定责任。

3）普通股股票的发行

（1）股票发行的目的

① 设立新的股份公司。股份公司成立时，以发行新股的方式筹集主权资本。

② 扩大经营规模。已经成立的股份公司为扩大生产经营规模，以增资发行股票来筹集所需的主权资本。

③ 其他目的的股票发行，如为分配股利采取股票股利时的股票发行、解决可转换债券持有人行使转换权时的股票发行等

（2）首次公开发行股票的条件

首次公开发行股票（initial public offering，IPO），是指一家公司第一次将其股票向公众发售的行为。

根据《中华人民共和国证券法》的规定，公司首次公开发行新股，应当符合下列条件：①具备健全且运行良好的组织机构。②具有持续经营能力。③最近 3 年财务会计报告被出具无保留意见审计报告。④发行人及其控股股东、实际控制人最近 3 年不存在贪污、贿赂、侵占财产、挪用财产或者破坏社会主义市场经济秩序的刑事犯罪。⑤经国务院批准的国务院证券监督管理机构规定的其他条件。因我国证券市场分为不同板块，对各板块企业的目标和要求不同，其首次公开发行股票的条件也存在差异。总体而言，科创板和创业板企业首次公开发行股票的条件相对宽松。

【课堂拓展】　　推进投融资体制改革

中共中央、国务院印发的《扩大内需战略规划纲要（2022—2035 年）》中，对投融资体制改革提出了如下要求：

健全投资项目融资机制。持续优化政府投资结构，加大对补短板领域支持力度。有序推动基础设施领域不动产投资信托基金健康发展。通过多种方式盘活存量资产，形成存量资产和新增投资的良性循环。规范有序推进政府和社会资本合作。鼓励金融机构依法合规提供更多直达实体经济的金融产品和服务。健全政府性融资担保体系。增强资本市场对实体经济的融资功能，提高直接融资特别是股权融资比重。扩大债券融资规模，推进债券市场互联互通。

资料来源：中共中央、国务院. 中共中央 国务院印发《扩大内需战略规划纲要（2022—2035 年）》［EB/OL］.［2022-12-14］.https：//www.gov.cn/xinwen/2022-12/14/content_5732067.htm.

4）普通股筹资的评价

（1）普通股筹资的优点

① 普通股筹资是公司的永久性资金。

② 普通股筹资没有固定的股利负担。

③ 普通股筹资不存在不能偿付的风险。

④ 普通股筹资能提升公司的信誉。

⑤ 普通股筹资是公司举债的基础。

（2）普通股筹资的缺点

① 普通股筹资的资金成本较高。这是因为发行普通股筹资的发行费用较大，支付的股利也偏高，加之股利在税后支付，不发挥抵税作用。

② 普通股筹资可能会分散公司的控制权。这是因为发行的新股如果不被原股东认购，公司的控制权就可能被分散，甚至新股东会抢占多数控股权。

③ 发行普通股筹资加大了公司被收购的风险。公司发行的普通股上市后，可能出现二级市场上的敌意收购。

总结与结论

➢ 企业筹资是指企业根据其生产经营、对外投资、调整资金结构和其他需要，通过合理的渠道，采用适当的方式，获取所需资金的一种行为。

➢ 企业筹资的动机包括创立性筹资动机、支付性筹资动机、扩张性筹资动机、调整性筹资动机和混合性筹资动机等。

➢ 企业筹资包括筹资渠道和筹资方式两个方面。前者指客观存在的融通资金的来源方向与通道，后者指可供企业在融通资金时选用的具体融资形式，两者之间存在一定的对应关系。

➢ 企业筹资的原则包括合法合规原则、规模适当原则、筹措及时原则、来源合理原则和方式经济原则等。

➢ 短期筹资是指为满足临时性流动资产需要而进行的使用期限不超过1年的筹资，包括商业信用筹资和短期借款筹资两种基本形式。

➢ 商业信用筹资是以延期付款或预收账款的资金结算方式形成的资金借贷关系，它是企业之间的直接信用行为。

➢ 短期借款是企业向银行和其他非银行金融机构借入的期限在1年以内的借款，它主要包括信用借款和抵押借款两种形式。信用借款分为附加信用条件借款和不附加信用条件借款两种类型。

➢ 长期负债筹资是指所筹资金的使用期限在1年以上的各种债务筹资方式，主要包括长期借款、长期债券和租赁筹资等。

➢ 长期借款是向银行和非银行金融机构等借入的使用期限在1年以上的借款，它主要用于购建固定资产和满足长期流动资金占用的需要。

➢ 债券是为筹集资金而发行的，在约定期限内向债券持有人还本付息的一种有价证券。发行债券筹资应明确发行主体的资格、债券发行方式、债券发行应具备的条件以及债券发行价格等有关内容。

➢租赁筹资涉及租金的构成、租金的计算等主要内容。

➢权益筹资形成的是企业的权益资本，或称自有资本，它包括吸收投资、发行股票和利用留存收益等方式。

➢吸收投资包括吸收国家投资、吸收法人投资和吸收个人投资。其出资方式包括现金出资、实物出资、产权出资以及土地使用权出资。

➢股票是股份公司为筹集自有资本而发行的有价证券，是股东身份的证明。优先股和普通股是它的两种最基本的形式。

➢发行普通股筹资需要明确的是：股票筹资主体的资格、股票发行目的、股票发行条件、发行方式、销售方式和发行价格等内容。

练习题

1.WD公司于2022年年初从某商业银行借入一笔金额为10万元、期限为1年的短期借款，银行规定的年利率（报价利率）为8%。

要求：

（1）若对于该笔借款，银行要求维持10%的补偿性余额，则实际借款利率是多少？

（2）若该笔借款按贴现法付息，则实际借款利率是多少？

（3）若该笔借款按加息法付息，则实际借款利率是多少？

2.WD公司于2022年2月采购材料一批，供应商报价为10 000元。付款条件为“3/10，2.5/30，1.8/50，N/90”。目前公司用于支付账款的资金需要在90天后才能周转回来，若在90天内付款，只能通过银行借款解决。如果银行借款利率为12%，全年按360天计算。

要求：

（1）计算确定该公司应否享受现金折扣。

（2）计算确定该公司最佳付款时间和价格。

3.WD公司属于股份有限公司，截至2022年3月31日，该公司拥有总资产8 000万元，该公司的资产负债率为45%。

要求：计算并回答以下相关问题。

（1）该公司净资产总额是否符合债券发行规定？

（2）若符合规定，该公司至多可以发行债券的总额是多少（以前未发行过）？

（3）若该公司发行票面额为5 000元、票面利率为6%、期限为5年的债券，在当前市场利率为8%的条件下，该债券每年付息一次、到期还本和到期一次还本付息，其发行价格是否一致？

二维码5-1 练习题参考答案

案例分析题

WD公司筹资案例分析

WD公司是一个多种经济成分并存，具有法人资格的大型企业集团。公司现有78个生产厂家，还有物资、销售、进出口、汽车配件等19个专业公司，1家轻型汽车研究所和1所汽车工学院。公司现在急需1亿元的资金用于“十三五”技术改造项目。为解决筹资问题，总经理林文广于2015年11月15日召开了由生产副总经理李伟、财务副总经理张超、销售副总经理林琳、某信托投资公司金融专家江天、某经济研究中心经济学家吴教授、某大学财务专家王教授等组成的专家研讨会，以讨论该公司筹资问题。下面是他们的发言和有关资料：

总经理林文广首先发言：“公司的‘十三五’技术改造项目经专家、学者的反复论证，已被国家正式批准立项。这个项目的投资额预计为4亿元，生产能力为4万辆。项目改造完成后，公司的两个系列产品的各项性能可达到国际同类产品的先进水平。现在，项目正在积极实施中，但目前资金不足，公司准备在2016年3月前筹资1亿元的资金。请大家发表自己的意见，谈谈如何筹措这笔资金。”

生产副总经理李伟说：“目前筹集的1亿元资金，主要用于投资少、效益高的技术改进项目。这些项目在2年内均能完成建设并正式投产，到时将大大提高公司的生产能力和产品质量，估计这笔投资在改造投产后3年内可完全收回。所以，公司应通过发行5年期的债券筹集资金。”

财务副总经理张超提出了不同意见，他说：“目前，公司的全部资金总额为10亿元，其中自有资金4亿元，借入资金6亿元，自有资金比率为40%，负债比率为60%，这种负债比率在我国处于中等水平，与世界发达国家如美国、英国等相比，负债比率已经比较高了，如果再利用债券筹集1亿元资金，负债比率将达到64%，显然，公司的负债比率过高，财务风险太大。所以，公司不能利用债券筹资，只能靠发行普通股或优先股筹集资金。”

但金融专家江天却认为：“目前，我国的资金市场还不够完善，证券一级市场和二级市场的许多方面还不够规范，投资者对股票投资还没有充分的认识，再加之今年股市的扩容速度过快，因此，在现有条件下，公司要发行1亿元普通股股票是很困难的。发行优先股还可以考虑，但从目前的利率水平和生产情况来看，发行优先股时，年股息不能低于16.5%，否则优先股也无法发行。如果发行债券，因公司要定期付息还本，投资者的风险较小，估计以12%的利率便可顺利发行。”

来自某经济研究中心的经济学家吴教授认为：“目前，我国的经济建设正处在改革开放的大好时期，我国已经加入世界贸易组织，汽车行业可能会受到冲击，销售量会受到影响。在进行筹资和投资时应考虑这一因素，不能盲目上马，否则后果可能不够理想。”

销售副总经理林琳认为：“公司在将来一段时期内，销售量不成问题。这是因为公司生产的中档轿车和微型车，这几年来的销售一直很大，畅销全国30个省、自治区、直辖市，居全国领先地位。在近几年全国汽车行业的质量评比中，公司的产品连续获奖。所以，销售量只会扩大，不会下降。”

财务副总经理张超又说："公司属于股份制试点企业，目前所得税税率为25%，税后资金利润率为16%，若这项技术改造项目上马，由于采用了先进的设备，投产后预计公司的税后资金利润率将达到18%。"所以，他认为这一技术改造项目应付诸实施。

来自某大学的财务专家王教授听了大家的发言后指出："以16.5%的股息率发行优先股不可行。因为发行优先股所花费的筹资费用较多，筹资费用加上以后预计利用优先股筹集资金的资金成本将达到19%，这已高出公司预计税后资金利润率1%，所以发行优先股不可行。但若发行债券，由于利息可以在税前支付，实际成本在10%左右。"他还指出："目前，我国正处于通货膨胀时期，利率比较高，这时不宜发行较长时期的、负担较高的债券或股票。"所以，王教授认为，公司应首先向银行筹措1亿元的技术改造贷款，期限为1年，1年以后，再以较低的股息率发行优先股股票来替换技术改造贷款。

财务副总经理张超听了王教授的分析后，也认为按16.5%发行优先股的确会给公司带来沉重的财务负担，但他不同意王教授后面的建议。他认为，在目前的条件下向银行筹措1亿元技术改造贷款几乎不可能；另外，通货膨胀在近1年内不会消除，要想消除通货膨胀的影响，利率有所下降，至少需要2年的时间。金融专家江天也同意张超的看法，他认为，1年后利率可能还要上升，2年后利率才会保持稳定或有所下降。

资料来源：刘金星. 财务管理［M］. 大连：东北财经大学出版社，2016.

案例思考题：

1. 归纳一下在这次筹资研讨会上，共提出了几种筹资方案？

2. 分别对会上的几种筹资方案进行评价。

3. 请你为公司的筹资方案提出建议。

二维码5-2　案例分析题提示

第6章 资本成本

学习目标

通过本章的学习，学生应掌握个别资本成本、加权平均资本成本的概念与计算，深刻理解资本成本的本质，熟练掌握加权平均资本成本及其运用。

导言

资本成本是现代财务的核心，它关系到公司的投资决策、融资决策、经济利润的计量及绩效评价。就公司财务决策而言，凡是能够实现公司价值最大化的决策就是好的决策，反之，就是不好的决策。而资本成本概念作为公司价值最大化目标的本质反映，完美地将公司的融资决策、投资决策紧密结合为一体，公司融资时受资本成本的约束，在获得更多资金的同时，尽可能地降低资本成本；公司以资本成本为准绳衡量未来投资机会的优劣，将有限的资金投放于最大化公司价值的投资项目中。没有资本成本的合理估算，企业的财务决策将失去一个重要的量化依据。本章在阐述资本成本的含义、作用的基础上，重点论述了个别资本成本、加权平均资本成本的估算，及资本成本的具体应用。

6.1 资本成本的概念

6.1.1 资本成本的含义

“资本”在经济学意义上，指的是用于生产的基本生产要素，即资金、厂房、设备、材料等物质资源。在金融学的领域，它是企业、个人或政府为持续经营某一企业或实施某一投资项目而需要从投资者那里筹集的金融资源或资金。由于投资者拥有的资金具有稀缺性，不能满足投资者所有的投资需求，因此，在决定是否将自己的资金投资于某一企业或项目时，他们会在一系列机会中做比较和选择。例如，他们可以对其他企业进行投资；他们可以借给银行、公司或个人；他们可以自己设立企业；他们还可以决定提高个人消费水平。对于一个具有理性行为的投资者来说，他会选择预期价值最大的项目进行投资，而同等风险条件下的次优方案的预期价值就成为投资者主观上认定的一种损失。这种由主观价值标准做出选择而产生的损失符合机会成本的特征。资本的机会成本等于某一特定风险水平下其他可选择投资机会可能获得的收益。因此，从投资者角度而言，资本成本是企业投资所要求的最低可接受报酬率。对筹资者而言，由于取得了资本使用权，必须支付一定代价，资本成本则表现为取得资本使用权所付出的代价。

资本成本可以用绝对数表示，也可以用相对数表示。用绝对数表示的资本成本，主要由以下两个部分构成：

（1）筹资费

筹资费，是指企业在资本筹措过程中为获取资本而付出的代价，如向银行支付的借款手续费，因发行股票、公司债券而支付的发行费等。筹资费用通常在资本筹集时一次性发生，在资本使用过程中不再发生，因此，视为筹资数额的一项扣除。

（2）占用费

占用费，是指企业在资本使用过程中因占用资本而付出的代价，如向银行等债权人支付的利息，向股东支付的股利等。占用费用是因为占用了他人资金而必须支付的，是资本成本的主要内容。

6.1.2 资本成本的表示方法

由于不同情况下筹集的资本总额不同，为了便于分析和比较，资本成本通常用相对数（资本成本率）表示，简称资本成本。资本成本在按年度计算，并且不考虑时间价值的情况下，是指资本的年使用费用占筹资净额的比率。其公式表示为：

$$资本成本=\frac{年资本使用费用}{筹资总额\times(1-筹资费用率)} \tag{6.1}$$

对于筹资数额大，时间超过1年的长期资本，更为准确的资本成本计算方式是采用贴现模式，即将债务未来还本付息或股权未来股利分红的贴现值与目前筹资净额相等时的贴现率作为资本成本，其公式表示为：

$$P_0(1-f)=\frac{CF_1}{1+K}+\frac{CF_2}{(1+K)^2}+\frac{CF_3}{(1+K)^3}+\cdots+\frac{CF_n}{(1+K)^n} \tag{6.2}$$

式中：P_0——企业筹集的资本总额现值；

f——筹资费用率（筹资费用与筹资总额的比率）；

CF_t——第t期支付的使用费用和偿还的本金；

K——资本成本。

6.1.3 资本成本的作用

资本成本的作用主要体现在筹资决策、投资决策、业绩评价三个方面：

（1）资本成本是选择筹资方案的基本依据

在资本市场上，企业通过不同的渠道、不同的方式取得资本的成本是各不相同的。尽管资本成本不是企业确定筹资方案的唯一标准，但从经济角度考虑，企业还是应选择资本成本较低的筹资方案。这样既可以降低筹资成本，又可以减轻投资阶段的压力，并使企业获得尽可能多的投资收益。

（2）资本成本是评价投资项目可行性的主要经济标准

企业筹资的目的是投资，但只有投资项目获取的收益超过筹资用资所付出的代价时，投资项目在经济上才是可行的，否则，该投资项目不应予以考虑。因此，国际上通常将资本成本视为投资项目的“最低收益率”（minimum rate of return），或投资项目的“取舍率”（cut-off rate）。

（3）资本成本是评价企业整体业绩的重要依据

一定时期企业资本成本的高低，不仅反映企业筹资管理的水平，还可作为评价企业整体经营业绩的标准。企业的生产经营活动，实际上就是所筹集资本经过投放后形成资产的营运。企业的总资产税后报酬率应高于其平均资本成本，这样才能带来剩余收益。

【课堂拓展】　　国办：深化利率市场化改革 降低企业融资成本

2022年10月26日，国务院办公厅发布《第十次全国深化“放管服”改革电视电话会议重点任务分工方案》。《分工方案》提出，持续释放贷款市场报价利率改革和传导效应，降低企业融资和个人消费信贷成本。推动一批制造业领域标志性外资项目落地，增强外资在华长期发展的信心。

《分工方案》从依靠改革开放释放经济增长潜力、提升面向市场主体和人民群众的政务服务效能、着力推动已出台政策落地见效三个维度提出了21条细则以及对应具体举措。

在促进投资方面，《分工方案》提出，依法盘活用好5 000多亿元专项债地方结存限额，与政策性开发性金融工具相结合，支持重点项目建设。在专项债资金和政策性开发性金融工具使用过程中，注重创新机制，发挥对社会资本的撬动作用。引导商业银行扩大中长期贷款投放，为重点项目建设配足融资。

在具体举措中，《分工方案》要求，指导政策性开发性银行用好用足政策性开发性金融工具额度和8 000亿元新增信贷额度，优先支持专项债券项目建设。鼓励商业银行信贷资金等通过银团贷款、政府和社会资本合作（PPP）等方式，按照市场化原则加大对重要项目建设的中长期资金支持力度。

《分工方案》还提出，抓紧研究支持制造业企业、职业院校等设备更新改造的政策，金融机构对此要增加中长期贷款投放。完善对银行的考核办法，银行要完善内部考评和尽职免责规定，形成激励机制。持续释放贷款市场报价利率改革和传导效应，降低企业融资和个人消费信贷成本。

在具体举措中，《分工方案》要求，继续深化利率市场化改革，发挥存款利率市场化调整机制作用，释放贷款市场报价利率形成机制改革效能，促进降低企业融资和个人消费信贷成本。督促21家全国性银行完善内部考核、尽职免责和激励机制，引导商业银行扩大中长期贷款投放，为设备更新改造等配足融资。

资料来源：贺觉渊.国办：深化利率市场化改革 降低企业融资成本［EB/OL］.［2022-10-27］. http://epaper.stcn.com/con/202210/27/content_2390934.html.

6.2　个别资本成本

个别资本成本是指单一融资方式本身的资本成本，包括银行借款、公司债券、优先股、普通股和留存收益等，其中前两者可统称为债务资本，后三者统称为权益资本。

6.2.1　债务资本成本

1）银行借款资本成本

银行借款的资本成本包括借款利息和借款手续费两部分。按照现行税法和会计制度的规定：借款利息可在所得税前列支，这样能使企业抵减一部分利润，少缴所得税。为了与权益资本成本具有可比性，一般计算税后债务资本成本。银行借款的资本成本按简化公式计算为：

$$K_d=\frac{年利率\times(1-所得税税率)}{1-手续费率}=\frac{i(1-T)}{1-f} \tag{6.3}$$

式中：K_d——银行借款资本成本；

i——银行借款年利率；

f——筹资费用率；

T——所得税税率。

【例 6-1】某公司从银行借入长期借款100万元，期限10年，年利率为10%，利息每年年末支付，到期时一次还本，借款手续费为借款额的0.5%，企业所得税税率为25%，该项银行借款的资本成本为：

$$K_d=\frac{10\%\times(1-25\%)}{1-0.5\%}=7.54\%$$

对于长期借款，考虑货币时间价值问题，还可以用贴现模式计算资本成本。具体计算如下：

$$100\times(1-0.5\%)=\sum_{t=1}^{10}\frac{100\times10\%\times(1-25\%)}{(1+K_d)^t}+\frac{100}{(1+K_d)^{10}}$$

$$100\times(1-0.5\%)=100\times10\%\times(1-25\%)\times(P/A,K_d,10)+100\times(P/F,K_d,10)$$

采用试算法可解得：K_d=7.57%

2）公司债券资本成本

公司债券资本成本主要包括债券筹资过程中支付的筹集费用与在债券期限内按债券面值和票面利率支付给债权人的利息。如果企业发行的是每年付息一次，到期还本的债券，则债券的资本成本按简化公式计算为：

$$K_b=\frac{年利息\times(1-所得税税率)}{债券筹资总额\times(1-手续费率)}=\frac{I(1-T)}{B(1-f)} \tag{6.4}$$

式中：K_b——债券资本成本；

B——债券筹资总额；

I——债券年利息。

【例 6-2】某公司发行面值1 000元，票面年利率为12%，每年年末付息一次，25年后一次还本的公司债券，债券筹资费率为3%，企业所得税税率为25%，则该债券的资本成本为：

$$K_b=\frac{1\,000\times12\%\times(1-25\%)}{1\,000-1\,000\times3\%}=9.28\%$$

考虑货币时间价值，该债券资本成本计算如下：

$$1\,000\times(1-3\%)=\sum_{t=1}^{25}\frac{1\,000\times12\%\times(1-25\%)}{(1+K_b)^t}+\frac{1\,000}{(1+K_b)^{25}}$$

$$1\,000\times(1-3\%)=1\,000\times12\%\times(1-25\%)\times(P/A,K_b,25)+1\,000\times(P/F,K_b,25)$$

采用试算法可解得：K_b=9.31%

6.2.2 权益资本成本

1）优先股资本成本

优先股同时具有债券和普通股的一些特征：与债券的相同之处是优先股筹资一般要定期按固定的股息率向持股人支付股息；不同之处是，它没有到期日；与普通股的相同之处是同为股权资本，股息支付在所得税后进行，因此不具有所得税的抵减作用。优先股的资本成本包括筹资费用和股息支付。由于优先股没有到期日，且每年的股息是固定的，因此，可以把优先股股息视为一种永续年金，则优先股资本成本可按下式计算：

$$K_P=\frac{D_P}{P_0\cdot(1-f)} \tag{6.5}$$

式中：K_P——优先股资本成本；

D_P——优先股年股息；

P_0——优先股现在的市场价格。

【例6-3】某公司发行面值100元的优先股，规定的年股息率为10%，该优先股溢价发行，发行价为每股120元，筹资费率为发行价的4%，则该公司发行的优先股的资本成本为：

$$K_P=\frac{100\times10\%}{120\times(1-4\%)}=8.68\%$$

在企业破产清算时，优先股股东的求偿权位于债权人之后，因此，优先股股东的风险要大于债权人的风险，这就使得优先股的股息率一般大于债券的利息率。另外，优先股的股息在税后支付，不能抵减公司的所得税，所以，优先股的资本成本大于债券的资本成本。

小资料6-1　　巴菲特买高盛优先股获厚利

2008年金融危机期间，巴菲特以50亿美元的价格向出现资金周转问题的高盛买入一批“优先股”，年利率达10%。当时，巴菲特与高盛订下多个协议，包括高盛可于任何时间，向巴菲特以10%的溢价赎回优先股。此外，巴菲特亦获得了50亿美元的高盛认股权证。他能于5年内以每股115美元的价格认购高盛的股份，而当时高盛的股价为125美元，若全数换取可获得高盛一成的股份。

2011年，高盛先以溢价赎回巴菲特的优先股。2013年，在5年期限届满前，巴菲特再以115美元认购高盛一成的股份。

当然，作为普通投资者，要取得如此丰厚的利润是不太可能的。巴菲特在此获得的条款很有利，不只优先股息率高，而且认股权证的行使价是折让，而非一般常见的溢价。此外，巴菲特更是可将其即时兑换成高盛股份，而非一般要等待一定年期后才可兑换。

但是，从这个故事中，我们可以得知优先股的防守作用：其较高息率使得只要企业不倒闭，持有者就能够保本赚息。

资料来源：佚名.巴菲特买高盛优先股获厚利［EB/OL］.［2018-01-14］.http://news.takungpao.com/paper/q/2018/0114/3533877.html.

2）普通股资本成本

由于资本成本的实质是投资者要求的最低报酬率，那么普通股的资本成本就是普通股股东投资的必要收益率，其测算方法一般有三种：股利固定增长模型、资本资产定价模型和债券收益加风险补偿率法。

（1）股利固定增长模型

股利固定增长模型是利用普通股股利现值的估价模型来计算普通股资本成本的一种方法。其基本假设是：普通股股东长期持有股票，股票的现金股利是以固定的年增长率（g）递增，且增长率g小于投资者要求的收益率K_s，那么普通股资本成本的计算公式为：

$$K_s=\frac{D_1}{P_0\cdot(1-f)}+g \tag{6.6}$$

式中：P_0——当前普通股市场价格；

D_1——1年后预期收到的现金股利；

K_s——普通股股东要求的收益率；

f——筹资费率；

g——普通股现金股利年固定增长率。

【例6-4】某公司普通股市价为20元，筹资费用率为3%，本年发放现金股利每股1.89元，预期股利年固定增长率为6%。则普通股的资本成本为：

$$K_s=\frac{1.89\times(1+6\%)}{20\times(1-3\%)}+6\%=16.33\%$$

（2）资本资产定价模型

投资者要求报酬率的确定过程实际上是风险与收益之间进行权衡的过程，目前应用较为广泛的对风险-收益进行权衡的工具是资本资产定价模型（CAPM），使用CAPM模型，投资者要求的收益率可表示为：

$$K_s=R_f+\beta\ (R_m-R_f) \tag{6.7}$$

式中：K_s——普通股股东要求的收益率；

R_f——无风险证券收益率；

β——该股票的β系数；

R_m——将所有证券包括在内的市场组合投资的平均收益率。

【例6-5】某公司普通股股票的β系数为1.5，政府发行的国库券年利率为5%，本年度证券市场的平均报酬率为10%，则公司普通股资本成本为：

$$Ks=5\%+1.5\times(10\%-5\%)=12.5\%$$

资本资产定价模型有两个主要优点：一是计算简单，易于理解和运用。模型中所需要的变量可以从公共咨询机构获得，但小公司或非上市公司的β系数除外。二是资本资产定价模型不需要对现金股利的增长率做假设，即使公司目前没有分配股利，或者未来股利不以固定增长率增长也可以应用这个模型。尽管资本资产定价模型在理论上比较严密，但这一模型需要的β和R_m都可能因测算不充分，使计算结果受到影响。

（3）债券收益加风险补偿率法

一些分析师会使用一种主观的、特别的方法来估算普通股资本成本，即债券收益加风险补偿率法，它是在企业发行的长期债券利率的基础上，加上一定的风险报酬率来确定普通股资本成本的一种方法。由于普通股股东的投资风险大于债券投资者的投资风险，因此，普通股股东要求得到比债券持有者更高的报酬率。按此方法计算的普通股资本成本为：

$$普通股资本成本=长期债券收益率+风险溢价 \tag{6.8}$$

假设Y公司的长期债券收益率是7%，我们对其债券的风险溢价主观判定为3%，则其普通股资本成本的估值为10%。

$$K_s=7\%+3\%=10\%$$

由于风险溢价是一个主观估值，估算出来的K_s值也是一个主观判断值。实证研究表明，一家公司债券收益率的风险溢价通常处于3%~5%这一范围内。因此，这一方法不太可能得到精确的权益成本，但这个“大概的结果”有助于我们及时进行初步决策。

3）留存收益成本

企业的税后利润必须在留存收益与分派股利之间进行分配。留存收益构成企业资金的一种来源。按照现代财务理论，假如税后利润留在企业内部不能给股东带来足够高的报酬率，那么就应当将其分配给股东。这里所谓足够高的报酬率就是指股东在相同风险情况下进行投资所可能获得的报酬率，也就是公司留存收益再投资的收益率至少应该等于股东自己选择的其他相同风险的投资所获得的收益率。如何确定留存收益资本成本是现代理财学中一个较为困难的课题。目前，一般的解决方法是将留存收益资本成本转化为普通股股东要求的报酬率来确定，即可按股利固定增长模型估算：

$$K_e=\frac{D_1}{P_0}+g \tag{6.9}$$

式中：K_e——留存收益资本成本；

D_1——1年后预期收到的现金股利；

P_0——当前普通股市场价格。

从财务管理的角度看，企业使用这部分资本的成本和普通股的资本成本相同，差别在于留存收益属于内部资金，不必花费筹资费用。

小资料6-2　　企业核心竞争力能够降低权益资本成本吗

戚聿东、孙昌玲、王化成（2021）通过文本分析法构建企业核心竞争力的度量指标，实证检验了核心竞争力对企业权益资本成本的影响。研究发现：核心竞争力越强，企业的权益资本成本越低，该结论在一系列稳健性检验下仍然成立。机制检验表明，核心竞争力对企业权益资本成本的影响主要通过降低经营风险、降低信息不对称程度以及缓解代理问题三条路径实现的。进一步研究发现：①通过区分核心竞争力类别后发现，资源类核心竞争力和能力类核心竞争力均能有效降低企业的权益资本成本，说明资源类核心竞争力和能力类核心竞争力均是影响企业权益资本成本的重要因素；②通过区分投资者异质性后发现，核心竞争力对权益资本成本的降低作用在机构投资者持股比例高的企业中更明显，说明相较于个人投资者，机构投资者更能有效识企业的核心竞争力。

资料来源：戚聿东、孙昌玲、王化成.企业核心竞争力能够降低权益资本成本吗——基于文本分析的经验证据［J］.会计研究，2021（8）.

6.3 加权平均资本成本

6.3.1 加权平均资本成本的含义

个别资本成本是衡量和评价单一融资方式的资本成本。而实践中，企业往往采用多元化融资方式，因此要衡量和评价企业总体筹资的经济性时，需要计算企业的平均资本成本。企业加权平均资本成本是以个别资本成本为基数，以各种不同资本来源占资本总额的比重为权数的加权平均数。其计算公式如下：

$$K_{WACC}=\sum_{j=1}^{n} W_j K_j \tag{6.10}$$

式中：K_{WACC}——加权平均资本成本；

W_j——第j种资本所占比重；

K_j——第j种资本的资本成本。

计算WACC的一个令人迷惑的问题是，各类资本占资本总额的比重和各类资本的个别资本成本的计算根据是所使用资本的账面价值还是市场价值？下面我们举例对其进行比较和分析。

【例6-6】假设新成立的L公司按每股10元的价格出售10万股普通股，筹资100万元，预期当年的股利为0.2元/股，股利年增长率为5%，筹资费率为发行价格的4%。同时，通过出售面值为1 000元的长期债券500张，筹资50万元，年利率为8%，筹资费率为3%，企业所得税税率为25%。公司成立后，其初始资本结构和个别资本成本都按账面价值计算（资本的账面价值与市场价值相等），这时公司的加权平均资本成本计算见表6-1。

表6-1　　**L公司基于资本账面价值的加权平均资本成本**

资本种类	筹资总额（元）	占总筹资额的比重（%）	个别资本成本（%）	加权资本成本（%）
债券	500 000	33.33	6.19①	2.06
普通股	1 000 000	66.67	7.19②	4.79
合计	1 500 000	100.00		6.85

①$K_b=\dfrac{80\times(1-25\%)}{1\ 000\times(1-3\%)}=6.19\%$

②$K_s=\dfrac{0.2\times(1+5\%)}{10\times(1-4\%)}+5\%=7.19\%$

现假定L公司的普通股价格上涨到每股12元，由于市场利率的上升导致债券的价格下降到950元，这些变化并没有改变公司的账面资本情况，但是，基于市场价值的资本结构和个别资本成本都发生了变化，计算结果见6-2。

表6-2　　**L公司基于资本市场价值的加权平均资本成本**

资本种类	筹资总额（元）	占总筹资额的比重（%）	个别资本成本（%）	加权资本成本（%）
债券	475 000①	28.36	6.52③	1.85
普通股	1 200 000②	71.64	6.81④	4.88
合计	1 675 000	100.00		6.73

①950×500=475 000（元）

②12×100 000=1 200 000（元）

③$K_b=\dfrac{80\times(1-25\%)}{950-1\ 000\times3\%}=6.52\%$

④$K_s=\dfrac{0.2\times(1+5\%)}{12-10\times4\%}+5\%=6.81\%$

通过表6-1和表6-2的计算结果可以看到，基于资本的账面价值和市场价值所计算的加权平均资本成本并不相同，那么，企业在计算WACC时应采用哪种价值基础更合理呢？要回答这个问题，应首先理解不同价值基础计算的WACC的意义。

账面价值与公司已经存在的资本相关，它是为支持过去的项目而融到的资本。运用账面价值计算的WACC反映的是已筹资本过去的平均成本；市场价值与资本市场当前状况相关，运用市场价值计算的WACC则反映的是已筹资本在当前的平均成本。

在评估一项新的投资项目时，我们通常会使用WACC，由于过去筹集的资本已经耗用，不能为新项目提供资金，企业一般会通过新筹集的资金来支持这些项目的运营，所以用新筹集资本的成本来评价项目是切实可行的。因此，按照市场价值计算WACC是适当的，因为它是对资本成本在将来时期的最好估计。

但是，由于证券的市场价格随时间一直在变化，导致基于市场价值的资本结构和个别资本成本也在经常变动，盲目地、机械地强调当前的市场价值权重显然也是不可取的。为了解决这一问题，企业会采用目标价值权数。目标价值权数是根据各项资本预计目标市场价值计算得出的个别资本占全部资本的比重，据以计算出来的加权平均资本成本，它能体现目标的资本结构，更适用于企业筹措新资本的决策。

6.3.2　加权平均资本成本的应用

在现代财务理论中，加权平均资本成本是一个极其重要的概念，无论是企业价值评估，还是资本预算决策，都与加权平均资本成本的科学确定具有密不可分的关系。

值得注意的是，公司总资本成本、各子公司资本成本以及各个投资项目的资本成本之间是有区别的，公司总资本成本取决于公司总风险的高低；各个子公司的资本成本取决于各个子公司风险的高低；各个投资项目的资本成本则取决于各个投资项目风险的高低。在企业的经营过程中，并不存在一个可以被广泛应用的资本成本。不同的子公司、不同的投资项目，不同的部门，由于风险程度或者其他各种因素的差异，都会有不同的资本成本水平。

企业在进行项目投资决策时，如果采用企业加权平均资本成本作为决策的依据，则需要满足以下两个条件：

（1）企业的资本结构不会因为新的投资活动而改变

企业当前的平均资本成本，通常根据当期的数据计算得出，包含了资本结构因素。如果企业因新的投资活动改变其负债权益比率，那么就必须使用新的负债权益比率来计算出一个新的加权平均资本成本。

（2）计划拟进行的新投资项目与企业的其他项目属于相同的风险级别

新项目并未带领企业进入不同的业务领域，因为风险过高的新项目将会导致债务与权益投资者要求更高的回报，从而使得加权平均资本成本增加。

总结与结论

➢ 从投资者角度而言，资本成本是企业投资所要求的最低可接受报酬率。对筹资者而言，资本成本则表现为取得资本使用权所付出的代价。

➢ 个别资本成本是指单一融资方式本身的资本成本，包括银行借款、公司债券、优先股、普通股和留存收益等，其中前两者可统称为债务资本，后三者统称为权益资本。

➢ 企业加权平均资本成本是以个别资本成本为基数，以各种不同资本来源占资本总额的比重为权数的加权平均数；运用账面价值计算的WACC反映的是已筹资本过去的平均成本；运用市场价值计算的WACC则反映的是已筹资本在当前的平均成本；运用目标价值权数计算的WACC能体现目标的资本结构，更适用于企业筹措新资本的决策。

➢ 利用公司加权平均资本成本作为项目资本成本必须具备两个条件，即计划拟进行的投资项目必须与公司历史上的投资项目具有相同的风险；公司的资本结构不会因为新的投资活动而受到影响。

练习题

1.V公司增发的普通股的市价为14元/股，筹资费率为市价的5%，本年发放股利0.8元/股，已知同类股票的预计收益率为13%。

要求：计算维持此股价需要的股利年增长率。

2.R企业目前每股收益为3元，以市值计算的净债务与股权比率为1.2，假设当前的债务资本成本为6%，股权资本成本为11.2%。假设该公司的息税前利润预期在未来不会增长，所有利润都将作为股利发放。（不考虑所得税影响）

要求：计算该企业当前的加权平均资本成本和股票价格。

3.Z公司下一年度的筹资计划如下：

（1）拟借入5年期长期银行借款200万元，年利率为6%，每年付息一次，到期一次还本。

（2）发行债券筹资1 100万元，债券面值1 000元，发行价格1 100元，票面利率为7%，期限5年，每年付息一次，到期一次还本，发行费用率为3%。

（3）按面值发行优先股筹资2 000万元，固定股息率为7.84%，筹资费用率为2%。

（4）发行普通股筹资2 000万元，每股10元，筹资费用率为3%，公司当前股利为每股0.97元，预计股利增长率为5%。

（5）利用留存收益筹资700万元。公司普通股β系数为2；一年国债利率为4%，市场平均收益率为9%。公司适用的所得税税率为25%。

假设不考虑筹资费用对资本结构的影响，发行债券和优先股不影响借款利率和普通股股价。

要求：

（1）计算Z公司长期银行借款的资本成本。

（2）计算Z公司发行债券的资本成本。

（3）计算Z公司发行优先股的资本成本。

（4）分别利用资本资产定价模型与股利增长模型计算Z公司发行普通股的资本成本。

（5）分别利用资本资产定价模型与股利增长模型计算Z公司留存收益的资本成本。

4.Y公司本年年末长期资本账面总额为1 000万元，其中：银行长期借款400万元，占40%；长期债券150万元，占15%；股东权益450万元（共200万股，每股面值1元，市价8元），占45%。个别资本成本率分别为：5%、6%、9%。

要求：分别按账面价值和市场价值计算该公司的平均资本成本。

二维码6-1 练习题参考答案

案例分析题

通用电气为何抛弃金融部门

2015年4月10日，通用电气（GE）宣布将在未来2年内剥离旗下价值3 630亿美元通用资本（GE Capital）的大部分金融业务，“结束公司多元化发展的历史，以期更加专注于高端制造业”。这意味着GE在经历了80多年科技与金融结合发展后，抛弃产融结合，回归制造业。

作为世界上最大的多元化服务性公司之一，通用电气尚且在产融结合中损失惨重，最终决定剥离金融部门，笔者不禁思考，通用为何抛弃金融部门？

GE作为全球最成功的多元化经营跨国企业集团之一，其业务涵盖飞机引擎、广播事业、国防工业、运输系统、医疗系统、电视节目等多个领域。

1878年，托马斯A.爱迪生创建爱迪生电气照明公司，成为GE的前身。1943年，GE根据《纽约银行法》扩大金融部门的业务范围。20世纪70年代末，通用金融不仅为集团内部进行投资融资和资产管理，还开始涉足房屋贷款、二手贷款、商业地产、工业贷款及个人信用卡贷款领域。20世纪80年代，GE抓住美国金融管制放松的机遇，深入推进房地产贷款、设备租赁贷款、私人信用卡等金融业务，业务逐渐多样化、银行化。此后，金融业务不断膨胀，2003年，金融业务销售收入占集团销售收入的比重超过45%；2004年，金融业务净利润占集团净利润的比例达到50.9%；金融危机前的2006年、2007年该比例分别为51.2%、46.4%。

从这些数据可以看出，GE由制造业主导转变为金融服务业主导，金融部门成为整个集团的半壁江山，不仅为集团内实体部门提供投融资服务，还涉足贷款、证券等银行业务，为集团创造了不菲利润。

通用电气长期成功发展的关键因素在于，对于潜在的新投资项目，公司有统一的“要求报酬率”，当且仅当项目的预期收益率高于此要求报酬率时，公司才会接受这一新的投资项目。从历史上看，通用电气公司对所有的项目采用相同的要求报酬率。2009年之前，通用电气是仅有的债券等级为AAA级的6家非金融公司之一，这使得公司可以以非常低的利率借入资金，再将资金以很高的利率贷出去。在这种情况下通用资本可以很容易地预测其收益率将超过公司的要求报酬率，这也使这一部分迅速发展。

直到2008年金融危机的来临。金融危机席卷美国几乎所有的投资银行、商业银行、保险公司等金融机构。规模巨大的通用金融自然无法独善其身，2008年，通用金融净资产锐减255.6亿美元，降幅达12.2%，销售收入和净利润占集团比重分别降至39.1%、40.5%。危机后通用金融业绩出现大幅下滑，恢复疲软，2015年中报显示净利润为-149.3亿美元，同比下降328.19%。

鉴于通用金融盈利能力大幅下降，2015年，GE宣布将出售旗下金融业务，并在出售声明中表示，计划于2016年将金融部门占公司净利润的比例降至25%，2018年这一比例将进一步降至10%。CEO伊梅尔特表示“这是GE战略的重要步骤，GE将专注于打造自己的竞争优势，聚焦于建立下一个工业时代”。

通用电气在金融危机中和危机后的表现说明，制造业集团拥有的巨额金融资产和金融业务会在金融危机中面临巨大风险，从而波及整个集团。通用放弃金融业务，宣布回归制造业也说明金融与科技合营存在巨大的风险。

资料来源：欧阳辉，刘一楠．通用电气为何抛弃金融部门［EB/OL］．［2015-12-28］．http：//finance.jrj.com.cn/2015/12/28153020310805.shtml.

案例思考题：

1. 美国2008年金融危机发生之前，通用资本为什么发展成通用电气最大的部门？

2. 2015年通用电气为什么宣布将要抛弃通用资本部门？

3. 通用电气在投资项目决策时资本成本的确定有何问题？

二维码6.2　案例分析题提示

第7章 杠杆分析与资本结构

学习目标

通过本章的学习，学生应理解经营风险与财务风险的概念；掌握经营杠杆、财务杠杆、总杠杆的含义及计算，能够运用杠杆对风险进行分析；理解资本结构的含义，了解资本结构理论，掌握最优资本结构的决策方法。

导言

当财务经理决定企业合理的资本结构时，首先要区分企业面临的两种类型的风险——经营风险和财务风险，并能够通过经营杠杆、财务杠杆及总杠杆分析这两种风险对企业收益的影响。资本结构的一个核心问题就是，利用债务（杠杆）能否增加公司价值，是否可以提高股票的价格？尤其重要的是，当其他情况都保持不变时，如何确定使公司价值最大化的最优资本结构。

7.1 杠杆分析

“给我一个支点，我可以撬起地球”，这是著名的物理学家阿基米德对杠杆原理所作的形象比喻。在财务管理中，杠杆效应是指由于固定费用（包括生产中的固定成本和筹资中的固定费用）的存在，当业务量发生较小变化时，导致企业息税前利润产生较大幅度变化的经济现象。杠杆效应是影响企业风险的重要因素之一，下面首先介绍两种风险概念。

7.1.1 经营风险与财务风险

1）经营风险

经营风险是指企业在没有使用负债的情况下，未来息税前利润的不确定性。例如，经济形势和经营环境的变化，国家税收政策和金融政策的调整，竞争对手成功研制出新产品，公司自身技术装备情况，研发能力等都会对企业息税前利润产生影响。因此，无负债企业的经营风险通常采用息税前利润的变动程度（标准差、经营杠杆系数）来衡量。

一般而言，不同行业的经营风险各不相同，即使处于同一行业，其风险也不相同，而且经营风险还会随时间的变化而变化。例如，电子设备行业曾被认为风险很小，但过去十几年发生的一系列变化大大改变了这种情况，很多公司的息税前利润率急剧下降，行业经营风险大大增加。食品加工和零售业通常被认为是低经营风险的典范，而循环生产行业，如汽车、钢铁、建筑行业则被认为是高经营风险的行业。影响经营风险的因素有很多，较为重要的有以下几个方面：

① 需求与销售的波动。当其他条件不变时，市场对企业产品需求越稳定，其经营风险越小；在充分竞争的市场中，产品的销售价格和销售量越稳定，经营风险越小。

② 投入成本的波动。公司投入要素（劳动力和产品成本等）的价格越不稳定，经营风险越大。

③ 根据投入成本调整产品售价的能力。如果企业在投入成本发生波动时可以比其他企业更好地提高其产品价格，可降低经营风险。

④ 开发新产品的能力。在高科技行业的企业，如制药和计算机行业企业需要不断地开发新产品。它们的产品过时得越快，企业的经营风险越大。

⑤ 固定成本程度。如果企业的固定经营成本比率很高，不能随时根据需求的变化调整经营成本，则其经营风险就会很高。

⑥ 战略选择。很多企业在发展道路上都选择多元化发展战略，出发点是为了分散经营风险，但如果没有对自身掌握的资源进行深入分析，也没有对所投资行业进行必要的研究，在对整个产业环境缺乏科学预测和分析的情况下，盲目多元化只会增大企业的经营风险，甚至使企业走上失败的道路。

小资料 7-1　　　　苏宁多元化经营失败案例分析①

自苏宁易购上市后，苏宁就开启了多元化发展的扩张战略。苏宁的多元化经营并未给企业带来更多收益，反而违背了主营零售业务。苏宁的核心资产是苏宁易购，然而在实施多元化战略后，苏宁易购的盈利能力持续下降，甚至发生了现金流危机。盲目地多元化是苏宁多元化战略失败的主要原因之一。多元化战略固然可以提升企业的额外收入及市场占有率，但苏宁的多元化战略具有盲目性和极大不相干性，比如收购 PPTV、国际米兰俱乐部，进军电竞行业，以及对恒大盲目的“亿战投”。这些举措虽然可以为自身品牌建立声誉优势，但由于在陌生领域没有成熟的经营战略，新零售的运营方式并不一定适用于陌生的经营领域，相比其他同业竞争对手来说不具有竞争优势，反而增加了企业的运营成本和营运资金的占用，导致企业爆发债务危机。

苏宁开启了多元化战略的布局，却忽视了核心业务。对多元化经营的企业来说，核心业务是企业发展的庞大根基，当企业只顾多元化战略布局而忽视主业之后，主业将被竞争者超越。苏宁就是被京东赶超之后，再加上直播带货行业的兴起，导致其不仅在线上，而且在线下实体门店销售上都不具备竞争优势，反而使原有市场一点点被新兴企业所吞噬，主业零售业务也无法给企业带来盈利。

2）财务风险

理论界对于财务风险的界定分为狭义和广义两种观点。从广义的角度来说，财务风险是指在企业整个财务活动过程中由于存在很多的不确定性，将导致企业的实际收益与预期收益存在不一致的可能性。财务风险的狭义观点是，企业的财务风险只与负债经营相关，是指企业采用负债融资后给普通股股东带来的附加风险和收益的不确定性。本教材采用狭义的观点。企业采用负债融资后，由于债务利息是固定的，当资产的报酬率小于债务资本成本时，就会导致普通股的权益收益率更大幅度地降低；反之，当资产的报酬率大于债务

① 徐志伟，张慧.苏宁多元化经营失败案例分析［J］.财务管理研究，2022（4）.

资本成本时，普通股的权益收益率就会更大幅度地提高。企业的财务风险通常采用权益收益率（ROE）或每股收益（EPS）的变动（标准差、财务杠杆系数）来衡量。

7.1.2　经营杠杆与经营风险

1）经营杠杆的含义

经营杠杆（operating leverage）反映了销售量与息税前利润之间的关系，主要用于衡量销售量变动对息税前利润的影响程度。两者之间关系可用下式表示：

$$EBIT=Q(P-V)-F=Q(MC)-F \tag{7.1}$$

式中：EBIT——息税前利润；

Q——销售量；

P——单价；

V——单位变动成本；

F——固定成本；

MC——单位贡献边际。

如前所述，经营风险是由企业经营过程中固定成本的比重所决定的，在其他因素不变的条件下，边际贡献总额随着销售量的变动而变动，固定成本总额则为一常数，与销售量变动无关。因此，当销售量增加时，虽然不会改变固定成本总额，但会降低单位产品的固定成本，从而提高单位产品利润，使息税前利润的增长率大于销售量的增长率；反之，亦然。如果不存在固定成本，变动成本随销售量的变动而成比例地变动，那么企业的息税前利润变动率就同销售量的变动率完全一致。这种由于固定成本的存在而导致的息税前利润变动率大于销售量变动率的现象，就叫经营杠杆。在其他条件不变的情况下，固定成本所占的比重越大，经营杠杆效应就越强。当然，这种杠杆效应是一把双刃剑，不仅可能会放大企业的息税前利润，也可能会放大企业的亏损。

2）经营杠杆系数

经营杠杆系数（degree of operating leverage，DOL），是揭示经营杠杆程度的指标，指息税前利润变动率相当于产销量变动率的倍数，其计算公式为：

$$DOL=\frac{\Delta EBIT/EBIT}{\Delta Q/Q} \tag{7.2}$$

上述公式还可以简化为：

$$DOL=\frac{Q\cdot(P-V)}{Q\cdot(P-V)-F}=\frac{Q\cdot(P-V)}{EBIT}\text{①} \tag{7.3}$$

【例7-1】ABC公司生产甲产品，单位售价为50元，单位变动成本为25元，固定成本总额为100 000元，现行销售量为8 000件，息税前利润为50 000元，那么在现行销量水平下的经营杠杆系数为多少？

销量为8 000件的经营杠杆系数计算如下：

$$DOL=\frac{8\,000\times(50-25)}{8\,000\times(50-25)-100\,000}=\frac{200\,000}{100\,000}=2$$

上述计算结果表明，ABC公司在销售量为8 000件的基础上，销售量每增加（减少）1个百分点，息税前利润就增加（减少）2个百分点。

① 由于$\Delta EBIT=\Delta Q(P-V)$，则$DOL=\frac{\Delta EBIT/EBIT}{\Delta Q/Q}=\frac{Q(P-V)}{Q(P-V)-F}=\frac{Q\cdot MC}{EBIT}$。

3）利用经营杠杆系数衡量经营风险

经营杠杆系数揭示了企业的经营风险程度。尽管经营风险不能规避，但利用经营杠杆系数预测计划年度的息税前利润，有利于企业预知经营风险的存在对财务成果的影响。

【例7-2】W公司预测未来年度的经营前景有好、中、差三种可能，公司财务部根据有关数据列表预测未来年度的息税前利润，具体过程和结果见表7-1。

表7-1　**未来年度息税前利润预测表**

项目 / 经营前景	基期EBIT	DOL	销量变动率	EBIT变动率	未来年度EBIT
	（1）	（2）	（3）	（4）=（2）×（3）	（5）=（1）×［1+（4）］
好	100万元	2	+50%	+100%	200万元
中	100万元	2	+20%	+40%	140万元
差	100万元	2	-10%	-20%	80万元

从表7-1可以看出，W公司在经营杠杆系数已定的情况下，可以根据销量变动率预测EBIT变动率，进而预测未来年度的EBIT。

企业存在经营风险的主要原因是市场需求和成本等因素的不确定性，经营杠杆本身并不是利润不稳定的根源。但是，产销量增加时，息税前利润将以DOL倍数的幅度增加；而产销量减少时，息税前利润又将以DOL倍数的幅度减少。可见，经营杠杆扩大了市场和生产等不确定因素对利润变动的影响。而且经营杠杆系数越高，利润变动越剧烈，企业的经营风险越大。

7.1.3　财务杠杆与财务风险

1）财务杠杆的含义

财务杠杆（financial leverage）主要反映息税前利润与普通股每股收益之间的关系，用于衡量息税前利润变动对普通股每股收益变动的影响程度。两者之间的关系如下：

$$EPS=\frac{(EBIT-I)\cdot(1-T)-D}{N} \tag{7.4}$$

式中：EPS——每股收益；

EBIT——息税前利润；

I——负债利息；

T——所得税税率；

D——优先股股利；

N——流通在外的普通股股数。

这一公式表明，在企业资本结构一定的情况下，负债利息和优先股股息是相对固定的，属于固定资本成本。因此，当企业的息税前利润变化时，每1元息税前利润所负担的固定资本成本就会相应地变化，从而使每股收益指标发生更大的变化。这种由于固定资本成本的存在，而使普通股每股收益的变动幅度大于息税前利润变动幅度的作用，称为财务杠杆。在其他条件不变的情况下，固定的资本成本所占的比重越大，财务杠杆效应就越强。

2）财务杠杆系数

财务杠杆作用的大小可通过财务杠杆系数来衡量。财务杠杆系数（degree of financial leverage，DFL）是指普通股每股收益变动率相当于息税前利润变动率的倍数，其计算公式为：

$$DFL=\frac{\Delta EPS/EPS}{\Delta EBIT/EBIT} \tag{7.5}$$

上述公式还可以简化为：

$$DFL=\frac{EBIT}{EBIT-I-D/(1-T)}\text{①} \tag{7.6}$$

【例7-3】A公司的资本来源为：债券100 000元，年利率10%；优先股5 000股，每股面值100元，按照优先股面值计算的年股息率为6%；该公司的普通股为100 000股，每股收益0.35元，所得税税率25%。当息税前利润为100 000元时，公司的财务杠杆系数为多少？

A公司的财务杠杆系数计算如下：

$$DFL=\frac{100\,000}{100\,000-10\,000-30\,000/(1-25\%)}=2$$

上式的计算结果表明，A公司在息税前利润为100 000元的基础上，EBIT每变动1个百分点，普通股每股收益（EPS）就变动2个百分点。

公司之所以具有价值，是因为它能够持续地为股东创造利润并提供投资回报。因此，股东投资价值的大小也就取决于单位投资额所可能提供的投资回报的大小。利润是公司得以存在并努力追求的目标，公司在没有负债的情况下，股东的权益收益率（股东所投资的每1元钱所得到的回报）与公司的资产报酬率（公司每投入1元钱所产生的利润）是一致的。但是，我们观察现实中的公司运作却发现，几乎很少有公司这两个指标是完全相同的。例如，我们观察2018年万达院线、春秋航空、创业软件、格力电器和中兴通讯的年度报告便可发现：它们的资产报酬率分别是8.02%、8.50%、8.76%、13.85%和-4.95%，但它们的权益收益率却分别是10.68%、13.97%、9.76%、33.40%和-19.92%。

很显然，这些公司提供给股东的回报率要远高于它们各自的资产回报率。而究其原因就在于，这些公司充分利用了财务杠杆的放大效应。

3）利用财务杠杆系数衡量财务风险

财务杠杆系数揭示了企业的财务风险程度。在企业的资本结构中，债务资金比重越大、固定资本成本支付额越高、息税前利润水平越低，则财务杠杆效应越大，财务风险越大。只要企业负债经营，就无法避免财务风险，但利用财务杠杆系数可以预测计划年度的每股收益，有利于企业预知财务风险的存在对普通股每股收益的影响。

【例7-4】W公司预测未来年度的经营前景有好、中、差三种可能，公司财务部根据有关数据列表预测未来年度的普通股每股收益，具体过程和结果见表7-2。

---

① $DFL=\frac{\Delta EPS/EPS}{\Delta EBIT/EBIT}$，由于EPS=［（EBIT-I）·（1-T）-D］/N，ΔEPS=［ΔEBIT·（1-T）］/N，则 $DFL=\frac{\Delta EBIT\cdot(1-T)/N}{[(EBIT-I)\cdot(1-T)-D]/N}\times\frac{EBIT}{\Delta EBIT}=\frac{EBIT}{EBIT-I-D/(1-T)}$。

表7-2　　　　未来年度普通股每股收益预测表

收益前景 / 项目	基期EPS	DFL	息税前利润变动率	普通股每股收益变动率	预计EPS
	(1)	(2)	(3)	(4) = (2) × (3)	(5) = (1) × [1+ (4)]
好	10元	1.5	+100%	+150%	25元
中	10元	1.5	+40%	+60%	16元
差	10元	1.5	-20%	-30%	7元

通过表7-2的数据分析可以看出，在财务杠杆系数已定的情况下，未来普通股每股收益的变动方向和变动程度，取决于息税前利润的变动方向和变动程度。

【课堂拓展】“三道红线”政策实施一年 央行：试点房企负债规模稳步下降①

距离2020年8月房企融资“三道红线”政策出台一年后，政策效果如何？据2021年7月22日央视报道，原央行金融市场司司长邹澜表示，试点企业资产负债率、净负债率、现金短债比三项核心经营财务指标明显改善，负债规模稳步下降，经营融资行为更加审慎自律，整体经营趋于稳健。

近些年来，在规模的刺激下，内地房企加快周转，伴随着的则是普遍增高的负债指标，这给企业经营增加了诸多风险。2020年8月，央行、住建部出台了重点房地产企业资金监测和融资管理的“三线四档”规则。

“三线”（三道红线）是指剔除预收款后的资产负债率大于70%、净负债率大于100%、现金短债比小于1倍。“四档”则是按照踩线情况，房地产企业被分为“红、橙、黄、绿”四档。“红档”企业有息负债规模不能高于现有水平，“橙档”企业有息负债年增速不得超过5%，“黄档”企业不得超过10%，“绿档”企业不得超过15%。

政策出台时，有券商统计了全市场224家有2019年年报数据的房地产发债企业，其中有至少109家在2019年的带息债务增速高出标准，需要降低债务增速。“这实际上是对不同档次的房企财务健康状况进行了一次体检，然后相应地帮助企业更好地去做好自己的财务管理。”邹澜称。

不仅对房企的负债进行监测和管理，央行还联合原银保监会发布了关于建立银行业金融机构房地产贷款集中度管理制度的通知，给金融机构房地产贷款余额占比和个人住房贷款余额占比设置了“天花板”。对超过上限的金融机构设置过渡期，并建立区域差别化调节机制。

7.1.4　总杠杆与综合风险

1）总杠杆的含义

总杠杆（total leverage）直接反映销售量与每股收益之间的关系，用于衡量销售量变动对普通股每股收益变动的影响程度。两者之间的关系如下：

$$EPS=\frac{[Q\cdot(P-V)-F-I]\cdot(1-T)-D}{N} \tag{7.7}$$

① 佚名．“三道红线”政策实施一年 央行：试点房企负债规模稳步下降［EB/OL］．［2021-07-23］.https://baijiahao.baidu.com/s? id=1706042628203840132&wfr=spider&for=pc.

由前面的分析可知，在企业的生产成本结构中，由于固定生产成本的存在，产生了经营杠杆效应，通过销售量的扩大，使得企业息税前利润得到更大幅度的增加；同样，在企业的资本结构中，由于固定资本成本的存在，产生了财务杠杆效应，通过息税前利润的增加，使得普通股每股收益得到更大幅度的增加。因此，如果企业同时存在经营杠杆和财务杠杆，则销售量的轻微变动就会引起每股收益的大幅度变动，这种现象就被称为总杠杆效应。

2）总杠杆系数

企业对经营杠杆和财务杠杆的综合利用程度通常用总杠杆系数来衡量。总杠杆系数（degree of total leverage，DTL）是指每股收益变动率相当于产销量变动率的倍数，其计算公式为：

$$DTL=\frac{\Delta EPS/EPS}{\Delta Q/Q} \tag{7.8}$$

$$DTL=DOL\cdot DFL \tag{7.9}$$

因此，总杠杆系数公式还可简化为：

$$DTL=\frac{Q\cdot(P-V)}{EBIT-I-D/(1-T)}\text{①} \tag{7.10}$$

3）利用总杠杆系数衡量综合风险

正是因为总杠杆系数是经营杠杆系数和财务杠杆系数的乘积，所以，可以利用其中的任何两个已知系数，来推算另外的一个系数。总杠杆系数的主要应用价值在于根据销售量变动率和总杠杆系数直接预测普通股每股收益变动率，并根据预测结果控制未来的每股收益指标。其计算公式如下：

普通股每股收益变动率=销量变动率×DTL　　(7.11)

预计普通股每股收益=基期EPS×（1+普通股每股收益变动率）　　(7.12)

【例7-5】W公司预测未来年度的经营前景有好、中、差三种可能，公司财务部根据有关数据列表预测未来年度的普通股每股收益，具体过程和结果见表7-3。

表7-3　**未来年度普通股每股收益预测表**

公司前景 / 项目	基期EPS	DTL	销量变动率	普通股每股收益变动率	预计EPS
	（1）	（2）	（3）	（4）=（2）×（3）	（5）=（1）×［1+（4）］
好	10元	3	+50%	+150%	25元
中	10元	3	+20%	+60%	16元
差	10元	3	−10%	−30%	7元

单纯从总杠杆系数的角度分析EPS的变动方向以及变动程度，可以直接观察销售量和总杠杆系数所起的作用；但如果详细分析总杠杆的内在因素，就需要结合经营杠杆系数和财务杠杆系数的不同作用，从而得出准确的结论。

① $DTL=DOL\cdot DFL=\frac{Q\cdot(P-V)}{EBIT}\cdot\frac{EBIT}{EBIT-I-D/(1-T)}=\frac{Q\cdot(P-V)}{EBIT-I-D/(1-T)}$

【课堂拓展】 **去杠杆，稳而准**[①]

国家发改委、人民银行、财政部、原银保监会、国资委联合下发了《2018年降低企业杠杆率工作要点》（简称《要点》），从“建立健全企业债务风险防控机制”“深入推进市场化法治化债转股”“‘僵尸企业’债务处置”等多个方面对去杠杆工作作出部署。对此，分析人士指出，中国在推动企业降低杠杆率方面已经取得了阶段性成效，不仅有利于防范化解金融风险，而且有助于资金向实体经济最需要的地方流动，呵护实体经济，使其更高质量发展。

1. 积极稳妥去杠杆

在建立健全企业债务风险防控机制方面，《要点》提出建立国有企业资产负债约束机制，区分不同行业、企业类型，设置资产负债率预警线和重点监管线，根据风险大小程度分别列出重点关注和重点监管企业名单，并明确其降低资产负债率的目标和时限。同时，支持国有企业通过增加资本积累、增资扩股、引入战略投资者、市场化债转股等方式多渠道筹集资本、降低企业资产负债率。

在深入推进市场化法治化债转股方面，《要点》给出了“壮大实施机构队伍增强业务能力”“拓宽实施机构融资渠道”“引导社会资金投向降杠杆领域”“提高转股资产流动性，拓宽退出渠道”“推动市场化债转股与完善现代企业制度有机结合”“加强转股股东权益保障”等诸多举措。

2. 纠正要素错配

“我们建立了以市场化和法治化原则为核心的一整套制度，确保‘僵尸企业’和应退出企业不能搞市场化债转股操作。也就是说，由市场来判断，选择谁是有前景的企业、谁是僵尸企业，如果选错了就接受市场的惩罚，债转股实施机构和投资人必须承担损失，政府不予兜底。”时任国家发改委新闻发言人严鹏程在介绍去杠杆相关工作时说。

国家统计局数据显示，截至2018年6月末，规模以上工业企业资产负债率为56.6%，同比降低0.4个百分点。其中，国有控股企业资产负债率为59.6%，同比降低1.2个百分点，国有企业去杠杆成效更为明显。

专家指出，去杠杆之所以成为供给侧结构性改革的重要任务之一，在于以往不少领域粗放发展的企业过度举债、过度扩张。在经济转型时期，这些杠杆及其背后的要素错配格局，不仅成为举债企业的负担，也影响金融资源向实体经济急需之处转移。

“需要看到，债务风险往往是债务负担和企业盈利能力不匹配这一结构性矛盾的体现。在实际操作中，往往越是好企业越积极主动控制杠杆率，经营不善者去杠杆动力反而不足，这种情况是需要打破的。”吴文锋说。

3. 不搞“一刀切”

去杠杆不搞“一刀切”，关键在于平衡好改革与发展的关系。严鹏程强调，当前我国财政赤字率、政府负债率较低，商业银行资本充足率、拨备覆盖率较高，企业负债率趋于下降，宏观调控有足够的空间和政策工具可用。下半年，有关部门将坚持稳中求进工作总基调，保持战略定力，增强宏观经济政策的灵活性，加强政策之间的协调联动，确保稳住宏观经济基本面。

---

① 佚名.去杠杆，稳而准［EB/OL］.［2018-08-13］.http：//www.gov.cn/zhengce/2018-08/13/content_5313416.htm.

7.2 资本结构决策

7.2.1 资本结构的含义及影响因素

1）资本结构的含义

资本结构（capital structure）的含义有广义和狭义之分。广义资本结构是指全部债务与股东权益的构成比例；狭义的资本结构则是指长期负债与股东权益的构成比例。由于短期债务的需求量和筹集方式经常变化，且在整个资本总量中的比重不稳定，因此，在狭义资本结构下，短期债务作为营运资金管理。本书所指的资本结构是指狭义的资本结构。

不同的资本结构会给企业带来不同的结果。负债比例高，虽然可以发挥财务杠杆效应，但也会增加财务风险。因此，企业必须权衡财务风险与资本成本的关系，确定最优的资本结构。评价企业资本结构是否最优的标准应该是能否提高股权收益或降低资本成本，并实现企业价值最大化的财务目标。

2）资本结构的影响因素

国内外学者对公司资本结构的影响因素进行了大量理论研究和实证研究，提出影响资本结构的主要因素有：

（1）经营风险

企业面临的经营风险越大，则其息税前利润的波动越大，现金的波动也会越大，企业如期支付贷款利息很可能得不到保障，因而发生违约破产的可能性越高，因此，经营风险高的企业会保持一个较低的负债率。

（2）资产担保价值

如果企业能够提供有形资产担保举借债务，可以降低债权人因信息劣势而可能承担的信用风险，因而可以降低筹资成本。在企业的资产结构中，如果可用于担保的资产（如存货、固定资产等）所占比例越大，企业的信用能力越强，因而可能获得越多的负债。

（3）公司规模

公司规模是资本结构选择中需要考虑的一个重要因素，公司规模越大，边际破产成本越低；大公司更倾向于向债权人提供更多的信心，对大公司的监督成本更低，因此，大公司更容易进入负债市场，能以更低的成本进行借贷。因此，大公司可以比小公司使用更多的负债。

（4）盈利能力

目前，盈利能力对资本结构的影响，理论界还没有取得一致的看法。基于税收的理论模型认为，假设其他条件不变，高盈利能力的企业会举债更多，因为它们有更强烈的动机利用债务合法避税。融资优序理论则认为，企业融资的顺序是先使用盈余收益，然后选择发行债券，最后考虑发行股票。因此，高盈利能力的公司通常会选择较少的债务。MM理论认为，考虑财务杠杆效应，企业盈利能力强，资产创造的回报高于债务资本成本，则较高比例的负债可以提高所有者的收益，从而增加企业价值。

（5）成长性

现有的理论研究认为，成长性较高的企业通常较少地使用债务融资。企业的成长性越高，意味着未来一段时间所需投入的资本和融通的资本越多。另外，具有较高成长性的公司，一般有较多的研发投资，并且多投资于新兴领域和一些风险较高的项目，因此，这类公司很难以低成本取得负债。

（6）管理人员对待风险的态度

管理人员对待风险的态度也会影响资本结构，相对比较稳健、保守、对未来经济持悲观态度的管理者，偏向使用权益资本，负债相对较少；对于喜欢冒风险，对未来经济发展前景比较乐观，并富有进取精神的管理者，更多使用负债融资，充分发挥财务杠杆作用。

7.2.2 资本结构理论

资本结构理论是现代企业财务领域的核心部分。一般认为，1958年美国的经济学家弗兰克·莫迪格利尼（Franco Modigliani）和默顿·米勒（Merton H.Miller）提出了著名的MM理论，标志着现代资本结构理论的建立。

1）MM理论

最初的MM理论是建立在以下基本假设基础上的：（1）没有公司所得税与个人所得税；（2）单个投资者是价格的接受者，即单个投资者不能对证券价格产生较大影响；（3）投资者个人和公司可以相同的市场利率借款，而且借款利率不随负债比率增加而上升；（4）资本市场是完全的，买卖证券没有交易成本；（5）所有投资者都可以无成本地，同时得到所有相关信息；（6）在同样条件下经营的公司有相同的经营风险；（7）公司未来的经营利润额预测值固定，构成等额年金；（8）投资者可按个人意愿进行套利活动而不受法律和有关制度的限制，即个人运用杠杆和公司运用杠杆完全可以相互替代。

基于以上假设，该理论认为，不考虑企业所得税，有无负债不改变企业的价值。因此，企业价值不受资本结构的影响。

为了使资本结构理论更符合现实，莫迪格利尼和米勒在1963年又发表了一篇后续论文，放松了没有企业税收的假设。他们认为，由于税法允许利息作为费用处理以抵减所得税，因此，在其他假设条件不变的情况下，企业的价值会随着负债的持续增加而不断上升，当企业100%使用负债融资时，其价值将达到最大。具体而言：有负债企业的价值等于同一风险等级中某一无负债企业的价值加上赋税节余的价值。

2）权衡理论

如果MM税收模型成立，随着负债的增加，公司价值会趋于最大化，公司价值的持续增长来源于负债的节税效应，但忽略了负债带来的风险和额外费用。权衡理论是发展的MM理论，它既考虑了负债的节税效应，也考虑了负债带来的财务危机成本和代理成本。

一般来说，企业财务危机的大小与其债务多少呈同方向变化，企业负债越多，发生财务危机的可能性就越大。考虑到财务危机成本，企业不能无限制地增加债务，而应选择一个最优债务比例，使赋税节余减去财务危机成本的净值最大，即企业价值最大。代理成本是指资金的提供者设计和实施各种监督、约束措施而发生的成本。

权衡理论认为，公司的资本结构应权衡负债的节税效应和债务成本才能达到最优。在负债比率不高时，负债的财务危机成本和代理成本不明显，公司可以用负债的节税效应提高公司价值；随着负债比率的提高，负债的财务危机成本和代理成本都会明显增加，在负债的这两种成本之和大于负债的节税效应时，负债的增加会降低公司的价值。因此，最优的资本结构就是使负债的财务危机成本和代理成本之和等于负债的节税效应，此时的负债比率使公司价值达到最大。

考虑到财务危机成本和代理成本，则公司价值与负债比率的关系如图7-1所示。

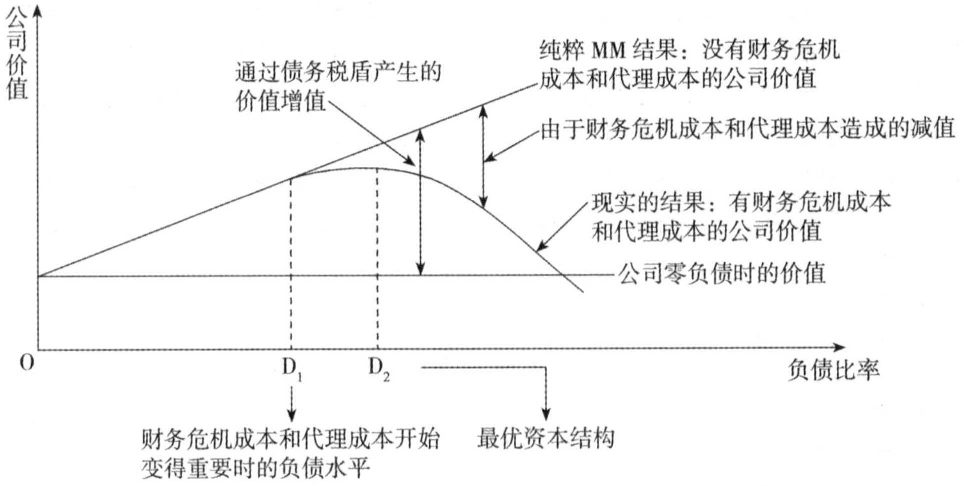

图7-1 公司价值与负债比率的关系

由图7-1可以看到，当负债比率尚未超过D_1时，财务危机成本和代理成本还不会大到值得公司重视的地步。但从D_1开始，财务危机成本和代理成本变得日益重要，并以一个不断增长的比率抵销债务的税收效益。在D_1~D_2的范围内，财务危机成本和代理成本减少但没有完全抵销债务所带来的税收收益，此时，公司的价值随着负债比率的提高而上升（但以一个递减的比率上升）。当负债比率超过D_2时，财务危机成本和代理成本超过了税收收益，所以从这点开始增加债务比率会降低公司价值，因此，D_2是最优资本结构。

3）优序融资理论

优序融资理论以信息不对称理论以及交易成本理论为前提。信息不对称理论认为，经理人有更多的关于公司经营和发展的信息，而且所有参与者具有相同信息的假设是不成立的。投资者只能通过管理者输出的信息，间接评价公司发展前景与市场价值，而资产负债率或公司负债比率就是将公司内部信息传递给市场的工具之一。由于负债的成本较低以及财务杠杆作用，一般认为，当公司的发展前景比较好时，公司选择负债筹资方式，当发展前景黯淡或投资项目风险大时，选择发行股票筹资，以避免可能的财务危机。因此，当公司拟发行新股时，投资者会推测公司的前景黯淡。因此，发行新股会降低投资者对公司的预期与价值的估计，导致股票市场价格下跌，公司价值下降。因此，信息不对称的结果是鼓励管理层在负债筹资与股票筹资之间总是优先选择负债筹资。而负债筹资与内部筹资相比，又会导致财务危机成本和代理成本的增加，因此，优先利用留存收益筹资。于是导致公司的筹资优先顺序为：首先是内部留存收益，其次是债务筹资，最后才是股票融资。

7.2.3 资本结构决策

在理论上，最优资本结构是存在的。但由于企业的经营条件和外部环境经常变化，因此，在实践中如何确定最优资本结构仍是一个难题。一般来说，企业常用以下两种方法确定最优资本结构。

1）每股收益无差别点分析法

资本结构合理与否，可以通过分析每股收益（earning per share，EPS）的变化来衡量。能够提高每股收益的资本结构是合理的，反之，资本结构不够合理。每股收益的变化不仅受资本结构的影响，而且还受企业盈利能力的影响。企业的盈利能力通常用息税前利润（earnings before interest and tax，EBIT）来表示。为正确处理每股收益、资本结构和息税前利润这三者之间的关系，寻找最优的资本结构，可以采用每股收益无差别点分析法。

每股收益无差别点分析法是指通过寻找能够使不同资本结构下的每股收益相等时的息税前利润来确定最优资本结构的方法。所谓每股收益无差别点是指每股收益不受资本结构影响的息税前利润，即在每股收益无差别点上，无论是采用债务还是股权筹资，每股收益都是相等的。当预期息税前利润大于每股收益无差别点时，应选择债务筹资方案；反之选择股权筹资方案。

每股收益的计算公式为：

$$EPS=\frac{(EBIT-I)(1-T)-D}{N} \tag{7.13}$$

式中：I——年利息；

T——所得税税率；

D——优先股股息；

N——发行在外的普通股股数。

根据每股收益无差别点的含义，则每股收益无差别点应是满足下列条件的息税前利润：

$$\frac{(EBIT^{*}-I_1)(1-T)-D_1}{N_1}=\frac{(EBIT^{*}-I_2)(1-T)-D_2}{N_2} \tag{7.14}$$

式中：$EBIT^{*}$——两种资本结构无差别点时的息税前利润；

I_1、I_2——两种资本结构下的年利息；

D_1、D_2——两种资本结构下的优先股股息；

N_1、N_2——两种资本结构下发行在外的普通股股数。

由这一公式可以确定$EBIT^{*}$，从而利用企业预计的$EBIT^{*}$选择最优的资本结构。

【例 7-6】A公司现有资产总值1亿元，全部来自普通股资本，公司所得税税率为25%，当前股票市价为每股100元，公开发行的普通股股数为100万股。为发挥财务杠杆作用，公司正在考虑以10%的利率借款5 000万元，并用这笔钱回购公司一半的普通股，公司希望了解资本结构变化对每股收益的影响，以决定是否改变其资本结构。

A公司两种不同资本结构下的每股收益无差别点计算如下：

设：$EPS_{无负债}=EPS_{有负债}$

则：

$$\frac{EBIT^{*}\times(1-25\%)}{100}=\frac{(EBIT^{*}-500)\times(1-25\%)}{50}$$

将上式整理后得出：

$EBIT^{*}$=1 000万元

则：

$$EPS_{无负债}=\frac{1\,000\times(1-25\%)}{100}=7.5（元）$$

$$EPS_{有负债}=\frac{(1\,000-500)\times(1-25\%)}{50}=7.5（元）$$

上述计算表明，当息税前利润为1 000万元时，公司采取任何一种资本结构的每股收益都为7.5元。需要说明的是，当息税前利润为1 000万元时，A公司总资产报酬率为10%（息税前利润÷资产总额=1 000÷10 000），恰好等于负债利率。由此可见，只要A公司的总资产报酬率大于借款利率，股东就能从负债筹资中获得收益。A公司到底应该采用何种资本结构，取决于其对未来息税前利润的预期。

下面用图7-2表示不同资本结构下的每股收益。

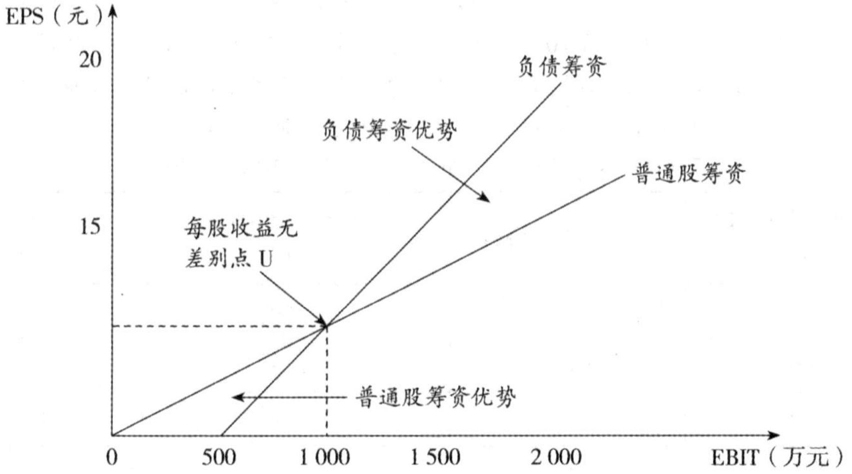

图7-2　不同资本结构下的每股收益

图7-2表明：

如果公司预期未来的EBIT<1 000万元，则在全部普通股资本结构下，每股收益较高。

如果公司预期未来的EBIT>1 000万元，则在全部负债资本结构下，每股收益较高。

如果公司预期未来的EBIT=1 000万元，公司无论采用何种资本结构，每股收益都相等，点U称为无差别点。在这点上，公司选择何种资本结构对于普通股股东都有相同的利益。

2）企业价值分析法

每股收益无差别点分析法只考虑了资本结构对每股收益的影响，并假定风险不变，每股收益的增长直接导致股价的上升，即每股收益越大，股票价格越高。然而，实际情况经常是随着每股收益的增长，风险也在加大。如果每股收益的增长不足以补偿风险增加所需的报酬，尽管每股收益增加，股价仍然会下降。所以，企业的最优资本结构应当是可使企业的总价值最高，而不一定是每股收益最大的资本结构。

企业的市场总价值V应该等于股票的总价值S加上负债的总价值B，即：

$$V=S+B$$

为了简化起见，我们假设负债B的市场价值等于它的面值，股票S的市场价值可由下式计算得出：

$$S=\frac{(EBIT-I)(1-T)}{K_s}$$

式中：权益资本成本K_s可通过资本资产定价模型计算。

K_s=无风险利率（R_f）+股票β系数·（市场平均收益率R_m−无风险利率R_f）

企业的加权平均资本成本计算公式如下：

$$\text{加权平均资本成本}=\text{税前债务资本成本}\times\text{债务占总资本的比重}\times(1-\text{所得税税率})+\text{权益资本成本}\times\text{股票占总资本的比重} \tag{7.15}$$

即：

$$K_w=K_b(B/V)(1-T)+K_s(S/V) \tag{7.16}$$

【例 7-7】假设 X 公司 2022 年息税前利润为 500 万元，目前，该公司的全部资本均由普通股股本构成，股票账面价值为 2 000 万元，普通股股数为 100 万股，所得税税率为 25%。假设无风险利率（R_f）为 10%，市场平均收益率（R_m）为 14%。该公司认为目前的资本结构不够合理，准备采用发行债券购回部分股票的方法予以调整。经市场调查，在不同的负债条件下，债券资本成本和股权资本成本等有关资料见表 7-4。

表7-4 不同债务水平对公司债券资本成本和股权资本成本的影响

债券的市场价值（B）（万元）	债券年利率（K_b）	估计股票β值（β_j）	股权资本成本（K_s）
0	—	1.20	14.80%
200	10.00%	1.25	15.00%
400	10.00%	1.30	15.20%
600	12.00%	1.40	15.60%
800	14.00%	1.55	16.20%
1 000	16.00%	2.10	18.40%

根据表 7-4 的资料，计算公司价值和加权平均资本成本见表 7-5。

表7-5 不同负债水平下的加权平均资本成本

债券市场价值（万元）B	股票市场价值（万元）S	公司市场价值（万元）V	负债比率 B÷V	税前债券成本 K_b	股权资本成本 K_s	加权平均资本成本 K_w
0	2 534	2 534	0	0	14.80%	14.80%
200	2 400	2 600	0.077	10.00%	15.00%	14.43%
400	2 270	2 670	0.150	10.00%	15.20%	14.05%
600	2 058	2 658	0.226	12.00%	15.60%	14.11%
800	1 796	2 596	0.308	14.00%	16.20%	14.44%
1 000	1 386	2 386	0.419	16.00%	18.40%	15.72%

表 7-5 中，债券的市场价值等于它的面值，股票的市场价值计算如下：

$$S=\frac{500\times(1-25\%)}{14.80\%}=2\ 534\text{（万元）}$$

$$S=\frac{(500-200\times10\%)\times(1-25\%)}{15.00\%}=2\ 400\text{（万元）}$$

其他以此类推。

加权平均资本成本的计算：

K_w=0×0/2 534×（1-25%）+14.80%×2 534/2 534=14.80%

K_w=10%×200/2 600×（1-25%）+15%×2 400/2 600=14.43%

其他依此类推。

从表7-5可以看出，在没有债务的情况下，公司的总价值是其原有股票的市场价值。当公司用债务资本部分替换权益资本时，开始时公司总价值上升，加权平均资本成本下降。在债务达到400万元时，公司总价值最高，加权平均资本成本最低。债务超过400万元后公司总价值下降，加权平均资本成本上升。因此，债务为400万元时的资本结构是该公司的最优资本结构。

总结与结论

➢ 杠杆利益和风险是企业资本结构决策的一个基本因素，资本结构决策在很大程度上是要决定如何运用财务杠杆，获得杠杆利益的问题。

➢ 企业要发挥杠杆作用，获得杠杆利益，就要承担相应的风险，包括经营风险和财务风险。

➢ 经营风险是指企业在没有使用负债的情况下，未来息税前利润的不确定性，通常采用息税前利润的变动程度（标准差、经营杠杆系数）来衡量；财务风险是指企业采用负债融资后而给普通股股东带来的附加风险和不确定的额外收益，通常采用净资产收益率（ROE）或每股收益（EPS）的变动程度（标准差、财务杠杆系数）来衡量。

➢ 经营杠杆系数用于衡量销售量变动对息税前利润的影响程度，即经营风险程度；财务杠杆系数用于衡量息税前利润变动对普通股每股收益变动的影响程度，即财务风险程度；总杠杆系数用于直接衡量销售量变动对普通股每股收益变动的影响程度，即总风险程度。

➢ 资本结构决策就是如何根据企业投资的情况，确定负债比率，并保证企业价值最大化的财务管理目标。

➢ 影响资本结构选择的因素有：经营风险、资产的担保价值、企业规模、盈利能力、成长性和管理者对待风险的态度。

➢ 最优资本结构是指在一定条件下，使企业价值最大的资本结构。

➢ 在实践中，通常企业常用每股收益无差别点分析法和企业价值法来确定最优资本结构。

练习题

1.P公司是一家生物制药公司，为开发一种新型疫苗准备下1年新增资本2 000万元，现有如下两个方案：(1) 增加发行1 000万股普通股，每股市价2元；(2) 平价发行每年年末付息，票面利率为8%的公司债券2 000万元。假定不考虑筹资费用。公司所得税税率为25%。公司目前的资本结构见表7-6。

表7-6　　P公司资本结构表

资本结构	金额（万元）
长期债券（年利率6%）	2 000
普通股（5 000万股）	5 000
留存收益	1 500
合计	8 500

要求：

（1）计算两方案下每股收益无差别点的息税前利润；

（2）如果公司预计息税前利润为1 500万元，那么该公司应采用哪种筹资方案？

（3）如果公司预计息税前利润为900万元，那么该公司应采用哪种筹资方案？

2. 甲、乙两家公司从事同一行业。其相关资料见表7-7。

表7-7　　甲、乙公司相关资料表　　金额单位：万元

市场状况	概率	甲公司			乙公司		
		息税前利润	利息	固定成本	息税前利润	利息	固定成本
繁荣	45%	1 200	160	500	1 600	250	800
正常	30%	1 000	160	500	1 300	250	800
萧条	25%	800	160	500	1 100	250	800

要求：

（1）计算两家公司息税前利润的期望值；

（2）计算两家公司息税前利润的标准差；

（3）计算两家公司的经营杠杆系数、财务杠杆系数和总杠杆系数。

3.S公司目前的资本来源包括面值1元的普通股1 000万股和平均利率为9%的2 500万元债务。现公司打算引进一套新设备，需要投资3 000万元，预期投产后每年可增加营业利润（息税前收益）300万元。备选筹资方案如下：

（1）按10%的利率发行新债券；（2）按面值发行股息率为11%的优先股；（3）按15元/股的价格发行普通股。

该公司当前的息税前收益为1 400万元，适用的所得税税率为25%，不考虑发行费用。

要求：

（1）计算不同筹资方案的普通股每股收益；

（2）计算增发普通股和债券筹资的每股（普通股）收益无差别点，以及增发普通股和

优先股的每股收益无差别点。

4.D公司目前全部资本均来自普通股发行所得，相关资料见表7-8。

表7-8 D公司资本资料

项目	数额
息税前利润	600 000元
股权资本成本	12%
发行普通股股数	300 000股
所得税税率	25%

D公司准备以8%的利率发行债券100万元，用发行债券所得资金以每股20元的价格回购部分普通股。因发行债券，预计公司股权资本成本将上升到13%。预期未来息税前利润具有稳定性，并打算将全部税后利润用于发放股利。

要求：

（1）计算回购股票前、后D公司的每股收益；

（2）计算回购股票前、后D公司的股权价值、实体价值和每股股权价值。

二维码7-1 练习题参考答案

案例分析题

被冻结的中信国安：2千亿元的资产付不起2亿元，实质违约潮来袭[①]

“比什么别和中信国安比有钱，恒大和我们比也只是冰山一角”。这是中信国安集团曾作为北京国安足球队大股东时，对北京国安队说过的一句话。

但是2019年4月28日的一则消息，完全击碎了这句豪言。

2015年4月，中信国安集团发行了一只代码为101576001的债券，简称15中信国安MTN001。总金额为30亿元，票面利率6.5%。2019年4月27日，中信国安集团本应支付1.95亿元利息。

不出所料，中信国安集团违约了，而且是实质性违约。这导致代理发行人无法在4月28日进行本期债券的付息工作。同时表明，中信国安集团或许确实没钱还债了。

中信国安集团如今很缺钱。根据《时代周报》的报道，中信国安集团资产总额2 023亿元，但这付不起的1.95亿元利息，在其所有债务中只能算九牛一毛。更为重要的是，这个事实表明中信国安集团已经实质性违约。这其实不是中信国安集团近期第一次违约。《时代周报》曾报道过中信集团发函请求原银保监会出面协助中信国安集团重组问题，在

① 资料来源：和讯名家．被冻结的中信国安：2千亿资产付不起2亿，实质违约潮来袭［EB/OL］．［2019-01-18］．https：//news.hexun.com/2019-04-30/197030556.html.

这份函件里中信集团坦诚，中信国安集团2018年净偿还债务135.35亿元，但应还未还的有息负债仍有30亿元。换言之，2018年已经有30亿元债务违约。

资金危机的后遗症不只是债务实质性违约，更大的危机来自于失去投资者信任。4月26日，第三方信用评估机构已将中信国安集团的信用等级由A下调到BBB，评级展望为负面。

评级下调对债务人企业来说，不是一件可等闲视之的小事。这表明投资者已失去对企业的信任，这将持续影响后续融资进程，进而让本就脆弱的资金链条，逐渐断裂。

况且这已经不是中信国安集团第一次遭遇信用评级下调。近一个月时间内，中信国安集团的主体等级由AA-下调至A后，再次遭遇下调。每一次下调，都透支着投资人的信任预期。

信用评级越低，意味着金融机构借给企业的钱，顺利收回来的可能越小。所以，拥有低信用评级的公司或国家不容易受到投资方的青睐，也几乎没有可能获得更优惠的贷款条件。比如说，当企业后续有贷款需求时，获得资金的难度更大，利率可能更高。

自2013年以来，中信国安集团的负债率一直在80%左右的高位运行。

此前《时代周报》获得的中信集团函件中，中信集团称2018年末，中信国安集团总资产2 023亿元，资产负债率78%。资产负债越高，说明企业通过借债筹资的资产越多，风险越大。

借来的钱去了哪里？答案是对外扩张。随着中信国安集团投资规模不断增长，对外部融资的依赖程度也不断提高。

根据上海清算所公布的财报信息，中信国安集团合并资产总额由2013年初的约822亿元，猛增至2018年第三季度的2 215亿元，增长了约169%，接近翻番。

另外，资产总额的增长为中信国安集团带来的除了名义上的资产，还有实实在在的债务。同期，集团全部负债由2013年初的670亿元，飙升到2018年第三季度末的1 782.97亿元，增长了约166%。

二者对比之下不难看出，中信国安集团的资产总额增长，基本上由借债助推起来。

案例思考题：

1. 何为经营风险？影响中信国安经营风险的因素有哪些？

2. 何为财务风险？其与经营风险的区别是什么？企业为什么要负债融资？

二维码7-2 案例分析提示

第8章 投资决策管理

学习目标

通过本章的学习，学生应了解投资决策的基本程序；熟悉投资项目现金流量预测的原则，掌握初始现金流量、经营现金流量和终结现金流量的决定因素和预测方法；熟练掌握净现值、获利指数、内部收益率、投资回收期、会计收益率等项目评价标准的基本含义、计算方法和决策规则；掌握在互斥项目决策中，采取排列顺序法、增量收益分析法、总费用现值法、年均费用现值法进行项目决策的基本技能。

导言

企业财务管理的目标是要实现企业价值最大化，为了实现这一目标，管理者必须做出正确和适当的投资决策。本章所指的投资是指资本支出（capital expenditure），或实物资产（real assets）投资、项目投资。在市场经济条件下，公司能否把筹集到的资金投放到提高公司价值的项目上去，对企业的生存和发展十分重要。项目投资决策不仅综合地反映了建设资金的运用情况，而且规划和管理着企业长期投资的全过程，对企业的经营活动有重大影响。

8.1 投资项目的类型和投资决策程序

项目投资属于企业的战略性投资，主要体现为厂房设备的新建、扩建与更新，新产品的研制与开发等，投资一旦完成，便具有不可逆转性，其用途一般很难改变。资本预算是企业妥善进行资本支出安排的基础。

8.1.1 投资项目的类型

根据不同的划分标准，企业投资可以分为直接投资与间接投资、长期投资与短期投资、对内投资和对外投资等。按照投资对象分类，投资项目可以分为：（1）新产品开发或者现有产品的规模扩张；（2）厂房或者设备的更新改造项目；（3）研究与开发项目；（4）勘探项目；（5）其他项目。

资本支出项目一般具有资金量大、周期长、风险大和收益高等特点，投资决策正确与否，对公司的未来发展至关重要。为了保证项目建设的合理性和财务可行性，有必要做出详细的预算。资本预算（capital budgeting）亦称资本支出预算或投资预算，是指企业为了今后更好地发展，获取更高的报酬而做出的资本支出计划，该预算与项目投资决策密切相关，系统地反映了投资的时间、规模、收益，以及资金的筹措方式。

【课堂拓展】 **聚焦投资重点领域**

全面加强基础设施建设，构建现代化基础设施体系，将为全面建设社会主义现代化国家打下坚实基础。基础设施建设涉及五个布局重点，包括交通、能源、水利等网络型基础设施建设；信息、科技、物流等产业升级基础设施建设；城市基础设施建设；农业农村基础设施建设；国家安全基础设施建设。上述领域涵盖国民经济和社会发展的关键产业，它们的基础设施建设有助于推进我国现代化产业体系建设，提高我国产业能级和国际竞争力，增强科技自强自立，解决关键技术“卡脖子”问题，保障国家安全①。

8.1.2 投资决策的程序

投资决策就是提出长期资本投资方案，并进行分析、选择的过程。从做好投资项目的论证到进行项目的实施与控制，投资决策的程序可包括以下五个方面：

1）选择投资机会

选择投资机会是投资项目论证的第一步，应当考虑的因素主要有市场需求、现有条件和投资方式（合资建设、独资建设等）。项目投资短期易受市场利率、企业经营预期的影响；中期会受设备更新周期的影响；而长期将直接面临产业革命的影响。

由于企业处于行业竞争之中，企业为了生存和发展，需要谨慎选择投资机会。企业对项目的投资分为新建投资、扩张投资和替代投资。扩张投资是指扩大经营领域的投资，替代投资是指用新工艺和新设备代替旧工艺和旧设备的成本节约型投资。

2）收集和整理资料

收集和整理投资项目的资料是投资项目评价的前提。这些资料包括的内容应当尽可能广泛，主要包括：①技术资料；②市场调查资料；③资源和环境状况资料；④财务资料；⑤法律政策资料。

3）投资项目评价

投资项目评价是投资决策的关键环节。这种评价除了进行相应的技术评价之外，还必须作出财务评价。由于投资项目涉及项目的投资建设、生产经营、项目终止三个过程，因此，需要对项目不同时期所引发的项目现金流量进行预测，并采用适当的折现率将不同时点的现金流量调整到同一时点上进行比较、判断、分析，以此权衡项目的收益与风险。在现金流量折现法下，影响项目折现点上的现金流量的主要有两个因素：各期预计的现金流量和采用的折现率。本章将对这两个因素作出详尽的说明，并介绍主要的评价指标。

4）作出项目投资决策

作出投资项目决策的目的在于选择能够创造企业价值的投资项目。项目评价指标形成后，由企业相关决策机构进行决策，根据选定的投资项目，编制好资本预算。财务经理的工作职责之一是根据项目的财务评估，预测选定投资方案分年度的现金需要量额度，以便据以筹措相应的资本。

5）项目实施的监督与控制

一旦决定进行某一投资项目，就要积极实施并进行有效的监督与控制。投资项目一经

---

① 新华社.全面部署构建现代化基础设施体系，有何深意——解读中央财经委员会第十一次会议新部署［EB/OL］.［2022-04-28］.http：//www.gov.cn/xinwen/2022-04/28/content_5687591.htm.

批准成立，即提交预算拨款申请，进入投资预算的执行过程。在这一过程中，应建立一套预算执行情况的跟踪控制系统，及时、准确地反映预算执行中的各种信息，将实际指标与预算指标进行对比，据以找出差异，分析原因，以便及时调整预算，实现规定的目标。同时，应根据出现的新情况，修正或调整资本预算，确保资本预算的可行性。投资项目完成后，还需进行事后审计与评价。投资项目的事后审计一般由公司内部审计机构执行，公司依据审计结果对投资管理部门进行绩效评价，以持续提高投资管理效率。

小资料8-1　　全球基础设施投资需求巨大

根据牛津经济研究院（Oxford Economics）的分析预测，2040年全球基础设施投资①需求将达到4.6万亿美元（基于2015年的价格和汇率），2016年至2040年累计将达到94万亿美元，投资缺口达到15万亿美元，占总需求的16%。按行业划分，电力和道路的支出需求最大，预计占67%，其次是铁路、电信、水、机场和港口等领域。上述七大基础设施领域支出总和约占GDP的3.5%。按地区划分，亚洲的总体投资需求最大，约占全球基础设施投资的50%以上。从基础设施投资缺口分析，美洲和非洲的投资缺口分别为各自投资需求的32%和28%。2016年至2040年我国基础设施投资需求将达到28万亿美元，占全球基础设施投资需求的29.8%。

8.2 投资项目现金流量预测

投资决策的关键是做好投资方案的财务评价工作。企业在投资决策过程中，通常采用现金流量作为对投资方案进行财务评价的基础。采用现金流量作为投资决策指标的属性，能够比利润更相关、更可靠地衡量投资收益。正确地计算投资项目各期的现金流量是应用有关指标对投资方案进行有效财务评价的基础。

8.2.1 项目投资的决策依据——现金流量

现金流量（cash flow）是指由一项投资方案所引起的在未来一定时期内现金流入量和现金流出量的总称。现金流入量与现金流出量的差额称为净现金流量（net cash flow，NCF），或净现金流。现金流入量大于现金流出量，净现金流量为正值；反之，净现金流量为负值。

对于投资项目的决策者来说，其决策依据是投资方案的现金流量，主要基于以下几点原因：

1）现金流量可以反映货币时间价值

投资决策要求以收付实现制为记账基础。在权责发生制下，会计利润仅反映某一会计期间的“应计现金流量”，而不是实际的现金流量，没有考虑现金收支的实际时间。而收付实现制下的现金流量能明确每一笔预期收入、支出的具体时间。可见，要在投资决策中考虑时间价值的因素，就不能利用利润来衡量项目的优劣，而必须采用现金流量。

2）现金流量使投资决策更具有客观性

会计利润在一定程度上受营业收入确认时间、存货计价、间接费用分摊和折旧计提方式等的影响，而收入和费用的确认标准和计量方法具有较大的主观随意性，同时，若以未

① 资料来源：全球基础设施投资中心.全球基础设施展望［M］.吴卫星，等译.北京：对外经济贸易大学出版社，2020.

实际收到现金的收入作为收益，具有较大的风险，容易高估投资项目的经济效益，存在不科学、不合理的成分。所以，以现金流量作为长期投资的决策依据比较客观。

8.2.2 现金流量预测的原则

投资项目现金流量的预测是投资决策中的关键步骤，在估算时通常应坚持以下三个原则。

1）实际现金流量原则

投资项目现金流量必须以不同时期实际收到和付出的现金流量作为计算数据。与投资项目有关的现金收入或现金支出节约额为现金流入；与投资项目有关的现金支出为现金流出；当期现金流入量减去当期现金流出量所形成的差额为净现金流量。

坚持实际现金流量原则的主要目的就是避免会计收益对项目评价的影响。这种影响主要来自两个方面：

（1）会计收益在计算中包含了一些非现金流量因素

例如，固定资产折旧费、无形资产摊销费等在会计上作为费用，抵减了当期的收益；但是，这种费用并没有形成实际的现金支出，因此，在现金流量分析中，折旧和摊销应加回到收益中。

（2）会计收益在计算中依据的是历史成本

会计收益在计算中依据的是历史成本，投资项目现金流量计算所依据的价格、成本等应当是投资项目在未来实施中所面对的市场环境中的价格和成本，因此，不仅需要采用未来的价格、成本，还应当注意调整通货膨胀对现金流量的影响。

2）增量现金流量原则

评价一个持续经营企业的投资项目，必须将项目现金流量预测放在增量现金流量的基础上进行。增量现金流量原则的贯彻主要体现为以下四个问题的处理：

（1）附加效应

考虑附加效应（side effects）就是要考虑投资活动所产生的整体效果，而不是某一个项目的孤立效果。例如，某手机生产厂家准备开发一种新款手机，预计新款手机上市后，一年的销售收入为3 000万元，但会冲击该厂家原来旧款手机的销售业绩，使旧款手机一年减少1 000万元的销售额。从考虑附加效应的原则出发，该新款手机的当年销售额所表现的现金流入量应当是2 000万元，而不是3 000万元。当然，如果该厂家准备生产的新款手机冲击的不是自家产品，而是其他厂家的产品销售，就依然将当年销售额所表现的现金流入量体现为3 000万元。与此相反，附加效应不仅可能形成减量效应，还可能形成增量效应。例如，某家物流公司准备开辟A、B城市之间的物流通道，而新通道开通后，将会提高该家物流公司原有的B、C城市之间的货运量，从而增加了B-C通道的现金流入量。从附加效应的原则出发，这种增加的B-C通道的现金流量应当计算到A-B通道这个投资项目的现金流量之中。

（2）沉没成本

沉没成本（sunk costs）是指过去发生的，无法由现在或将来任何决策所改变的成本。沉没成本属于不相关成本，与特定决策无关，在分析评价时不必加以考虑。例如，某项投资项目在决策前就已经发生平整土地的支出30万元，无论该工程项目是否在此地块按期施工，该项支出已经无法挽回，由此形成30万元的沉没成本。沉没成本是投资决策的无关成本，不应当将其作为项目评价时的现金流出量。一般来说，多数沉没成本都是作出投资决策前所发生的市场调查和研究开发费用。

（3）机会成本

机会成本（opportunity costs）是指在投资项目的决策中，从多种方案中选取最优方案而放弃次优方案所丧失的收益。例如，某企业的一项投资项目的建设需要占用企业拥有的一块土地，如果不在这块土地上进行项目建设，而将土地出售，可以获得100万元的现金收入；如果在该块土地上进行项目建设，企业就会丧失出售土地的100万元现金收入。企业最终选择了项目建设，就会形成100万元的投资机会成本。机会成本与投资选择的多样性和资源的稀缺性相联系，当存在多种投资机会，而可供使用的资源又有限的时候，机会成本就一定存在。机会成本并没有真正实现现金实体的交割，但作为一种潜在的成本，应当作为投资决策的相关成本予以对待。

（4）制造费用

在一个持续经营的企业中，对制造费用（manufacturing expense）进行归类分析就很必要。只有那些与投资项目相关的制造费用（例如，因投资项目而增加的管理人员工资、增加的动力费用、租金支出等）才能计入投资项目的现金流量当中；而与投资项目无关的费用不应当计入投资项目的现金流量当中。

3）税后原则

在企业所得税存在的环境下，投资项目现金流量应当是税后现金流量，从而将现金流量计算与投资者的利益完全联系起来。

8.2.3 现金流量预测方法

投资项目现金流量预测可以按照初始现金流量、经营现金流量、终结现金流量分别进行。

1）初始现金流量

初始现金流量是指投资项目在建设过程中发生的现金流量，主要包括：

（1）固定资产、无形资产的投资支出，如厂房设备的建造费、购置费、安装工程费、土地使用费、技术转让费、商标权和商誉等。

（2）垫支的营运资本。项目开始时，必须垫支一定的营运资本才能投入运营，项目寿命终结时，垫支的营运资本将收回。

$$本年营运资本增加额=本年营运资本需用额-上年营运资本总额 \tag{8.1}$$

其中：

$$本年营运资本需用额=该年流动资产需用额-该年流动负债筹资额$$

（3）其他费用，如投资项目的筹建费、员工培训费等。

（4）原有固定资产的变价收入，即进行固定资产更新改造工程中，出售旧设备所发生的净现金流量。

（5）所得税效应，即出售旧设备变价收入的税负损益。例如，旧设备的出售价如果高于设备账面净值，需要缴纳所得税，多缴的所得税构成项目现金流出量；旧设备的出售价如果低于设备账面净值，形成损失，可以抵减应纳税所得额，少缴所得税，少缴的所得税构成项目现金流入量。诸如此类由投资引发的税负变化，需要反映在初始现金流量的计算中。

2）经营现金流量

经营现金流量是指投资项目建成后，在生产经营过程中发生的现金流量，这种现金流量需要按年度计算。经营现金流量的计算一般根据利润表资料计算分析得出。基本计算公式[①]为：

净现金流量=收现营业收入-经营付现成本-所得税 （8.2）

由于这一公式中的经营付现成本是成本费用扣除折旧费的余额，折旧费的变化影响到净现金流量的计算。因此，简化的净现金流量计算公式可以是：

净现金流量=税后利润+折旧 （8.3）

简化计算公式的推导过程如下：

净现金流量=收现营业收入-经营付现成本-所得税

=收现营业收入-（经营总成本-折旧）-所得税 （8.4）

=税后利润+折旧

为反映折旧变化对现金流量的影响，净现金流量的公式也可变为：

净现金流量=（收现营业收入-经营付现成本）×（1-所得税税率）+折旧×所得税税率 （8.5）

（8.5）式中“折旧×所得税税率”称作税负节约（tax shield），是由于折旧计入成本，冲减利润而少缴的所得税税额，这部分少缴的所得税形成了投资项目的现金流入量。

如果投资项目在经营期内追加了投资（新增营运资本或者新增资本支出），该经营年度的净现金流量应当按照以下公式进行调整：

追加投资年度的净现金流量=净现金流量-追加投资 （8.6）

3）终结现金流量

终结现金流量是指投资项目终结时发生的现金流量，这种现金流量包括两部分：经营现金流量和非经营现金流量。

经营现金流量的计算同上。非经营现金流量主要包括：①固定资产、无形资产残值收入或变价收入；②固定资产、无形资产出售的税负损益，如果预计固定资产报废时残值收入大于税法规定的数额，就应上缴所得税，形成一项现金流出，反之则可抵减所得税，形成现金流入量；③垫支营运资本的收回，这部分资本不受税收因素的影响，被视为资本的内部转移，就如同把存货和应收账款换成现金一样，因此，收回的营运资本仅仅是现金流量的增加。

8.2.4 现金流量预测中应注意的问题

在确定投资方案的相关现金流量时，需要考虑一些可能对现金流量产生影响的因素。不同的处理方法会导致现金流量的不同。

1）折旧模式的影响

在不考虑所得税的情况下，折旧额变化对现金流量没有影响。因为不论公司采取什么样的折旧方式，所改变的只是会计利润的大小，不会改变实际现金流量的发生模式。也就是说，折旧额增加（减少）与利润减少（增加）的数额是相等的，因此，折旧变化不影响投资价值。但引入所得税后，折旧抵税作用直接影响投资现金流量的大小。

估计项目现金流量的目的是计算项目现金流量的现值，由于不同折旧模式下的各年折旧额不同，各年税负节约不同，因此，在折现率一定的情况下，不同折旧模式下的税赋节

① 为简化计算，假设没有无形资产，下同。

约现值也不同。但这种影响并不反映投资项目内在的经济效益，只是方法不同而已。

2）利息费用的影响

在投资项目评估中，分析利息费用对投资项目的影响主要有两种模式：一种是将这些影响因素视作费用支出，从现金流量中扣除；另一种是将筹资影响归于现金流量的资本成本（折现率）中，在实务中广泛采用的是后一种方法。这是因为，在给定资本结构的情况下，折现率可随时根据不同的负债水平和风险情况进行调整。这里的折现率一般是指为项目提供资本的投资者要求的收益率，如果不考虑所得税和筹资费用，项目投资者要求的收益率就是项目的资本成本。如果从项目的现金流量中扣除利息费用，然后再按此折现率进行折现，就等于双重计算筹资费用。通常在预测项目现金流量时，站在企业投资者的立场上，一种简化的方式就是假设投资项目的资本全部来自股权资本，即使实际存在借入资金也将其作为自有资金对待。

3）通货膨胀的影响

在全球金融动荡的形势下，通货膨胀是影响当今社会经济的一个非常重要的因素，估计通货膨胀对项目的影响应遵循一致性的原则，如果预测的现金流量序列包括了通货膨胀的影响，则折现率也应包括这一因素的影响；反之亦然。但是，在计算通货膨胀变化对各种现金流量，如销售价格、原材料成本、人工成本的影响时，应注意不同年度现金流量受通货膨胀的影响程度是各不相同的，不能简单地用一个统一的通货膨胀率来修正所有的现金流量。

8.2.5 现金流量预测计算举例

1）扩充型投资现金流量分析

【例8-1】A公司正在研发一种新产品，为了解潜在市场销路，公司支付了20 000元，聘请咨询机构进行市场调查，调查结果表明新产品大约有10%以上的市场份额有待开发。该公司的有关预测资料如下：

（1）市场调研费20 000元属于沉没成本，即与是否进行项目投资无关的成本。

（2）新产品的生产车间可利用公司一处闲置厂房（该厂房已经提足折旧），如果出售，该厂房当前市场价格为50 000元，这50 000元属于机会成本，与该项目现金流量计算相关。

（3）生产新产品的设备购置费（买价、运费、安装费等）为110 000元，使用年限5年，税法规定设备残值10 000元，按直线法计提折旧，每年折旧费20 000元；预计5年后可将设备出售，其售价为30 000元。

（4）预计新产品的销售量依次为：500件、800件、1 200件、1 000件、600件；第1年单位产品销售价格为200元，由于通货膨胀因素，售价将以每年2%的幅度增长；第1年单位产品付现成本100元，考虑到通货膨胀的影响，单位成本将以每年10%的幅度增长。

（5）生产过程需要垫支营运资本，假设按下期销售收入的10%估计本期营运资本需要量。第1年年初营运资本投资10 000元，第5年年末营运资本需要量为零。

（6）公司所得税税率为25%，在整个经营期保持不变。

根据上述相关数据，首先编制经营收入与成本预测表，然后编制项目现金流量预测表，见表8-1和表8-2。

表8-1　　**经营收入与成本预测表**　　金额单位：元

年份	销售量（件）	单价	营业收入	单位成本	成本总额
1	500	200.00	100 000	100.00	50 000
2	800	204.00	163 200	110.00	88 000
3	1 200	208.08	249 696	121.00	145 200
4	1 000	212.24	212 240	133.10	133 100
5	600	216.49	129 894	146.41	87 846

表8-2　　**现金流量预测表**　　单位：元

项目	0	1	2	3	4	5
投资现金流量						
(1) 设备投资	(110 000)					25 000*
(2) 厂房机会成本	(50 000)					
(3) 营运资本						
(4) 营运资本（年末）	10 000	16 320	24 970	21 224	12 989	0
(5) 营运资本追加支出	(10 000)	(6 320)	(8 650)	3 746	8 235	12 989
(6) 投资现金净流量（(1)+(2)+(5)）	(170 000)	(6 320)	(8 650)	3 746	8 235	37 989
经营现金流量						
(7) 收现收入		100 000	163 200	249 696	212 240	129 894
(8) 经营付现成本		50 000	88 000	145 200	133 100	87 846
(9) 折旧		20 000	20 000	20 000	20 000	20 000
(10) 税前利润		30 000	55 200	84 496	59 140	22 048
(11) 所得税（25%）		7 500	13 800	21 124	14 785	5 512
(12) 净利润		22 500	41 400	63 372	44 355	16 536
(13) 经营现金净流量（(12)+(9)）		42 500	61 400	83 372	64 355	36 536
现金净流量	(170 000)	36 180	52 750	87 118	72 590	74 525

*设备投资中第5年为设备残值出售时的资本利得，根据预测设备5年后的出售价为30 000元，而账面价值仅为10 000元，出售价超过账面价值的差额应缴纳所得税5 000元（（30 000−10 000）×25%），出售设备税后净收入为25 000元（30 000−5 000）。

2）替代型投资现金流量分析

【例8-2】B公司为降低每年的生产成本，准备用一台新设备代替旧设备。旧设备原值100 000元，已提折旧50 000元，估计还可用5年，5年后的残值为零。如果现在出售，可得价款40 000元。新设备的买价、运费和安装费共需110 000元，可用5年，年折旧额20 000元，第5年年末税法规定残值与预计残值出售价均为10 000元。用新设备时每年付现成本可节约30 000元（新设备年付现成本为50 000元，旧设备年付现成本为80 000元）。假设营业收入不变，所得税税率为25%，新旧设备均按直线法计提折旧。

在本例中，如果出售旧设备，购置新设备，则替代型项目增量现金流量估计见表8-3。

表8-3　**增量现金流量估计表**　单位：元

项目	0年	1~4年	5年
1.初始现金流量Δ			
（1）新设备投资Δ	-110 000		
（2）旧设备出售收入Δ	40 000		
（3）旧设备出售税负节余Δ	2 500		
初始现金流量合计Δ	-67 500		
2.经营现金流量Δ			
（4）营业收入Δ		0	0
（5）经营付现成本节约额Δ		30 000	30 000
（6）折旧费Δ		10 000	10 000
（7）税前收益Δ		20 000	20 000
（8）所得税Δ		5 000	5 000
（9）税后收益Δ		15 000	15 000
经营现金流量合计Δ（（6）+（9））		25 000	25 000
3.终结现金流量Δ			10 000
4.现金净流量	-67 500	25 000	35 000

表中Δ代表增量，其有关项目计算如下：

①（40 000-50 000）×25%=-2 500（元）（即相对少缴税）；

②1~4年年折旧额增量=20 000-10 000=10 000（元）；

③终结现金流量增量=10 000-0=10 000（元）。

设备出售收入，由于与账面价值一致而没有税负影响。

小资料8-2　PPP项目投资

政府和社会资本合作模式（Public-Private Partnership，PPP）是政府在基础设施、公共产品及服务领域，通过特许经营、购买服务、股权合作等方式，与社会资本建立的利益共享、风险分担及长期合作关系。通常模式是由社会资本承担设计、建设、运营、维护基础设施的大部分工作，并通过“使用者付费”及必要的“政府付费”获得合理投资回报；政府部门负责基础设施及公共服务价格和质量监管，以保证公共利益最大化。

PPP项目根据收入来源可分为经营性项目、准经营性项目、非经营性项目。根据运作模式主要可分为O&M、MC、BOT、BOO、TOT、ROT等。其模式定义及特点见表8-4、表8-5。

表8-4 PPP模式的定义及特点

模式	定义	特点
O&M	运营维护（Operations & Maintenance）	是指政府将存量公共资产的运营维护职责委托给社会资本或项目公司，社会资本或项目公司不负责用户服务的政府和社会资本合作项目运作方式。政府保留资产所有权，只向社会资本或项目公司支付委托运营费
MC	管理合同（Management Contract）	是指政府将存量公共资产的运营、维护及用户服务职责授权给社会资本或项目公司的项目运作方式。政府保留资产所有权，只向社会资本或项目公司支付管理费。管理合同通常作为转让-运营-移交的过渡方式
BOT	建设-运营-移交（Build-Operate-Transfer）	是指由社会资本或项目公司承担新建项目设计、融资、建造、运营、维护和用户服务职责，合同期满后项目资产及相关权利等移交给政府的项目运作方式
BOO	建设-拥有-运营（Build-Own-Operate）	由BOT方式演变而来，二者的区别主要是BOO方式下社会资本或项目公司拥有项目所有权，但必须在合同中注明保证公益性的约束条款，一般不涉及项目期满移交
TOT	转让-运营-移交（Transfer-Operate-Transfer）	是指政府将存量资产所有权有偿转让给社会资本或项目公司，并由其负责运营、维护和用户服务，合同期满后资产及其所有权等移交给政府的项目运作方式
ROT	改建-运营-移交（Rehabilitate-Operate-Transfer）	是指政府在TOT模式的基础上，增加改扩建内容的项目运作方式

表8-5 PPP项目的主要风险

商业风险	市场需求不足风险；收费不足的风险；项目收益不足风险。应明确最低流量/保底流量
	设计、建造、财务和运营维护的风险。应明确相应标准
法律政策风险	法律政策不明确；法律政策发生变化
政府信用风险	政府付费；政府承诺（付费或可行性缺口补助、提供相关配套设施、避免同业竞争、审批批文、获取土地等）
政府介入及监督	政府滥用介入、监督权，绩效评价，损害社会资本的利益
不可抗力风险	不可抗力风险由政府和社会资本方共同承担
合规性风险	每一年度全部PPP项目需要从预算中安排的支出占一般公共预算支出比例应当不超过10%
	政府和社会资本合作期限原则上不低于10年。对采用建设-移交（BT）方式的项目，通过保底承诺、回购安排等方式进行变相融资的项目，财政部将不予受理
操作风险	项目操作风险，PPP项目合同内容及签订不规范

8.3 投资项目评价指标

所谓投资决策，是对各个方案进行分析和评价，并从中选择最优方案的过程。在投资决策的过程中，要用到投资决策评价指标，投资决策评价指标是指用于衡量和比较投资项目可行性，据以进行方案决策的定量化标准与尺度，主要包括净现值、获利指数、内部收益率、投资回收期、会计收益率等。按照是否考虑货币时间价值这一标准进行分类，这些指标可以分为折现指标和非折现指标，其中，净现值、获利指数、内部收益率和动态投资回收期属于折现指标，静态投资回收期和会计收益率属于非折现指标。

8.3.1 净现值

某个投资项目的净现值（net present value，NPV）是该项目在整个建设期、经营期、终结期的所有净现金流量，按照一定的折现率计算的现值之和。基于公司价值最大化的原则，净现值法的决策规则是：若投资项目的净现值大于零，投资项目具有财务可行性；相反，若投资项目的净现值小于零，则认为该投资项目不具有财务可行性。在有多个备选方案的互斥项目选择决策中，应选用最大正净现值的投资项目。净现值的计算公式为：

$$NPV=\sum_{t=0}^{n}\frac{NCF_t}{(1+i)^t}=NCF_0+\sum_{t=1}^{n}[NCF_t\cdot(P/F,\ i,\ t)] \tag{8.7}$$

式中：NCF_t——第t期现金净流量；

i——资本成本或投资必要收益率；

n——项目周期（指项目建设期和生产期）。

如果按照本章A公司扩充型投资项目现金流量预测（见表8-2）的结果计算净现值，并将折现率定为10%，则：

NPV=-170 000+36 180×（P/F，10%，1）+52 750×（P/F，10%，2）+87 118×（P/F，10%，3）+72 590×（P/F，10%，4）+74 525×（P/F，10%，5）

=-170 000+36 180×0.909+52 750×0.826+87 118×0.751+72 590×0.683+74 525×0.621

=-170 000+32 888+43 572+65 426+49 579+46 280=67 745（元）

如果按照本章B公司替代型投资项目现金流量预测（见表8-3）的结果计算净现值，并将折现率确定为14%，则：

NPV=-67 500+25 000×（P/A，14%，4）+35 000×（P/F，14%，5）

=-67 500+25 000×2.914+35 000×0.519=-67 500+72 850+18 165=23 515（元）

计算结果显示，B公司应该采用以新设备替代旧设备的方案。

根据NPV计算公式，影响项目净现值大小的因素主要有3个：项目的净现金流量、折现率和项目周期。

折现率可以根据实际情况确定，一般存在以下标准：①项目筹资的资本成本；②项目投资的必要报酬率；③项目投资的机会成本；④行业基准收益率。对于项目的资本成本而言，由于风险不等价的原因，项目的资本成本一般不等于实施该项目公司的资本成本。一种情况，如果项目风险与实施该项目的公司风险相等，那么，公司加权平均资本成本就是该项目的资本成本。另一种情况，如果项目的风险与公司的风险不等价，那么就不能以该公司的资本成本作为项目的资本成本。在这种情况下，或者直接根据特定项目的资本来源、筹资比例、筹资成本进行估算，或者用替代公司的资本成本评估项目。由于项目的系统风险对所有的公司都是相同的，所以，项目的必要报酬率对于任何要投资的公司来说都是相同的。由于公司在专业知识、管理效率、协同作用等方面存在差异，一些公司可能从该项目中获得更多的增量现金流量，所以预期收益率会因公司不同而不同，但接受的最低报酬率对所有公司都是一样的。

净现值指标的计算在计算机环境下可以采用插入函数法。本法是指在Windows系统的Excel环境下，通过插入财务函数“NPV”，并根据计算机系统的提示正确地输入已知的基准折现率和电子表格中的净现金流量，来直接求得净现值指标的方法。

净现值指标综合考虑了货币时间价值，能够根据项目全过程各个年度的现金流量计算现值，在理论上比较完善，在实践中也可以根据投资风险选择适当的折现率。但是，由于项目投资经营期较长，各个年度现金流量的估计和折现率的采用有可能因为时间的流逝而难以符合实际，同时，净现值法也并不能揭示各个投资方案本身可能达到的实际报酬率是多少。在独立投资方案决策时，如果各方案的初始投资额不相等，有时无法做出正确决策。

8.3.2 获利指数

获利指数（profitability index，PI）亦称现值指数，是指投资项目未来现金流入量（CIF）现值与初始投资现金流出量（COF）现值的比率。按照获利指数进行投资项目选择的原则是：若获利指数大于或等于1，就采纳该项目；若获利指数小于1，就拒绝该项目。其计算公式为：

$$PI=\frac{\sum_{t=0}^{n} CIF \cdot (1+i)^{-t}}{\sum_{t=0}^{n} COF \cdot (1+i)^{-t}} \tag{8.8}$$

按照A公司扩充型项目投资现金流量，将折现率确定为10%，则：

PI=237 745÷170 000=1.40

根据获利指数进行投资项目选择的原则，应该采纳获利指数大于1的项目。

获利指数法考虑了货币时间价值，能够真实地反映投资项目的盈亏程度，由于获利指数是用相对数来表示，所以，有利于在初始投资额不同的投资方案之间进行对比。由于NPV与PI使用相同的信息评价投资项目，得出的结论常常是一致的，但在投资规模不同的互斥项目的选择中，则有可能得出不同的结论。

8.3.3 内部收益率

内部收益率（internal rate of return，IRR）又称内部报酬率或内含报酬率，是指项目投资可望达到的收益率。如果将这个收益率作为投资项目各年净现金流量的折现率，就会求得等于零的净现值。而运用内部收益率指标评价投资方案时，需要将事先计算好的内部收益率与资本成本进行比较，若投资方案的内部收益率大于其资本成本，则认为方案具有财务可行性；否则，就可以认为方案不具有财务可行性。在存在多个备选方案的互斥选择决策中，选用内部收益率超过资本成本或必要报酬率最多的投资项目。

由于内部收益率是能使投资项目的净现值等于零的折现率，因此，当我们面对不同的投资方案净现金流量时，可以按照以下等式进行测算：

$$\sum_{t=0}^{n}\frac{NCF_t}{(1+IRR)^t}=0 \tag{8.9}$$

IRR指标的计算在计算机环境下也可以采用插入函数法。在Windows系统的Excel环境下，通过插入财务函数"=IRR（现金流）"，可直接求得内部收益率指标。

例如，按照本章A公司扩充型投资项目现金流量预测（见表8-2）的结果计算IRR，在Excel表格中插入财务函数"=IRR（-170000，36180，52750，87118，72590，74525）"，计算得出IRR=22.82%。

由此可见，该公司扩充型投资项目的筹资成本只要不高于22.82%，就可以选择这个项目。

内部收益率法考虑了货币时间价值，不受行业基准收益率高低的影响，反映了投资项目的真实报酬率，概念也易于理解。但这种方法的计算过程比较复杂，特别是每年NCF不相等的投资项目，一般要经过多次测算才能算出。

可以看出，当折现率小于IRR时，净现值大于零；当折现率大于IRR时，净现值小于零。如果以项目所要求的（最低）报酬率为折现率，那么当投资项目的IRR大于所要求的报酬率时，就接受该项目，这意味着接受了一个净现值为正的项目。从这个意义上讲，IRR法与NPV法是一致的。

小资料8-3　　IRR内部收益率

内部收益率，就是资金流入现值总额与资金流出现值总额相等、净现值等于零时的折现率。这是一个解t次方程的过程，常规现金流量情况下（项目第一个现金流量为唯一的负数），有一个唯一的解。

经常有很多人算不出来IRR，或者算出的数字特别离谱。一般IRR的结果出现问题有几种原因：有的是因为初始点的现金流第一个值不为负值；有的是因为在经营期现金流量不均衡，现金流回正之后再次变为负值，那么IRR就会有两个值，此时是无法进行判断的；在现金流量的符号发生变化时，可能IRR是无解的。

一般企业对IRR的要求是多少，即目标IRR是多少？有以下几个标准：

（1）首先要保证能够覆盖银行的存款利息；

（2）还要抗通货膨胀，2014—2017年根据央行数据显示，我国通货膨胀率依次为7.5%、12.8%、8.5%和7.5%；

（3）最好还能获利1%~3%。

8.3.4　投资回收期

投资回收期（payback period，PP）是指投资项目的经营净现金流量抵偿初始投资所需要的全部时间（年度），即当累计净现金流量等于初始投资额时所需要的时间。投资回收期法是用项目回收初始投资的速度来衡量投资方案的一种方法。投资回收期按照是否考虑货币时间价值分为静态投资回收期和动态投资回收期。

1）静态投资回收期

静态投资回收期（static payback period，SPP），是指从项目投建之日起，用项目各年的未折现的现金流将全部投资收回所需要的时间。利用投资回收期标准进行项目衡量的原则是：如果投资回收期小于基准回收期（公司自行确定或根据行业标准确定），可接受该项目；反之则应放弃。在实务分析中，一般认为投资回收期小于项目周期一半时方为可行；如果项目回收期大于项目周期的一半，则认为项目不可行。在进行互斥项目的比较分析时，应以回收期最短的方案作为中选方案。

静态投资回收期的计算，因每年的经营现金净流量是否相等而有所不同。如果每年的净现金流量（NCF）相等，则静态投资回收期可按下式计算：

静态投资回收期=初始投资额÷每年净现金流量　　　　(8.10)

如果经营期各年的净现金流量不相等，可以利用项目经营净现金流量抵偿初始投资，以抵偿初始投资的年度，作为静态投资回收期。

仍以A公司扩充型投资项目累计净现金流量为例，投资回收期的计算过程见表8-6。

表8-6　　**项目累计净现金流量**　　单位：元

项　目	0	1	2	3	4	5
现金净流量	(170 000)	36 180	52 750	87 118	72 590	74 525
累计现金净流量	(170 000)	(133 820)	(81 070)	6 048	78 638	153 163

根据表8-6的数据，该项目投资回收期计算如下：

$$静态投资回收期=2+\frac{81\,070}{87\,118}=2.93（年）$$

投资回收期在计算上有两种形式：一是包括建设期的投资回收期（记作PP）；二是不包括建设期的投资回收期（记作PP′）。

静态投资回收期以收回初始投资所需时间长短作为判断是否接受某项投资的标准，方法简单，易于理解，为公司广泛采用。但这种方法也存在一定的缺陷：第一，静态投资回收期标准没有考虑货币的时间价值和投资的风险价值；第二，投资回收期标准只考虑回收期以前各期现金流量的贡献，而将还本以后的现金流量截断了，完全忽略了还本以后现金流量的经济效益，这样就忽略了不同方案的实际差异；第三，最低可接受标准的确定具有一定的主观任意性。因此，该指标具有一定的局限性。

2）动态投资回收期

动态投资回收期（dynamic payback period），是指以投资项目各期已折现的现金流量将全部投资收回所需的时间，即以投资项目所产生的未来现金流量的现值足以抵补初始投资所需要的时间，又称为折现的投资回收期（discounted payback period，DPP）。

动态投资回收期的计算，也因每年的经营现金净流量是否相等而有所不同。如果每年的净现金流量（NCF）相等，在这种年金形式下，则：

年金现值系数=初始投资额现值÷每年净现金流量　　　　(8.11)

计算出年金现值系数后，通过查年金现值系数表，运用内插法可推算出动态投资回收期。

如果经营期各年的净现金流量不相等，应该把每年的净现金流量逐一折现并加总，根据累计净现金流量现值来确定动态投资回收期，见表8-7。

表8-7 项目累计净现金流量现值 单位：元

项目	0	1	2	3	4	5
现金净流量	(170 000)	36 180	52 750	87 118	72 590	74 525
现金净流量现值	(170 000)	32 888	43 572	65 426	49 579	46 280
累计现值	(170 000)	(137 112)	(93 540)	(28 114)	21 465	67 745

根据表8-7的数据，该项目投资回收期计算如下：

$$\text{动态投资回收期}=3+\frac{28\ 114}{49\ 579}=3.57\ (\text{年})$$

采用动态投资回收期标准，弥补了静态投资回收期标准未考虑货币时间价值和投资风险价值这一缺陷，但这一标准仍未考虑投资项目回收以后各期现金流量的影响。因此，在项目评价时，投资回收期只能作为一个辅助标准，必须和其他标准相结合，以判断项目的可行性。

8.3.5 会计收益率

会计收益率（accounting rate of return，ARR）是指投资项目年平均会计净收益与初始投资额的比率，利用会计收益率衡量投资项目的标准是：如果会计收益率大于基准会计收益率（通常由公司自行确定或根据行业标准确定），则应接受该项目，反之则应舍弃。在有多个方案的互斥选择中，则应选择会计收益率最高的项目。会计收益率的计算公式为：

$$ARR=\frac{\text{经营年度平均净收益}}{\text{初始投资额}} \tag{8.12}$$

根据表8-2的资料，A公司投资项目的会计收益率为：

$$\text{会计收益率}=\frac{(22\ 500+41\ 400+63\ 372+44\ 355+16\ 536)\div 5}{170\ 000}\times 100\%$$

$$=22.14\%$$

会计收益率指标的优点是计算简单、容易理解，采用这种方法评价投资方案，可以促使投资人重视收益和投资额的变化情况。这种方法也存在明显的缺陷，主要表现为：第一，会计收益率标准没有考虑货币的时间价值和投资的风险价值，第1年的会计收益与最后1年的会计收益被看作具有同等的价值；第二，会计收益率是按投资项目账面价值计算的，当投资项目存在机会成本时，其判断结果与净现值等标准差异很大，有时甚至会得出相反的结论，影响投资决策的正确性；第三，ARR法用来比较的客观标准即基准会计收益率的确定具有主观任意性；第四，它是基于会计收益和资产账面价值，而非现金流量和市场价值的，这往往使决策缺乏说服力。因此，会计收益率只能作为一种辅助标准衡量投资项目的优劣。

8.4 项目投资决策分析

通过投资决策指标可以判断一个项目是否值得投资，那么，如果存在多个项目，使用什么方法才能做出正确的决策呢？

8.4.1 独立项目投资决策

独立项目是指一组互相独立、互不排斥的项目。在独立项目中，选择某一项目并不排斥选择另一项目。独立项目的投资决策是指对待定投资项目采纳与否的决策，这种投资决策可以不考虑任何其他投资项目是否得到采纳和实施；这种投资的收益和成本也不会因其他项目的采纳和否决而受影响，即项目的取舍只取决于项目本身的经济价值。从财务的角度看，两种独立性投资所引起的现金流量是不相关的。

对于独立项目的决策分析，可运用净现值、获利指数、内部收益率以及投资回收期、会计收益率等任何一个合理的标准进行分析，决定项目的取舍。只要运用得当，一般能够做出正确的决策。

8.4.2 互斥项目投资决策

在一组项目中，采用其中某一项目意味着放弃其他项目时，这一组项目被称为互斥项目。在两个或两个以上互相排斥的待选项目比较时，选择最优投资项目的基本方法有以下几种：

1）排列顺序法

在排列顺序法中，全部待选项目可以分别根据它们各自的NPV、IRR或PI按降级顺序排列，然后进行项目挑选，通常选其大者为最优。按照NPV、IRR或PI这三种方法分别选择投资项目时，其排列顺序在一般情况下是一致的，但在某些情况下，运用NPV和运用IRR或PI会得出不同的结论，即出现排序矛盾。在这种情况下，通常应以净现值作为选择标准。

2）增量收益分析法

对于互斥项目，可运用增量原理进行分析，即根据增量净现值、增量内部收益率或增量获利指数等任一标准进行项目比选。其判断标准是：如果增量投资净现值大于零，或增量内部收益率大于资本成本，或增量获利指数大于1，则增量投资在经济上是可行的。这一选优标准的具体化为：

对于投资规模不同的互斥项目，如果增量净现值大于零，或增量内部收益率大于资本成本，或增量获利指数大于1，则投资额大的项目较优；反之，投资额小的项目较优。

对于重置型投资项目，通常是站在新设备的角度进行分析。如果增量净现值大于零，或增量内部收益率大于资本成本，或增量获利指数大于1，则应接受购置新设备；反之，则应继续使用旧设备。

3）总费用现值法

总费用现值法是指通过计算各备选项目中全部费用的现值来进行项目比选的一种方法。这种方法适用于收入相同、计算期相同的项目之间的比选。总费用现值较小的项目为最佳。

【例8-3】由于新旧设备的使用年限相同，故可根据实际现金流量分别计算新旧设备的费用现值，已知折现率为14%，见表8-8。据此，使用新、旧设备的费用总额现值为：

表8-8 **重置投资项目现金流量（实际现金流量）** 单位：元

项目	旧设备	新设备
初始投资		
设备购置支出	0	-110 000
旧设备出售收入	0	40 000
旧设备出售损失减税	0	2 500
现金流出合计	0	-67 500
经营现金流量（1~5年）		
税后经营付现成本	-60 000	-37 500
折旧减税	2 500	5 000
现金流出合计	-57 500	-32 500
终结现金流量（第5年）	0	10 000

旧设备费用总额现值=57 500×（P/A，14%，5）=57 500×3.433=197 398（元）

新设备费用总额现值=67 500+32 500×（P/A，14%，5）-10 000×（P/F，14%，5）

=67 500+111 573-5 194=173 879（元）

计算结果表明，用新设备取代旧设备，可节约费用现值23 519元（197 398-173 879），与增量净现值计算结果相等（取近似值）。

4）年均费用法

年均费用法适用于收入相同但计算期不同的项目比选。年均费用（AC）小的项目为中选项目。在重置投资项目比选中，如果新旧设备的使用年限不同，必须站在“局外人”的角度分析各项目的现金流量，而不应根据实际现金流量计算各项目的成本现值。即从“局外人”的角度，将使用旧设备，或购置新设备作为两个可比方案。

【例8-4】益华公司目前使用的A型设备是5年前购置的，原始购价20 000元，使用年限11年，预计还可使用6年，每年付现成本4 800元，期末残值800元。目前，市场上有一种较为先进的B型设备，价值23 000元，预计使用10年，年付现成本3 200元，期末无残值。此时如果以A型设备与B型设备相交换，可作价6 000元，公司要求的最低投资收益率为14%，那么，该公司是继续使用旧设备，还是以B型设备代替A型设备？（假设不考虑所得税因素）。

由于新旧设备的使用年限不同，必须根据“局外人”的观点进行分析。假设公司或者支付6 000元购置A型设备，或者支付23 000元购置B型设备，则各项目的年均成本现值为：

$$AC_A=\frac{6\,000+4\,800\times(P/A,\ 14\%,\ 6)-800\times(P/F,\ 14\%,\ 6)}{(P/A,\ 14\%,\ 6)}=6\,249\text{（元）}$$

$$AC_B=\frac{23\ 000+3\ 200\times(P/A，14\%，10)}{(P/A，14\%，10)}=7\ 609（元）$$

上述计算表明，使用A型设备的年均费用现值低于使用B型设备的年均费用现值1 360元（7 609−6 249），故公司应继续使用A型设备。

如果按实际现金流量计算，其各项目的年均现值为：

$$AC_A=\frac{4\ 800\times(P/A，14\%，6)-800\times(P/F，14\%，6)}{(P/A，14\%，6)}=4\ 706（元）$$

$$AC_B=\frac{(23\ 000-6\ 000)+3\ 200\times(P/A，14\%，10)}{(P/A，14\%，10)}=6\ 459（元）$$

上述计算表明，按实际现金流量计算，A型设备与B型设备相比，其年均费用现值节约了1 753元（6 459−4 706），这一结果与按“局外人”观点计算出的结果有一定差异，即每年节约额多计了393元（1 753−1 360）。这两种计算方法的结果之所以不一样，就在于按实际现金流量计算时，A型设备的现时价值6 000元从B型设备的原始成本23 000元中扣除，这意味着这两者都是按B型设备使用年限10年摊销，以确定其年使用成本。实际上，A型设备的现时价值6 000元应按其尚可使用的6年摊销。因此，当旧设备和可取代的新设备的使用年限不同时，按“局外人”的观点分析项目的现金流量较为适宜。

【课堂拓展】　　辽宁省固定资产投资稳定增长①

2022年8月，习近平总书记在辽宁考察时强调，要在新时代东北振兴上展现更大担当和作为，奋力开创辽宁振兴发展新局面。这是党中央立足全面建设社会主义现代化国家新征程，对新发展阶段推动区域协调发展作出的重大部署，为推动辽宁振兴发展指明了前进方向，提供了根本遵循原则。

2022年辽宁省固定资产投资同比增长3.6%。其中，建设项目投资增长19.1%，房地产开发投资下降18.6%。一是三次产业投资保持增长。第一产业投资同比增长1.4%；第二产业投资增长6.1%，其中工业投资增长6.1%；第三产业投资增长2.4%。二是建设项目增势较好。建设项目13 000个，同比增加1 448个，增长12.5%；完成投资额增长19.1%。其中，亿元以上建设项目3 839个，增加463个，增长13.7%；完成投资额增长23.3%。新开工建设项目5 877个，增加913个，增长18.4%；完成投资额增长51.7%。其中，亿元以上新开工建设项目1 106个，增加256个，增长30.1%；完成投资额增长84.7%。三是基础设施投资快速增长。基础设施投资同比增长38.8%。其中，装卸搬运业投资增长1.7倍，水上运输业投资增长71.7%，水利管理业投资增长68.6%，互联网和相关服务业投资增长68.1%，公共设施管理业投资增长67.7%，道路运输业投资增长52.1%，电力、热力生产和供应业投资增长23.9%。四是技改投资增长较快。改建和技术改造投资同比增长33.3%，新建投资增长18.1%，扩建投资增长0.2%。

党的二十大报告不仅提出要优化基础设施布局、结构、功能和系统集成，构建现代化基础设施体系，还在推动高质量发展的其他重点任务，包括全面推进乡村振兴、促进区域协调发展、推进高水平对外开放等章节，都提到了基础设施投资建设的要求。

党的二十大报告指出，要推动东北全面振兴取得新突破。2023年辽宁省将基础设施定位于建设现代化产业体系的重点之一，拟新开工重大项目20个，主要包括华晨宝马全

① 资料来源：赵婷婷，刘璐．“数”说辽宁2022：我省固定资产投资稳中向好［EB/OL］．［2022-12-27］．https：//mp.weixin.qq.com/s？__biz=MzUyMTcxMTA5Ng==&mid=2247491440&idx=2&sn=cf53c70e116603e5bd3b162449f637af&chksm=f9d7a3e7cea02af119bcdf3e70c1ebe0631ce1566aa40080c6a58bd0e03cdbc78f4988d9571b&scene=27.

新动力电池，中石油大连石化搬迁改造，徐大堡核电1、2号机组，沈阳机场二跑道，大连新机场，引洋入连等超100亿元的重大项目。这些拟建或储备的高质量项目已形成辽宁全省短期稳投资、长期调结构的有力支撑，为推动东北全面振兴取得新突破奠定了坚实基础。

总结与结论

➢资本预算亦称资本支出预算或投资预算，是指企业为了今后更好地发展，获取更多的报酬而做出的资本支出计划，该预算系统地反映了投资的时间、规模、收益以及资金的筹措方式。

➢项目投资主要包括以下基本程序：选择投资机会、收集和整理资料、投资项目评价、作出项目投资决策及预算实施与控制。

➢在估算投资项目现金流量时通常应坚持的三个原则是：实际现金流量原则、增量现金流量原则和税后原则。其中，增量现金流量原则的贯彻主要体现在附加效应、沉没成本、机会成本和制造费用这四个问题的处理上。

➢投资项目现金流量预测可以按照初始现金流量、经营现金流量、终结现金流量分别进行。初始现金流量主要包括：固定资产、无形资产的投资支出，垫支的营运资本、投资项目的筹建费、员工培训费等，原有固定资产的变价收入、所得税税负效应等。计算经营现金流量简化的计算公式是：净现金流量=税后利润+折旧。终结现金流量是指投资项目终结时发生的现金流量，包括经营现金流量和非经营现金流量。其中，非经营现金流量主要包括：固定资产、无形资产变价收入，固定资产、无形资产出售的税负损益以及垫支营运资本的收回。

➢投资决策评价指标主要包括：净现值、获利指数、内部收益率、投资回收期、会计收益率等。净现值是该项目在整个建设期、经营期、终结期的所有净现金流量，按照一定折现率计算的现值之和。获利指数是指投资项目未来现金流入量现值与初始投资现金流出量现值的比率。内部收益率是指项目投资可望达到的收益率，如果将该收益率作为投资项目各年净现金流量的折现率，就会求得等于零的净现值。投资回收期是指投资项目的经营净现金流量抵偿初始投资所需要的全部时间，按照是否考虑货币时间价值分为静态投资回收期和动态投资回收期。会计收益率是指投资项目年平均会计净收益与初始投资额的比率。

➢在互斥项目决策中，根据具体情况可以采取排列顺序法、增量收益分析法、总费用现值法或年均费用现值法进行项目决策。

练习题

1.某项目投资期为2年，每年投资400万元。第3年开始投产，投产时垫支营运资金100万元，项目有效期为6年，每年营业收入为800万元，经营付现成本为560万元，净残值为80万元，直线法计提折旧。所得税税率为25%，折现率为10%。

要求：

（1）计算每年的经营净现金流量；

（2）计算项目净现值；

（3）根据净现值指标，为公司作出项目的投资决策。

2.A公司是一家钢铁企业，拟进入汽车制造业。现找到一个投资项目，预计该项目需固定资产投资600万元，可以持续5年。财务部门估计每年的付现成本为650万元。固定资产折旧采用直线法，折旧年限5年，净残值为25万元。营销部门估计各年销售量均为40 000件，B公司可以接受250元/件的价格。生产部门估计项目之初需要250万元的净营运资本投资。假设所得税税率为40%。

要求：估计项目每年现金净流量。

3.ABC公司为提高公司的生产能力，经过一年时间的研究，共花费10 000元的调研费。公司生产部主管王先生提出为提高公司的生产能力，可以购入一套生产设备以扩充生产能力。这一生产设备不仅可取代现行繁杂的人工程序，减少人工成本，而且也可以大大提高产品的质量。方案如下：该设备价值30 000元，如果购入该设备，需花费2 500元的运输费及3 500元的安装费。该公司采用直线法计提折旧，使用寿命5年，5年后有残值收入6 000元（与税法规定一致），5年中每年有营业收入17 000元，经营总成本为6 000元，以后每年将增加修理费300元，期初垫支营运资本3 000元。假设所得税税率为25%，折现率为10%。

要求：

（1）计算该方案的年折旧额；

（2）计算该方案每年的经营净现金流量；

（3）假设你是财务经理，从净现值指标的角度来看，你是否接受建议购置该设备？请详细解释；

（4）假设你完成了对购置新生产设备的分析，将研究报告呈交给你的上司，当他详细阅读了你的建议后，赞许你并没有把前期的“调研费”纳入分析当中。但你的助手张先生却不理解你的分析，请你为他作出解释。

4.TGT公司正在考虑开发一种新产品，假定该产品行销项目期估计为5年，5年后停产。生产该产品所获得的收入和需要的成本等有关资料如下：投资购入机器设备需要100 000元，垫支营运资本50 000元，每年的营业收入80 000元，每年的材料、人工等付现成本50 000元，前4年每年的设备维修费2 000元，5年后设备的残值为10 000元，假定该项新产品的投资必要报酬率为6%，不考虑所得税。

要求：

（1）计算项目各年的现金净流量；

（2）计算该项目的内部收益率；

（3）用内部收益率指标对该项新产品开发方案是否可行作出评价。

5.某公司目前使用的P型设备是6年前购置的，原始购价为25 000元，使用年限12年，预计还可使用6年，每年经营成本5 000元，期末残值1 000元。目前，市场上有一种较为先进的Q型设备，价值35 000元，预计可使用10年，年经营成本4 000元，期末无残值。如果购买Q型设备，P型设备的变现价值为8 000元，公司要求的最低投资收益率为12%。

要求：请用年均费用法评价是否用Q型设备取代P型设备？

二维码8-1 练习题参考答案

案例分析题

水利工程项目的投资新模式[①]

2022年5月，水利部印发《关于推进水利基础设施政府和社会资本合作（PPP）模式发展的指导意见》（水规计〔2022〕239号），将PPP模式视为引导社会资本参与、拓宽水利基础设施建设长期资金筹措渠道的有效方式。事实上，自2014年以来，社会资本通过PPP模式参与水利建设运营的项目数量不断增多，但与交通、市政等其他行业领域相比，水利PPP项目数量不多，投资规模也不大。根据市场机构披露的统计数据[②]，2014年至2021年累计落地的水利PPP项目数量533个、总投资约5 000亿元，占同期全国累计落地PPP项目总量和投资总额的3.9%和2.3%，而同期交通PPP项目数量和投资规模占比分别达到13.6%和37.6%。

湖南省莽山水库项目作为国家发展改革委推荐的PPP典型案例之一[③]，在PPP模式操作过程中，几经波折，但也有很多值得借鉴的经验。莽山水库位于湖南宜章县，是一座以防洪、灌溉为主兼顾城镇供水与发电等功能的综合大型水利枢纽工程，由枢纽工程和灌区骨干工程两部分组成，项目静态总投资约15亿元。宜章县政府于2013年1月开展莽山水库项目法人公开招标工作，2012年至2013年先后进行三次招标，均未成功。业主在招标文件中不断加大优惠力度、扶持承诺及收入保障条款后第四次因投标人原因流标，第五次招标才成功。

在提高社会资本积极性方面，莽山水库PPP项目做了一些探索，其有两点做法值得借鉴。（1）对工程合理分段，分别采取不同的操作方式，减少社会资本投入。其中，水库枢纽工程因具有供水、发电、旅游开发等经营性功能，采取PPP模式，政府授予项目公司44年特许经营权（含建设期4年）；灌区骨干工程采取公建公营模式，由社会资本方承建，建设资金由政府全额承担。工程合理分段的方式，可以使社会资本在获得项目施工合理利润的同时，减少对工程建设的投入。（2）建立投资回报合理保障机制。一是在灌溉用水和城镇供水方面设置有限保底收入。竣工验收后、达到设计水平年前，政府补贴农业灌溉用水水费收入，确保项目公司该项收入不低于500万元／年；达到设计水平年后，水库管理局向项目公司支付农业灌溉用水水费，且用水量不低于设计规模的80%，不足部分由政府补贴。在城镇生活供水方面设置了类似的保障机制。上述做法可以缓解项目在达到设计水平年之前因收益不足造成的资金压力，有利于降低社会资本的投资风险。二是按特许经营协议约定价购电（上网电价0.42元／度）。三是授予项目公司库区旅游特许经营权。四是

---

① 吴有红.基础设施投融资政策与实务［M］.北京：人民日报出版社，2022.
② 根据北京明树数据科技有限公司发布的历年PPP统计数据计算。
③ 韩志峰.中国政府和社会资本合作（PPP）项目典型案例［M］.北京：中国计划出版社，2018.

建设期间非项目公司原因造成的设计变更和工程延误，造成枢纽工程投资总额超出项目公司承诺投资额（4.2亿元）的部分，由政府负责筹措[①]。

案例思考题：

1. 与交通、市政等其他行业领域相比，水利PPP项目数量不多，投资规模也不大的原因是什么？

2. 根据上述案例，你认为PPP模式能够顺利实施的关键环节是什么？

二维码8-2　案例分析题提示

① 吴有红.基础设施投融资政策与实务［M］.北京：人民日报出版社，2022.

第⑨章　流动资产管理

学习目标

通过本章的学习，学生应掌握现金管理、应收账款管理和存货管理的基本内容和分析框架，重点掌握最佳现金持有量的确定方法、应收账款信用政策的制定、存货控制的基本方法；理解企业持有现金、应收账款和存货的动机；熟悉各种流动资产的日常管理方法。

导言

流动资产的本质特征是流动性，在流动资产不断周转运行的过程中，使企业实现了价值补偿与增值，因此，流动资产管理在企业财务管理中占据着重要地位。由于资产的流动性越强，其盈利性就越弱，如果企业的流动资产过多，会增加企业的财务负担，影响企业的利润；反之，如果流动资产不足，则资金周转不灵，会影响企业的经营，因此，合理配置流动资产需要量在财务管理中具有重要的地位。企业一定生产周期内所需合理的流动资产占用量应是既保证生产经营的正常需要，又无积压和浪费的占用量。

9.1　现金管理

9.1.1　企业持有现金的动机

巴菲特在2022年伯克希尔·哈撒韦股东大会上曾说过："任何事情都可能改变，有一件事一定不会变，就是手上一定要持有大量现金。现金就像是氧气。"现金是指在生产经营过程中暂时停留在货币形态的资金，包括库存现金、银行存款、银行本票、银行汇票等。但由于短期有价证券的变现能力很强，所以财务管理者将短期有价证券视为"现金等价物"，其内容包括国库券、可转让存单、商业票据等。

经济学家约翰·梅纳德·凯恩斯（John Maynard Keynes）在他的伟大著作《就业、利息与货币通论》（The General Theory of Employment，Interest and Money）中提出企业持有现金有3个动机，即交易动机、预防动机和投机动机。

1）交易动机

交易动机（transaction motive）是指企业持有现金以便满足日常经营业务的开支，如购买材料、支付工资、支付水电费、缴纳税款、发放现金股利等。由于企业每天的现金收入与现金支出在时间上和数量上很难同步等量，因此，企业有必要保留一定的现金余额以便企业在现金支出大于现金收入时，不至于中断交易。交易动机的现金需要量主要取决于企业的产销业务量水平。

2）预防动机

预防动机（precautionary motive）是指企业为了应付意外紧急事件而持有现金。尽管财务主管试图利用各种手段来较准确地估算企业需要的现金数量，但是由于市场环境的变化和其他各种不确定因素的存在，也会使原本很好的财务计划失去效果。因此，企业为了应付突发事件，有必要维持比日常正常运转所需金额更多的现金。一般而言，预防动机的现金需要量取决于：（1）企业愿意承担风险的程度；（2）企业临时举债的能力；（3）企业现金预算的可靠程度。

3）投机动机

投机动机（speculative motive）是指企业持有现金是用于不寻常的购买机会的需要。例如，可能发生低价购买，预期有价证券价格上升，市场出现有利的汇率波动等机会，这时企业可以利用手中持有的现金进行投机交易，从中获得收益。当然，除了金融和投资公司以外，一般的企业投机性现金储备相对较少，如果真的获得不寻常的购买机会，通常设法临时筹资。

小资料9-1　　低息环境下，持有大量现金的美股巨头如何巧用资金[①]

苹果公司持有现金及现金等价物275.02亿美元，相当于其资产总值的8.18%；可交易证券（包括流动资产和非流动资产）却高达1 518.06亿美元，相当于其资产总值的45.14%。换言之，苹果公司有一半以上的资产是现金及可交易证券。

从2022年6月25日的公允值（fair value）数据来看，苹果公司真正意义的账上现金只有128.12亿美元，其余大约有111.9亿美元现金投资于[illegible]，持有[illegible]美元的存款，另外的1 513.38亿美元则投资于债券，包括企业债券、国债、商业票据、市政债券、资产或按揭抵押证券等。

从苹果公司截至2022年6月25日9个月的财务数据来看，其利息及股息收入总额为20.72亿美元，尚不足以完全覆盖利息支出21.04亿美元——苹果公司持有2 221.31亿美元的附息贷款，远超其现金及投资资产1 793亿美元，能够将利息开支净额缩减至3 200万美元已是相当不错的理财技术。

换言之，在低息环境下，苹果公司以较低的资金成本取得巨额贷款资金，随时准备把握扩张机会。同时，以高超的理财技巧，用有效久期能够匹配的资产来对冲相应的财务支出，尽可能实现最佳财务效益。

值得注意的是，苹果公司逾2 000亿美元附息贷款，截至2022年6月25日9个月的成本仅为21.04亿美元，被利息收入20.72亿美元抵销了大半，但该公司于期内却支付了761.12亿美元取悦股东——包括用111.38亿美元支付股息和649.74亿美元回购股份——从中可以看出，在低息环境下，财技卓越的上市公司是如何为股东带来投资回报的！

9.1.2　现金管理的目标与内容

现金管理的目标就是在保证企业正常生产经营及适度资产流动性的前提下，尽量降低现金的持有量和持有成本，以提高企业整体资金的收益水平。在正常的市场环境下，一般流动性较强的资产，其收益性相对较低，这就意味着如果企业持有的现金过多，则会降低

① 资料来源：毛婷. 现金不是垃圾！持有大量现金的美股巨头如何巧用资金［EB/OL］.［2022-10-06］. https://business.sohu.com/a/590635785_522913.

企业资金的收益水平；但是，如果持有现金太少，又会影响企业交易的正常进行，错失良好的购买机会，同样会降低企业资金的收益水平，甚至会对企业的信誉造成一定的影响。由此看来，企业在现金控制方面，面临着现金不足和现金过量的双重挑战。现金控制的目标，就是在资产的流动性和盈利性之间权衡抉择，使企业获得最大的长期效益。

9.1.3 最佳现金持有量的确定

在现代财务管理理论中，有多种确定最佳现金持有量的模型，下面介绍其中常见的四种模型：现金周转模型、成本分析模型、存货模型和随机模型。

1）现金周转模型

现金周转模型是通过现金周转天数确定最佳现金持有量的模型。所谓现金周转天数是指从现金投入生产经营开始，到产成品出售收回现金的时间。它的长短取决于存货周转天数、应收账款周转天数及应付账款周转天数，它们之间的关系如图9-1所示。

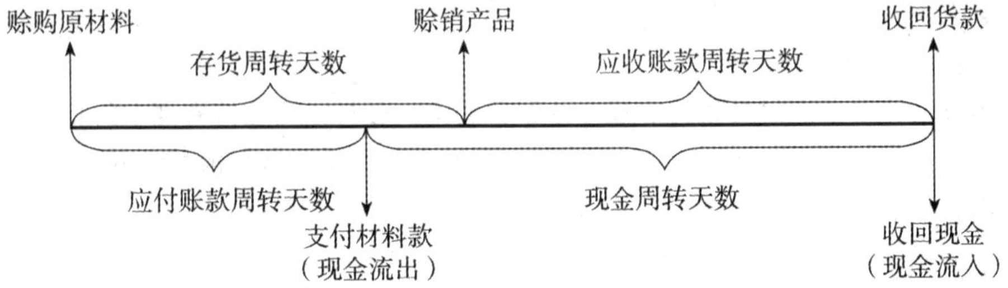

图9-1 现金周转天数示意图

根据图9-1所示，现金周转天数可按以下算式计算：

$$现金周转天数=存货周转天数+应收账款周转天数-应付账款周转天数 \tag{9.1}$$

现金周转天数确定后，便可确定最佳现金持有量。其计算公式如下：

$$\begin{aligned}最佳现金持有量&=每日现金需要量\times现金周转天数\\&=\frac{企业年现金需求量}{360}\times现金周转天数\end{aligned} \tag{9.2}$$

从现金周转天数的公式可以看出，企业在现金需要量一定的情况下，可以通过采取措施加速资金周转，减少现金周转天数，以降低企业的现金持有量，进而减少现金占用，提高企业的资金利用效率。

【例9-1】某企业计划年度的存货周转天数为115天，应收账款周转天数为85天，应付账款的周转天数为60天，企业全年的现金需要量为720万元。求该企业的最佳现金持有量。

该企业最佳现金持有量的计算过程如下：

$$现金周转天数=115+85-60=140（天）$$

$$最佳现金持有量=\frac{720}{360}\times140=280（万元）$$

现金周转模型简单明了、易于操作，但在使用时应注意以下两个前提条件：①企业的生产经营要持续稳定，现金支出需均匀稳定，不确定因素少，未来年度的现金总需求量可以根据产销计划比较准确地预计；②未来年度与历史年度的周转效率基本一致或其变化率可以预计，使企业可以根据往年的历史资料较为准确地测算现金周转天数。如果上述前提条件不能满足，计算出的最佳现金持有量的准确性必然会受到影响。

小资料 9-2　　　　　小米宣示“5%”净利率背后：负现金需求[1]

在小米于港交所上市的招股书上，小米宣示承诺：“我们的承诺……小米整体硬件业务……综合净利率不会超过5%。若有超出部分，我们都将回馈给用户。”这样的承诺令人印象深刻，单纯从产品的净利润率，很难理解这个调整，如果我们把视野扩大到整个供应链上，特别是注意到这个供应链上的资金流动，答案就昭然若揭了。

需要注意的是，小米直销其产品，消费者订购之后就需要立即支付，但是，小米通常在配件到位的60天至90天后才向它的供应商支付货款。以2017年为例，小米可以免费占用供应商资金的时间是36天。按照2018年半年报的数据推算，占用时间扩大到了77天。这就意味着，在这个链条模式下，小米对现金的需求是负的，销售额越大，小米累积的现金就越多。在很大程度上，这笔钱构成了小米重要的资金池。我们可看到如此一个类金融的业务闭环：现金周转过程中，小米获得了大量的“免费”资金，利用所获得的免费商业信用，赚取额外的收益。

2）成本分析模型

成本分析模型是通过分析持有现金的相关成本，分析预测使持有现金的相关总成本最低的现金持有量。因此，成本分析模型的关键是确定持有现金的相关成本和非相关成本，其具体内容包括：

（1）机会成本

企业由于持有一定数量的现金，必然放弃将其用于其他投资机会而可能获得的收益，这种放弃的潜在收益就是持有现金的机会成本，一般可用企业的资本成本、资本收益率、证券投资收益率等指标来表示。机会成本与企业的现金持有量成正比，即现金持有量越大，机会成本越高。因此，机会成本是企业持有现金的相关成本。

（2）管理成本

企业持有现金会发生一些管理费用，如管理人员的工资、安全措施费用等。这些费用就是现金的管理成本。管理成本是一种固定成本，它与现金持有量之间没有明显的变化关系。因此，管理成本属于无关成本。

（3）短缺成本

短缺成本是指企业由于现金的持有量不足，不能满足正常的业务开支，使企业蒙受的损失或为此付出的代价，如丧失购买能力成本、信用损失成本等。短缺成本与现金持有量成反比，即现金持有量越大，短缺成本越低。因此，短缺成本是企业持有现金的相关成本。

最佳现金持有量的成本分析模型，就是对以上两种持有现金的相关成本进行分析，寻找使两种成本总额最低的现金持有量。如果我们能够找出相关成本与现金持有量之间的函数关系，则可以用坐标图的方法来求解最佳的现金持有量。如图9-2所示，此时，相关总成本是一条凹形曲线，曲线的最低点即持有现金相关总成本的最低点，相应的持有现金量就是最佳现金持有量 C^*。

---

① 资料来源：邹卫国.小米是硬件公司还是互联网公司？秘密在现金流上［EB/OL］.［2018-10-27］.http：//finance.jrj.com.cn/tech/2018/10/27103325267402.shtml.

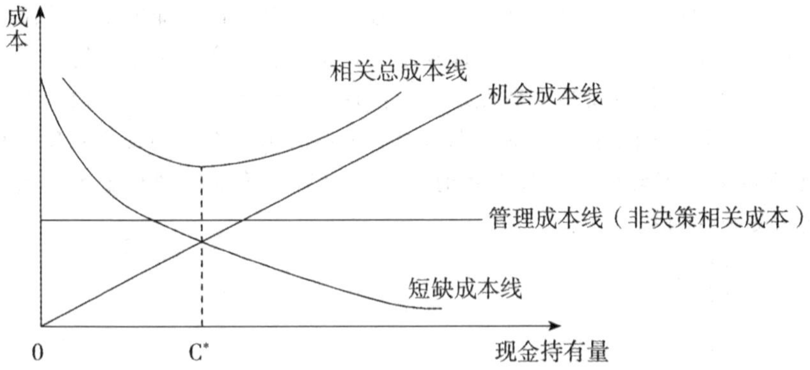

图9-2　成本分析模型

【例9-2】光明家具公司现有A、B、C、D四种现金持有方案，该公司应选择哪种方案为最佳方案？有关成本资料见表9-1。

表9-1　光明家具公司的备选方案资料　金额单位：万元

方案	A	B	C	D
现金持有量	50	100	150	200
机会成本率	5%	5%	5%	5%
短缺成本	15	8	2	0

根据表9-1的资料测算光明家具公司最佳现金持有量，见表9-2。

表9-2　光明家具公司最佳现金持有量测算表　单位：万元

方案	现金持有量	机会成本	短缺成本	相关总成本
A	50	2.5	15	17.5
B	100	5	8	13
C	150	7.5	2	9.5
D	200	10	0	10

根据表9-2的测算结果，应该选择成本最低的方案C。

成本分析模型的优点是易于理解，但要求企业能够确定决策相关成本与现金持有量的函数关系。通常情况下，企业可以根据机会成本与短缺成本相等条件下的现金持有量为最佳现金持有量的原理，考察不同现金持有方案的机会成本与短缺成本，当两种相关成本相等或者比较接近时的现金持有方案是值得选择的方案。

在实际工作中，由于现金持有量、机会成本和短缺成本取值呈非连续性，所以采用逐步逼近的测试方法必然能够找到较适宜的现金持有量。其基本思路就是沿着机会成本和短缺成本趋于相等的方向去寻找。

3）存货模型

存货模型也称鲍莫尔模型，是1952年由美国经济学家威廉·鲍莫尔（William·J. Baumol）首先提出的。他认为企业现金持有量在许多方面与存货批量类似，因此，可用存货批量模型来确定企业最佳现金持有量。该模型假定一定时期内企业的现金总需求量可以预测出来，并且企业每天的现金需求量（即现金流入量减去现金流出量）稳定不变，当现金余额为零时，可通过出售有价证券获取现金，使现金余额重新达到应有的水平。在此假定条件下，现金余额随时间推移所呈现的规律如图9-3所示，在期初现金余额为C元，此后现金余额逐渐减少，当现金余额降至零时，通过出售有价证券使现金余额重新回升至C元，并不断重复上述过程。

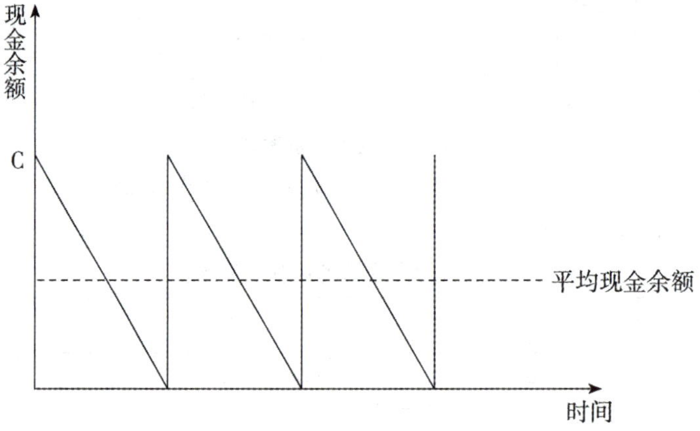

图9-3 存货模型

存货模型的着眼点也是寻找使持有现金的相关总成本最低的现金持有量，只不过存货模型是将企业的现金持有量和有价证券联系起来，将现金的持有成本与转换有价证券的转换交易成本进行权衡。这时与现金持有量相关的成本主要包括：

（1）持有现金的机会成本

持有现金的机会成本，即企业持有现金所放弃的收益。通常按有价证券的利率计算，它与现金持有量成正比例变化，即现金持有量越大，持有现金的机会成本就越高，但可以减少现金转换成有价证券的转换交易成本。

（2）有价证券转换成现金的转换成本

有价证券转换成现金的转换成本，即经纪人费用、税金及其他管理成本。假设这些成本只与交易次数有关，则交易次数越多，转换成本越高。

最佳现金持有量就是使得以上两种成本之和最小的现金持有量，可用公式表示为：

$$TC=(C/2)\times K+(T/C)\times F \tag{9.3}$$

式中：TC——总成本；

C——现金持有量（每次有价证券变现的数量）；

K——持有现金的机会成本（有价证券利率）；

T——一个周期内现金总需求量；

F——每次转换成有价证券的固定成本。

设（9.3）式中的C为变量，TC为C的函数；然后，对（9.3）式求一阶导数，并令导数等于零，即可得到最佳现金持有量C^*的计算公式：

$$C^*=\sqrt{\frac{2TF}{K}} \tag{9.4}$$

【例9-3】某企业预计每月现金需要量为200 000元，有价证券的月利率为1‰，现金与有价证券的转换交易成本为每次25元，则该企业的最佳现金持有量为多少？每月的有价证券最佳转换次数是多少？

根据计算公式（9.4）计算该企业的最佳现金持有量：

$$C^*=\sqrt{\frac{2TF}{K}}=\sqrt{\frac{2\times 25\times 200\ 000}{1‰}}=100\ 000\text{（元）}$$

每月有价证券的最佳交易次数=200 000÷100 000=2（次）

存货模型是以有价证券的转换为现金唯一来源的假设而建立起来的，而且要求现金均匀支出，因此，实践中真正能够满足上述条件的企业并不多见。

4）随机模型

随机模型又称米勒-奥尔模型（Miller-Orr Model），它是由美国经济学家Merton Miller和Daniel Orr首先提出的。这一模型是企业在现金需求量难以预测的情况下进行现金持有量控制的方法。它假定企业每日的净现金流量为一随机变量，其变化近似地服从正态分布，在这种情况下，企业可以根据历史经验和现实需要，测算出一个现金持有量的控制范围，即制定出现金持有量的上限和下限，将现金持有量控制在上下限之间。这种对现金持有量的控制如图9-4所示。

在图9-4中，H代表现金持有量的上限，L代表现金持有量的下限，R代表最优现金返回线。当现金持有量在H和L之间变动时，表明企业的现金持有量处于一个合理的水平，无须进行调整。当现金持有量上升至H时，表明企业的现金余额太多，应将数额为H-R的现金转换为有价证券，使现金持有量降至R；当现金持有量降至L时，则表明企业的现金余额太少，应将数额为R-L的有价证券转换为现金，使现金持有量升至R。其中，H与L之间的距离取决于每日现金流量变化的幅度、利率的高低和证券转换交易成本的大小，即每日现金流量的变动幅度越大，利率和证券转换成本越高，上下限之间的距离就越大；反之，上下限之间的距离越小。另外，下限L是企业现金的安全储备额，可以取零，但现实生活中，企业一般都不等现金持有量降为零再补充现金，所以L通常取大于零的某一数值。L值的确定取决于企业的现金流量情况及管理者对风险的态度。

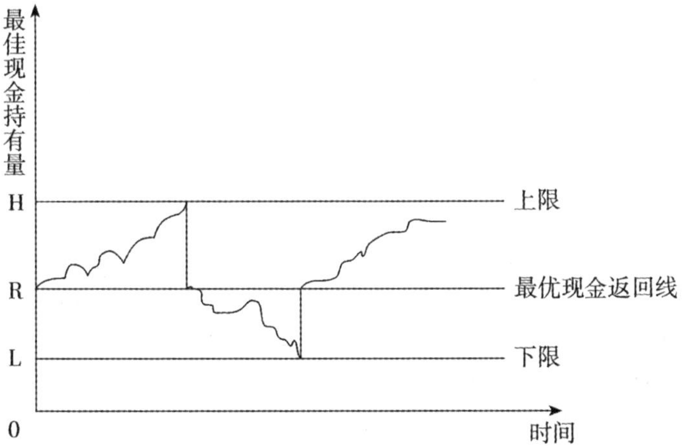

图9-4 随机模型

根据随机模型，H与R可按以下公式确定：

$$R=\sqrt[3]{\frac{3F\sigma^2}{4K}}+L \tag{9.5}$$

$$H=3R-2L \tag{9.6}$$

式中：F——每次转换有价证券的成本；

σ——每日净现金流量变化的标准差；

K——有价证券的日利率。

【例9-4】某公司持有的有价证券的年利率为10%，有价证券的每次转换成本为40元，公司的现金最低持有量为3 000元，根据历史资料测算出日现金余额波动的标准差为600元。

要求：根据上述资料确定该企业的最优现金返回线以及现金的控制上限。

该企业的最优现金返回线（R）$=\sqrt[3]{\frac{3F\sigma^2}{4K}}+L=\sqrt[3]{\frac{3\times40\times600^2}{4\times10\%\div360}}+3\,000=6\,388$（元）

控制上限（H）$=3R-2L=3\times6\,388-2\times3\,000=13\,164$（元）

计算结果表明，该企业在控制现金持有量时，首先取现金持有量为6 388元。然后将现金持有量控制在3 000元至6 388元之间。当现金持有量降至3 000元时，企业则出售3 388元的有价证券，使得现金重新上升为6 388元；当现金持有量上升至13 164元时，企业应购买6 776元的有价证券，使现金持有量降至6 388元。

随机模型的计算相对复杂，不易操作，但它被许多西方公司检验过，根据该模型进行现金控制比经验控制的效果要好。

以上我们介绍了四种最佳现金持有量的确定模型，在应用这些模型时要注意以下几点：（1）每一种模型都基于一定的假设前提，企业的实际情况能否与各模型所依据的假设前提相符；（2）各模型应用时所需要的数据资料在企业中是否易于取得；（3）财务人员应根据企业的具体情况和以往取得的经验，对利用模型测算的结果进行适当的调整。

9.1.4 日常现金收支的管理

企业日常的现金收支主要是由于其生产和销售产品所引起的，对于一个正常的企业而言，企业的日常现金流量主要涉及采购、生产和销售等方面，通常其起点为现金，依次转化为材料、半成品、产成品，又由于赊销形成应收账款，最后应收账款回收又回到现金终点，这实际构成了现金的短期循环，一般用现金转化周期指标表示。因此，对于日常现金收支的管理主要应该侧重于如何尽可能地缩短现金循环，保障现金的持续流动性。控制的目的在于加速资金周转，提高现金的使用效率。为此，企业对日常的现金收支管理，可以从以下几个方面考虑：

第一，合理安排现金收支，力争现金流量同步。许多人在现金管理方面经常容易走入这样的误区：只关注现金收支的数量平衡，也就是收支是否相抵，却忽视了现金收支的时间平衡，也就是收支是否同步。实际上，收支同步对于节约现金持有量具有非常重要的意义。通过安排现金收入的时间使之与现金支出相一致，企业可以把交易余额控制在一个最低水平。例如，公用事业公司、石油公司等可以安排向其客户收款以及支付自己账单的时间，在整个月内都保持定期的“账单周期”。这种现金流量的同步性能够在公司需要时提供所需现金，从而减少公司的平均现金余额。

第二，制定合适的信用政策，加速回收应收账款。要想早点收到货款，企业一方面需要制定适合企业实际情况的信用政策，另一方面还必须努力缩短从客户开出付款凭据到款项划入企业账户的时间。

第三，科学地进行存货决策，提高存货周转速度。企业需要进行合理的存货决策，简化生产流程，加速产品生产，减少在产品滞留在生产线上的时间。同时，还要记得保持销售渠道的畅通，使生产出来的产品能够尽快卖出去。

第四，推迟支付应付账款，延长平均付款期。如果供应商没有提供现金折扣，早付款晚付款金额都一样，那么早付就不如晚付。如果有现金折扣，那么企业需要作出权衡，以享受最大利益。当然，需要指出的是，利用这种策略有个限度，不能无限制地榨取供应商的利润空间，长期地占用供应商的营运资金。一味地不加节制地应用这个策略，很可能招致供应商的群起反抗，结成联盟，那样就会给企业带来极大的经营风险和财务风险。

第五，巧妙利用时间差，使用现金浮游量。从企业开出支票，收票人收到支票并存入银行，至银行将款项划出企业账户，中间需要一段时间。现金在这段时间的占用称为现金浮游量。在这段时间里，尽管企业已经开出了支票，却仍可动用在活期存款账户中的这笔资金。不过，需要控制好使用时间，以免发生银行账户透支。

日常现金收支管理的方法看起来很复杂，但其实它的思路非常简单，就是：该收回的现金尽可能早收回，该支付的现金尽可能晚支付。不过，要把这个思路付诸行动可就不那么简单了，它必须依靠财务部门与生产、销售等部门之间的密切配合才能实现。

9.2 应收账款管理

9.2.1 应收账款产生的原因

应收账款是企业流动资产的一个重要项目，是企业因对外赊销产品、材料，提供劳务等应向购货单位或接受劳务的单位收取的款项。产生应收账款的原因主要有两个：

1）商业竞争

一般而言，企业愿意采用现销方式出售商品，以迅速收回现金。但是随着市场竞争的日益激烈，为了提高竞争能力，扩大销售，企业往往需要暂时为客户垫付购买商品所需要的资金，即采用赊销方式销售商品，这是企业为扩大销售而采取的一种主动行为，属于信用销售，也是应收账款产生的主要原因。

2）销售和收款的时间差

在现实生活中，企业销售商品发出货物的时间和收到货款的时间往往不一致，这是因为货款结算需要时间的缘故。结算手段越落后，结算所需要的时间就越长，销售企业只能承认这种现实并承担由此引起的资金垫支。这种由于销售和收款的时间差而产生的应收账款，不属于商业信用，也不属于应收账款的主要内容，因此，这里只探讨属于商业信用的应收账款的控制。

9.2.2 应收账款的成本

由于应收账款是企业为扩大销售而采取的主动行为，因此，可以看作是企业在应收账款上进行的投资，虽然这种投资可以提高企业的竞争能力、扩大销售，但是另一方面，也会因此产生成本，主要包括：

1）机会成本

机会成本即企业的资金由于投放于应收账款而失去了可能投资于其他项目所获得的收益，如投资于有价证券便会有利息收入。这一成本的大小通常与企业维持赊销业务所需要的资金数量、资本成本或有价证券利率有关，其计算公式如下：

应收账款平均余额=日销售额×平均收现期 (9.7)

应收账款占用资金=应收账款平均余额×变动成本率 (9.8)

应收账款机会成本=应收账款占用资金×资本成本 (9.9)

=应收账款平均余额×变动成本率×资本成本 (9.10)

2）管理成本

管理成本即企业对应收账款进行管理所耗费的各种费用，如调查客户信用情况的费用、收集各种信息的费用、账簿的记录费用、数据处理费用、收账费用、相关管理人员成本和从第三方购买信息的成本等。

3）坏账成本

坏账成本即由于客户破产、解散、财务状况恶化、拖欠时间较长等原因，导致企业的应收账款不能收回而发生的损失。

9.2.3 应收账款管理的目标和内容

在应收账款控制中，企业面临着收益和成本的权衡问题。因此，应收账款控制的目标就是要在应收账款信用政策所增加的收益和该政策所增加的成本之间作出权衡，进而制定科学合理的信用政策，实现企业效益的最大化。

基于应收账款产生的原因和应收账款控制的目标，应收账款控制的内容主要包括：（1）根据企业的实际情况和客观经济环境，结合对客户信用状况的调查与评估，制定科学合理的信用政策，并依此来指导企业的信用销售和应收账款控制；（2）根据企业的总体赊销规模，结合客户的具体情况，确定给予客户的信用额度，用于指导与该客户的信用往来；（3）注重对应收账款的监控，随时掌握应收账款的占用、回收情况，进而对企业的信用政策提出改进建议；（4）加强对应收账款收回的控制，对于逾期欠款，通过一系列的收款政策，全力催收。

9.2.4 应收账款信用政策的确定

所谓信用政策是指企业对商业信用进行规划和控制而确定的基本原则和行为规范，具体包括信用标准、信用条件和收账政策三方面的内容。制定合理的信用政策是企业加强应收账款控制，提高应收账款投资效益的重要前提。

1）信用标准

信用标准（credit standards）是客户获得企业商业信用所具备的基本条件。如果客户达不到信用标准，则不能享受企业的信用或只能享受较低的信用优惠。信用标准制定的高低对企业的销售收入和成本影响很大。如果企业制定严格的信用标准，意味着只对信誉好的企业提供赊销，由此可以降低在应收账款上发生的机会成本、管理成本和坏账成本，但同时也降低了销售收入；反之，在宽松的信用标准下，企业可以争取较多的客户，其中一些信誉差的客户则表现出不能或不愿意付款，结果使应收账款的坏账损失增加，且随着信用标准的放松，坏账损失发生的频率也会大幅上升。

企业在制定信用标准时，首先对客户的资信程度进行调查、分析，然后在此基础上判断客户的信用等级，由此来决定是否给予客户信用优惠。企业通常利用定性分析和定量分析来对客户的资信程度进行评估，常见的信用评估方法有：5C评估法和信用评分法。

（1）5C评估法

5C评估法是对影响客户信用的五个方面（品德、能力、资本、抵押品和经济状况）进行重点分析的一种定性评估方法。此方法因为这五个方面的第1个英文字母都是“C”而得名。

① 品德（character），即客户履行偿还债务义务的态度，其是否愿意如期还款。品德是评价客户信誉品质的首要因素，企业可以通过对客户过去的付款记录进行分析评价。

② 能力（capacity），即客户的偿债能力，它取决于客户流动资产的数量、质量以及流动负债的性质。通过计算流动比率、速动比率、资产负债率等有关指标，或进行实地考察予以判断。

③ 资本（capital），即客户的财务实力，它反映了客户的经济实力与财务状况的优劣，是客户偿付债务的最终保证。

④ 抵押品（collateral），即客户提供的在其无力还款或拒绝还款时可以用作抵押的财产。如对客户的信用状况尚不清楚时，客户提供的抵押品越充足，信用安全的保障就越大。

⑤ 经济状况（condition），即可能影响客户偿债能力的各种经济环境。

（2）信用评分法

信用评分法是通过打分的方式评价每一个客户信用状况的一种定量分析方法。每个客户基于他所回答的一系列简单问题而得到相应的分数，然后企业再按照事先确定的标准评价这一分数，从而决定是否提高或降低该客户的信用等级。一般而言，简单的信用评分法是将与每个问题相关的违约比率简单相加，而复杂的信用评分法是进行多元回归分析，需要计算每个问题的相对权重进行统计分析。其基本公式为：

$$Y=a_1x_1+a_2x_2+a_3x_3+\cdots+a_nx_n=\sum_{i=1}^{n} a_ix_i \tag{9.11}$$

式中：Y——某企业的信用评分；

a_i——事先拟定的对第i种财务比率或信用情况指标进行加权的权数；

x_i——第i种财务比率或信用情况指标的评分。

信用评分法的主要优点是成本低且易于实施，通过简单的计算就可以发现需要注意的风险。但是确定哪些财务比率和对哪些信用状况指标进行评分以及各指标的权数如何确定是运用此方法的关键和难点。

2）信用条件

信用条件（credit conditions）是企业向客户提供商业信用的付款要求，包括信用期限、现金折扣和折扣期限。信用条件的基本表示方式为“2/10，N/30”，也就是说，如果客户在购货并取得发票后10天内付款，则可享受2%的现金折扣；如果10天内未能付款，则不能享受现金折扣，且应将全部货款在30天内付清。其中，10天为折扣期限，30天为信用期限，2%为现金折扣率。

（1）信用期限

信用期限是指企业允许客户从购货到支付货款的时间限定。信用期限与企业产品销售量之间存在着一定的依存关系。通常，延长信用期限，可以在一定程度上增大销售量，从而增加毛利；但不适当地延长信用期限，就会给公司带来不良后果：一是使平均收账期延长，占用在应收账款上的资金相应增加，引起机会成本增加；二是引起坏账损失和收账费用的增加。因此，企业是否给客户延长信用期限，应视延长期限增加的边际收入是否大于增加的边际成本而定。

（2）现金折扣和折扣期限

为了加速资金周转，促使客户尽早地付款，企业通常会向客户提供现金折扣优惠，即客户只要在折扣期限内偿付货款，就可按销售额的一定比率享受折扣，从而节省支出。折扣期限是指企业规定客户可以享受现金折扣的付款时间。企业提供现金折扣有两方面的好处：一是可以吸引一些视现金折扣为减价出售的新客户前来购货；二是可以促使一些老客户为了享受现金折扣而提前付款，使企业应收账款的平均收账期缩短，从而使应收账款的数额下降。但是现金折扣实际上是对销售收入的扣减，因此，企业是否提供以及提供多大幅度的现金折扣，应权衡提供现金折扣后所得的收益和现金折扣成本。

（3）信用条件的决策分析

企业在确定信用条件时，应当权衡利弊得失，即考察改变信用条件所带来的销售收入的增加同因此付出的成本代价之间的利弊关系，寻找使企业收益最大化，而不是销售额最大化的信用条件。下面举例加以说明。

【例9-5】某企业预计年度赊销收入净额为960万元，其信用条件是：N/30，变动成本率为60%，资本成本为10%，假定固定成本总额不变，该企业准备了3个信用条件的备选方案。

A：维持现行“N/30”的信用条件。B：将信用条件放宽到“N/60”。C：将信用条件放宽到“N/90”。

各种备选方案估计的赊销收入、坏账损失率和收账费用等有关数据见表9-3。

表9-3 信用政策备选方案 金额单位：万元

项目	A（N/30）	B（N/60）	C（N/90）
年赊销额	960.00	1 080.00	1 200.00
应收账款周转次数（次）	12.00	6.00	4.00
应收账款平均余额	960÷12=80.00	1 080÷6=180.00	1 200÷4=300.00
维持赊销业务所需要的资金	80×60%=48.00	180×60%=108.00	300×60%=180.00
坏账损失率	2%	3%	6%
坏账损失	960×2%=19.20	1 080×3%=32.40	1 200×6%=72.00
收账费用	12.50	14.00	18.50

根据上述资料，分别评价各种方案下的信用成本和收益，见表9-4。

表9-4 信用成本与收益比较（A、B、C方案） 单位：万元

项目	A（N/30）	B（N/60）	C（N/90）
①赊销额	960.00	1 080.00	1 200.00
②变动成本（①×60%）	576.00	648.00	720.00
③信用成本前收益（①-②）	384.00	432.00	480.00
④信用成本			
应收账款的机会成本	48×10%=4.80	108×10%=10.80	180×10%=18.00
坏账损失	19.20	32.40	72.00
收账费用	12.50	14.00	18.50
小计	36.50	57.20	108.50
⑤信用成本后收益（③-④）	347.50	374.80	371.50

根据表9-4的计算可知，在这3个方案中，B方案（N/60）获利最大，它比A方案（N/30）增加收益27.30万元，比C方案（N/90）增加收益3.30万元。因此，在其他条件不变的情况下，应选择B方案。

【例9-6】承【例9-5】，如果企业采用了B方案，但为了加速应收账款的收回，企业打算推出新的信用条件，即："2/10，1/20，N/60"（D方案），估计约有40%的客户将利用2%的折扣率，10%的客户将利用1%的折扣率，预计坏账损失率降为2%，收账费用降为10万元。根据上述资料，D方案的有关指标计算如下：

应收账款周转期=10×40%+20×10%+60×50%=36（天）

应收账款周转率=360÷36=10（次）

应收账款平均余额=1 080÷10=108（万元）

维持赊销业务所需要的资金=108×60%=64.80（万元）

应收账款机会成本=64.80×10%=6.48（万元）

坏账损失=1 080×2%=21.60（万元）

现金折扣=1 080×（2%×40%+1%×10%）=9.72（万元）

根据上述计算结果，对两个信用条件方案对比分析见表9-5。

表9-5 信用条件分析评价表 单位：万元

项目	现行方案（N/60）	新方案（2/10，1/20，N/60）
年赊销额	1 080.00	1 080.00
减：现金折扣		9.72
年赊销净额	1 080.00	1 070.28
变动成本	648.00	648.00
信用成本前收益	432.00	422.28

续表

项目	现行方案（N/60）	新方案（2/10，1/20，N/60）
信用成本：		
应收账款机会成本	10.80	6.48
坏账损失	32.40	21.60
收账费用	14.00	10.00
小计	57.20	38.08
信用成本后收益	374.80	384.20

表9-5的计算结果表明，企业实行新的信用条件后，收益可增加9.40万元，因此，该企业应采取D方案。

3）收账政策

收账政策（collection policy）是指企业为了催收已超过信用期的欠款而采取的相关程序和方法的组合。收账政策的内容主要包括两个方面：一是选择收账费用的投入量；二是制定收账程序。

（1）收账费用投入量的选择

企业对于客户拖欠的应收账款，无论采用何种方式进行催收，都需要付出一定的代价，即收账费用。一般来说，企业制定严格的收账政策，则可以减少坏账损失，减少应收账款上的资金占用，但是投入的收账费用也会增加，因此，要制定合理的收账政策就要在增加收账费用与减少坏账损失、减少应收账款上的资金占用之间进行权衡，若前者小于后者，则说明制定的收账政策是可取的。但是，值得大家注意的是，收账费用的投入与坏账损失之间并不是线性关系，二者之间的关系如图9-5所示。

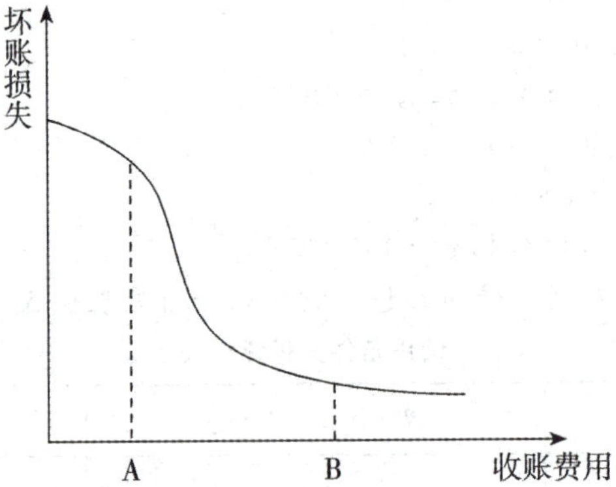

图9-5 收账费用与坏账损失的关系

由图9-5我们可以看到，企业一开始投入的收账费用通常只能减少很少的坏账损失，但当收账费用投入量增加到一定水平（A点）时，进一步增加收账费用则开始对坏账损失减少有显著的作用，然而当收账费用增至另一水平（B点）时，再增加收账费用则对减少坏账损失几乎不再起作用，因此，B点称为饱和点，它表明一定量的坏账损失是无法避免的。

（2）制定收账程序

为了催收已过期的应收账款，企业必须采取一定的收账措施，但是在收账过程中必须遵循一定的收账程序，一般来说，企业对未如期付款的客户，通常采用如下的程序进行收账：①信函通知，向客户发出一封措辞委婉的信件，提示其应付账款逾期的情况；②电话催收；③派专人与客户当面洽谈；④对客户采取法律行动。为了维护和客户的良好关系，企业在催收账款时，应针对不同情况采取相应的程序和方法，如果企业的收账努力程度过大，采用的收账方式过于激进，则会损害与客户的关系，使企业的销售受到不利的影响。

【课堂拓展】 关于加快推进社会信用体系建设构建以信用为基础的新型监管机制的指导意见[①]

新华社北京2019年7月16日电 近日，国务院办公厅印发《关于加快推进社会信用体系建设构建以信用为基础的新型监管机制的指导意见》（以下简称《意见》）。

《意见》指出，要以习近平新时代中国特色社会主义思想为指导，按照依法依规、改革创新、协同共治的原则，以加强信用监管为着力点，创新监管理念、监管制度和监管方式，建立健全贯穿市场主体全生命周期，衔接事前、事中、事后全监管环节的新型监管机制，不断提升监管能力和水平，进一步规范市场秩序，优化营商环境，推动高质量发展。《意见》提出了四个方面的政策措施。

一是创新事前环节信用监管。建立健全信用承诺制度，对申请人承诺符合审批条件并提交材料的有关行政许可事项应予即时办理，鼓励市场主体主动向社会作出信用承诺；充分利用各级各类政务服务窗口，探索开展经营者准入前诚信教育；积极拓展信用报告应用，鼓励各类市场主体在生产经营中更广泛、主动地应用信用报告。

二是加强事中环节信用监管。全面建立市场主体信用记录，及时、准确、全面记录市场主体信用行为，特别是将失信记录建档留痕，做到可查可核可溯；建立健全信用信息自愿注册机制，鼓励市场主体在“信用中国”网站或其他渠道上自愿注册信用信息；开展全覆盖、标准化、公益性的公共信用综合评价，为信用监管提供更精准的依据；大力推进信用分级分类监管，根据市场主体信用状况实施差异化监管措施。

三是完善事后环节信用监管。健全失信联合惩戒对象认定机制，督促失信市场主体限期整改，深入开展失信联合惩戒，坚决依法依规实施市场和行业禁入措施，依法追究违法失信责任，探索建立信用修复机制。

四是强化信用监管的支撑保障。提升信用监管信息化建设水平，形成信用监管协同机制；大力推进信用监管信息公开公示，做到“应公开、尽公开”；充分发挥“互联网+”、大数据对信用监管的支撑作用，实现信用监管数据可比对、过程可追溯、问题可监测；切实加大信用信息安全和市场主体权益保护力度，积极引导行业组织和信用服务机构协同监管。

《意见》要求，各地区各部门要加强组织领导，细化责任分工，加强与其他“放管服”改革事项的衔接，组织开展信用建设和信用监管试点示范。加快建章立制，推动制定社会信用体系建设相关法律法规。通过各种渠道和形式，深入细致向市场主体做好政策宣传解读工作。

① 资料来源：新华社.国务院办公厅印发《关于加快推进社会信用体系建设构建以信用为基础的新型监管机制的指导意见》［EB/OL］.［2019-07-16］.http：//www.gov.cn/xinwen/2019-07/16/content_5410254.htm.

9.2.5 应收账款的日常控制

应收账款产生后，企业需加强对应收账款的日常控制，使得企业在应收账款上的投资取得良好的收益。为此，企业应采取以下几项控制措施：

1）建立客户信用档案

企业是否决定对某一特定的客户提供商业信用，是建立在对客户的信用状况分析的基础之上的。为此，企业需要为每一位客户建立一个信用档案，搜集记录其有关信用方面的详细资料，包括：①客户的基本情况，如客户名称，经营范围，银行往来账户，不动产资料，不动产抵押状况以及客户可能的其他投资和融资资料；②客户与本企业的往来情况，如订单数量、每月的采购金额、该客户的付款记录等；③客户的资信情况，如信用评估专门机构定期发布的有关企业信用等级的报告，基于客户的资产负债表和利润表等计算的有关财务比率、客户的实际经营情况及发展趋势信息，客户即期及延期的付款情况、近期有无拒绝付款的情况等。企业建立了客户信用档案后，有关人员还应对档案资料定期审查，不断更新，以保证所获得的信用资料及时、完整和可靠，为企业制定或调整信用政策提供有用的信息。

2）利用信用额度控制

信用额度就是在任何时候允许客户欠款的最大限额，从本质上讲，它表示企业对一个客户所愿意承担的最大风险。一般来说，企业对于初次提供赊销的客户要进行信用分析，从而制定合理的信用政策，但如果企业与该客户继续进行业务往来，则企业可以为客户制定一个信用额度，以使在每次收到订单时不必重新评价是否提供信用，从而提高了发货的效率。具体的做法是，企业只需确定一笔订单能否使客户的欠款总额超过其限额，如果不能，则按订单发货；否则必须作出是否提高信用额度的决策。信用额度虽然不一定能提高客户付款的概率，但它可以限制不付款引起的坏账损失。

3）应收账款监控

企业在向客户提供赊销之后，应加强对应收账款的监控，包括：①随时了解和掌握客户的信用状况，经常测算和分析应收账款的占用、回收情况，对企业的信用政策提出改进意见；②通过将实际发生的应收账款与合理持有额度进行比较和分析，判断应收账款在总额上是否合理；③通过应收账款的账龄分析，判断应收账款内部结构是否合理，信用标准的制定是否准确；④对超过信用期限时间不等的过期账款制定不同的收账策略，采用不同的收账方法进行催收。

在应收账款的监控过程中，可供采用的主要方法有：

（1）账龄分析法

账龄分析法是根据应收账款账龄的长短来分析反映应收账款占用和还款时间及数额分配情况，并据此估计坏账损失的大小，从而对应收账款实施监督控制的一种方法。账龄分析法通常要通过编制账龄分析表来实现，账龄分析表是显示某公司应收账款在外天数（账龄）长短以及不同账龄应收账款的余额占应收账款总额的比重的报告，具体格式见表9-6。

由表9-6我们发现该公司应收账款的回收情况不容乐观，因为有超过60%的应收账款已经逾期。但是令人稍感欣慰的是，逾期1年以上的应收账款金额比重并不大，仅占4%。但是一半以上的应收账款都逾期了，该公司也应该意识到原定的信用期限可能有不合理之处。通过账龄分析，可以使企业了解到有多少账款在信用期内，有多少账款超出信用期，不同账龄的过期账款各占多少比例以及有多少应收账款可能会因拖欠时间太长而发生坏账损失。一般来说，信用期内的账款属于正常欠款，但到期后能否收回还应具体分析、及时监控。对于超出信用期的账款，要具体分析其超出的时间及所占的比重，如果欠款的账龄较长、比重较大，其坏账的可能性就大，这就需要企业提前作准备，并针对不同的客户采取相应的收账方法、制定经济可行的收账政策，防止出现不良债权。

表9-6 账龄分析表

应收账款账龄	账户数量	应收账款余额（万元）	金额比例（%）
信用期内	80	800	38
超过信用期1个月	40	500	24
超过信用期2个月	30	400	19
超过信用期3个月	20	200	10
超过信用期6个月	15	100	5
超过信用期1年	8	50	2
超过信用期2年	6	30	1
超过信用期3年以上	2	20	1
合　计	201	2 100	100

（2）平均收账期法

平均收账期法是通过计算应收账款的平均收账期指标，然后将其与目标值（如同行业企业有关数据等）进行比较分析，以便为加强应收账款的监控提供依据的一种方法。其计算公式为：

$$\text{具体客户的平均收账期}=\frac{\sum(\text{一定时期内每笔订货数额}\times\text{该笔订货的收账天数})}{\text{一定时期的订货总额}} \tag{9.12}$$

$$\text{总体的平均收账期}=\frac{\text{(平均)应收账款余额}}{\text{平均每日赊销额}} \tag{9.13}$$

企业利用平均收账期指标与同行业企业有关数据进行对比，可以及时发现信用政策方面存在的问题，并采取必要的措施，加强应收账款的日常控制。

小资料9-3　　中兴通讯应收账款“三环”管理体系构建与应用①

在业务全球化的过程中，中兴通讯股份有限公司（以下简称“中兴通讯”）以财务共享为基础，逐渐形成了以战略财务、业务财务、共享财务联合驱动的全球应收账款管理模式。其中：战略财务为战略及经营管理提供决策支撑；业务财务深入业务进行全价值链的财务管理；共享财务集中财务基础工作，提供高效的信息服务。三者协同驱动应收账款“三环”管理体系的运转、落地。具体来说，该体系是由财务环、业务环、管理环组成。其中：财务环是应收账款管理中财务部门直接管理控制的范围，是财务基础工作，包括发

① 资料来源：王秀红，孙彦丛，宋倩.中兴通讯应收账款“三环”管理体系构建与应用［J］.财务与会计，2018（1）.

票管理、应收确认与核销、客户对账业务，是遵循“开票到合同、核销到发票、对账到客户”的基本原则建立的。共享财务是财务环运作的必然选择，通过财务共享服务中心把全球的应收数据集中在国内，进行标准化、流程化、信息化的科学管理，从而加速财务环运转。业务环则覆盖从商机确认到收款的全业务流程，从事前、事中、事后三阶段进行管控。应收管理业务环的事前管控是指严控客户信用风险及商务条款，事中管控是指实时把控项目交付执行，事后管控主要是规范收账流程，分步、分级、分类推进欠款清收。管理环由组织、人员、流程、制度、系统、绩效六要素组成，是应收账款的管理环境和基础，保障和促进了应收账款管理核心业务的开展。

9.3 存货管理

9.3.1 企业持有存货的动机

存货是指企业在生产经营过程中为销售或者耗用而储备的流动资产，一般包括三种类型，即原材料、在产品和产成品。不同企业的存货类型和数量各不相同，商品流通企业和工业企业的存货数量与金额通常较大而且种类繁多，而服务企业和软件开发企业的存货数量与金额较小。同一种资产在不同的企业也表现出不同的性质，对于机器制造企业来说，尚未售出的机器设备属于存货，而在另一家企业它可能是用于生产产品的固定资产。企业持有存货的动机主要有以下两个方面：

1）保证生产和销售的正常进行

一般来说，企业的原材料购买、生产进度安排以及产品的销售在数量上和时间上难以保持绝对的平衡。因此，持有一定的存货可使企业在生产和销售环节具有弹性，不会因物资的短缺而导致生产和销售的中断。否则的话，可能会使企业失去现在乃至将来的销售机会。

2）获取规模效益

企业持有存货还可以获得规模效益。如批量采购原材料，可以获得价格上的优惠，也可以减少管理及采购费用；批量组织生产，可以降低调整准备成本，从而降低生产成本；批量组织销售，可以及时满足客户对产品的需求，有利于销售规模的迅速提高。

一般来讲，存货在企业流动资产中所占的比重较大，且是一项变现能力较差的流动资产，因此，加强存货的规划和控制，使存货量保持在最优水平上，会极大地改善整个企业的财务状况，提高经济效益。

9.3.2 存货的成本

由以上分析可知，增加存货可使企业获得采购和生产的经济性，保证生产和销售的连续进行，并且能够更快地满足客户的订货。简而言之，存货使企业的生产经营更加灵活。但是存货的增加也会产生各种成本，主要包括以下几项：

1）取得成本

取得成本是指为取得某种存货而支出的成本，它又可分为：①订货成本，即取得订单的成本。订货成本中有一部分与订货次数无关，如常设采购机构的基本开支等，称为订货的固定成本，用F_1表示。另一部分与订货次数有关，如差旅费、邮资等，称为订货的变动成本，每次订货的变动成本用K表示，订货次数等于存货年需要量D与每次进货量Q之商。②购置成本，即存货本身的价值，通常用存货数量与单价的乘积来确定。年需要量用D表示，单价用U表示，则购置成本为DU。订货成本加上购置成本，就等于存货的取得成本（TC_a），其公式可表达为：

取得成本=订货成本+购置成本　　　　(9.14)

$$TC_a=F_1+\frac{D}{Q}\cdot K+D\cdot U \tag{9.15}$$

2）储存成本

储存成本是指为保存存货而发生的成本，储存成本也分为储存固定成本和储存变动成本。储存固定成本与存货数量的多少无关，如仓库折旧、仓库职工的固定月工资等，常用F_2表示；储存变动成本与存货的数量有关，如存货资金的应计利息、存货的破损和变质损失、存货的保险费用等，单位变动成本用K_c表示。因此，储存成本（TC_c）的计算公式为：

储存成本=储存固定成本+储存变动成本　　　　(9.16)

$$TC_c=F_2+K_c\cdot\frac{Q}{2} \tag{9.17}$$

3）缺货成本

缺货成本是指由于存货储备不能满足生产和销售的需要而造成的损失，如停工损失、丧失销售机会的损失、商业信誉的损失、紧急采购的额外开支等。缺货成本用TC_s表示。

存货的总成本表现为取得成本、储存成本、缺货成本三者之和，用TC表示，其计算公式为：

$$TC=TC_a+TC_c+TC_s$$
$$=F_1+\frac{D}{Q}\cdot K+D\cdot U+F_2+K_c\cdot\frac{Q}{2}+TC_s \tag{9.18}$$

存货的增加可以为企业带来一定的效益，但同时也增加了企业持有存货的成本，因此，存货控制的目标就是要在存货的效益与成本之间进行利弊权衡，在充分发挥存货功能的同时尽量降低存货成本，增加企业的收益。

9.3.3 存货管理的目标

存货作为企业重要的资产，其管理目标应与资产管理目标相一致，即以尽可能少的资产占用和消耗，创造出尽可能多的价值。因此，降低存货成本，减少存货资金占用，合理配置与使用存货，保全存货价值并为企业创造价值，必然成为存货管理的基本目标。具体包括以下两个方面：

（1）确保充足的存货可以维持正常的生产经营。为保障生产的正常进行，必须储备一定量的原材料，否则可能会造成生产中断、停工待料等现象。一定数量的库存商品能够增加企业在销售方面的机动性和适应市场变化的能力。当产品市场需求量增加时，如果产品储备不足就可能失去销售良机，所以保持一定量的存货是有利于市场销售的。

（2）降低存货的成本、减少资金占用。在保证生产销售正常进行的前提下，企业应尽量降低存货成本，减少存货资金占用。存货的成本包括取得成本、储存成本和缺货成本，这三种成本既相互独立，又相互影响。降低存货成本要将三种成本综合考虑。存货资金的占用，主要受到存货数量和存货成本的影响。因此，企业要降低存货成本，减少资金占用，应该在采购管理、库存管理、生产管理及销售管理等环节做好工作。

9.3.4 存货管理的基本方法

经济批量控制是最基本的存货定量控制方法，包括经济订货批量模型及其扩展模型两方面内容。经济订货批量模型（economic ordering quantity model，EOQ）是指在保证生产经营需要的前提下能使一定时期内存货相关总成本最低的采购批量。经济订货批量模型有许多形式，但各种形式的模型都是以基本经济订货批量模型为基础发展起来的。基本经济订货批量模型使用了许多假设条件，有些条件与现实相差较远，但是它却为经济订货批量的确定奠定了良好的理论基础，而其他模型一般是在基本模型的基础上，通过放宽某些假设条件得到的，因此称为基本模型的扩展模型。

1）基本经济订货批量模型

基本经济订货批量模型，通常是建立在如下基本假设基础上的：

（1）企业能够及时补充存货，所需的存货，市场上供应充足，在需要存货时可以立即取得；

（2）存货集中到货，而不是陆续入库；

（3）不允许缺货，即无缺货成本；

（4）一定时期的存货需求量能够确定，即需求量为常量；

（5）存货单价不变，不考虑现金折扣，单价为已知常量；

（6）企业现金充足，不会因现金短缺而影响进货。

基于上述假设，存货相关总成本的公式简化为：

$$TC=TC_a+TC_c \tag{9.19}$$

即：

$$TC=F_1+\frac{D}{Q}K+DU+F_2+K_c\frac{Q}{2} \tag{9.20}$$

式中：TC——存货相关总成本；

D——存货年需要量；

Q——每次进货批量；

K——每次订货的变动成本；

K_c——存货的单位储存变动成本；

F_1——订货固定成本；

F_2——储存固定成本；

U——单位购置成本。

根据公式（9.20），为了求出存货总成本TC的最小值，从数学角度，只要对上述公式求一阶导数，即得：

$$Q^*=\sqrt{\frac{2KD}{K_c}} \tag{9.21}$$

这就是经济订货批量的基本模型，由此求出的每次订货量Q^*就是使存货成本最小的订货批量。这个基本模型还可以演变成其他形式：

经济订货批量下的存货总成本：$TC(Q^*)=\sqrt{2KDK_c}$ （9.22）

最佳订货次数：$N^*=\frac{D}{Q^*}=\sqrt{\frac{DK_c}{2K}}$ （9.23）

最佳订货周期：$t^*=\frac{1}{N^*}$ （9.24）

经济订货批量占用的资金：$I^*=\frac{Q^*}{2}\cdot U$ (9.25)

【例9-7】某企业每年耗用甲材料3 600千克，材料单价为80元，一次订货成本为50元，每千克材料的年储存变动成本为4元。根据上述资料，计算甲材料的经济订货批量、年最佳采购次数以及经济订货批量下的最低总成本。

依据公式（9.21）可得，甲材料的经济订货批量为：

$Q^*=\sqrt{\frac{2KD}{K_c}}=\sqrt{\frac{2\times 50\times 3\ 600}{4}}=300$（千克）

依据公式（9.23），甲材料的年最佳采购次数为：

$N^*=3\ 600\div 300=12$（次）

依据公式（9.22），甲材料在经济订货批量下的最低总成本为：

$TC(Q^*)=\sqrt{2KDK_c}=\sqrt{2\times 50\times 3\ 600\times 4}=1\ 200$（元）

基本经济订货批量与相关成本之间的关系可用图9-6来表示。在该图中，储存变动成本与一次订货规模成正比例变动关系，而订货变动成本与一次订货规模成反比例变动关系。由此决定相关总成本线的变化。因此，点Q^*即为可使存货总成本最低的经济订货批量。

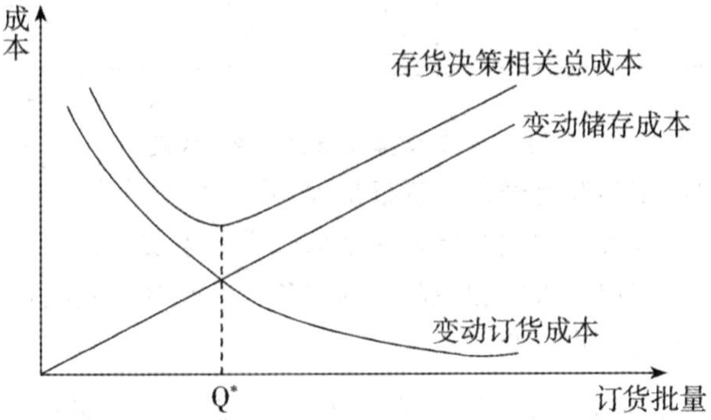

图9-6 基本经济订货批量与相关成本关系图

2）经济订货批量模型的扩展

经济订货批量模型是建立在一定的假设条件基础上的，而现实生活中能同时满足上述假设条件的情况相当罕见。为了使基本模型更接近于实际情况，具有较高的实用价值，需要适当放宽假设条件，同时改进基本模型。

（1）存在订货提前期与再订货点的存货经济订货批量模型

基本经济订货批量模型中假定“需要存货时可以立即取得”是不符合实际情况的。现实中，企业从订货到收到货物往往需要若干天，为了避免停工待料情况的发生，企业不能等到存货全部用完再去订货，而需要在存货没有用完之前提前订货。因此，企业需要计算自订货至收到货物所需的天数，此天数称为订货提前期，用L表示。在提前订货的情况下，企业再次发出订货单时，尚有存货的库存量，称为再订货点，用R表示。它的数量等于订货提前期（L）和每日平均需用量（d）的乘积，即：

$R=L\cdot d$ (9.26)

【例9-8】续【例9-7】，假定企业订货日至到货期的时间为15天，每日存货需用量为5千克，则：

R=L·d

=15×5

=75（千克）

当甲材料的存货降至75千克时，企业就应当再次订货，等到订货到达时，原有库存刚好用完。此时有关存货的每次订货批量、订货次数、订货间隔时间等并无变化，与瞬时补充时相同。这就是说，订货提前期对经济订货批量并无影响，可仍以原来瞬时补充情况下的300千克为经济订货批量，只不过在达到再订货点（库存75千克）时即发出订货单罢了。订货提前期的存货模式如图9-7所示。

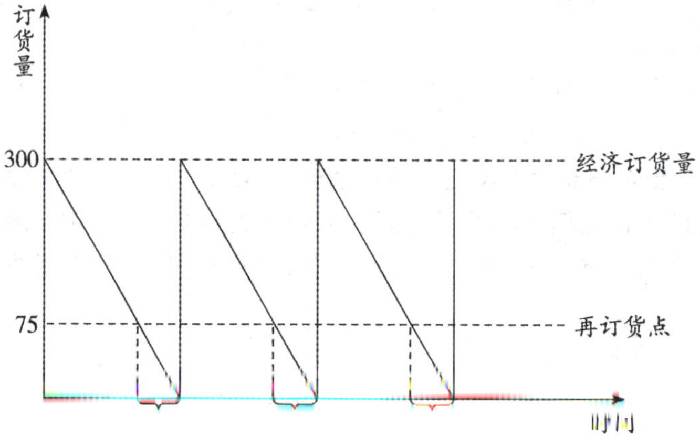

图9-7 订货提前期的存货模式图

（2）陆续供应和使用的存货经济订货批量模型

在建立基本模型时，我们假定存货一次全部入库。事实上，存货可能陆续入库，库存量也陆续增加。尤其是产成品入库和在制品的转移，几乎都是陆续供应和陆续耗用的。这时，需要对基本模型进行一些修改。

假设每批的订货量为Q。由于每日送货量为p，则该批存货全部送达所需日数为$\frac{Q}{p}$，称为送货期。其具体情况如图9-8所示。

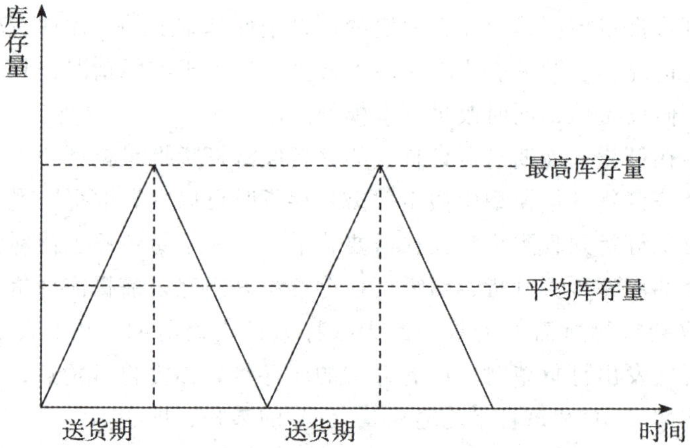

图9-8 陆续供应和使用的存货模式图

因存货每日耗用量为d，故送货期内的全部耗用量为$\frac{Q}{p}\cdot d$。由于存货边送边用，所以每批存货送完时，最高库存量已经小于Q，即最高库存量为 $Q-\frac{Q}{p}\cdot d$，平均存货量则为 $\frac{Q-Q/p\cdot d}{2}$。

这样，与批量有关的存货总成本为：

$$TC(Q)=\frac{D}{Q}\cdot K+\frac{Q-Q/p\cdot d}{2}\cdot K_c$$

$$=\frac{D}{Q}\cdot K+\frac{Q}{2}\left(1-\frac{d}{p}\right)\cdot K_c \tag{9.27}$$

对公式（9.27）求一阶导数，或者建立全年订货变动成本等于全年储存变动成本的等式，得到存货陆续供应和使用的经济订货批量公式为：

$$Q^*=\sqrt{\frac{2KD}{K_c}\cdot\frac{p}{p-d}} \tag{9.28}$$

相应的，存货陆续供应和使用的经济订货批量的相关总成本为：

$$TC(Q^*)=\sqrt{2KDK_c\cdot\left(1-\frac{d}{p}\right)} \tag{9.29}$$

【例9-9】某企业对A零件的年需要量为2 500件，每日送货量为20件，每日耗用量为10件，单位价格为50元，一次订货成本为25元，年单位储存变动成本为4元，则A零件的经济订货批量和经济订货批量下的相关总成本分别为多少？

依据公式（9.28）可得，A零件的经济订货批量为：

$$Q^*=\sqrt{\frac{2KD}{K_c}\cdot\frac{p}{p-d}}=\sqrt{\frac{2\times25\times2\,500}{4}\times\frac{20}{20-10}}=250\text{（件）}$$

依据公式（9.29）可得，经济订货批量下的相关总成本为：

$$TC(Q^*)=\sqrt{2KDK_c\cdot\left(1-\frac{d}{p}\right)}=\sqrt{2\times25\times2\,500\times4\times\left(1-\frac{10}{20}\right)}=500\text{（元）}$$

陆续供应和使用的存货经济订货批量模型，还可以用于存货自制和外购的选择决策。自制零件属于边送边用的情况，平均库存量较少，单位生产成本可能较低，但是每批零件投产的生产准备成本比一次订货的成本可能高出很多。外购零件的单位成本可能较高，平均库存量也较高，但是其订货成本则较低。要在自制零件还是外购零件之间作出选择，需要全面衡量它们各自的相关总成本。

（3）存在商业折扣的存货经济订货批量模型

在存货经济订货批量的基本模型中，假定商品的价格是不变的。但在现实生活中，许多企业在销售时都有批量折扣（商业折扣），即对大批量采购的企业往往在价格上给予一定的优惠。因此，在这种情况下，存货相关总成本除了考虑订货变动成本和变动储存成本外，还应考虑购置成本（因为购置成本随着订货批量的变化而发生变化，构成了存货批量决策的相关成本）。这时，

存货相关总成本=订货变动成本+变动储存成本+购置成本

$$TC=\frac{D}{Q}K+K_c\frac{Q}{2}+DU\text{（1-折扣率）} \tag{9.30}$$

考虑商业折扣情况下确定经济订货批量的步骤如下：

① 确定无商业折扣条件下的经济订货批量和存货相关总成本。

② 加进不同批量的进价成本差异因素。

③ 比较不同批量下的存货相关总成本，找出存货相关总成本最低的订货批量。

【例 9-10】某公司 W 零件的年需要量为 7 200 件，该零件单位标准价格为 50 元，已知每次订货成本为 25 元，单位零件年储存变动成本为 4 元。该公司从销售单位获悉的销售政策为：一次订货量为 1 000 件以内的执行标准价；一次订货批量为 1 000~3 000 件（含 1 000 件）的给予 2% 的批量折扣；一次订货批量为 3 000 件以上（含 3 000 件）的给予 3% 的批量折扣。请根据以上资料确定企业的最佳订货批量。

①没有价格优惠的最佳订货批量：

$$Q^*=\sqrt{\frac{2KD}{K_c}}=\sqrt{\frac{2\times 25\times 7\,200}{4}}=300\text{（件）}$$

300 件订货批量的存货相关总成本为：

7 200÷300×25+300÷2×4+7 200×50=361 200（元）

②1 000 件订货批量的存货相关总成本为：

7 200÷1 000×25+1 000÷2×4+7 200×50×（1-2%）=354 980（元）

③3 000 件订货批量的存货相关总成本为：

7 200÷3 000×25+3 000÷2×4+7 200×50×（1-3%）=355 260（元）

通过对上述 3 种订货批量下的存货相关总成本的比较，可以看出，1 000 件订货批量为最佳，因为其相关总成本最低。

（4）存在缺货情况的存货经济订货批量模型

基本模型中假定不允许缺货，从而杜绝了缺货成本。但在实际生活中，经常会因供货方或运输部门的问题导致所采购的材料无法及时到达企业，发生缺货损失，这时就必须将缺货成本加以考虑（因为缺货成本已存在，并且随订货批量的变化而变化）。在这种情况下，使订货变动成本、储存变动成本和缺货成本总和最低的采购批量，才是最佳的订货批量。

存货相关总成本=订货变动成本+储存变动成本+缺货成本

设 S 为单位缺货年均成本，利用导数求解的方式，所确定的存在缺货情况的存货经济订货批量的公式为：

$$Q^*=\sqrt{\frac{2KD\cdot(K_c+S)}{K_c\cdot S}} \tag{9.31}$$

最低的相关总成本为：

$$TC（Q^*）=\sqrt{\frac{2KDK_cS}{K_c+S}} \tag{9.32}$$

【例 9-11】某企业 R 材料年需要量为 2 000 吨，每次订货成本 50 元，单位材料年储存变动成本 2 元，单位缺货年均成本 4 元，则材料的经济订货批量及最低的相关总成本为多少？

依据公式计算，存在缺货情况的存货经济订货批量为：

$$Q^*=\sqrt{\frac{2KD\cdot(K_c+S)}{K_c\cdot S}}=\sqrt{\frac{2\times 50\times 2\,000\times(2+4)}{2\times 4}}\approx 387\text{（吨）}$$

最低相关总成本为：

$$TC(Q^*)=\sqrt{\frac{2KDK_cS}{K_c+S}}=\sqrt{\frac{2\times 50\times 2\,000\times 2\times 4}{2+4}}\approx 516\text{（元）}$$

9.3.5 存货管理的其他方法

1）定额控制

所谓定额控制，就是从满足生产经营的需要和最大限度节约资金的角度出发，采用一定的核定方法，制定生产经营过程中存货资金占用的数量标准，并用此对存货进行有效的控制。定额控制是财务控制的方法之一，存货定额作为一种数量标准，是衡量存货资金运用效率的尺度，一旦确定下来，就成为各个部门、各个生产环节存货占用资金的计划依据，也可作为对各职能部门的存货管理水平进行评价的标准。在定额的执行过程中出现偏差是正常的。一般来说，在业务量一定的前提下，如果发现超定额偏差，应及时分析原因，并采取措施加以纠正，以达到对存货的有效控制。此时，存货的定额控制是否成功，关键在于定额标准制定得是否科学合理并得到有效贯彻。

2）归口分级管理

所谓归口分级管理，是指在厂长、经理的领导下，以财务部门为核心，按照使用资金和管理资金相结合、物资管理和资金管理相结合的原则，将存货的定额和计划指标，按各职能部门所涉及的业务归口管理，然后各归口的职能部门再根据具体情况，将资金计划指标进行分解，落实到车间、班组、个人，实行分级管理。

3）ABC分类管理

ABC分类管理是由意大利经济学家帕累托，于19世纪在研究人口与收入的关系时提出来的，以后经过不断的发展与完善，现已广泛地应用于现代企业的存货管理与控制。ABC分类管理方法是根据各种存货在全部存货中的重要程度对存货进行分类、排队，分等级、有重点地管理和控制存货的一种方法。其具体的操作步骤是：

（1）计算每一种存货在一定期间内（通常为1年）的资金占用额；

（2）计算每一种存货的资金占用额占全部资金占用额的百分比，并按大小顺序排列；

（3）根据事先确定的标准，将全部存货分为A、B、C三类；

（4）针对不同类别的存货，实行不同的控制。

一般来说，A类存货是占用资金巨大，但品种数量较少的存货，这类存货的品种、数量通常占全部存货品种、数量的5%~20%，资金占存货总金额的60%~80%；B类存货是资金占用一般，品种数量相对较多的存货，这类存货的品种、数量通常占全部存货的20%~30%，资金占存货总金额的15%~30%；C类存货是品种数量繁多，但价值金额较小的存货，这类存货的品种、数量占全部存货的60%~70%，资金占存货总金额的5%~15%。

通过对存货进行A、B、C三级的分类，可使企业分清主次，并采取相应的措施进行有效的管理和控制。对于A类存货应重点管理、严格控制，经常检查库存，认真规划其经济订货批量；对于C类存货可采用比较简化的控制方式进行管理，如集中采购、适当加大安全存量等，以节约订货费用，同时避免缺货损失；B类存货的控制介于A类和C类之间，也应给予相当程度的重视，但不必像对A类那样进行非常严格的规划和控制，管理中可根据实际情况采取灵活的措施。

ABC分类管理法充分考虑了企业中存货的种类繁多但价值不等的特点，因此，可以帮助企业分清管理的主次，降低人力物力支出，提高经济效益。

4）现代存货的控制方法：JIT

JIT是起源于日本的just-in-time（准时生产系统）的简称，最早是由日本丰田汽车公司的副总裁大野耐一（Taiichi Ohno）提出的，其基本思想是“只在需要的时候，按需要的量，生产所需的产品”，也就是追求一种无库存或库存量达到最小的生产系统。在日本JIT又称为“看板”管理，在每一个运送零部件的集装箱里面都有一个标牌，生产企业打开集装箱，就将标牌给供应商，供应商接到标牌后，就开始准备下一批零部件。理想的情况是，下一批零部件送达时，生产企业正好用完上一批零部件。通过精确地协调生产和供应，日本的制造企业大大地降低了原材料的库存，提高了企业的运作效率，也增加了企业的利润。JIT与传统的库存管理思想形成鲜明的对比。传统的库存管理要求企业持有可靠的安全库存水平以保证生产不中断，而JIT要求最大限度地降低存货，甚至使存货为零，这样就降低了存货的资金占用，并避免了产品积压、过时变质等浪费，也减少了装卸、搬运以及存储等费用，从而降低了各项存货成本，提高了企业的经济效益。目前，许多公司都采用了JIT存货控制系统，最典型的例子就是戴尔计算机公司在产成品方面应用了该系统，由于戴尔只在接到订单后才开始组装计算机，因此，产成品库存为零。在1982年到1994年间，戴尔（美国）公司的库存在总资产中所占的比例下降了34%，JIT存货控制系统起了很大的作用。虽然JIT存货控制系统对企业非常有益，但实施起来却不容易，它要求供应商能够提供迅速的、高质量的服务，甚至与供应商距离的远近、是否有足够的接收库存的通道（如装货码头）等因素都会限制该系统的成功实施。

小资料9-4　　JIT的缺陷

美国的大公司，如沃尔玛，哈雷—戴维森，戴尔，思科，Gap等，都采用存货即时管理。企业保持最低存货量，减少仓库储存空间，降低存货的融资成本。JIT管理系统允许存货的到货时间从1小时到16小时不等。然而整个JIT系统本身也存在成本，这些成本不能被忽视。

JIT运行可以节约支出，但是也存在一些问题。2000年的电子市场事件就是一个很好的教训。零件短缺导致收入损失，电子行业增长减慢。1998—1999年间4个星期可获得的零件，在2000年7月却要花40个星期才能得到。一些高频芯片电话晶体管要提前18个月订购。行业专家说，大型跨国公司一般保持1个月的存货量，而此时若无人有存货，行业缺货，无法制造出需求增长的手机、计算机和掌上设备等所需要的零件。JIT的失败在于，商品销售增长过快，超过了预计增长速度，而生产商没有及时满足增长这样快的产品需要。此时，30天的存货供应量也只能帮助电话生产商维持很短时间的生产。

相反的情况发生在2001—2002年的经济放缓和衰退时期。销售收入下降太快，以至于即使在JIT系统下，供应商和生产企业的存货同时积压。调整了销售预测和生产计划之后，存货积压才最终得以缓解。

资料来源：布洛克. 财务管理基础［M］. 王静，译. 北京：中国人民大学出版社，2014：152.

总结与结论

- 企业持有现金的动机是满足交易性需要、预防性需要和投机性需要。
- 现金控制的目标是在保证企业正常生产经营及适度资产流动性的前提下，尽量降低现金的持有量，提高资金的收益率。

➢ 最佳现金持有量可以通过现金周转模型、成本分析模型、存货模型和随机模型来确定。

➢ 企业通常采用的现金收支控制方法有尽量加速收款、严格控制现金支出和力争现金流入与流出同步。

➢ 应收账款产生的原因是商业竞争和销售与收款的时间差距。

➢ 应收账款控制的目标是要在应收账款信用政策所增加的收益和该政策所增加的成本之间作出权衡，进而制定科学合理的信用政策，实现企业效益的最大化。

➢ 应收账款的信用政策是企业对商业信用进行规划和控制而确定的基本原则和行为规范，具体包括信用标准、信用条件和收账政策三方面的内容。

➢ 企业持有存货的动机主要是保证生产和销售的正常进行和获取规模效益。

➢ 存货控制的目标是要在存货的效益与成本之间进行利弊权衡，在充分发挥存货功能的同时尽量降低存货成本，增加企业的收益。

➢ 存货定量控制的最基本方法是经济批量控制。

➢ 除了经济批量控制方法以外，存货还可以通过定额控制、分级归口控制、ABC分类管理法以及JIT和MRPⅡ等方法来控制。

练习题

1. 某零售企业有四种资金持有方案，各方案有关成本资料见表9-7。

要求：请计算该企业的最佳现金持有量。

表9-7　**各种备选方案资料**

项目	甲	乙	丙
现金持有量（元）	20 000	30 000	40 000
管理成本（元）	2 000	2 000	2 000
机会成本率	8%	8%	8%
短缺成本（元）	9 600	7 300	6 700

2. 某公司预计全年需要现金40万元，该公司的现金收支状况比较稳定，因此当公司现金短缺时，公司就准备用短期有价证券变现取得现金，现金与有价证券每次的转换成本为50元，有价证券的年利率为10%，请利用存货模式计算该公司的最佳现金持有量、最低现金持有成本和有价证券的最佳交易次数。

3. 某企业的原料购买和产品销售均采用商业信用方式，其应收账款的平均收款期为120天，应付账款的平均付款期为40天，从原料购买到产成品销售的期限平均为100天。

要求：

（1）计算该企业的现金周转期；

（2）计算该企业的现金周转率；

（3）若该企业的现金年需求量为250万元，则最佳现金持有量为多少？

4.假设根据某公司现金流动性要求和有关补偿性余额的协议，该公司的最低现金余额为10 000元，有价证券年利率为10%，每次证券转换的交易成本为200元，此外公司现金余额波动的可能情况见表9-8。

表9-8 **现金余额波动表**

概率	现金余额（元）
0.2	10 000
0.5	40 000
0.3	100 000

如果一年按360天计算，利用随机模型，计算：

（1）现金最优返回线（结果保留至整数位）。

（2）现金流量上限（结果保留至整数位）。

（3）若此时现金余额为25万元，应如何调整现金？

（4）若此时现金余额为28万元，应如何调整现金？

5.X公司现行的信用政策是30天内全额付款，赊销额平均占销售额的75%，其余部分为付现购买。目前的应收账款周转天数为35天（假设一年360天）。财务经理提出，将信用政策改为40天全额付款，改变信用政策后，预期总销售额可增加25%，赊销比例增加到80%，其余部分为付现购买。预计应收账款周转天数延长至50天。

改变信用政策预计不会影响存货周转率和销售成本率（目前销货成本占销售额的60%）。职工工资由目前的每年150万元，增加到260万元。除工资以外的销售费用和管理费用目前为270万元，预计不会因信用政策而变化。

上年年末相关资产负债项目见表9-9。

表9-9 **资产负债相关项目** 单位：万元

资产	金额	负债和所有者权益	金额
库存现金	300	应付账款	200
应收账款	350	短期借款	600
存货	650	实收资本	1 450
固定资产	1 000	未分配利润	50
资产总计	2 300	负债和所有者权益总计	2 300

假设必要报酬率为10%，请问公司是否应改变信用政策？

6.某企业每年消耗A材料15 000千克，该材料的单位采购成本为10元，单位存货年变动储存成本为5元，平均每次订货成本为1 500元。

计算：

（1）经济订货批量；

（2）最佳订货次数；

（3）最佳订货周期；

（4）经济订货批量的相关总成本；

（5）经济进货批量平均占用的资金；

（6）假设交货期为3天，保险储备量为60千克，计算再订货点。

7.DF公司是一家家具分销商。预计年度需求量为12 000套，家具购进价为420元。去年的订单共25份，总处理成本为14 000元，其中固定成本11 000元。每张订单需要检查费用180元，并且雇用了一名检验人员对订单进行抽检，每张订单的抽检工作耗时6小时，费用为3元/小时，该检验人员月薪2 800元。仓库租金为每年3 000元，每件家具仓储费3元。储存过程中会出现破损，平均破损成本为26元/件。另外，占用资金利息等其他储存成本为18元/件。从发出订单到货物运达需要5个工作日。该公司设置了100件家具的保险储备。该公司每年经营50周，每周营业6天。

计算：

（1）经济批量模型中的订货成本和储存成本及经济订货批量；

（2）经济批量下的存货总成本；

（3）再订货点。

二维码9-1 练习题参考答案

案例分析题

应收账款规模较大，北方创信申报挂牌新三板[①]

近期，山东北方创信防水科技集团股份有限公司（以下简称北方创信）正在申报挂牌新三板，其后续资本市场规划为北交所IPO，目前已收到全国股转系统挂牌审查部二次反馈意见。

北方创信主要生产和销售产品为建筑防水、防腐涂料，并提供防水、防腐工程施工服务。报告期（2020年、2021年、2022年1—6月）内，公司营业收入中工程施工服务收入占比高于产品销售收入。

报告期内，北方创信分别实现营业收入7 242.59万元、1.11亿元、5 290.16万元，分别实现净利润418.86万元、441.72万元、105.16万元。

北方创信的收入主要来源于产品销售和防水工程施工，报告期内产品销售收入占比分别为50.22%、46.61%、32.52%，防水工程施工收入占比分别为49.75%、53.37%、67.46%。其工程施工业务全部为“包工包料”模式（即产品+施工模式），是对建筑防水材料销售业务的进一步延伸。

报告期内前五名客户销售收入占比分别为58.80%、51.10%、57.22%，前五名供应商采购占比分别为76.73%、82.73%、85.91%。

报告期各期末，北方创信应收账款余额分别为4 205.80万元、7 062.93万元、

① 张明双.应收账款规模较大，北方创信申报挂牌新三板［N］.每日经济新闻，2022-12-27.

7 543.12 万元，占营业收入比例分别为 58.07%、63.67%、142.59%。报告期内应收账款周转率分别为 1.01 次/年、1.66 次/年、0.64 次/年。

报告期内，公司经营活动产生的现金流量净额分别为 181.81 万元、−495.55 万元、−380.35 万元。

案例思考题：

1. 根据报告期内前五名客户销售收入占比与前五名供应商采购占比，说明北方创信的经营风险是什么。

2. 根据报告期数据，说明北方创信在应收账款方面有何风险。

3. 北方创信应如何改善其应收账款管理？

二维码 9-2　案例分析提示

第10章 股利分配管理

学习目标

通过本章的学习，学生应熟悉净利润的分配内容、程序和股利分配原则；掌握上市公司股利支付的各种方式；理解股利支付程序；了解股利政策的基本理论；掌握常用的股利政策类型及公司发放股票股利的动机；了解股票分割和股票回购的有关内容；理解股票分割与股票股利的异同。

导言

公司的财务活动主要是由投资、筹资、分配三大财务政策的选择和调整而引起的。其中，股利分配是公司留存收益用于再次投资的一个重要决策。由于股利分配会减少公司的留存收益并影响其内部筹资额，因此，股利分配管理不仅是如何确定股利分配比例、以何种股利形式回馈股东的财务决策问题，直接影响公司未来的筹资能力和经营业绩，而且还关系到公司的整体财务决策，从而间接影响公司发展。

10.1 股利分配概述

股利分配是指公司向股东分派股利，属于公司净利润分配的一部分。为进行科学、规范的股利分配管理，首先应了解净利润的分配项目和顺序，并在此基础上制订和实施具体分配方案。

10.1.1 净利润的分配程序

公司净利润是指公司利润总额减去公司所得税后的金额。公司在未计算缴纳所得税之前的利润总额属于税前利润。税前利润扣除公司应缴纳的公司所得税以后的余额称为税后利润，即净利润。支付股利是一项税后净利润的分配，但不是利润分配的全部。净利润分配的一般程序是不同所有制形式和不同经营方式的企业应遵循的，在依法缴纳所得税后利润分配程序的规定。具体分配程序如下：

1）计算可供分配的利润

可供分配利润=当年实现的净利润+年初未分配利润（或减年初未弥补亏损）+其他转入（指公司按规定用盈余公积弥补亏损而转入的数额）

如果可供分配的利润为负数（即亏损），则一般不进行后续分配；如果可供分配的利润为正数（即本年累计盈利），则进行后续分配。

根据《公司法》的规定，公司法定盈余公积金不足以弥补以前年度亏损的，在提取法定盈余公积金之前，应当先用当年利润弥补亏损，但不得超过税法规定的弥补期限。

需要注意的是，公司的亏损分为政策性亏损和经营性亏损。政策性亏损是指公司为实现政府规定的社会公益目标或生产经营专项、特种商品，由于国家限价原因而产生的亏损。发生这类亏损，由财政部门审核后给予合理弥补。经营性亏损是指公司因为经营管理不善造成的亏损，需要用以前年度的盈余公积金、以后年度的税前利润和税后利润依次弥补。

2）计提法定盈余公积金

公司应按抵减年初累计亏损后的本年净利润计提法定盈余公积金。提取公积金的基数不一定是累计盈余，也不一定是本年的税后利润。根据《公司法》的规定，公司制企业应当按照净利润（减弥补以前年度亏损）的10%提取法定盈余公积金。非公司制企业法定盈余公积的提取比例可超过净利润的10%。这样规定的原因是根据资本保全原则，公司在利润分配过程中不能侵蚀资本，利润分配是对经营中资本增值额的分配，不是对资本金的返还，公司如果存在尚未弥补的亏损，应首先弥补亏损，再进行其他分配。并且，法定盈余公积金累计额为公司注册资本的50%以上的，可以不再提取。提取的法定盈余公积金可用于弥补亏损、扩大公司生产经营或转增资本，但转增资本金后留存的法定盈余公积金不得低于注册资本的25%。

3）提取任意盈余公积金

提取任意盈余公积金必须在提取了规定的法定盈余公积金之后，经董事会或股东大会决议，按照决议通过的比例提取。任意盈余公积金的提取是公司为了满足管理的需要、控制和调整利润分配的水平，按章程或股东会议决议而对利润分配作出的限制。

法定盈余公积和任意盈余公积的区别在于其各自计提的依据不同，前者以国家法律法规为依据；后者由企业的权力机构自行决定。

4）向股东进行利润分配

公司弥补亏损和提取盈余公积金后的税后利润，可以向股东（或投资者）分配股利（或利润），其中有限责任公司的股东按照实缴的出资比例分取红利，全体股东约定不按照出资比例分取红利的除外；股份有限公司的股东按照股东持有的股份比例分配，但股份有限公司章程规定不按持股比例分配的除外。

因股份有限公司有其特殊性，股份有限公司在提取了法定盈余公积金之后，应按照下列程序进行分配：支付优先股股利；提取任意盈余公积金；支付普通股股利。

根据《公司法》的规定，股东会、股东大会或者董事会违反相关规定，在公司弥补亏损和提取法定盈余公积金之前向股东分配利润的，股东必须将违反规定分配的利润退还公司。另外，需要特别说明的是，公司持有的本公司股份不得分配利润。

经过上述分配后：

期末未分配利润=可供分配利润−提取的盈余公积−向投资者分配利润

=当期实现的净利润+年初未分配利润+其他转入−提取的盈余公积−向投资者分配的利润

【课堂拓展】 **上市公司现金分红**

为规范上市公司现金分红，增强现金分红透明度，维护投资者合法权益，证监会发布了《上市公司监管指引第3号——上市公司现金分红（2022年修订）》。该指引提出：

（1）上市公司应当牢固树立回报股东的意识，严格依照《公司法》《证券法》和公司章程的规定，健全现金分红制度，保持现金分红政策的一致性、合理性和稳定性，保证现金分红信息披露的真实性。（2）上市公司制定利润分配政策时，应当履行公司章程规定的决策程序。上市公司应当在公司章程中载明公司董事会、股东大会对利润分配，尤其是现金分红事项的决策程序和机制，公司的利润分配政策，尤其是现金分红政策的具体内容等。（3）上市公司应当在章程中明确现金分红相对于股票股利在利润分配方式中的优先顺序。（4）上市公司董事长应按照公司章程规定的程序，提出差异化的现金分红政策。（5）证券监管机构应当将现金分红监管中的监管措施实施情况按照规定记入上市公司诚信档案。上市公司涉及再融资、资产重组事项时，其诚信状况应当在审核中予以重点关注。

资料来源：中国证券监督管理委员会.上市公司监管指引第3号——上市公司现金分红（2022年修订）[EB/OL].[2022-01-05].http://www.csrc.gov.cn/csrc/c101954/c1719297/content.shtml.

10.1.2 股利的支付程序

公司是否发放股利由董事会决定，一旦董事会宣布发放股利，股利就会成为公司一项不可撤销的负债。一般而言，公司的股利应按以下程序支付：

1）股利宣告日

股利宣告日（declaration date），即董事会将股东大会通过本年度利润分配方案的情况以及股利支付情况予以公告的日期。公告中将宣布每股派发股利、股权登记日、除息日、股利支付日以及派发对象等事项。例如，A公司的董事会于2022年12月16日通过决议，宣布于2023年2月17日向2023年1月30日登记在册的所有股东发放每股0.5元的股利。那么，2022年12月16日即股利宣告日。

2）股权登记日

股权登记日（holder-of-record date）是有权领取本期股利的股东资格登记截止的日期。只有在股权登记日这一天登记在册的股东（即在此日及之前持有或买入股票的股东）才有资格领取本期股利，而在这一天之后登记在册的股东，即使是在股利支付日之前买入的股票，也无权领取本期股利。在上面的例子中，股权登记日为2023年1月30日。如果A公司的某位股东将其股票卖给另一位投资者，而且在股权登记日2023年1月30日前办妥了所有权转移手续，则这位新股东就可以得到股利；如果股票所有权转移手续是在2023年1月31日当天或以后才办好，则卖出股票的股东将收到股利。

3）除息日

除息日（ex-dividend date），也称除权日，是指股利所有权与股票本身分离的日期，将股票中含有的股利分配权利予以解除，即在除息日当日及以后买入的股票不再享有本次股利分配的权利。一般规定除息日为股权登记日的次交易日。在上例中，除息日应为2023年1月31日。

4）股利支付日

股利支付日（payment date）即上市公司向股东发放股利的日期。在股利支付日，上市公司将会把股利发放给股权登记日的股票持有人。上市公司可以通过各种渠道发放股利，但由于股东人数众多，股利通常委托券商代为支付。上例中的A公司只有在2023年2月17日才会将股利支票寄给名字已列入“股权登记日股东名册”的股东手中。

10.1.3 股利分配原则

净利润分配是决定投资者当前利益和长远利益关系的财务活动，而股利分配则是向股东分派股利或向投资者分配利润的活动，两者都涉及公司与个人的利益关系。为保护投资者合法权益，协调各方关系，规范分配制度，管理当局在进行股利分配管理时，要遵循一定的原则：

1）依法分配原则

公司缴纳所得税后的净利润是利润分配的对象，公司拥有对其剩余收益进行自主分配的权利。国家有关法律、法规对公司利润分配的基本原则、一般次序和重大比例都作出了较为明确的规定，其目的是保障公司利润分配的有序进行，维护公司和所有者、债权人以及职工的合法权益，促使公司增加积累，增强风险防范能力。所谓依法分配，是指公司在对利润进行分配时，应符合国家相关政策法规的规定，依法对利润进行分配，这是公司进行利润分配活动的前提，也是公司正确处理财务关系的准绳。

2）资本保全原则

资本保全是指股利分配应该是对投资者投入资本增值部分的分配，而不是对资本金的返还，因此，资本保全原则要求公司在进行利润分配时应首先保证资本的完整，不能因为利润分配的原因而减少了公司的资本。对投资者投入的注册资本，除依法转让以外，不得以投资者的出资额来承担风险和履行公司责任。因此，公司不能用资本金进行股利分配。在以前年度亏损未弥补之前，公司不得向投资者分配利润，但公司以前年度的未分配利润，应并入本年度“可供投资者分配的利润”进行分配。这不仅仅是责任有限的现代公司制度的基础性原则之一，这种资本保全措施有利于公司承担风险和履行责任，有利于公司有稳定的资本来持续经营和发展。

3）多方利益兼顾原则

公司的股利分配涉及投资者、经营者及公司职工等各方面的利益，因此，公司必须统筹兼顾，遵守公开、公平、公正的原则。公司的投资者依法享有公司收益的剩余索取权，这是对于投资者承担最终投资风险的回报。公司的经营获利情况应当向所有投资者（包括潜在投资者）公开，股利分配方案提交股东大会讨论，并充分尊重中小股东的意见。同时，职工和经营者作为利润的直接创造者，除了获得工资和奖金等劳动报酬以外，还要以适当的方式参与净利润的分配，以形成激励机制。因此，公司在进行股利分配时，不能只考虑投资者的单边利益，还应当兼顾各利益相关者的合法权益，以构筑起公司内部和谐的财务关系。

4）分配与积累并重原则

由于公司发展及优化资本结构的需要，公司短期内会根据公司自身的情况发放股利，回馈投资者。同时，公司也会适当留存一部分收益投入到长期的生产经营过程中用于周转，一方面可以增加公司的积累，为公司扩大再生产筹措资金，另一方面也能提高公司应对不测事件的能力，提高公司的抗风险性。通常在收益既定的情况下，分配与积累是矛盾的统一体。分配过多，会使公司失去可供未来发展的资金，当出现投资机会时，会使公司错失良机；积累过多，又会影响投资者的现时利益，使公司形象受损，降低投资者的信心。因此，股利分配应坚持分配与积累并重的原则，适当安排好分配与积累的比例，协调好公司近期目标与长远发展的关系。

10.1.4 股利分配的影响因素

股利分配是公司的一项重要财务工作，由于在制定和执行股利分配政策的过程中涉及公司的方方面面，因此，其工作也会受到许多因素的制约。采取何种股利分配政策虽然是由管理层决定的，但是实际上在其决策过程中会受到诸多主观与客观因素的影响。影响股利分配的因素主要有：

1）法律因素

为了保护股东和债权人的利益，有关法规对公司的股利分配通常作如下限制：

（1）资本保全限制

资本保全限制是公司财务管理应遵循的一项重要原则，它规定公司不能使用资本（包括股本和资本公积）发放股利，而只能使用公司当期利润或留存收益发放股利，股利的支付不能以减少法定资本为代价。资本保全限制保证了公司具有完整的产权基础，防止公司通过股利分配任意减少资本结构中的所有者权益，维护了债权人的利益。

（2）公司积累限制

为了制约公司支付股利的任意性，按照法律规定，公司可供分配的利润必须按净利润的一定比例提取法定盈余公积金。此外，还鼓励公司提取任意盈余公积金。只有当提取的法定盈余公积金达到注册资本的50%时，才可以不再计提。公司积累限制的法律规定，增强了公司抵抗风险的能力，同时也维护了投资者和债权人的利益。

（3）净利润限制

净利润限制规定，公司年度累计净利润必须为正数时才可以发放股利，以前年度的亏损必须足额弥补。同时，贯彻“无利不分”的原则，即当公司出现年度亏损时，一般不得分配利润。对公司净利润的限制可以看成是资本保全限制的补充，是为了防止权益资本被侵蚀。

（4）超额累积利润限制

超额累积利润限制规定，如果公司的留存收益超过法律所认可的合理水平，将被加征额外的税款。这是因为股东接受股利缴纳的所得税高于其进行股票交易的资本利得税，公司通过少发股利以累积利润使股价上涨来帮助股东避税。目前，我国法律对公司累积利润尚未作出限制性规定。

（5）无力偿付限制

基于对债权人的利益保护，如果一个公司已经无力偿付负债，或股利支付会导致公司失去偿债能力，则不能支付股利。

2）公司因素

就公司的财务需要而言，也存在一些限制股利分配的因素，主要包括：

（1）资产的流动性

公司若较多地支付现金股利，无疑会减少公司的现金持有量，使资产的流动性降低。保持一定的资产流动性是公司经营所必需的，也是在实施股利分配方案时需要权衡的。资产的流动性越好，支付现金股利的能力就越强。

（2）举债能力

不同的公司在资本市场上举借债务的能力有一定的差别。具有较强举债能力的公司因为能够及时地筹措到所需资金，有可能采取较宽松的股利政策，而举债能力弱的公司则不得不多滞留盈余，因而通常采取较紧的股利政策。

（3）盈余的稳定性

公司是否具有长期而稳定的盈利能力，是其股利政策的重要基础。一般而言，盈余相对稳定的公司通常采用较高股利支付政策，而盈余不稳定的公司通常采取低股利支付政策，这样可以减少因盈利下降而造成的股利无法支付、股价急剧下降的风险。

（4）投资机会

有良好投资机会的公司需要大量的资本支持，因而往往会将大部分盈余用于投资，而少发股利。缺乏良好投资机会的公司，则倾向于先向股东支付股利，以防止保留大量现金造成资本的浪费。正因为如此，处于成长期的公司多采取低股利支付政策，而处于经营收缩期的公司多采取高股利支付政策。

（5）资本成本

资本成本是公司选择筹资方式的主要依据。与发行新股筹资相比，保留盈余不需支付筹资费用，资本成本低，是一种比较经济的筹资渠道。所以，从资本成本角度考虑，如果公司有扩大资金规模的需要，也应当采取低股利支付政策。同时，以留存收益进行融资，还会增加股东权益资本的比重，进而提高公司的借贷能力。

（6）债务需要

具有较高债务偿还需要的公司，可以通过举借新债、发行新股筹集资金偿还债务，也可直接用经营积累偿还债务。如果认为后者适用的话（比如，前者资本成本较高或受其他限制难以进入资本市场），将会减少股利的支付。另外，一些高股利收入的股东又出于避税的考虑（股利收入的所得税高于股票交易的资本利得税），往往反对公司发放较多的股利。

3）股东因素

公司的股利政策最终由股东大会决定，因此，股东的要求不可忽视。股东从自身经济利益需要出发，对公司的股利分配往往产生一些影响：

（1）稳定的收入

公司留存收益过多，将会使股东收益减少，同时，资本利得又具有很大的不确定性。因此，对于永久性持有股票的股东来说，往往要求较为稳定的股利收入。

（2）合理避税

税负是公司进行股利分配时需要考虑的主要因素。我国税法规定，现金股利按照20%的税率征收个人所得税，而股票交易尚未征收资本利得税。正是由于股利收入的所得税高于股票交易的资本利得税，因此，出于避税考虑，一些高收入的股东更倾向于获得股价上涨的收益。

（3）控制权的稀释

公司举借新债，除要付出一定的代价外，还会增加公司的财务风险。但如果通过增募股本的方式筹集资本，现有股东的控制权就有可能被稀释，因此，当他们没有足够的现金认购新股时，为防止自己的控制权被降低，宁可公司不分配股利也不支持募集新股。

4）其他限制

（1）债务合同约束

公司的债务合同，特别是长期债务合同，往往有限制公司现金支付程度的条款，以保护债权人的利益，这使公司只得采取低股利支付政策。

（2）通货膨胀

在通货膨胀的情况下，大多数公司的利润会随之提高，但公司折旧基金的购买力水平下降，会导致公司没有足够的资金来源重置固定资产。这时，盈余会被当作弥补折旧基金购买力水平下降的资金来源，因此，在通货膨胀时期公司股利政策往往偏紧。

公司在对股利进行分配时，应充分考虑影响股利分配的各种因素，在进行利弊比较后制定出适合公司的股利分配政策。

小资料10-1　　创业板上市公司股利分配情况

创业板上市公司最显著的特征就是“三高”，即成长性高、股权集中度高、风险性高。面对这“三高”，投资者是否进行投资，投资多少，关注的焦点就是公司的现有实力和未来发展前景怎样。而股利分配政策作为公司财务管理的重要活动之一，恰好能很好地传递这一信息。因此，对创业板上市公司的股利分配情况进行研究具有重要的意义。

李敏（2022）选取创业板上市公司2010—2020年11个年度、5 982个观测值为分析样本，分析了创业板上市公司股利分配情况，结论如下：

1.多数公司会选择分配股利，形式多样但相对集中

创业板上市公司管理层倾向于通过向市场发放股利，给投资者传递公司发展前景良好的信号。股利分配形式多样，但相对集中。仅派发现金股利和转增股本加派发现金这两种方式占比分别为65.45%和30.86%，占据了绝对的主导地位。与此同时，仅派送股利分配方式占比在逐年提高，而转增股本加派发现金股利分配方式占比在逐年下降，但总体趋于稳定。

2.不同视角下，股票股利和现金股利分配各有千秋

从数量上看，创业板上市公司更青睐于发放现金股利。从股利支付水平看，现金股利和股票股利的支付虽都在缓慢下降，但股票股利的支付总是高于现金股利的支付。

3.不同行业差异明显，股利支付波动较大

创业板上市公司涉及了17个行业，但各个行业的公司数量存在较大差异，单单制造业就占据了2/3，排名第二的信息技术业占比低于1/5。不仅如此，不同行业的股利支付水平也存在显著差异。其中，从现金股利支付水平看，文化传播业变动幅度最大；从股票股利支付水平看，则是公共环保业波动幅度最大。

4.各地区数量差异明显，但股利支付水平趋同

创业板上市公司涉及了7个地区，其中，华东地区、华南地区和华北地区由于经济发展水平相对较高，其上市公司数量也较多。虽然各地区数量分布不均，但无论是现金股利支付水平还是股票股利支付水平均趋于一致。

资料来源：李敏.创业板上市公司股利分配政策研究——基于2010—2020年数据［J］．中国农业会计，2022（9）：32-33.

10.2　股利政策的基本理论

股利政策（dividend policy）是指公司股东大会或董事会对一切与股利有关的事项，所采取的较具原则性的做法，是关于公司是否发放股利、发放多少股利以及何时发放股利

等方面的方针和策略。

公司对其收益进行分配或留存的决策是股利政策所涉及的主要问题。在投资决策既定的情况下，公司股利政策的选择取决于公司是否用留存收益（内部筹资）或以出售新股票（外部筹资）来融通投资所需要的资本，实际上这也是公司筹资政策的选择，即将股利政策视为筹资的一个组成部分。自从MM提出著名的“股利政策无关论”以后，西方的股利理论经历了两个发展阶段：第一个阶段是西方股利理论产生与形成阶段，在这个阶段出现了古典股利理论，主要有“股利政策无关论”、“股利政策相关论”和“差别税收理论”等；第二个阶段是不断完善的阶段，在这个阶段出现了现代股利政策理论，主要有“追随者效应学派”“信号假说”等。

10.2.1 股利政策无关论

股利政策无关论（dividend irrelevance theory）认为，在完善的资本市场条件下，股利政策不会影响公司的价值，即公司价值是由公司投融资决策所确定的本身获利能力和风险组合所决定，而不是由公司盈余的分割方式（即股利分配政策）所决定的。

1961年米勒（Miller）和莫迪格利尼（Modigliani）发表了著名的《股利政策增长和股票价值》一文，提出了“股利政策无关论”（以下简称MM理论）。MM理论是建立在完全市场假设基础之上的，而在实务中的情况更为复杂。

1）在完全市场下的MM理论

在完全市场中，MM理论的基本假设是：

（1）投资者与管理者拥有相同的信息，即信息完全对称；

（2）投资者都是理性的；

（3）不存在股票的发行或交易费用；

（4）不存在个人或公司所得税，对投资者来说，无论收到股利还是资本利得都是无差别的；

（5）证券交易瞬间完成，没有交易成本；

（6）企业的投资决策和融资决策已确定，不受股利政策的影响。

在完全市场条件下，MM理论是如何得出股利政策无关论观点的呢？同资本结构无关论一样，MM理论认为在公司投资决策既定的情况下，股利的支付不过是一个细枝末节的小问题，不会影响股东的财富，公司的价值完全取决于该公司当期获得的，并随着公司投资决策的实施会继续获得的营业利润，只要公司接受了所有正净现值的投资项目，并且当资金不足时可以无成本地在资本市场上筹集资金，那么，公司就可以支付它愿意支付的任何一期任何水平的股利，所以，盈利在股利和留存收益之间的分割方式不会对公司的价值产生影响。在这种条件下，投资者不再关心他们的收入是来自资本利得还是来自股利收入，因为投资者可以“自制”股利。如果投资者获得的股利比预期的少，他们可以通过出售部分股票来获得预期的现金分配额；如果投资者获得的股利比预期的多，他们可以用股利购买该公司更多的股票。由于投资者完全能够“自制”股利，所以，不同的股利政策没有优劣之分，股利政策是无关的。

2）在实务中的MM理论

在实务中，公司股票价格会随股利的增减而变动，但是，MM理论认为是股利所传递的有关公司未来盈余增减的信息内容影响了股票价格，而不是股利支付本身影响的。增发股利传递给股东的信息是管理层预期公司未来盈利将会有所提高，而减发股利传递给股东的信息则是管理层预期公司未来盈利将会有所下降。

MM理论还认为，公司的股票价格不受股利政策变化的影响的另一个原因是存在股利的顾客效应（clientele effect），即投资者倾向于投资股利政策符合他们偏好的公司。例如，高税收等级的股东不倾向于从股利支付中获得现金流量，因而他们会投资低股利政策的公司，而低税收等级的股东和一些免税机构希望取得现金股利，他们通常会投资高股利政策的公司。所以，当一家公司改变其股利政策时，将会失去一些投资者，从而引起股票价格的暂时下跌。但是，这同时也吸引了另一部分投资者以较低的价格大量购入该公司的股票。结果是每个投资者都买到了自己满意的股票，公司的价值保持不变。然而，这一理论的成立要有一个假设条件，就是每种股利政策中都存在众多的投资者，因而无论股利政策如何变化，公司都能被公平定价。

MM理论是以多种假设为前提的，在现实生活中，这些假设是不存在的。例如，管理者通常比外界投资者拥有更多的信息；证券发行要支付发行费用；政府对公司和个人都要征税；股票的交易要付出交易成本等。因此，关于股利政策无关的结论在现实条件下并不一定有效。

然而，MM理论之所以会被后来的经济学家视为股利政策理论的基石，其根本原因并不在于股利政策与公司市场价值不相关这一推论，而在于它以隐含的方式告诉人们，在哪些情况下股利政策的变化可能会引起公司的市场价值发生相应变化，后来的股利政策理论，大多是沿着放松假设条件的路径而逐渐形成的。

10.2.2 股利政策相关论

股利政策无关论是建立在完全市场假设的基础上的，而事实上，市场并不是完全的，信息的不对称、税收和交易成本的存在、投资者的非理性行为等使股利政策无关论的假设条件不能成立，所以，股利政策与公司价值不再是无关的，而是相关的。股利政策相关论（dividend relevance theory）的观点主要有以下几种。

1）“一鸟在手”理论

最早提出“一鸟在手”理论（bird-in-the-hand theory）的是M.Gordon（1962）。他假设投资者都是厌恶风险的，在他们的心目中，股利是定期的、确定的报酬，属于相对稳定的收入，而放弃股利进行再投资获得的资本利得则有很大的不确定性，因而投资者更偏好股利而非资本利得。因此，资本利得好像林中之鸟，虽然看上去很多，但却不一定抓得到。而现金股利则好像在手之鸟，是投资者有把握按时、按量得到的现实收益，这就被称为“双鸟在林，不如一鸟在手”（a bird in the hand is worth two in the bush）。由于现在获得股利的风险低于将来赚取资本利得的风险，所以，投资者将以比未来预期资本利得更低的必要报酬率作为折现率对公司的未来盈利加以折现，从而使公司的价值得到提高。虽然投资者现在获得股利会使整个投入资本减少而减少了将来获得资本利得的可能性，但是，从风险角度来看，已实现的确定性的报酬要比未实现的不确定性报酬对投资者更有吸引力。

2）代理成本理论

最早提出代理成本理论的是Jensen和Meckling（1976）。代理成本理论认为，公司股东、债权人、经理人等诸多利益相关者的目标并非完全一致，在追求自身利益最大化的过程中有可能会以牺牲另一方的利益为代价，这种利益冲突关系表现为不同形式的代理成本。一方面，实施高股利支付率的股利政策有利于缓解经理人员与股东之间的代理冲突，抑制经理人员随意支配自由现金流的代理成本，也有利于满足股东取得股利收益的愿望；另一方面，随着高额现金股利的支付，不仅减少了公司现金流量，增加了债权人风险，而且也使公司内部留存收益减少，增加了外部筹资成本；同时，控股股东也会利用其持股比例的优势控制董事会和管理层，利用其在公司中的控制权侵占公司利益，损害中小股东利益。通过提高现金股利，可以减少控股股东可支配的资本，降低对公司利益的损害，从而保护中小股东的利益。由此可见，代理成本理论主张通过提高现金股利支付，降低代理成本，提高公司价值，保护中小股东利益。但是，高现金股利支付也会带来外部筹资成本增加和股东税负增加的问题。因此，在实践中，基于代理成本理论对股利分配政策选择的分析将是多种因素权衡的复杂过程。

10.2.3 差别税收理论

最早提出差别税收理论（tax differential theory）的是Brennan（1970）。这种理论认为，当股利与资本利得存在税收差异时，投资者往往偏好资本利得。一般来说，出于鼓励和保护资本市场投资的目的，政府对股利征收的所得税要比对资本利得征收的所得税多，所以，公司发放高股利实质上有损投资者的利益。基于税收差异的考虑，当公司保留盈余时，少发股利或不发股利的政策对投资者更有利，或者说对这两种所得均需纳税的投资者来说，更倾向于选择资本利得而非现金股利。另外，资本利得的税收可以递延到股票真正出售时才支付，考虑到货币的时间价值，这种延期支付税收的特点成为资本利得的另一优点。因此，当存在税收差异时，公司采用高股利政策会损害投资者的利益，而采用低股利政策则会抬高股价，增加公司的市场价值。

上述几种股利政策理论分别得出了几个相互矛盾的结论，MM理论认为，股利支付水平的高低不会影响公司的价值，股利政策无优劣之分；“一鸟在手”理论认为，投资者偏好实实在在的股利，高股利可以提高公司的价值；差别税收理论认为当股利收入与资本利得存在税收差异时，投资者往往偏好资本利得，低股利将增加公司价值。那么，公司的财务管理者究竟应该相信何种理论呢？财务学的专家为此做了大量的实证研究，但都没有得到肯定的结果，所以，目前我们只能认为，各种股利政策理论都是合理的，因为它们都能在理论和实际生活中得到验证。

10.2.4 现代股利政策理论

现代股利政策理论主要有以下几个流派：追随者效应学派、信号假说、代理成本说和行为学派等。

1）追随者效应学派

追随者效应（也称顾客效应）学派可以说是广义的差别税收理论学派，这一学派是对古典学派之一的差别税收理论学派的进一步发展。该学派研究处于不同税收等级的投资者对待股利分配态度的差异，认为投资者不仅仅是对资本利得和股利收益有偏好，即使是投资者本身，因其所处不同等级的边际税率，对公司股利政策的偏好也是不同的。收入高的投资者因其边际税率较高，表现出偏好低股利支付率的股票，希望少分现金股利或不分现金股利，以更多的留存收益进行再投资，从而提高所持有的股票价格。而收入低的投资者以及享有税收优惠的养老基金投资者表现出偏好高股利支付率的股票，希望获得较高而且稳定的现金股利。

2）信号假说

信号假说（也称股利信号理论）是在信息经济学的基础上发展起来的，该假说放宽了MM理论中投资者与管理层拥有相同的信息的假定，认为管理层与公司外部投资者之间由于代理关系存在着信息不对称。管理层占有更多的有关企业前景方面的内部信息，股利是有内部信息的管理层向外界传递其掌握信息的一种手段。管理层通常会通过适当的方法向市场传递有关信号，向外部投资者表明企业的真实价值，以此来影响投资者的决策。具体表现在两个方面：一是股利增长的信号作用，被认为是管理层对公司发展前景作出良好预期的结果，表明公司未来业绩将大幅度增长，通过增发股利的方式向股东和潜在投资者传递这一信息。此时，随着股利支付率的提高，股票价格应该是上升的；二是股利减少的信号作用，股东与潜在投资者会感受到这是管理层对未来发展前景作出无法避免衰退预期的结果。显然，随着股利支付率的下降，公司股票价格应该是下降的。

3）代理成本说

代理成本说的发展是基于放宽MM理论中管理层与股东之间利益完全一致这一假设的。这一学说认为，股利的支付能够有效地降低代理成本。

4）行为学派

行为学派严格来说不是一个学派，而只是一些学者从行为学角度研究股利政策的各种观点和看法，其中代表性的观点有理性预期理论、自我控制说和不确定情况下选择的后悔厌恶理论等。

总体来说，古典股利政策理论之争主要集中在股利政策与股票价格是否相关的研究上，而现代股利政策理论之争主要集中在股利为什么会引起股票价格的变化上。现代股利政策理论放宽了MM理论的假设条件，引入了多种学科的研究成果，改变了古典股利政策理论的思维方式和分析方法，从而使对股利政策问题的研究有了很大的飞跃。但是，无论是古典股利政策理论还是现代股利政策理论，都无法对股利政策会不会导致股价变动以及为什么会引起股价变动作出完美的解释，这仍有待于人们去研究。

小资料10-2　　半强制股利政策与上市公司股利分配

在股利获取方面，《公司法》关于获取股利的方式、金额、时间并未给出明确的规定，也未对上市公司股利分配作出强制性的要求，致使上市公司出现种种股利分配问题。为解决问题，证监会、财政部等部门制定了一系列外部监管政策和相关规定，由此构成了半强制性质的股利政策。半强制股利政策在一定程度上约束了上市公司在股利分配上的机会空间，A股市场的股利分配规模也有所上升，但是其对股利分配的影响并不是十分显著的，且因“一刀切”式的监管方法受到多方质疑。

通过研究发现：A股上市公司股利分配对半强制性股利政策表现出明显的迎合趋向；上市公司不分配股利的行为显著降低，但股利分配比率依然偏低；分属不同行业、企业性质和证券板块的上市公司在股利分配上存在明显差异。

针对这一现象，研究者提出了完善上市公司股利分配的监管对策：

（1）扩大股利分配规模。我国监管机构应制定更为细化且可执行的股利监管对策，引导上市公司以盈利为基础扩大股利分配规模，进一步规范上市公司在资本市场中的行为。

（2）反周期股利监管政策。监管机构应制定反周期股利监管政策，在宏观经济周期上行期引导企业扩大股利分配规模，而在宏观经济周期下行期依据企业经营状况适当降低股利分配规模，以缓解企业经营压力。

（3）股利监管政策应考虑行业、企业性质等因素。上市公司因行业、企业性质的不同其股利分配行为、盈利能力等方面存在着显著差别，这就要求股利监管政策的制定需要将行业、企业性质等微观因素纳入其中，使得股利分配能够有效调和企业发展和股东诉求之间的矛盾。

（4）构建多层次的监管体系。我国应积极利用专业机构的丰富经验，构建包括监管机构、金融机构、股东在内的多层次监管体系，提升外部监管的有效性。

（5）股利监管政策应遵循稳健性的原则。股利分配的稳健、合理和可预期有利于引导我国资本市场中价值型投资者的形成，维护中小投资者的利益。可预期的股利政策是保障资本市场对金融资产进行合理定价的基础。因此，我国股利政策的制定应遵循稳健性的原则，逐步实现上市公司股利分配的稳健和可预期。

资料来源：吴纬地.半强制股利政策与上市公司股利分配［J］.财会通讯，2021（4）：120-123，150.

10.3 常用的股利政策类型

股利政策是指关于公司是否发放股利、发放多少股利以及何时发放股利等方面的方针和策略，是公司财务管理的重要内容。尽管在现实生活中，公司应采用何种股利政策并没有一个明确的答案。但是，一般而言，公司经常采用的股利政策有剩余股利政策、固定或持续增长的股利政策、固定股利支付率政策和低正常股利加额外股利政策等几种类型。

10.3.1 剩余股利政策

剩余股利政策（residual dividend policy）是在不改变最优资本结构的情况下，将公司的盈余首先用于报酬率超过投资者要求的必要报酬率的投资项目上，在满足这些投资项目的资金需要以后，才将剩余部分作为股利发放给投资者。

1）采用剩余股利政策的程序

（1）设定目标资本结构，即确定权益资本与债务资本的比率，在此目标资本结构下，公司的加权平均资本成本将达到最低水平；

（2）确定目标资本结构下投资所需的股东权益数额；

（3）最大限度地使用保留盈余来满足投资方案中所需的权益资本数额；

（4）投资方案所需权益资本已经得到满足后若有剩余盈余，再将其作为股利发放给投资者。

2）剩余股利政策计算公式

应分配股利=当年净利润-下年追加投资×权益比例

【例 10-1】某公司 2022 年净利润 600 万元，2023 年初公司讨论决定股利分配的数额。预计 2023 年需要增加长期资本 800 万元。公司的目标资本结构是权益资本占 60%，债务资本占 40%，2023 年继续保持。按法律规定，至少要提 10% 的公积金。公司采用剩余股利政策。请问：公司应分配多少股利？

利润留存=800×60%=480（万元）

股利分配=600-480=120（万元）

3）实施剩余股利政策应注意的问题

（1）财务限制

在股利分配中，财务限制主要是指资本结构限制。资本结构是指长期借款和公司债券（长期有息负债）等负债与股东权益的比率。上例中，题意要求“保持目标资本结构”，是指因目前资本结构已是目标资本结构，所以补充长期资本800万元时按目标比例筹集资金即可保持该结构，也就是留存480万元，另外的320万元通过长期有息负债筹集。

利润分配后建立的目标资本结构，随着生产经营的进行会出现损益，导致股东权益的变化，使资本结构发生变化。符合目标资本结构是指公司利润分配后（特定时点）形成的资本结构符合既定目标，而不考虑后续经营造成的股东权益变化。

（2）经济限制

出于经济上有利的原则，筹集资金要在确定目标资本结构的前提下，首先使用利润留存补充资金，其次的来源是长期借款，最后的选择是增发股份。因此，800万元资金只能由利润留存补充480万元，借款部分补充320万元。不应当违背经济原则，把全部利润都分给股东，而应按资本结构比率增发股份和借款。

（3）法律限制

法律规定必须提取10%的法定盈余公积，因此，公司至少要提取60万元（600×10%）作为收益留存。如果公司出于经济原因决定留存利润480万元，这条法律规定并没有构成实际限制。法律规定留存的60万元同样可以长期使用，它是480万元的一部分。

法律的这条规定，实际上只是对本年利润“留存”数额的限制，而不是对股利分配的限制。由于以前年度的未分配利润也可以用来分配股利，所以法律对于股利分配的限制来源于“累计未分配利润”。就上例而言，2020年利润中可用于股利分配的上限是540万元（600×90%），如果有以前年度未分配利润，法律不禁止股利分配超过540万元。

采用剩余股利政策，意味着公司每期支付的股利随公司投资机会和盈利水平的变动而变动。在盈利水平不变的情况下，投资机会越多，公司发放的股利越少，或者不发放股利。反之，投资机会越少，公司发放的股利越多。剩余股利政策的主要优点是将股利分配作为投资机会的因变量，从而降低筹资成本、优化资本结构，使加权平均资本成本最低，实现公司价值的长期最大化；它的主要缺点是若完全遵照剩余股利政策，股利发放额就会每年随着投资机会和盈利水平的波动而波动，不利于投资者安排收入与支出，也不利于公司树立良好的形象。剩余股利政策通常适用于公司初创阶段。

在现实生活中，很少有公司完全机械地采用剩余股利政策，但是，它促使公司在制定股利政策时要考虑公司的未来投资机会。

10.3.2 固定或持续增长的股利政策

固定或持续增长的股利政策是企业将每年派发的股利额固定在某一特定水平或是在此基础上维持某一固定比率逐年稳定增长。在实务中，很多公司都会采用固定或持续增长的股利政策，只有当公司认为未来盈余会显著地、不可逆转地增长时，公司才会提高股利的发放额。不过在这一股利政策下，当出现通货膨胀时，大多数公司的盈余会随之提高，且大多数投资者也希望公司能提供足以抵销通货膨胀不利影响的股利，因此，在通货膨胀时期也应提高股利发放额，这就要求公司每年的留存收益增长率必须大于或等于其股利增长率。

固定股利支付政策主要适用于经营期比较稳定或处于成长期的公司。固定股利支付政策的主要优点在于稳定的股利额将传递给市场一个稳定的信息，表达了公司管理者对公司未来的预期，有利于保持公司股票价格的稳定，增强投资者对公司的信心，树立良好的公司形象；同时，稳定的股利额，也有利于投资者有规律地安排股利收入与支出，尤其是对那些股利依赖性较强的股东来说，即使推迟某些投资方案或暂时偏离目标资本结构，也可能比降低股利或股利增长率更有利。

固定股利政策的主要缺点是股利的支付与盈余脱节，当盈余较低时仍要支付固定的股利，这可能导致资金短缺，公司财务状况恶化；同时，不能像剩余股利政策那样保持较低的资本成本。

10.3.3 固定股利支付率政策

固定股利支付率政策是指公司每期股利的支付率保持不变，每股股利是每股盈利的函数，随每股盈利的变动而变动。在这一股利政策下，各年股利支付额随公司经营的好坏而上下波动，获得较多盈余的年份股利额高，获得盈余少的年份股利额低，即体现了“多盈多分，少盈少分，无盈不分”的原则。

固定股利支付率政策的主要优点是股利的支付额随盈利额的变动而相应变动，能使股利支付与企业盈利得到很好的配合，公平地对待每一位股东。其主要缺点是公司的股利支付路径极不稳定，传递给股票市场的是公司经营不稳定的信息，容易造成公司的信用地位下降、股票价格下跌与股东信心动摇等情况，不利于实现公司价值最大化。因此，很少有公司采用此种政策。

10.3.4 低正常股利加额外股利政策

低正常股利加额外股利政策是公司每年向股东支付固定的、数额较低的股利，当公司盈利有较大幅度的增加时，再根据实际情况向股东加付一部分额外股利，但额外股利并不固定，不意味着公司永久地提高了规定的股利率。这种股利政策是上述两种股利政策的折中政策，灵活性较大，增加了公司的财务弹性，尤其为那些盈利状况在各年间波动较大的公司提供了一种较为理想的股利分配政策。其灵活性在一定程度上克服了固定股利政策、固定股利支付率政策的缺点。当公司盈利较少或投资所需现金较多时，可维持较低的设定的正常股利，而当公司盈利有较大幅度增加时，则加付额外股利，把经济繁荣的部分利益分配给股东，吸引那些依靠股利度日的股东，使得他们每年至少可以得到虽然较低但比较稳定的股利收入，增强他们对公司的信心，有利于稳定股票的价格。这种股利政策既能保持股利的稳定性，又能实现股利与盈余之间较好的配合，因而为许多公司所采用。然而由于年份之间公司的盈利波动使得额外股利不断变化，或时有时无，造成分派的股利不同，容易给投资者以公司收益不稳定的感觉。当公司在较长时期持续发放额外股利后，可能会被股东误认为是“正常股利”，而一旦取消了这部分额外股利，传递出去的信号可能会使股东认为这是公司财务状况恶化的表现，进而可能会引起公司股价下跌的不良后果。

以上各种股利政策各有所长，公司在分配股利时应借鉴其基本决策思想，制定适合自己实际情况的股利政策。

小案例 10-1　　邮政储蓄银行股利政策选择

2007年3月，中国邮政储蓄银行有限责任公司正式挂牌成立，于2012年1月整体改制为股份有限公司，于2015年12月引入十家境内外战略投资者，于2016年9月在香港联交所挂牌上市，于2019年12月在上交所挂牌上市。2021年，邮政储蓄银行营业收入773.30亿元，净利润213.27亿元，资产总额11.96万亿元，负债总额11.21万亿元。总体来说，邮政储蓄银行盈利能力持续向好、资产负债规模呈稳步增长的趋势。

在股利政策选择上，邮政储蓄银行采用当期所持有的自有资金发放股利，即现金股利，选择此股利分配政策在满足了股东要求的同时，不仅能够向市场传递企业盈利的信号，暗示公司未来前景不错，有丰富的收入为投资项目筹资；也能提高股票价格，从而提升企业价值。除此之外，如果资产净值相对较高，可以通过分配现金股利来减少每股资产，以满足配股条件。

但与此同时，邮政储蓄银行股利政策选择也存在着每年股利分配不稳定，股利支付政策并不连续，股利支付率仍低于成熟期上市银行平均水准，企业股利支付不规范等问题。并且如表10-1所示，邮政储蓄银行的第一大股东为中国邮政储蓄集团公司，占总股本的67.38%，自邮政储蓄银行上市以来持股无变动；第二大股东为香港中央结算（代理人）有限公司。从控股比例来看，邮政储蓄银行属于集中化的控股结构。因此，邮政储蓄银行分红主要受大股东意愿的影响。

表10-1　　　　**邮政储蓄银行股权结构表**

股东名称	股份类别	持股数量（万股）	持股比例（%）
中国邮政集团有限公司	流通A股，境外可流通股，流通受限股份	6 224 433.92	67.38
香港中央结算（代理人）有限公司	境外可流通股	1 984 372.85	21.48
中国人寿保险股份有限公司	流通A股	219 773.23	2.38
中国电信集团有限公司	流通A股	111 722.32	1.21
香港中央结算有限公司	流通A股	108 886.32	1.18
大家人寿保险股份有限公司——万能产品	流通A股	13 346.86	0.15
深圳市新智达投资管理有限公司——新智达成长一号基金	流通A股	11 338	0.12
上海国际港务（集团）股份有限公司	流通A股	11 253.92	0.12
前海人寿保险股份有限公司——自有资金	流通A股	10 000	0.11
易方达基金管理有限公司——社保基金1104组合	流通A股	8 881.32	0.1
合计		8 704 008.74	94.23

因此，邮政储蓄银行股利政策选择可以作出以下改进：

（1）增强企业盈利能力。企业可以通过优化企业资源配置效率、拓展公司经营途径、降低运营成本等方式来提高盈利能力。

（2）改善股利分配方式。选择与企业未来持续发展相适应的股利分配政策，改善企业股利派发模式，积极引进外来投资力量，再根据投资者的不同，给予其恰当的股利分配方式，才能够实现企业价值最大化的发展目标。

（3）健全公司内部机构制衡机制。在选择股利政策时，对企业股利政策的选择具有很大话语权的大股东为了自身利益会与中小股东产生利益冲突。因此，企业要加大对大股东行为的监管力度，避免出现“一股独大”的现象，保障中小股东利益，杜绝干扰股利政策制定行为的出现，避免给企业带来不必要的风险。

除此之外，邮政储蓄银行还应当多引入国内民间资本与外资战略投资者，加大非国有资本背景股东在董事会的席位，逐渐在企业的管理层内部形成优质的制衡机制，这将有助于改善邮政储蓄银行内部资本结构，也有利于公司制定长远的发展战略。

资料来源：李心愿.邮政储蓄银行股利政策选择案例分析［J］. 河北企业，2022（9）：51-53.本案例为本章作者根据原文改编。

10.4 股利支付方式

股票股利是公司发放股利的重要形式，发放股票股利会对公司产生一系列的影响。它会引起所有者权益各项目余额的变化，也会引起每股收益和每股市价的变化，对公司和股东都有重要的意义。常见的股利支付方式有现金股利、股票股利、财产股利和负债股利等，其中前两种方式最为普遍，而现金股利与股票回购、股票股利与股票分割又十分相似。

10.4.1 现金股利与股票回购

现金股利作为一种最普通、最常见的股利支付方式与股票回购有着许多相似之处。实际上，股票回购是现金股利的一种替代形式，无论是以现金形式发放股利，还是以现金形式回购股票，公司都需要支付给股票持有者一定数量的现金。

1）现金股利

现金股利（cash dividend）是指上市公司以货币形式支付给股东的股利，也称为红利，如每股派息多少元。例如，假设某公司股利分配前资产的总价值为100万元，流通在外的普通股股数为10万股，每股市价为10元。如果公司决定每股发放1元的现金股利，需要支付现金10万元，由此使公司资产的市场价值下降到90万元，股票市价下降到每股9元。如果某投资者在股利分配前持有400股价值4 000元的该公司股票，发放现金股利后，他可以得到400元的现金（股利收入）和400股价值3 600元的股票。一旦公司宣布发放股利，股利就会成为公司一项不可撤销的负债。

小资料10-3　　税收激励对企业现金股利支付水平的影响

收入分配是保障和改善民生、实现发展成果由人民共享最重要最直接的方式。近年来，国家高度重视企业的现金分红活动，陆续出台多项政策措施，从多个方面鼓励、支持企业进行现金分红。由于企业的现金分红不具备强制性，因此，仅仅依靠市场这只“无形的手”是远远不够的，需要政府实施相应的调控。税收激励政策是政府进行宏观调控的重要手段，它可以降低企业税负，增加税后利润，推动企业持续健康发展。那么，税收激励会影响企业现金股利的支付水平吗？

实证研究发现，税收激励程度越高，企业发放现金股利越多。基于机制检验发现，税收激励通过缓解企业融资约束，使得企业有动机、有能力发放更多的现金股利。进一步分析可知，税收激励对企业现金股利支付水平的促进作用在市场化水平低、成长性低的企业更显著。这充分挖掘了宏观税收激励政策对微观企业发放现金股利的影响及机制，为宏观税收激励政策影响微观企业行为提供了相应的理论证据。

资料来源：时长洪，张琼琼.税收激励对企业现金股利支付水平的影响研究［J］. 金融发展研究，2021（11）：21-28.

2）股票回购

股票回购是指公司出资购回其发行的流通在外的股票。被购回的股票通常称为库藏股，不再属于发行在外的股票，且不参与每股收益的计算和分配，但如果需要也可重新出售。股票回购时，流通在外的股份减少，每股股利增加，从而会使股价上升，股东因此获得资本利得，这相当于公司支付给股东现金股利。所以，可以将股票回购看作是一种现金股利的替代方式。

（1）股票回购的动机

对管理层而言，公司实施股票回购的目的是多方面的，在成熟的证券市场上，股票回购的动机主要有以下几种：

① 有利于股息避税。公司发放现金股利，股东需要按普通收入缴纳所得税，而资本利得的所得税却较少。在股票回购方式下，股东获得的现金只有在回购价格高于股东的购买价格时才需按较低的资本利得税税率缴纳税款。因此，股票回购可以使大股东规避股利所得税。

② 满足可转换条款和认股权的行使。在公司发行可转换证券或附认股权证的情况下，公司通过回购股票，即可使用库藏股来满足认股权证持有人以特定的价格认购股票，以及可转换证券持有人将其转换成普通股的要求，而不必另行发行新股。

③ 改善公司资本结构。公司可通过对外举债获得现金并回购自己股票的方式调节公司资本结构，以降低资本结构中过高的股东权益比例，使得公司资本结构趋于合理化。虽然发放现金股利也可以减少股东权益，但两者在收益相同情况下的每股收益不同。

④ 分配公司的超额现金。如果公司的现金超过其投资机会所需要的现金，公司就有可能通过股票回购将超额现金以资本利得的形式分配给股票持有者。因此，流通在外的普通股股数就会减少，在其他条件不变的情况下，每股收益和每股市价会上升。管理层通过股票回购试图使投资者相信公司的股票具有投资吸引力，公司没有把股东的钱浪费在收益不好的投资中。

⑤ 用于公司兼并和收购。在收购或兼并的情况下，产权交换的支付方式无非为现金购买和以股票换股票两种。如果公司有库藏股，即可使用公司本身的库藏股来交换被购并公司的股票，由此可以减少公司的现金支出。

（2）股票回购的主要方式

公司管理层在决定使用股票回购时，就要确定以何种恰当的方式来实施股票回购计划。常用的股票回购方式主要有公开市场回购、要约回购、协议回购和可转让出售权等。

公开市场回购是指公司把自己等同于任何潜在的投资者，委托证券公司代自己按照公司股票当前市场价格回购。要约回购是指公司在特定时间发出的以某一高出股票当前市场价格的价格水平，回购既定数量股票；协议回购是指公司以协议价格直接向一个或多个主要股东购回股票；可转让出售权是由于公司不能强迫投资者出售其手中的股票，而采取的赋予股东在一定期限内以特定价格向公司出售其持有股票的权利。

【例 10-2】假设某公司股利分配前资产的总价值为400万元，流通在外的普通股股数为40万股，每股市价为10元。现公司决定通过以40万元现金回购公司10%的股票作为库藏股保留。股票回购前后的资产负债表简表见表10-2。

表10-2　**某公司股票回购前后的资产负债表简表**　单位：万元

资产		负债和股东权益	
股票回购前（流通在外的普通股股数：40万股）			
货币资金	160	负债	0
其他资产	240	股东权益	400
总计	400	总计	400
股票回购后（流通在外的普通股股数：36万股）			
货币资金	120	负债	0
其他资产	240	股东权益	360
总计	360	总计	360

库藏股不是公司的一项资产，而是股东权益的减项。库藏股不参与每股收益的计算和收益分配。因此，在股票回购方式下，公司的每股收益会增加，从而使公司的股价提高。

各国都对股票回购作了较为严格的规定，公司回购股份的成本不得高于留存收益或留存收益与资本公积之和；留存收益中相当于库藏股股本的那部分金额，限制用来分配股利，以免侵蚀法定资本的完整；除了为减少公司资本而注销股份和与持有本公司股票的其他公司合并之外，不允许公司持有库藏股，以防利用股票回购发生操纵估价的行为。

10.4.2　股票股利与股票分割

1）股票股利

股票股利（stock dividend）是指上市公司将应分给投资者的股利以股票的形式发放，一般按股东的持股比例以认购股票或增配新股的方式进行。从会计角度看，公司发放股票股利只是对股东权益的调整，既不影响公司的资产和负债，也不增加股东权益总额，股东财富没有任何改变，可以说股票股利的发放没有任何实质性的经济含义，唯一改变的就是公司的股份数量，并使公司的每股收益、每股净资产和每股市价降低。

【例 10-3】某公司原发行在外的普通股为500万股，每股股价7元，现该公司计划发放10%的股票股利。则在发放股票股利后，流通在外的普通股将有550万股。下面我们通过表10-3分析该公司发放股票股利前后的所有者权益结构。

表10-3 **某公司发放股票股利前后的所有者权益结构** 单位：万元

所有者权益项目	发放股票股利前	发放股票股利后
股本（面值1元/股）	500	550
资本公积	500	800
留存收益	400	50
股东权益合计	1 400	1 400

股票股利350万元（7×50）从“留存收益”账户中转移到“股本”和“资本公积”账户中，因为股票面值保持不变，所以股份数量的增加反映为在“股本”账户中增加了50万元（1×50），剩下的300万元记入“资本公积”账户中，公司的股东权益总额不变。

发放股票股利后，如果盈利总额和市盈率不变，普通股股数增加将导致每股收益和每股市价下降，但股东所持股份的比例不变，每位股东所持股票的市场价值总额仍保持不变。

【例10-4】沿用【例10-3】资料，假设此公司本年净利润为143万元，某股东持有该公司20万股股票，假设市盈率不变，发放股票股利对该股东的影响见表10-4。

表10-4 **某公司发放股票股利对某股东的影响**

项目	发放股票股利前	发放股票股利后
每股收益（元/股）	143÷500=0.286	143÷550=0.26
每股市价（元/股）	7	7÷（1+10%）=6.36
持股比例	20÷500×100%=4%	22÷550×100%=4%
持股总价值（万元）	7×20=140	6.36×22≈140

发放股票股利对每股收益和每股市价的影响，可以通过对每股收益、每股市价的调整直接算出：

$$发放股票股利后的每股收益=\frac{E_0}{1+D_S} \tag{10.1}$$

式中：E_0——发放股票股利前的每股收益；

D_S——股票股利发放率。

$$发放股票股利后的每股市价=\frac{M}{1+D_S} \tag{10.2}$$

式中：M——发放股票股利前的每股市价；

D_S——股票股利发放率。

根据表10-4中的资料：

发放股票股利后的每股收益=0.26元/股

发放股票股利后的每股市价=6.36元/股

虽然从理论上讲，股票股利对投资者来说是没有价值的，只不过使其拥有了更多的证明所有权的股票，但在实践中，却对公司和股东都有特殊意义。

（1）股票股利对公司的意义

① 节约现金。股票股利使股东分享了公司的盈利，但又无须支付现金，由此公司可以将更多的现金留存下来，用于再投资，有利于公司的持续发展。

② 降低股票市价，促进股票的交易和流通。较高的股票价格有利于大规模投资者或机构投资者进行交易，节约交易成本，但不利于小规模投资者进行投资决策。为了满足不同层次投资者的需要，使公司的股票更富有流动性，管理层会通过分配股票股利来稀释股价，吸引更多的投资者，促使交易更加活跃。

③ 信号效应。股票股利通常与公司的成长有关，在信息不对称的状态下，宣告股票股利可以向投资者传递管理层对公司未来盈利的预期，从而提高投资者对公司的信心，在一定程度上稳定股票价格。但在某些情况下，发放股票股利也会被认为是公司资金周转不灵的征兆，从而降低投资者对公司的信心，加剧股价的下跌。

④ 分散股权。股票股利在降低每股市价的时候会吸引更多的投资者成为公司的股东，从而使公司股权更为分散，这样就能防止其他公司恶意控制。

（2）股票股利对股东的意义

① 发放股票股利后，每股市价的下跌幅度取决于市场的反应程度，下跌的幅度与股数的增加并不一定成比例。一般在发放少量股票股利（如2%~3%）后，大体不会引起股价的立即变化，这可使股东得到股票价值相对上升的好处。

② 发放股票股利通常是成长中公司所为，因此，投资者往往认为发放股票股利预示着公司将会有较大发展，利润将大幅度增长，足以抵消增发股票带来的消极影响。这种心理会稳定住股价，甚至会使股价略有上升。

③ 在股东需要现金时，还可以将分得的股票股利出售。有些国家税法规定，出售股票所需缴纳的资本利得（价值增值部分）税税率比收到现金股利所需缴纳的所得税税率低，这使得股东可以从中获得纳税上的好处。

【课堂拓展】　　回购股票的限定

《上市公司股份回购规则》规定：“上市公司回购股份，是指上市公司因下列情形之一收购本公司股份的行为：（一）减少公司注册资本；（二）将股份用于员工持股计划或者股权激励；（三）将股份用于转换上市公司发行的可转换为股票的公司债券；（四）为维护公司价值及股东权益所必需。”

“前款第（四）项所指情形，应当符合以下条件之一：（一）公司股票收盘价格低于最近一期每股净资产；（二）连续二十个交易日内公司股票收盘价格跌幅累计达到百分之三十；（三）中国证监会规定的其他条件。”

“上市公司因本规则第二条第一款第（一）项规定情形回购股份的，应当由董事会依法作出决议，并提交股东大会审议，经出席会议的股东所持表决权的三分之二以上通过；因第（二）项、第（三）项、第（四）项规定情形回购股份的，可以依照公司章程的规定或者股东大会的授权，经三分之二以上董事出席的董事会会议决议。”

“上市公司因本规则第二条第一款第（一）项规定情形回购股份的，应当在自回购之日起十日内注销；因第（二）项、第（三）项、第（四）项规定情形回购股份的，公司合计持有的本公司股份数不得超过本公司已发行股份总额的百分之十，并应当在三年内按照依法披露的用途进行转让，未按照披露用途转让的，应当在三年期限届满前注销。”

“上市公司因本规则第二条第一款第（四）项规定情形回购股份的，可以按照证券交易所规定的条件和程序，在履行预披露义务后，通过集中竞价交易方式出售。”

资料来源：证监会. 上市公司股份回购规则［EB/OL］.［2022-01-05］. https://www.gov.cn/gongbao/content/2022/content_5686039.htm.

2）股票分割

股票分割（stock split）是指上市公司将面额较高的股票交换成多股面额较低的股票的行为。股票分割不属于某种股利方式，但其所产生的效果与发放股票股利非常相似。换句话说，股票股利的替代方式是股票分割。公司进行股票分割对其财务结构不产生任何影响，也不改变公司的价值，只会使发行在外的股数增加，每股面值降低，每股收益下降，而资产负债表中的股东权益总额、权益各项目的金额及其相互之间的比例不会改变。

【例10-5】假设某公司有100万股普通股流通在外，每股面值为1元，目前每股市价为8元。现在公司决定按1股换成2股的比例进行股票分割。股票分割后，流通在外的普通股将有200万股，股票的面值由每股1元降到每股0.5元。

公司进行股票分割前后的股东权益结构见表10-5。

表10-5　**某公司股票分割前后的所有者权益结构**　单位：万元

项目	股票分割前	股票分割后
股本	100 （100万股，面值1元/股）	100 （200万股，面值0.5元/股）
资本公积	400	400
留存收益	500	500
股东权益合计	1 000	1 000

假设某股东持有该公司10万股股票，持股比例为10%（10÷100），每股市价为8元，所持股票的总价值为80万元。按1股换成2股的比例进行股票分割后，该股东将持有20万股股票，持股比例仍为10%（20÷200），每股股价降为4元（8÷2），这样该股东持有的股票总价值仍为80万元（4×20）。由此可见，股票分割对股东来说同样没有增加价值，只是增加了持有股票的股数。

对于公司而言，进行股票分割的作用主要有：

（1）降低股票市价

如果股票的市场价格过高，股票交易就会因每手交易所需的资金量太大而受到一定的影响，不利于吸引众多中小投资者购买。因此，通过股票分割降低股价，可以使公司股票更广泛地分散到投资者手中，促进股票的流通。

（2）增加股东数量

通过股票分割，现有股东可能卖出新获得的股票，从而增加股东数量。同时，股票数量和股东数的增加，有利于活跃股票交易活动，提高公司股票的流动性，使公司的股东更为分散，防止一股独大的情形出现，同时，股票分割带来的股票流通性的提高和股东数量的增加，会在一定程度上加大对公司股票恶意收购的难度。

（3）向股票市场和广大投资者传递信息

股票分割通常是成长中公司采取的决策，能向股票市场和广大投资者传递公司业绩好、利润高和增长潜力大的利好信息，若是在分割后公司发放现金股利更是如此。股票分割往往会使投资者认为公司未来的每股盈余会大幅度增加，从而有利于稳定股价。

（4）促进新股发行

股票分割可以为公司发行新股做准备。公司股票价格太高，会使许多潜在的投资者力不从心而不敢轻易对公司的股票进行投资。在新股发行之前，利用股票分割降低股票价格，可以促进新股的发行。

从实践效果上看，股票股利和股票分割，除了会计处理不同外，两者基本相同，它们都没有增加股东的现金流量，也没有改变股东权益的总额，只是使流通在外的普通股股数增加，使股票市场价格下降。所以，一般要根据证券管理部门的具体规定对两者加以区分。例如，有的国家证券交易机构规定，发放25%以上的股票股利即属于股票分割。

尽管股票分割与发放股票股利都能达到稀释股价的目的，但一般来说，只有在公司股价暴涨且预期难以下降时，才采用股票分割的办法降低股价；而在公司股价上涨幅度不大时，往往通过发放股票股利的办法维持股价。

【课堂拓展】　　增进民生福祉——完善分配制度

分配制度是促进共同富裕的基础性制度。坚持按劳分配为主体、多种分配方式并存，构建初次分配、再分配、第三次分配协调配套的制度体系。努力提高居民收入在国民收入分配中的比重，提高劳动报酬在初次分配中的比重。坚持多劳多得，鼓励勤劳致富，促进机会公平，增加低收入者收入，扩大中等收入群体。完善按要素分配政策制度，探索多种渠道增加中低收入群众要素收入，多渠道增加城乡居民财产性收入。加大税收、社会保障、转移支付等的调节力度。完善个人所得税制度，规范收入分配秩序，规范财富积累机制，保护合法收入，调节过高收入，取缔非法收入。引导、支持有意愿有能力的企业、社会组织和个人积极参与公益慈善事业。

资料来源：习近平.高举中国特色社会主义伟大旗帜 为全面建设社会主义现代化国家而团结奋斗——在中国共产党第二十次全国代表大会上的报告［R］.2022-10-16.

总结与结论

➢ 公司在进行股利分配时应遵循依法分配、资本保全、多方利益兼顾、分配与积累并重的原则。

➢ 股利的支付程序包括：股利宣告日、股权登记日、除息日和股利支付日。同时，在股利支付时公司还需要权衡来自于法律、公司、股东及其他方面的限制因素。

➢ 股利政策的关键问题就是在投资决策既定的条件下研究股利对公司价值是否有影响。

➢ 按照股利政策无关论的观点，在完全资本市场条件下，股利政策与公司价值是无关的。如果股东收到的股利多于他所期望的，他可以将这部分多余的现金再投资；如果股东收到的股利少于他所期望的，他可卖出多余的股票，股东完全可以“自制”股利，所以不同的股利政策没有优劣之分，股利政策是无关的。

➢ MM理论对认识股利问题很有帮助，但它以多种假设为前提，在现实生活中，这些假设是不存在的。所以股利政策与公司价值不再是无关的，而是相关的。

➢ 差别税收理论认为，当股利收入与资本利得存在税收差异时，投资者往往偏好资本利得，公司采用低股利政策会抬高股价，增加公司的市场价值。

➢ 在实务上，公司发放股利受诸多因素制约。已被公司采用的股利政策主要有剩余股利政策、固定或持续增长的股利政策、固定股利支付率政策和低正常股利加额外股利政策。它们各有所长，适合不同的公司。

➢ 股票股利是公司付给股东额外的股票。理论上，除非每股现金股利不变或增加，否则股票股利对股东来说没有任何价值。在实务中，公司发放股票股利的原因有节约现金、降低股票市价、信号效应等。

股票分割不是某种股利方式，但其所产生的效果与发放股票股利非常相似，两者都能使股票市场价格下降。

练习题

1. 某公司2022年的税后净利润为400万元，确定的目标资本结构为负债资本占40%，股权资本占60%。2023年公司有较好的投资项目需要投资600万元，该公司采用剩余股利政策。

要求：分析该公司应当如何融资及分配股利。

2. 某公司2022年年底的股东权益总额为4 000万元，发行在外的普通股为3 000万股。目前的资本结构为：负债占60%，股东权益占40%。公司没有需要付息的流动负债（该公司适用的企业所得税税率为25%）。

公司董事会在讨论明年任务时提出：（1）希望明年分配现金股利0.05元/股；（2）为新的投资项目筹集2 000万元的资金；（3）明年依然维持现有的资本结构，并且不增发新股，也不形成短期借款，公司提取的折旧等也已经有了指定的用途。

要求：测算明年实现公司董事会的要求所需要的最低税前利润。

3. 某公司年终在利润分配前，股东权益项目资料如下：普通股股本800万元（每股面值2元，400万股），资本公积320万元，未分配利润1 680万元，股东权益合计2 800万元，该公司股票的每股现行市价为35元。

按照每10股送1股的方案发放股票股利，并按照发放股票股利后的股数，派发每股现金股利0.2元。股票股利的金额按照公司股票现行市价计算。

要求：确定出完成上述分配方案后的股东权益各个项目的数额。

4. 某公司年终利润分配前已对外发行的普通股股数为200万股，每股面值2元，现行每股市价为40元，公司股本为400万元，资本公积为160万元，未分配利润为840万元，股东权益总计1 400万元。假设公司按1股换2股的比例进行股票分割。

要求：计算股东权益各项目数额及普通股股数。

二维码 10-1　练习题参考答案

案例分析题

格力电器股利政策研究

格力电器以前一直奉行高股利分配政策，2014年的利润分配方案为每10股派发现金30元，并以资本公积金转增股本，向全体股东每10股转增10股，可谓中国A股最牛分配方案，2015年的利润分配方案为每10股派发现金股利15元，2016年的利润分配方案为每10股派发现金红利18元。在2017年4月公布的年报中，格力电器的营业收入与净利润都达到了历史最高，在万众股民期待再一次公布高股利分配方案时，格力电器却对外宣称股利分配方案为“不派发现金红利，不送红股，不以公积金转增股本”。此消息一出，引起各界一片哗然，人们纷纷猜想与疑惑：2017年营业收入与净利润都达到了历史最高点，本应该延续高股利分配政策，为什么却不分红？2017年的净利润全部作为留存收益，这种做法似乎有悖常理。对此消息最为直接的反应是资本市场。当格力电器不分红的消息一经宣告，格力电器2017年4月26日的股价直接以跌停板开盘，到了当天下午3时收盘时，跌幅高达8.97%，当日资金净流出合计23.56亿元。新宣布的股利分配方案引起了市场巨大反应。自格力电器2017年4月26日的分红方案公布，当天投资者的不理性情绪释放后，造成股价大幅下跌，之后投资者的情绪慢慢回归理性，股价没有出现大幅跳水，走势比较平缓，可以看出一些投资者对此次分红方案还是比较理性的。那么，是什么因素让以往一直实施高股利分配政策的格力电器实行剩余股利分配政策呢？主要原因有三个：

一是面对国际市场考验，格力对产品进行创新升级，需要进行大量的研发投入。格力电器董事长董明珠曾说过：“我们的产品在研发投入上从不设上限。”这需要大量的资金投入，资金的筹措方式主要从外部筹措和内部留存收益中分出，与发行股票、发行债券方式相比，从自有资金中拿出资金进行投资，不会产生新的负债。

二是满足格力的多元化发展需要。尽管空调产业给格力电器带来了不少荣誉，但它也限制了人们对格力电器的想象力，当提起格力电器时，人们往往只想到空调产业。2015—2017年，空调占格力电器主营业务收入的比例高达80%，几乎是美的集团这一比值的2倍。主要原因是两者产业发展结构不同，美的集团一直采取多元化发展战略，虽然格力电器近年来也进行多元化发展，但仍处于初级阶段，多元化发展的成效不够明显。由于处于多元化发展的初级阶段，需要投入大量资金进行产品研发、产业升级，为此2017年格力电器在年报中称“不进行股利分配”，将留存的资金进行产业升级和多元化发展。

三是格力现阶段存在筹资困难。格力电器为了发展新能源汽车产业，2016年对珠海银隆进行并购，但是自合并后，珠海银隆的表现不尽如人意，财务状况堪忧，拖欠员工工资、裁员等负面消息不断，巨大的资金链缺口导致格力电器“造车梦”阻力重重。手机市场是格力电器扩张的另一个方向，为此格力电器投入了大量资金，但直到今日也未见格力手机进入市场，可见格力电器进军手机市场收效甚微。格力电器的“造车梦”与“造手机梦”都消耗了巨大的人力、物力和财力，然而效果并不明显，甚至还带来负面效果。由于近两年格力电器多元化发展之路不理想，许多投资者对格力电器持观望态度，格力电器想要从外部筹措大量资金非常困难。如果从外部筹集大量资金，公司每年需要偿还高额债务，会改变公司的资本权益结构，不利于公司的长远发展。格力电器采用剩余股利政策，不仅能够满足公司发展的资金需求，有利于结构调整，还不用偿还高额利息，也不会改变资本权益结构。

资料来源：杨恺，胡北忠.格力电器股利政策研究［J］. 企业科技与发展，2018（10）.

案例思考题：

格力电器股利政策的转变将会对市场、公司、中小投资者产生哪些影响？

二维码10-2 案例分析题提示

第11章 国际财务管理

学习目标

通过本章学习了解掌握国际财务管理的概念、特点及内容，理解外汇风险的相关知识及其管理方法，并能够具体应用。了解国际财务管理中投资的特点和方式，理解融资过程的特点及其具体方式，并熟悉境外现金管理的具体内容。

导言

资本市场和货币市场全球一体化进程的加快，使得企业的筹资、投资、分配等财务活动超越国界，与其他国家、地区的有关企业、单位和个人发生千丝万缕的联系。因国际之间的资金运动而形成的财务管理活动，使得国际财务管理成为企业在国际舞台上求得生存和发展的重要管理工作。

11.1 国际财务管理概述

国际财务管理注重风险与收益的均衡，旨在通过协调国际企业的资金流，充分利用国际经营机遇，积极应对国际经营风险，来实现企业价值最大化的目的。跨国公司是国际财务管理的主体，跨国公司是指通过对外直接投资，在世界各地设立分支机构或子公司，开展国际化生产和经营活动的企业。因此，国际财务管理主要研究跨国公司从事跨国性生产经营活动中如何解决各方面问题，以及跨国公司在国际市场中如何对其资金运营活动及财务关系进行管理。国际财务管理是国内财务管理走向国际化经营的扩展和延伸。

11.1.1 国际财务管理的内容

国际财务管理作为财务管理的重要分支，与财务管理在内容上存在诸多相同之处，如资金的筹集、投资决策、营运资金的管理等。然而，跨国公司所处的国际市场具有复杂化与多样化的特征，与国内财务管理相比，还可能面临政治风险和外汇风险，决定了国际财务管理的内容要更加复杂。

1）外汇风险管理

外汇风险，也称汇率风险或外汇暴露，指由于汇率变动而给企业收益带来的不确定性，包括交易风险、换算风险、经济风险三类风险。外汇风险管理是指外汇资产持有者通过风险识别、风险衡量、风险控制等方法，预防、规避、转移或消除外汇业务经营中的风险，从而减少或避免可能的经济损失，实现在风险一定条件下的收益最大化或收益一定条件下的风险最小化。

外汇风险管理是国际财务管理最基本的内容之一，也是国际财务管理和一般财务管理的根本区别所在，是国际财务管理其他内容的基础。随着经营的全球化，跨国企业在进行国际贸易、投资、借贷等活动时不可避免地会在国际范围内收付大量外汇，与此同时，给跨国公司带来很大的不确定性。因此，在国际财务管理体系中，企业应对外汇风险进行有效管理，降低外汇变动给企业带来的亏损。

2）国际投资管理

国际投资管理是把筹集到的资金用于国际范围内的投资项目，以求获取收益的行为，分为直接投资和间接投资。与国内投资不同，国际投资面临更复杂的商业环境和影响因素，是多种制度、文化和行为方式之间的融合和协商。因此，在进行国际投资时，企业需要制定切实的投资方案，通过可行性研究论证，选择有利的投资方式，坚持系统科学的管理，有效地驾驭投资风险。

【小资料11-1】　“一带一路”背景下国有企业境外投资风险管理

改革开放以来，我国对外投资相较于对外贸易和吸引外商投资而言发展相对缓慢。2013年，国家主席习近平统筹国内国际两个大局，提出共同建设“丝绸之路经济带”和“21世纪海上丝绸之路”的设想，即“一带一路”倡议。“一带一路”倡议的提出，为国有企业境外投资开拓了新的平台及视野，加快了国有企业境外投资进程，当前国有企业作为境外投资的重要力量呈现出投资步伐逐渐加快、分布范围日益广泛、结构逐步优化等特点，与此同时，依然严峻复杂的国际环境为国有企业境外投资带来了新的不确定性因素和挑战。

因此，国有企业在境外投资过程中，应当重视投资风险的防控工作，增强风险识别能力和水平，完善国有企业境外投资的内控管理制度，采取有效措施防范风险的发生，最大程度减少企业可能存在的损失，同时，也增强对国有企业作为投资者主体的保护，尽量避免在国际市场中处于不利的地位，保障国有企业在境外投资过程中的利益，推动国有企业稳定长远发展。

资料来源：薛玉珍.“一带一路”背景下国有企业境外投资风险管理及应对策略［J］. 中国农业会计，2022（9）.

3）国际融资管理

国际融资管理是指国际企业通过科学地谋划和合理地组合，以筹资成本最小化和降低筹资风险的有利条件筹措资金，并寻求建立和实现最佳的资本结构。与国内融资决策相比，国际融资决策表现为筹资规模较大、资金来源广、筹资风险较大和决策复杂程度高的特点，主要筹资方式有国际股票融资、国际债券融资、项目融资、国际租赁和补偿贸易融资等。面对国际金融市场多样的资金来源，公司应在各种因素之间进行权衡，作出正确的决策，选出最佳的融资方案。

【小资料11-2】　施工企业“走出去”投融资管理现状

21世纪以来，施工企业积极响应“一带一路”、互联互通等国家号召，大力落实“走出去”战略。随着海外市场的不断开拓，施工企业在境外参与更多大型工程项目，面临的机遇与风险更大。

施工企业在国家战略的引领下，国际化发展水平稳步提高，其取得的成就体现在三个方面：一是业务规模持续扩大。施工企业不断开拓海外市场，对外承包工程业务规模不断扩大，从原来主要承建几亿、几十亿元的单体项目向综合型、特大型项目转变，已成长起一批具有较高国际知名度的大型企业集团。二是多元化的市场格局基本形成。目前，施工企业的境外投融资业务开始从传统的工程项目投资向跨国收购或兼并等股权投资跨越，从传统的基础建设产业投资向金融服务产业投资跨越，足迹涉及亚洲、非洲、拉美等世界200多个国家和地区。三是带动作用明显。在施工企业"走出去"的"巨舰"上，正出现越来越多的"搭船者"。

在取得显著有成就的同时也面临着严峻的挑战。主要体现在四个方面：一是境外投融资风险难以预测。施工企业面临的投融资风险更加复杂多样，难以预测和控制，如贸易摩擦、政治斗争、暴力活动等。二是管理能力有待提高。我国施工企业"走出去"历史较短，境外投融资管理经验和国际化经营人才仍十分匮乏，控制各种随机的风险能力较为欠缺。三是规则制定未占主导。我国大多数施工企业未对全球市场规则给予足够的关注和重视，常常因市场规则适用问题陷入被动。四是配套体系亟须完善。目前，我国不少施工企业难以获得必要的配套服务和资金支持。

因此，在国家加快落实"一带一路"倡议的大背景下，如何做好施工企业在"走出去"过程中的投融资管理，并对所反映出的商业风险和政治风险等加以有效防范，已经成为施工企业在"走出去"过程中迫切需要直面思考并逐步解决的重要问题。

资料来源：李国华.施工企业"走出去"投融资管理研究[J].财政监督，2021（13）：86-92.

4）境外资金管理

境外资金管理是国际财务管理的重要方面。境外资金管理的目标是在保证国际企业经营活动现金充足的情况下，尽可能减少资金持有量，剩余部分用于再投资，以获取企业的最大收益。主要包括存量管理和流量管理两个部分。从国际角度来看，因为涉及国与国之间的现金转移，从而触及到不同国家的法律规定，使得现金管理更加繁杂。因此，公司应合理安排各类资金项目，使现金、应收账款和存货处于最佳水平，同时注重资金的流动和转移，使资金得到合理处置。

11.1.2 国际财务管理的影响因素

企业经营范围的国际化，要求企业立足于全球化视角处理财务管理方面的问题。与国内财务管理相比，国际财务管理的环境更具复杂化与多样化，总结影响国际财务管理的几大重大因素如下：

1）经济因素

金融市场、金融机构的完善程度及东道国的通货膨胀水平会影响企业在该国投资和融资的难易程度，因此，要关注东道国实行的金融政策，深入了解其汇率政策、货币政策、税收政策等，把握市场状况，作出既符合东道国金融环境，又适合企业经营状况的正确的财务决策。东道国的产业政策、对外贸易政策等，也会对企业的财务管理带来重大影响。

2）政治因素

政治因素主要指东道国的政治体制及其政权的稳定性、对外资的政策及其稳定性、国际关系等方面。如果东道国政局不稳定，势必会影响到企业的经营，给其收益带来巨大的不确定性。比如国家政变期间，对企业经营场所的查封行为，会给企业带来巨大损失。因此，企业应当仔细分析有关国家的政治环境，充分评估该国政治环境可能带来的风险。

3）法律因素

不同的国家和地区有不同的法律规范和要求，甚至会出现不同国家的法律规范完全相悖的状况。因此，国际财务管理需要对不同国家地区的法律因素深入分析，对东道国进行内部评价和外部评价。内部评价是指考虑东道国涉及外商投资的法律是否完备、法治是否稳定、执法力度是否坚决。外部评价是指考察东道国与重要国际组织的关系，其签署的国际性的条约和协议及执行情况。

4）文化因素

除了经济、政治和法律环境以外，社会文化环境也对国际财务管理有着不可忽视的广泛影响。文化因素主要包括教育、科学、文学艺术、信念、道德、风俗以及同社会制度相适应的权利义务观念、道德观念、价值观念等相当广泛的内容。一般而言，比较重要的文化因素包括文化水平、文明程度、文化传统以及宗教信仰等内容。

11.1.3 国际财务管理的特点

国际财务管理面临着新的环境因素、新的风险来源和新的经济机会。

1）新的环境因素

在国际公司理财中，要遵循国际惯例，执行有关国家的法律、政策、制度，使用外国货币，要了解有关国家的利率、税率、汇率、通货膨胀率等。因此，国际公司理财的范围更为广泛，环境更为复杂。在进行财务决策之前，必须对理财环境进行认真调查、预测、比较和分析，以便提高财务决策的正确性和及时性。

2）新的风险来源

公司进行跨国生产经营活动，除了面临经营风险和财务风险以外，还存在政治风险、外汇风险等。

政治风险是指由于政治方面的原因给公司造成损失的风险。政治风险主要有外国政府政策变动风险、战争暴动风险等。

外汇风险是指由于汇率发生变动而对公司财务收支和成果产生影响的风险，企业可以通过有效经营避免和克服。例如，企业在出口时，由于发出货物和收到货款存在时间差，这段时间内汇率就有可能发生变化，从而有给企业带来损失的可能。因此，财务人员应对这部分风险进行科学预测，以避免不利影响，取得最大收益。

3）新的经济机会

各个国家的政治、经济情况存在着许多差别，在税种、税率、利率和商品价格等方面存在一定的差距。市场的不完全性给国际企业从事跨国经营活动带来更多机会的同时，也带来了更大的风险。例如，公司可以向利润率最高和税率最低的国家投资；到劳动力和原材料价格低廉的国家建厂，就地生产和销售以获取更多的利润；从原材料价格最低的国家进口原材料，生产产品到价格最高的国家销售等，此外还可从整个公司集团内部各单位的统筹调配中获得新的经济机会。

国际财务管理上述三个特点是相互联系的，新的环境因素产生新的经济机会和新的风险来源。机遇和风险是并存的。跨国经营公司只有适应新的环境，善于抓住新的机遇，注意防范新的风险，才能达到提高经济效益的目的。

【小资料11-3】 加快建设世界一流财务管理体系

财务管理是企业管理的中心环节，是企业实现基业长青的重要基础和保障。近年来，中央企业认真贯彻落实党中央、国务院决策部署，高度重视财务管理工作，持续优化管理手段，不断创新管理模式，积极应用先进管理工具，财务报告、全面预算、资金管理、财务信息化、财务内控、财会队伍建设等工作取得显著成效，前瞻性、有效性稳步增强，规范化、标准化明显提高，有力支撑了中央企业持续健康发展。同时，也要看到，部分中央企业集团化财务管控建设不到位、财务管理功能发挥不充分、财务管理手段落后于技术进步，与新时期中央企业高质量发展目标不匹配、不适应。为推动中央企业进一步提升财务管理能力水平，加快建设世界一流财务管理体系，现提出如下总体要求：

以习近平新时代中国特色社会主义思想为指导，深入贯彻落实习近平总书记关于国有企业改革发展和党的建设重要论述，全面贯彻党的十九大和十九届历次全会精神，完整、准确、全面贯彻新发展理念，服务构建新发展格局，以高质量发展为主题，以深化供给侧结构性改革为主线，以更好履行经济责任、政治责任、社会责任为目标，坚定不移做强做优做大国有资本和国有企业，推动财务管理理念变革、组织变革、机制变革、手段变革，更好地统筹发展，保证安全，更加注重质量和效率，更加突出“支撑战略、支持决策、服务业务、创造价值、防控风险”功能作用，以“规范、精益、集约、稳健、高效、智慧”为标准，以数字技术与财务管理深度融合为抓手，固根基、强职能、优保障，加快构建世界一流财务管理体系，有力支撑服务国家战略，有力支撑建设世界一流企业，有力支撑增强国有经济竞争力、创新力、控制力、影响力、抗风险能力。通过5年左右的努力，中央企业整体财务管理水平明显跃上新台阶，通过10~15年的努力，使绝大多数中央企业建成与世界一流企业相适应的世界一流财务管理体系，一批中央企业财务管理水平位居世界前列。

资料来源：参见国资委《关于中央企业加快建设世界一流财务管理体系的指导意见》，2022年2月18日。

11.2 汇率预测与外汇风险管理

跨国公司的许多决策都会受到汇率预期的影响，汇率是货币在外汇市场的相对价格。跨国公司的进出口贸易决策或国际投融资决策等都受到汇率变动的影响，因此，合理预测汇率变动对保持或提升跨国公司价值十分关键。影响汇率波动的因素十分复杂，没有任何技术方法支持对汇率的准确预测。为了能够合理预期汇率变动，首先需要了解汇率波动的基本经济因素和基本原理。

11.2.1 汇率的决定

随着经济环境的变化，汇率可能会出现明显波动，汇率的波动会影响跨国公司资产价值。

1）汇率均衡理论

汇率代表了某一时点外币的货币价格，与在市场上流通的其他商品一样，外币的货币价格也是由货币供给与需求的相对关系决定的。在任一时点上，外汇的货币价格都应该是外汇供给等于外汇需求时的价格，即所谓的均衡汇率。图11-1描述了英镑在不同汇率价格时点的供给和需求关系。当汇率价格是0.3英镑时，英镑的供给数量低于英镑的需求数量，出现了供不应求的状况。此时，提供外汇服务的银行在0.3英镑的汇率水平将面临英镑的短缺风险，因此，银行会提高英镑售价。当汇率价格是0.5英镑时，英镑的需求数量高于英镑的供给数量，出现了供过于求的状况。此时，提供外汇服务的银行在0.5英镑的汇率水平将出现英镑盈余，因此，银行会降低英镑售价。而当汇率为0.4英镑时，英镑的需求量恰好等于供给量，此时达到汇率均衡状态，因此，0.4英镑即为此时的均衡汇率。

对各种货币而言，均衡汇率都是可以通过外汇市场的交易达到的，外汇均衡状态的调整取决于外汇的流动性，因为外汇流动性的大小对汇率的敏感性会产生影响。如果外汇在现汇市场的流动性高，那么相应的汇率对于单笔大额货币交易的敏感性也会很弱，因此，均衡汇率的变动则相对较小。在有意向的外汇买卖双方数量很多的情况下，外汇交易的供求关系是很容易被调节的。相反，如果外汇的现汇市场的流动性较弱，那么相应的汇率对于单笔大额货币交易的敏感性会很强。若发挥调节作用的外汇交易买卖双方数量不足，则意味着必须调整外汇的价格，才能让外汇的供给和需求重新达到平衡状态。因此，外汇的均衡价格在供求条件下，即使进行非常微小的调整，流动性不强的外汇也趋于表现为更不稳定的汇率波动。

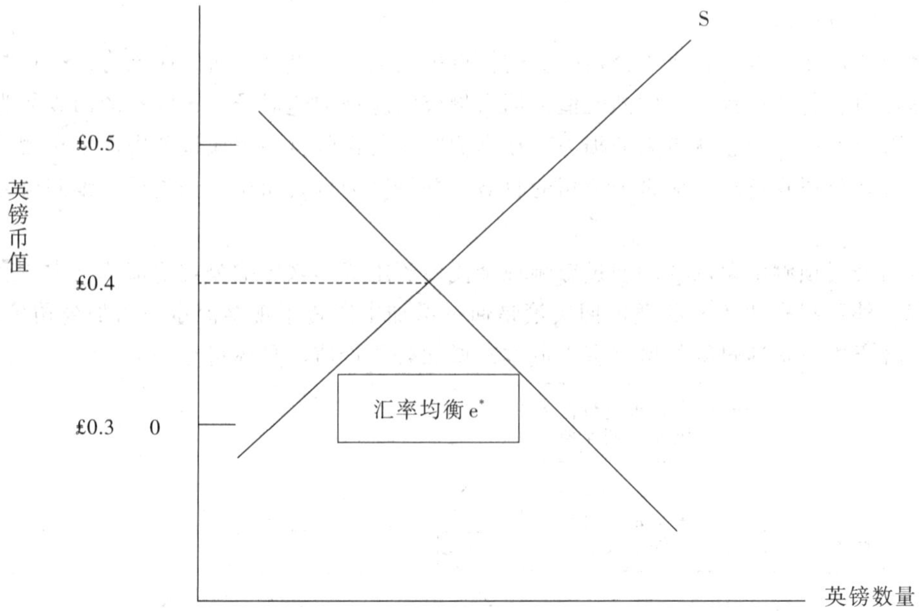

图11-1　英镑供给需求均衡图

2）汇率的预测与计量

跨国公司的各项经营活动都会受到汇率变动的影响，因此，合理预测汇率的变动对公司实行以下决策会有重要影响。

（1）套期保值决策

套期保值是指交易人在买进（或卖出）实际货物的同时，在期货交易所卖出（或买进）同等数量的期货交易合同作为保值手段。它是一种为避免或减少价格发生不利变动的损失，而以期货交易临时替代实物交易的一种行为。跨国公司常常面临是否对未来外币应付项目和应收项目进行套期保值的决策问题。公司是否套期保值取决于公司管理层对外币价值的预测。一般来说，当公司预期未来汇率变动会给公司带来损失时会进行套期保值决策。

（2）外币投资决策

公司的外币投资决策可以划分为短期投资决策和长期投资决策。当公司短期内有大量的闲置资金时，可以选择利用高额的外币储蓄进行短期投资。进行外币短期投资决策时选择币种的标准主要考虑两方面内容，一是利率高，二是投资期间货币升值。公司进行国际长期投资决策时，通常需要考虑对外投资计划的预期货币兑换需求。在进行资本预算时，应当将所有的预期现金流量折算为母公司本国货币，这样才能保证资本预算能够有效和彻底地进行。

（3）外币融资决策

公司进行外币融资决策时需要考虑外币币种的选择、期限选择以及融资成本的测算，这些决策都会受到汇率变动的影响。在短期外币融资决策中，进行外币短期借款决策时既要满足利率低，又要实现融资期间的货币贬值。在长期外币融资决策中，长期外币借款和发行外币债券的决策标准同短期外币借款一样，即期望借入的币种相对于销售收到的币种会贬值。在估算长期外币融资资本成本时应该将未来外币现金流出折算成母公司本国货币后，再进行资本成本测算。

（4）收益汇回决策

跨国公司在决策是否将子公司收益进行再投资或汇回母公司时，应该将汇率预测的影响考虑在内。若外币预期会剧烈贬值，那么母公司应该加速对子公司收益的回收行为，以避免外币贬值可能给企业带来的损失。在预测跨国公司收益时也应该考虑汇率预测，因为在报告跨国公司收益时，应将子公司的收益合并折算为母公司所在国货币，编制合并财务报表。

跨国公司预测汇率的变动通过影响现金流和资本成本来影响公司价值，其中，套期保值决策、外币投资决策和收益汇回决策是通过增加本国货币现金流量来增加公司价值的，而外币融资决策是通过降低融资资本成本来增加公司价值。具体可见图11-2。

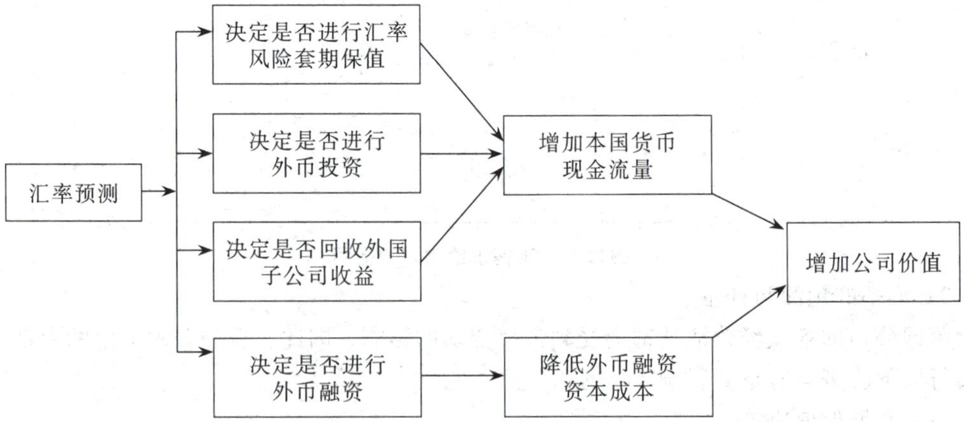

图11-2　跨国公司汇率预测的动机

3）预测汇率的方法

预测汇率的方法有很多，大体分为以下四类：技术预测法、基本预测法、市场预测法、混合预测法。

技术预测法（technical forecasting）又称图表分析预测法，是以图表作为主要依据，利用汇率的历史数据来预测未来汇率的方法。若某种货币的日汇率在一段时间内出现同方向的连续变动，则表明可以按照这种汇率变动趋势对未来汇率变动情况进行预测。然而在某些情形下，会出现由于某一技术因素的存在而导致货币的日汇率历史变动趋势发生变化，那么未来汇率的预测结果的准确性会大大降低，预测结果会发生变化。因此，技术因素有时会被看作改变投机头寸的主要原因。货币汇率发生剧烈变动的可能原因主要有以下几种：（1）技术因素压倒了经济消息；（2）技术因素触发抛售该种货币；（3）技术因素显示该种货币最近超卖，从而触发买进该货币。

【例 11-1】假设明天A公司需要100万美元支付其所购买的货物的货款。今天，美元兑英镑的汇率升值5%。A公司可以选择今天支付货款以避免明天美元的继续升值。基于对历史数据的时间序列分析，A公司已经确定如果美元当天的升值超过1%，第二天则会贬值达到其增值率的70%，即：当 $e_t>1\%$ 时，$e_{t+1}=e_t\cdot$（−70%），则应用该预测方法，A公司预测明天的汇率将会变动如下：$e_{t+1}=e_t\cdot$（−70%）=5%*（−70%）=−3.5%。

从跨国公司角度来看，技术预测法存在一定的局限性，主要表现为以下几个方面：一是该方法只适用于短期汇率预测，不适用于长期汇率预测。由于汇率变动的模式在短期内更为系统化，所以大多数技术预测法的应用时间区间非常短，通常只有一天。由于汇率变动的系统模式在预测未来一个季度、一年或者五年时的预测结果缺乏一定可靠性，所以在预测远期汇率变动时的有用性也会大大降低。由此可见，对跨国公司而言，选择技术预测模型来预测远期汇率可能并不合适。二是技术预测模型的有效性具有时间性，即会出现模型在某个期间起作用而在另一个期间却不起作用的情况。如果货币价值的变化呈现随机性的特点，那么技术预测模型就不再适用于这一时期。在汇率变动的历史趋势不确定的情况下，通过对货币汇率的历史变动趋势进行探索来预测未来汇率的结果就不那么令人信服了。

基本预测法（fundamental forecasting）又称因素分析预测法，是根据经济变量（因素）与汇率间的基本关系来预测未来汇率的方法。货币即期汇率的变动会受以下因素的影响：

$e=f(\Delta INF,\ \Delta INT,\ \Delta INC,\ \Delta GC,\ \Delta EXP)$

其中，e为即期汇率的变化率，ΔINF是某国和外国通货膨胀率差额变化率，ΔINT是某国和外国利率差异变化率，ΔINC是某国和外国收入水平差异变化率，ΔGC是国家控制的变化，ΔEXP是未来汇率预期的变化。企业可以依据变量的现值及其对货币币值的历史影响对未来汇率进行预测。

市场预测法（market-based forecasting）是一种直接根据市场中的汇率价格预测未来汇率的方法，同时，也是非金融企业在预测未来汇率时通常采用的方法。

由于各种汇率预测方法都存在各自的优缺点，因而许多公司选择将各种预测方法进行综合运用来预测未来汇率，可称其为混合预测法（mixed forecasting）。

11.2.2 外汇风险

跨国公司的许多决策都会受到汇率预期的影响，要了解外汇风险，进行汇率预测，根据预测结果有效管理外汇风险，从而实现企业价值最大化。

1）外汇风险的含义

外汇风险（foreign exchange exposure），也称汇率风险或外汇暴露，指一个企业的成本、利润、现金流或市场价值因外汇汇率波动而引起的潜在的上涨或下落的风险。汇率变动必然对企业以外币计价的资产、负债和经营成果产生影响，这种影响是双向的，既可能是有利影响，使资产和经营成果增加、负债减少，也可能是不利影响，使资产和经营成果减少、负债增加。这种汇率变动的不确定性可能带给企业的影响，称为外汇风险。

通常情况下，外汇风险的大小是由外币、时间和汇率变动三者共同决定的。以产品出口为例，当产品外销的应收货款以本币计价结算时，无论成交到收款的时间多长，由于不涉及外币计价结算，所以不存在外汇风险；当产品外销的货款以外币计价结算时，若产品销售方成交日当天立即收到货款（不存在时间因素），汇率无变动，也不存在外汇风险；若成交日距离收款日经过了一段时间，但是汇率在这一段时间内没有发生变动，也不存在外汇风险。综上所述，只有在产品外销的应收货款以外币计价结算，交易成功一段时间后才收到货款，并且汇率在这一期间发生了变动，即影响外汇风险的三个因素同时存在时，才会形成外汇风险。从成交到收款的时间越长，汇率变动的可能性越大，因而外汇风险就越大，外币与本币的汇率变动幅度越大，外汇风险越大。

外汇风险管理就是通过对汇率变化方向、变动幅度的预测，对承受风险的外币资产或负债项目进行调整或保值，从而使公司可能发生外汇损失的风险降到最低程度。

2）外汇风险的种类

外汇风险按照其形成原因可以分为：交易风险（transaction exposure）、经济风险（economic exposure）和折算风险（translation exposure）。交易风险指企业以外币计价的各种交易过程中，由于结算时的汇率与交易发生时，即签订合同时的汇率不同而引起收益或亏损的风险。其中，各种交易包括商品进出口交易、外汇借款、外汇买卖、远期外汇交易等。经济风险是指意料之外的汇率波动引起公司或企业未来一定期间的收益或现金流量变化的一种风险。折算风险是由于汇率变动，报表的不同项目采用不同汇率（现行汇率、历史汇率、平均汇率）折算，而产生损失或利得的风险。外汇风险管理就是对不同风险采取相应措施进行管理。交易风险、折算风险和经济风险在概念上的区分如图11-3所示。

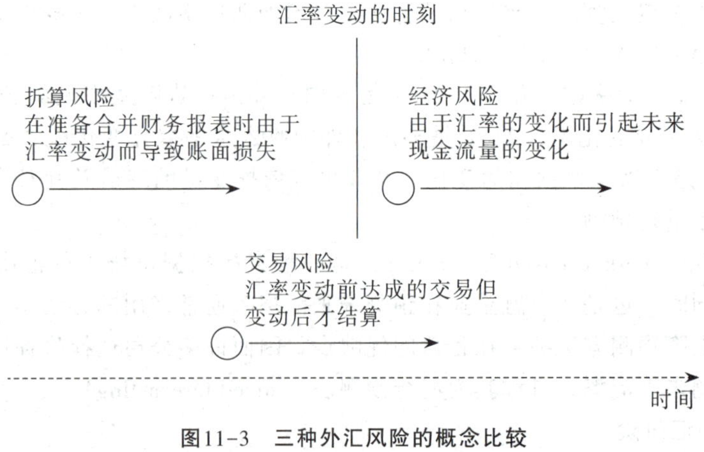

图11-3　三种外汇风险的概念比较

外汇风险按主体不同分为企业外汇风险、银行外汇风险和国家外汇储备风险。企业外汇风险通常包括交易风险、经济风险和折算风险。银行外汇风险包括外汇买卖风险和外汇信用风险。当人民币坚挺升值时，外汇多头损失、空头盈利；当人民币疲软贬值时，外汇多头盈利、空头损失。国家外汇储备风险包括国家外汇库存风险和国家外汇储备投资风险。

3）外汇风险的管理策略

外汇风险管理具有复杂性，企业应该根据不同的情况采取不同的策略来使收益最大化。常见策略包括完全抵补策略、部分抵补策略和完全不抵补策略。

（1）完全抵补策略

完全抵补策略是指企业通过采取各种措施消除外汇敞口额，固定预期收益或固定成本，以达到避险的目的。对银行或企业来说，就是对于持有的外汇头寸进行全部抛补。一般情况下，采用这种策略比较稳妥，尤其是在实力单薄、涉外经验不足、市场信息不灵敏、汇率波动幅度大等情况下。

（2）部分抵补策略

部分抵补策略是指企业通过采取措施清除部分敞口金额，保留部分受险金额，从而保留部分赚钱的机会，当然也留下部分赔钱的可能。

（3）完全不抵补策略

完全不抵补策略是指企业任由外汇敞口金额暴露在外汇风险之中，适合于外汇波幅不大、外汇业务量小的情况。在面对低风险、高收益、外汇汇率看涨时，企业也容易选择这种策略。

企业在外汇管理过程中，首先应该识别风险和判断风险的类型，判断存在的是交易风险、折算风险还是经济风险。其次，度量风险的大小，即综合分析所获得的数据和汇率情况，并计算风险暴露头寸和风险损益值，判断这些汇率风险将达到多大程度，会造成多少损失。最后采取一定措施降低甚至规避风险，即在识别和衡量的基础上采取措施控制外汇风险，避免产生较大损失。企业应在确定规避战略的基础上，选择贸易谈判结合经营策略来规避汇率风险，或是利用金融衍生工具规避贸易风险。

【课堂拓展】《国家外汇管理局关于进一步促进外汇市场服务实体经济有关措施的通知》

为进一步促进外汇市场发展，更好服务地市场主体管理外汇风险，国家外汇管理局发布了《关于进一步促进外汇市场服务实体经济有关措施的通知》，现就部分事项摘录如下：

一、金融机构应持续加强服务实体经济汇率风险管理的能力建设

（一）引导客户树立风险中性理念。支持企业管理好汇率风险，综合考虑产品类型、客户分类和套期保值需求特征，为客户办理与其风险承受能力相适应和套期保值需求相一致的外汇衍生品业务，降低生产经营不确定性。

（二）坚持实需原则，按照“了解客户”、“了解业务”和“尽职审查”原则灵活展业。在与客户达成合约前，根据客户拟叙做人民币对外汇衍生品的基础交易实际情况，有针对性地灵活运用客户身份识别、客户适合度评估、交易背景调查、业务单据审核、客户声明或确认函等一种或多种方法确认所办业务是否符合实需原则。

（三）持续提升基层机构外汇衍生品服务能力。强化对中小微企业的汇率风险管理服务，加强面向企业的外汇政策传导，提供精细化和专业化的套期保值服务，充分响应企业对基层外汇服务的需求。

二、丰富对客户外汇市场产品

（一）对客户外汇市场新增人民币对外汇普通美式期权、亚式期权及其组合产品。已具备对客户期权业务资格的金融机构，可自行开展上述新产品业务。

（二）金融机构为客户办理人民币对外汇衍生品业务，可根据客户外汇风险管理的实际需要，灵活选择反向平仓、全额或差额结算等交易机制。用于确定结算金额使用的参考价应是境内真实、有效的市场汇率。

（三）金融机构基于实需原则为客户办理外币对衍生品业务，反向平仓、差额结算产生的损益，可为客户办理相应的结售汇。金融机构不得协助客户开展规避外汇管理规定的外币对衍生品业务。

（四）金融机构与客户开展近远端人民币金额相同、外币金额不同的人民币外汇掉期产生的外汇敞口，可以纳入结售汇综合头寸统一管理。

资料来源：《国家外汇管理局关于进一步促进外汇市场服务实体经济有关措施的通知》，2022年5月12日。

11.2.3 交易风险管理

交易风险是指企业以外币计价的各种交易过程中，由于结算时的汇率与交易发生时，即签订合同时的汇率不同而引起收益或亏损的风险。其中，各种交易包括商品进出口交易、外汇借款、外汇买卖、远期外汇交易等。例如，发生的以外币计价达成合同的外币事项，如应收应付账款、外币借贷款项、远期外汇合约以及已经签订的贸易合同或订单等。

1）交易风险的表现形式

（1）商品进出口交易的外汇风险

商品进出口交易的外汇风险是指公司在商品、劳务进出口交易过程中，用外币计价结算，由于汇率在成交日至结算日期间内发生变动，使公司以本币计算的收入和支出数额产生的不确定性。一方面是出口交易中的外汇风险，如公司出口商品或劳务以美元计价结算，当人民币发生贬值时，公司收到的美元货款可以兑换更多的人民币；当人民币发生升值时，公司收到的美元货款兑换的人民币数额会减少。另一方面是进口交易的外汇风险，其原理与出口相同，只是方向相反。如进口以美元计价结算，当美元升值时，公司支付的人民币数额会增加；当美元贬值时，公司支付的人民币数额会减少。

（2）外汇借款的汇率风险

外汇借款的汇率风险是指公司借入某种外汇，由于汇率在借入日到偿还日期间内发生变动，使公司还本付息折合本币数额产生的不确定性。例如，A公司从银行借款100万美元，期限一年，一年利息率10%，借款时汇率为1美元=6.7137元人民币，还款时汇率可能有三种情况：若汇率未变，此时汇兑损益为零；若美元升值，则1美元>6.7137元人民币，那么本息的汇兑损益为亏损；若美元贬值，则1美元<6.7137元人民币，那么本息的汇兑损益为盈利。

（3）远期外汇交易的汇率风险

远期外汇交易的汇率风险是指在远期外汇交易中，由于合约规定的远期汇率与合约到期日的即期汇率不一致，而使按远期汇率付出的货币数额多于或少于按即期汇率付出的货币数额而发生的风险。例如，A公司于3月1日与银行签订100万元半年期的远期外汇交易合约，双方约定远期汇率为1美元=6.7137元人民币，即到期日A公司可以用671.37万元人民币买入100万美元。当9月1日的即期汇率为1美元=6.6137元人民币时，A公司可以按即期汇率用661.37万元人民币买入100万美元，此时进行远期外汇交易反而比不签订远期外汇交易合约多付了10万元人民币。但若9月1日的即期汇率为1美元=6.8137元人民币，A公司按照即期汇率买入100万美元需付681.37万元人民币，此时进行远期外汇交易显然更有优势，可以帮助A公司节省10万元人民币。

2）管理交易风险的方法

企业管理交易风险面临三项任务：第一，测定交易风险的程度；第二，决定是否对该风险套期保值；第三，如果决定部分或全部地对风险进行套期保值，则需要选择合适的套期保值的方法。

企业对以外币标价的部分或者全部应收和应付项目进行套期保值，以减少外币币值变动为企业价值带来的影响，通常情况下，可以选择远期合约套期保值、货币市场套期保值、货币期权套期保值等方法管理交易风险。

（1）远期合约套期保值

远期合约套期保值是指公司在远期外汇市场上按照已经确定的期汇汇率，买入或卖出在将来约定的日子交出或收入确定数量的一种货币，以换取确定数量的另一种货币，将外汇交易风险固定在一定范围内的行为。远期合约套期保值的实质是跨国公司锁定其购买某种货币的特定汇率，从而帮助公司规避该货币各种应付项目的外汇风险。远期合约由公司与特定的金融机构签署，如商业银行。远期合约中会对以下项目进行明确规定：公司需要支付的货币、公司将要收到的货币、公司收到的货币金额、进行货币兑换的汇率（远期汇率）、货币兑换的日期。远期套期保值的成本由远期汇率决定。

【例11-2】A公司是一家跨国企业，该公司财务总监预计一年后需要支付100 000美元给其关联方。财务总监打算通过远期合约在一年后购买美元，合约约定一年期远期汇率为1美元=6.7137人民币。如果总监购买了一年期远期合约，一年后支付的人民币金额=应付美元额×远期汇率=100 000×6.7137=671 370（元）。

（2）货币市场套期保值

货币市场套期保值是指用货币市场头寸抵补未来应付款或应收款头寸，成本由两国利率之差决定。如果企业拥有闲置现金，可以进行货币市场套期保值。

【例11-3】某家英国公司30天后需支付CHF1 000 000，并能在此期间投资瑞士证券赚得年利率为6%（30天为0.5%），购买1个月的瑞士证券所需金额为：

应付瑞士法郎（SF）套期保值的储蓄额=1 000 000/（1+0.5%）=CHF 995 025

假设即期汇率为$0.65/SF，则需USD 646 766=995 025×0.65。

企业应该选择远期合约套期保值，还是货币市场套期保值以抵补未来应付款呢？由于企业可以提前确定两种方法的结果，因此，应该结合企业实际情况选择更为可行的方案。而在利率平价理论成立，且交易成本不存在的情况下，货币市场套期保值的结果与远期套期保值的结果一致，即用远期买入对未来应付款套期保值等同于以本国利率举债而以外国利率投资，用远期出售对未来应收款套期保值等同于以外国利率举债而以本国利率投资。即使远期升水能够用国家间的利率差异来加以反映，交易成本的存在也可能导致远期套期保值的结果不同于货币市场套期保值。

（3）货币期权套期保值

货币期权套期保值指通过在货币市场上的货币期权，建立配比性质或抵消性质的债权、债务，从而达成抵补外币应收应付款项所涉及的汇率变动风险的目的。

对已知的外汇交易风险进行套期保值时，主要考虑汇率的变化朝某一方向变动时所采取的保值措施。但是在许多情况下，公司对未来汇率的变化方向是无法确定的，或公司无法确定进行套期保值的外币流量是否会实现。这种不确定性对于选择适当的套期保值行为有重要的影响，此时，最好的办法是采用期权套期保值。不同于期货或远期合约，外汇看涨期权持有者没有以执行价购买外币的义务。在实施货币期权套期保值中，要注意如下三方面内容：

第一，以货币买入期权对应付项目套期保值。货币买入期权提供在一定时间内，按执行汇率购买一定数量某种货币的权利。与远期合约不同，货币买入期权持有者不承担以执行汇率购买货币的义务。如果期权存续期内的外币即期汇率低于执行汇率，公司不执行买入期权，而以目前的即期汇率购买外币。但在外币即期汇率升值时，买入期权允许公司执行权利，以执行汇率购买外币。也就是说，拥有买入期权的公司在某种程度上已经锁定了购买货币的最高价格（执行汇率）。

第二，基于或有曲线的买入期权套期保值成本。买入期权套期保值成本，只有在应付项目到期时的即期汇率已知的情况下才能够确定，公司在购买期时并不能够确定。因此，为了确定是否应该买入期权进行套期保值，公司可通过对应付项目到期时的外币汇率进行分析，来确定期权套期保值成本。通常来说，期权套期保值成本包括购买货币支付的成本以及买入期权的期权费用。如果应付项目到期时的货币即期汇率低于执行汇率，公司可以选择放弃执行权利，而以当前即期汇率购买外币。如果外币即期汇率等于或高于执行汇率，公司可以执行期权，以执行汇率购买外币。这种方法更适用于即期汇率波动幅度较大的情况。

第三，基于货币预测的买入期权套期保值成本。或有曲线虽然能够确定应付项目到期时，不同汇率情况下的套期保值成本，但不能帮助决策是否采用货币期权进行期权保值。公司可以进行货币市值预测，更准确地估计货币期权的成本。

【例 11-4】某公司打算买入期权对其一年期的100万美元应付项目进行套期保值，已知公司买入期权的执行汇率为6.7150元/美元，期权费为0.05元/美元，一年后到期。假设该公司预测一年后的即期汇率如表11-1所示。

表11-1　**一年后美元即期汇率预测**

一年后即期汇率（元/美元）	6.7010	6.7210	6.7410
概率	20%	70%	10%

每一种汇率情形下的套期保值成本见表11-2。

表11-2　**应用货币买入期权对美元应付款套期保值**

情形	到期日即期汇率	期权费	执行汇率	期权总成本（含期权费）	支付人民币（元）
1	6.7010	0.05	6.7010	6.7510	675 100
2	6.7210	0.05	6.7150	6.7650	676 500
3	6.7410	0.05	6.7150	6.7650	676 500

从表11-2可知，当到期即期汇率低于6.7150元时，公司会选择放弃期权。当到期即期汇率高于6.7150元时，公司会选择执行期权。公司可以选择不同种类的买入期权，对于给定的货币种类和到期日，这些买入期权具有不同的执行价格和期权费用。这就需要在较低的执行价格和较高的期权费用之间作出权衡。或者选择较低的期权费用，但要支付较高

的执行价格。

【小资料11-4】 中国金融期货交易所《关于套期保值交易管理的通知》

为充分发挥金融期货风险管理功能，促进市场规范发展，加强套期保值交易行为管理，根据《中国金融期货交易所套期保值与套利交易管理办法》等有关规定，现将有关管理要求通知如下：

一、套期保值交易整体管理要求

非期货公司会员和客户使用套期保值额度进行交易的，应当按照套期保值方案执行。投资计划与资产规模应当在套期保值方案中予以明确。套期保值方案发生变更的，应当及时向交易所报告。

二、套期保值交易期现匹配管理要求

1. 买入套期保值

非期货公司会员和客户的股指期货、股指期权买入套期保值持仓合约价值，不得超过其计划替代的可匹配现货资产市值。

非期货公司会员和客户的国债期货买入套期保值持仓合约价值或风险价值，不得超过其计划替代的对冲标的资产市值或风险价值。

2. 卖出套期保值

非期货公司会员和客户的股指期货、股指期权卖出套期保值持仓合约价值之和，不得超过其持有的可匹配现货资产市值之和的1.1倍。

非期货公司会员和客户的国债期货卖出套期保值持仓合约价值或风险价值，不得超过其持有的对冲标的资产市值或风险价值。

三、套期保值交易行为管理要求

非期货公司会员和客户不得利用已发放的套期保值额度进行频繁开平仓交易。套期保值交易每自然周买开卖平交易量不得超过可使用买产品发放额度的2倍；每自然周卖开买平交易量不得超过可使用卖产品发放额度的2倍。

非期货公司会员和客户同时持有临近交割月份合约额度，则临近交割月份合约每自然周买开卖平交易量不得超过可使用买临近交割月份合约发放额度的2倍；每自然周卖开买平交易量不得超过可使用卖临近交割月份合约发放额度的2倍。

资料来源：中国金融期货交易所《关于套期保值交易管理的通知》，2022年7月18日。

11.2.4 经济风险和折算风险管理

1）经济风险管理

经济风险是指意料之外的汇率波动引起公司或企业未来一定期间的收益或现金流量变化的一种风险。经济风险反映了汇率变化对预期税后净现值的影响。经济风险的影响是长期的，而交易风险和折算风险都是一次性的。一般来说，经济风险的大小取决于市场竞争结构以及市场如何受汇率变动的影响，而这种影响又取决于一系列经济因素，如产品的价格弹性、汇率变动对市场的直接影响（通过价格）及间接影响（通过收入）等。

没有跨国经营活动的公司也可能面临经济风险，因为受经济全球化的影响，世界上绝大多数国家的商品与金融市场是相互联系且相互影响的。例如，如果本国货币升值，也会对只在国内开展生产销售活动的公司产生负面冲击，受汇率变动影响，进口原材料的国内竞争对手将以更加低廉的价格购入原材料，在产品竞争中占据优势地位。

经济风险涉及面广，不仅包括财务内容，还涉及市场营销、供应和生产等各个方面，因此，其风险由整个公司管理层承担，而交易风险和折算风险由财务人员承担。经济风险的管理目标，是预测汇率变动对未来现金流量的影响，并采取必要的措施，避免风险，减少损失。最好的方法就是公司在全球采用多元化经营和多元化融资，以准确预测汇率变动，同时，尽可能地降低汇率变动对现金流量的影响为原则。

（1）经济风险的营销管理策略

①市场选择和灵活的资源政策

从防范经营风险的角度来看，要根据企业经营风险受险状况，适时调整市场选择方向，保证企业未来销售收入的稳定增长。20世纪80年代初期，美元比大多数主要货币强盛，美国跨国公司经常从外国供应商手中购入低成本的原材料和零部件，以避免因价格高而被挤出市场的厄运。

②产品策略

公司经常通过改变产品策略来抵消外汇风险。产品策略涉及新产品的推出、产品系列决策以及选择产品革新方向、新产品的推出时间。例如，由于竞争价格优势的存在，本国货币贬值后的一段时间可能是公司发展新品牌特许经营的最佳时期。

③定价策略

企业在面对汇率风险进行产品定价时要考虑两个关键性的问题：一是保持市场份额或是保持利润率的两难选择，二是选择价格调整以怎样的频率进行更合适。例如，本币升值时，本国出口企业以及与外国进口商竞争激烈的国内公司面临保持价格不变以维持单位利润率，或是降低价格以保住市场份额的选择。具体决策中应结合升贬值持续时间、规模经济等因素进行综合决策。另外，企业可以在汇率长期波动时选择调整价格以保证利益，但频繁的调价也会增加企业的交易成本，不利于声誉维护。

（2）经营风险的生产管理策略

①要素组合策略

从世界不同地方，以不同货币购买原料投入，可以减轻汇率冲击对成本的影响。例如，日本厂商从韩国、中国台湾等新兴工业国家和地区购买零部件，可在一定程度上减少本币升值对出口造成的损失。

②提高生产力

面对汇率变动的不利影响和国外竞争的激烈冲击，企业的根本出路在于努力提高其生产力，关闭低效益的工厂，提高设备的自动化程度。许多公司制定措施以激励员工提高生产力，提高产品质量；提高生产力、降低成本的另一个途径是适当减少产品多样化，减轻生产制造部门和装配厂的工作压力。

③经济风险的多元化融资管理

调节公司的债务结构，从而使得经营调整策略得以进行，使资产收益的降低与偿债成本下降相一致。多元化融资管理是为能创造出口利润的公司筹措资金，让偿债支出减少与因汇率变动而产生的经营现金流短缺进行抵消。

④海外建厂策略

从长远来看，如果预计公司的销售大幅增长，可以考虑在海外直接建立工厂。跨国公司承担的汇率风险往往比国内的出口商要小，因为跨国公司可以根据汇率走势在全球调整生产及销售活动，即将更多的生产转移到货币贬值的国家。这种做法并不仅限于在有直接贸易关系的国家，还包括在第三国建厂，而这取决于生产的劳动密集化程度和该国未来的实际汇率走势。

2）折算风险管理

折算风险是由于汇率变动，报表的不同项目采用不同汇率（现行汇率、历史汇率、平均汇率）折算，而产生损失或利得的风险。即使折算时不影响现金流量，许多公司仍关心折算风险，因为它会影响公司的合并利润从而影响公司的股价。因此，许多公司会考虑对其折算风险进行套期保值。

（1）远期合约套期保值

企业可运用远期合约对折算风险进行套期保值。具体说来，可以卖出子公司所在国的货币远期合约，构造现金流出，与未来将要收到的利润收入相抵。下面举例说明远期合约对折算风险套期保值。

【例11-5】A公司是美国子公司，其所属的母公司在中国境内。现已知A公司的风险资产是100万美元，风险负债是40万元。当美元汇率由1美元=6.6446元上升至1美元=6.7137元时，A公司的风险净资产是多少？由于美元升值给A公司造成的折算利得或损失是多少？

风险净资产=100-40=60（万美元）

折算利得=60×（6.7137-6.6446）=4.146（万美元）

（2）折算风险套期保值的局限性

折算风险套期保值存在局限性，主要表现为以下四个方面：第一，收益预测值不准确。子公司对年末收益的预测值是存在误差的，但如果实际收益高于预测值，而且子公司计价外币在当年大幅贬值，折算损失可能会超过远期合约策略产生的收益。第二，某些货币无远期合约。现实中并不是所有的货币都有远期合约，在一些较小国家往往很难取得该国货币的远期合约。第三，会计信息的扭曲。远期汇率的利得或损失反映了远期汇率和将来即期汇率的差异，而折算利得或损失体现了这一期间的平均汇率。另外，折算损失不能抵税，折算风险套期保值的远期合约利得需要纳税。第四，交易风险增加。套期保值可能会增加企业的交易风险。例如，子公司货币升值时会产生折算利得，如果企业在年初实施套期保值策略，产生的交易损失将在一定程度上抵消折算利得。

【小资料11-5】　　《2021年中国国际收支报告》

2022年3月25日，国家外汇管理局发布《2021年中国国际收支报告》（简称《报告》）显示，2021年，跨境双向投融资保持活跃，非储备性质的金融账户顺差达382亿美元。2022年，跨境双向投资有望保持合理有序、总体均衡的发展态势。

具体来看，2021年，直接投资顺差处于高位，主要是外资继续看好中国市场和经济良好发展潜力；证券投资双向交易活跃并延续顺差，说明我国金融市场对外开放逐步加深，人民币资产对外资吸引力增强；其他投资为逆差，主要是境内主体增加对外存款、贷款等。2021年末，我国对外金融资产和负债较2020年末分别增长了5%和11%，对外净资产达2.0万亿美元。

展望2022年，《报告》认为，全球经济增长将有所放缓，主要发达经济体货币政策继续调整，外部环境存在较多不稳定、不确定因素。但我国经济运行将保持在合理区间，全融市场改革开放稳步推进，外汇市场成熟度不断提升，有助于我国国际收支保持基本平衡，预计经常账户维持合理顺差格局，跨境资本流动保持平稳有序发展态势。

跨国公司的许多决策都会受到汇率预期的影响，汇率是货币在外汇市场的相对价格。跨国公司的进出口贸易决策或国际投融资决策等都受到汇率变动的影响，因此，合理预测汇率变动对保持或提升跨国公司价值十分关键。影响汇率波动的因素十分复杂，没有任何技术方法支持对汇率的准确预测。为了能够合理预期汇率变动，首先需要了解汇率波动的基本经济因素和基本原理。

近年来，我国外汇市场成熟度不断提升，人民币汇率双向波动、弹性增强，调节宏观经济和国际收支自动稳定器作用增强。从根本上看，我国经济基本面稳中向好的长期趋势不会改变，将继续支持跨境资本流动基本稳定。

《报告》认为，外资在华投资兴业和配置人民币资产趋势不会改变。我国市场主体对外投资需求逐步释放，对外投资渠道有序拓宽，相关跨境资本流动将保持平稳发展态势。

资料来源：郝瑀然.《2021年中国国际收支报告》显示——跨境资本流动保持平稳有序［N］.经济日报，2022-03-29.

11.3 国际投资管理

跨国公司通过与外国企业合资、收购外国企业或组建新的国外分支机构来进行直接对外投资。国际直接投资的迅速增长，已成为世界经济中最活跃的因素之一。国际直接投资不是资本在国际的简单转移，而是企业将资本、技术、现代的管理方法等从母公司所在国向东道国进行实际扩张，与当地的生产要素相结合，开拓市场，向当地及其他国家提供产品。

11.3.1 国际投资的含义

国际投资是指跨国企业等国际投资主体，将其拥有的货币资本或产业资本，通过跨国流动和营运，以实现价值增值为目的的经济行为。从投资者角度来看，对外投资可拓展生产规模，获得更高的利润；从被投资地区的角度看，吸收投资可帮助本国发展经济。

11.3.2 国际投资的特点

1）投资动机的多元性

不同公司的投资动机各不相同。有的公司是为了获得高额利润，维护和扩大国际市场，提高现有设备、技术和人力资源的利用效率；有的公司是希望带动机器设备、成品、半成品和劳务的出口，扩大对外贸易；有的公司是计划开发和利用国外自然资源，增加外汇收入，学习国外的先进技术和科学管理经验，降低投资风险等。但国际投资的直接动机就是为了增加收益和减少风险，即为了获得高于国内经营的利润率，减少实现预期收益的风险。

2）资金流动的多样性

由于国际资本的双向流动性，即本国资本可以对外国投资，外国资本也可以对本国投资，从而导致投资资金来源的多样性和资金投放的多种选择。公司的资金来源既可以是公司的净资产，也可以是各国政府、单位和个人的资金，公司还可以从当地金融市场和国际金融市场筹集资金。公司对外投资的选择面也很宽泛，可以直接在国外投资办企业，也可以购买各种外国债券、股票、国际基金等分散资金风险。另外，公司对外投资时的行业选择也可以打破国家和地区的限制，可以投资一些国外需求很大同时在本国有较大的资源或劳动力优势的行业。

3）投资具有更大的灵活性和套利机会

跨国公司可以通过全球范围的对外直接投资，使其产品的销售市场、主要原材料的供应来源及主要产品的生产地点多元化，减少盈利波动性。同时，国际企业通过对外直接投资，可以充分利用有关东道国的自然禀赋，绕过关税壁垒和贸易限制。

4）投资计价货币的多样性

各国使用的货币不同，货币本位的差别决定了资本的国际相对价格的差别，这种差别影响国际企业投资的规模和形式。在国际投资中，要采用可以自由兑换的货币或可以向第三国办理支付业务的货币及其支付手段，如美元、欧元、德国马克等。

5）投资风险的多重性

国际企业投资具有更大的复杂性和风险性。国际投资的风险性包括国际投资中的政治风险、外汇风险和经营风险，如前所述。

6）投资环境的复杂性

国际投资涉及的地域广泛，不同国家和地区的政治、经济、金融体制、自然环境等差异度较大。即使是地域接近的国家和地区（例如中国和日本），经济发展程度、经济制度和市场化程度也表现出明显的不同。这些因素综合起来共同造就了投资环境的复杂性。因此，公司管理层在进行财务投资决策时必须注意到不同国家和地区的差异，尤其表现在税收、利润分配制度、商业法律和惯例等方面，并对这些差异进行调整。在国外建立公司时登记注册，应接受投资国政府管辖，向被投资国政府依法纳税，遵守和执行接受投资国的方针政策、法律和有关规定。国际投资就是要受到各方面条件的制约，在复杂的经济条件下协调各方面的利益。

11.3.3 国际投资种类及方式

国际投资分为直接投资和间接投资。

1）国际直接投资

国际直接投资，是指为了在国外投资获得长期的投资效益，并拥有对公司的控制权和企业经营管理权而进行的在国外直接建立企业或公司的投资活动。这种投资的形式包括在国外创办独资企业或合资企业、收购国外企业一定比例以上的股权及用国外附属企业的利润进行再投资。

（1）国际直接投资的方式

国际直接投资的方式主要有两种：一是直接在国外建立新企业，即跨国创建，又称“绿地投资”。新建企业可以采取合资经营、独资经营或合作经营等多种组织形式。选择不同的组织形式将会对跨国企业的未来经营发展产生不同的影响。二是通过跨国界并购获得国外企业的控制权，即跨国并购。跨国并购包括跨国收购和跨国合并两种方式。跨国收购是购买另一国企业的全部资产或足以行使经营控制权的股份，以获得该企业的控制权。跨国合并则是将原来分属于两个不同国家企业的资产和经营活动结合成一个新的法人实体。在全球的跨国并购案例中，选择跨国收购的企业数量众多，而跨国合并占据的比例不足3%。

（2）国际直接投资的动机

企业进行国际直接投资通常出于以下6个方面的动机。

第一，市场导向型投资动机。①克服贸易限制和障碍。企业利用国际直接投资，以资本、技术、中间产品等形式在国外投资生产，有利于突破贸易壁垒，寻求新的商业机会，维护和扩大国际市场。例如，美国对日本进口的汽车征收高关税后，日本的本田、丰田、尼桑等汽车公司纷纷在美国建厂，以绕过美国进口配额的限制。②开辟新市场。企业的产品在国内市场份额已接近饱和，或者受到其他企业产品的有力竞争，在国内的进一步发展受到限制，因此，企业通过对外直接投资在过去没有出口市场的东道国占有一定的市场份额，寻求新的市场需求。③更好地贴近市场，满足消费者。可以更好地了解当地消费者的喜好、商业惯例和市场需求变化，对产品进行必要改进，还有助于在当地建立广泛的商业联系。④跟随竞争者。主动投资者制定全球发展战略，积极向具有较大增长潜力的市场扩张。被动投资者则采取跟进策略，即主要竞争对手进入一国市场后，也跟随其进入该市场。

第二，资源导向型投资动机。企业对外直接投资的最初动机之一就是获取生产资源，保证原材料供应，增强企业在现有市场中的竞争优势。生产资源大体可以分为三类：自然资源、人力资源、技术和管理技能。通过对外直接投资，开发和利用国外的自然资源，可以较好地缓解某些资源的不足，如开发利用当地石油、矿产、林业等资源。同时，在各要素市场中，劳动力市场是最不完善的要素市场，一国的劳动力价格可能被严重地低估，而劳动力的转移受到较大的限制。因此，企业选择要素价格水平较低的国家和地区进行直接投资，以国外廉价的资源获得较高的投资收益率。比如丰田、通用、福特、索尼、松下等公司，在劳动力价格低廉的国家，如墨西哥、印度尼西亚、马来西亚、中国、泰国等投资建厂。对于新兴工业化国家和发展中国家来说，面向美国和欧洲经济发达国家的直接投资则关注高新技术产业，提高自己的技术能力和管理水平。

第三，追求优惠政策型投资动机。该动机一般集中于发展中国家和地区，东道国政府为了吸引外来投资，常会制定一些针对外来投资者的优惠政策，企业被优惠政策吸引而选择到发展中国家直接投资，减少投资风险，降低投资成本，获得高额利润。

第四，环境污染转移型投资动机。一些发达国家迫于日益严重的环境污染问题，严格限制企业在国内从事易造成污染的产品生产，从而促使企业通过对外直接投资，将污染产业向国外转移，化工产品、石油和煤炭产品、冶金、纸浆这四大高污染行业占据相当高的比重。

第五，分散风险型投资动机。投资组合原理表明，如果把相关系数较小的投资项目组合起来，可以有效地降低非系统风险对收益的影响。由于国际资本流动的限制，投资者往往不能在国际范围内形成有效的投资组合。跨国公司却可以通过分散的国际投资，为其股东提供分散化的服务，降低公司经营风险。例如，日本丰田汽车公司在2000—2001年，因其在欧洲的子公司销售业绩良好，从而减轻了亚洲金融危机带给它的冲击。有些企业由于所在国政局不稳或经济衰退，在本国投资风险较大，因而向投资环境良好的国家进行投资，就有利于分散和减少投资风险。

第六，全球战略性投资动机。跨国公司注重长期的、全局的最大利益，将各所属机构、各部分看作一个整体，立足全球视角开展自己的产业布局，甚至牺牲某一地区的局部利益，以保证全球战略目标和整体利益的实现。

【小资料11-6】　2021年中国对外直接投资统计数据

2021年中国对外直接投资净额（以下简称“流量”）为1 788.2亿美元。比上年增长16.3%。其中，新增股权投资531.5亿美元，占29.7%。当期收益再投资993亿美元，占55.5%。债务工具投资263.7亿美元，占14.8%。

截至2021年底，中国有2.86万家境内投资者在国（境）外共设立对外直接投资企业4.6万家，分布在全国190个国家（地区），年末境外企业资产总额8.5万亿美元，对外直接投资累计净额（以下简称“存量”）27 851.5亿美元。其中，股权投资15 964亿美元，占57.3%，收益再投资8 932.3亿美元，占32.1%，债务工具投资2 955.2亿美元，占10.6%。

联合国贸易和发展会议（UNCTAD）《2022年世界投资报告》显示，2021年全球对外直接投资流量1.7万亿美元，年末存量41.8万亿美元。以此为基数计算，2021年中国对外直接投资分别占全球当年流量、存量的10.5%和6.7%，流量列全球国家/地区排名的第二位，存量列第三位。

资料来源：中华人民共和国商务部《2021年度中国对外直接投资统计公报》，2022年11月07日。

2）国际间接投资

国际间接投资又称为国际证券投资，是指一国企业或个人在国际金融市场上购买其他国家政府、金融机构和公司发行的有价债券，或者购买国外企业一定比例以下的股权，该比例一般为10%。与直接投资不同，间接投资一般不涉及对投资所形成的资产的经营和管理，只是按规定获得利息，以资本增值为目的，同时，性质和投资过程也不似直接投资那么复杂。

11.4　国际融资管理

国际融资是指通过国际金融市场来筹集企业发展所需的流动资金和中长期资金。其目的是进入资金成本更优惠的市场，丰富企业用于经营发展的资金来源渠道，降低资本成本，关键问题是如何趋利避害。国际融资管理，则是指企业通过科学地谋划和合理地组合，以最有利的条件筹措资金，寻求并建立最佳资本结构。对于跨国公司来说，需要比较各种国际融资方式的优劣，从中选择合适的国际融资方式，以实现公司价值最大化。

11.4.1　国际融资特点

与国内融资相比，国际融资的特点主要表现在以下几个方面。

1）融资风险大

跨国公司在不同经济发展方式、政治环境、法律环境、文化背景的国家、地区取得资金，还受到汇率、利率和税率等因素的影响，因此，具有相当大程度的不确定性。不确定性越大，融资风险就越大。

2）资金成本可降空间大

在不同的国家或地区取得资金不仅可以分散风险，还可充分利用不同国家的金融市场谋求更低成本的融资渠道及融资方式，如国际贸易融资、国际租赁融资和国际项目融资等。对于跨国公司而言，其全球化的经营特征使其很容易利用内部转移定价机制将资金从一个公司转移到另一个公司，规避金融市场分割对企业的不利影响，立足国际一体化资本市场获得更低的资金成本。

3）融资规模效应明显

市场流动性的增强导致资金边际成本在相对更大的资金预算范围内保持不变，从而使跨国公司能以与原来一样低的边际资金成本筹集到更多的资金，在资金预算要求内能够满足更多投资项目的资金需求，实现显著的融资规模效应。

4）融资管制和信息透明度要求高

在国际金融市场上进行融资，一般都有严格的融资管制和信息透明度要求。成熟的投资者也要求跨国公司在国际融资时进行充分的信息披露。若信息披露违规，将会受到较严厉的惩罚。

11.4.2 国际融资来源

与国内融资相同的是，国际融资也分为国际股权融资和国际债务融资。与国内融资不同的是，由于国际融资的某些自身特性，也存在融资的新渠道。

1）国际股权融资

国际股权融资是指企业在国际资本市场上通过发行股票或接受东道国私人股权投资进行融资。随着各国资本市场对外开放程度的提高，这种融资方式也变得愈加重要。通过国际资本市场融资，跨国公司可以获取稳定的资金以满足公司长期经营发展的需要。

（1）境外上市

境外上市是指国内股份有限公司向境外投资者公开发行股票，并在境外证券交易所公开上市。我国企业境外上市有直接上市与间接上市两种模式。境外上市的优势较为明显，适用的法律更易被各方接受，审批程序更为简单，可流通股票的范围广，股权运作方便以及有税务豁免等。企业直接在境外上市不仅拓展了融资渠道，同时扩大了宣传范围，提高了公司的知名度。需要注意的是，境外上市公司接受的监管更为严格，发行成本和维护成本也较高。

（2）利用国际股票分销网络

跨国公司可以与投资银行等金融机构联系，由投资银行等金融机构承购新发的股票，然后通过广泛的通信网络和销售集团，将股票向世界各国的投资者销售，利用分销网络较大规模地发售股票，筹集利用来自全球各地的资金。

（3）证券存托凭证融资

证券存托凭证融资又称“存股证”。它是由一国存托银行向该国投资者发行的一种代表其他国家公司证券的可转让凭证，是为方便证券跨国界交易和结算而设立的原基础证券之派生工具。存托凭证所代替的基础证券通常为其他国家公司的普通股股票，目前已扩展至优先股和债券，最常见的存托凭证主要为美国存托凭证（ADR）和欧洲存托凭证（EDR）。我国目前已在境外上市的中国人寿保险、中国联通、中国移动、中石化、阿里巴巴、京东等公司均采取ADR境外上市融资方式。

（4）通过国际私募进行股权融资

私募是相对于公募而言的，又称为“配售”，是指向小规模数量合格投资者募集的，投资于股票、股权、债券、期货、期权、基金份额及投资合同约定的其他投资标的（如艺术品、红酒等）的投资基金。私募在交易实施过程中将退出机制考虑在内，即通过上市、并购或管理层回购等方式，出售持股。私募基金比较偏向于投资已形成一定规模和现金流稳定的成形企业，投资期限一般为中长期。国际上较为著名的私募基金有黑石基金、CVC等。

2）国际债务融资

国际债务融资是指跨国公司以发行长期债券或向金融机构长期贷款来筹措资本的融资形式，具有资金来源广、发行规模大、存在汇率风险、有国家主权保障、以自由兑换货币作为计量货币等特征。与国际股权融资不同的是，国际债务融资并不涉及公司的所有权的问题，借款公司主要是依靠良好的企业信誉和偿债能力向国际市场筹集资金。国际债务融资是跨国公司国际融资的最重要方式，包括国际银行贷款和国际债券融资两种形式。

3）国际融资新渠道

除了股权融资和债务融资外，跨国公司还可以通过利率互换、货币互换及国际融资租赁等新渠道筹集资金。

（1）利率互换

利率互换是交易双方在一笔相同名义本金数额的基础上相互交换具有不同性质的利率支付，即同种通货不同利率的利息交换。通过这种互换行为，交易一方可将某种固定利率资产或负债换成浮动利率资产或负债，另一方则取得相反结果。利率互换的主要目的是降低双方的资金成本（即利息），并使之各自得到自己需要的利息支付方式（固定或浮动）。利率互换中交换的只是不同特征的利息，没有实质本金的互换。利率互换的形式有很多，最常见的利率互换形式是在固定利率与浮动利率之间进行转换。

（2）货币互换

货币互换（又称货币掉期）是指两笔金额相同、期限相同、计算利率方法相同，但货币种类不同的债务本金与利息之间的调换。货币互换双方互换的是货币，它们之间各自的债权债务关系并没有改变。初次互换的汇率以协定的即期汇率计算。货币互换的目的在于利用交易双方在各自国内资本市场上的比较优势，降低筹资成本及防止汇率变动风险造成的损失。此外，通过货币互换可规避长期外币风险。

（3）国际融资租赁

国际融资租赁是指国际出租人按照承租人的要求购买并将租赁物出租给承租人，由承租人按约定支付租金，在租期结束时，承租人支付象征性余值并取得租赁物所有权的交易。近代融资租赁活动始于第二次世界大战后的美国。20世纪60年代后，国际租赁业务蓬勃发展，欧洲各国、日本等国相继出现国际租赁公司，国际融资租赁成为跨国公司进行融资的重要渠道。目前，国际融资租赁包括直接租赁、杠杆租赁、回租、转租赁四种基本形式。

【小资料11-7】 天齐锂业拟以6.32亿元再买矿 进一步补强锂资源储备

2023年1月9日上午，天齐锂业披露公告称，公司控股子公司Tianqi Lithium Energy Australia Pty Ltd（以下简称“TLEA”）与澳大利亚上市公司Essential Metals Limited（以下简称“ESS”）签订《计划实施协议》，拟以每股0.5澳元，合计约1.36亿澳元（按照2023年1月4日中国外汇交易中心受权公布的人民币汇率中间价折算，折合人民币约6.32亿元）的价格购买ESS的所有股份。本次交易完成后，TLEA将持有ESS发行在外的100%股权。

资料显示，ESS拥有Pioneer Dome锂矿项目100%的所有权及其他矿产项目的所有权，还拥有Juglah Dome金矿项目和Golden Ridge金矿项目100%的所有权。ESS的锂矿石资源量为1 120万吨，氧化锂品位为1.16%，合计为12.9万吨氧化锂当量。而根据伍德麦肯兹统计，截至2021年12月31日，天齐锂业控股子公司泰利森所拥有的格林布什矿场的锂矿及矿物储量为1.68亿吨，氧化锂品位为2.04%。

从交易进展来看，TLEA已于2023年1月8日与ESS签署了《计划实施协议》，此次交易尚需经ESS股东投票表决，同时，需取得澳大利亚证券投资委员会、澳大利亚证券交易所及澳大利亚当地法院等有权部门的审核批准。

天齐锂业表示，该交易“将有助于扩充公司锂矿资源储备，符合公司发展战略与国际化业务规划的需求，有利于持续提升公司核心竞争力”。

目前，天齐锂业已经陆续在中国境内和澳大利亚、智利进行了锂业方面的投资或业务、资源布局，2022年还宣布就重启四川雅江措拉锂辉石矿采选工程选厂进行可行性研究。从行业来看，近年来在下游需求推动下，多家锂业公司积极布局上游锂矿资源，不少业外资本也纷纷跨界买矿。不过近期，锂价出现了一定波动。

根据SMM数据，截至2023年1月6日，电池级碳酸锂报价50.15万元/吨，环比前一周报价下跌1.05万元/吨；工业级碳酸锂报价46.25万元/吨，环比前一周报价下跌1.4万元/吨。华西证券表示，2022年12月份市场整体呈供需两弱，导致锂盐价格不断探底。

分析人士认为，短期价格震荡无碍锂盐的强势地位。张孝荣向《证券日报》记者表示：“全球新能源车进入快速发展时期，对锂矿需求较大，市场需求也随之扩大，锂资源供求关系始终处于紧张状态，近期锂价有一定波动，但依然将维持高位运行。”

资料来源：张伟，白宝玉.天齐锂业拟以6.32亿元再买矿 进一步补强锂资源储备［N］.证券日报，2023-01-10.

11.5 国际现金管理

现金是国际企业正常运转的“润滑剂”，具有流动性强、盈利能力差等特点。企业如果缺乏足够的现金，将面临周转不灵的威胁。企业如果持有现金数量过多，一方面可以降低财务风险但也不利于企业收益的增加。因此，跨国公司在现金管理方面的目标是在国际环境中保证生产经营活动所需现金的前提下，尽量减少现金的持有量，提高资金利用效率，获取更多收益。

11.5.1 国际现金管理的内容

现金管理一词从广义上理解，一是对流动资金的优化与配置，二是对剩余资金的再投资。在国际环境中，经常涉及国与国之间的资金转移支付，而不同的法律规定使现金管理变得繁琐复杂。

国际企业在现金管理方面至少要包括以下两个方面的内容：

1）现金持有的管理

现金持有管理包括最佳现金持有量、现金持有形式、持有时间以及持有币种四方面内容。现金持有的最佳数量，就是在满足其全球发展战略的前提下，使现金持有成本最低、风险最小的现金持有量。现金持有形式是指现金余额在纸币、活期存款、定期存款或存款证、有价证券等形式之间如何分配；持有时间即持有各种形式现金的时间。跨国公司对现金持有形式和持有时间方面的管理与国内企业方法类似。一般情况下，各子公司持有的现金币种主要是所在地国家的货币，但由于当地通货膨胀或货币贬值，现金可能会蒙受损失。因此，跨国公司要求其国外子公司所持有的当地货币现金余额以满足交易需要为限，其余现金需汇往现金管理中心，由该管理中心负责统一安排管理现金。

2）现金转移的管理

在调度和转移现金方面，与国内企业相比，跨国公司在转移成本、利息损失、汇率风险等方面要处理更加复杂的问题。因此，跨国公司应从公司实际情况出发，设计出符合全球业务活动需要的现金调度和转移网络为企业整体利益服务，统一调度现金，减少风险。

11.5.2 集中现金管理

国际现金管理有集中和分散两种方法可供选择。集中形式是指将各子公司的资金集中在中央现金库，方便管理层统一调度；分散形式是指由子公司按照各自的生产经营计划分别保留和管理流动资金。受国际环境中汇率和利率波动等因素影响，跨国公司通常会选择高度集中的现金管理体制。

集中现金管理是指信息、报告、分析，尤其是现金流动、转移与投资的决策过程的集中化。即在主要货币中心或避税地国家设立全球性或区域性的现金管理中心，要求它的每一个子公司所持有的当地货币现金余额仅以满足日常交易需要为限，超过此最低需要的现金余额，都必须汇往管理中心。它是国际企业中唯一有权决定现金持有形式和持有币种的现金管理机构。

1）建立现金管理中心

由国际企业总部设立主账户，负责统一管理所属子公司的银行账户现金余额（满足日常生产经营以外的全部超额现金，包括为预防性需要而持有的现金），当子公司有用款需求时，从主账户中获取资金并对外进行支付。主账户的实际控制方是国际企业总部，现金管理中心进行日常管理，也是国际企业中唯一有权决定现金持有形式和持有币种的现金管理机构。国际企业持有现金是为了满足其交易性需要和预防性需要，交易性需要是指要日常生产经营过程中的支付需求，预防性需要是指为了防范意外情况发生。现金管理中心可以设立在国际企业的母公司所在国也可以设在其他国家或地区，所在地的选择通常要满足以下条件：政治稳定、资金进出自由、资本市场活跃、外汇市场有效、税收政策宽松、通信网络发达。

2）实行净额结算制度

净额结算也是现金集中化管理的一种表现形式，是指国际企业下属的各子公司相互之间抵消彼此的应收款和应付款，仅对销售净额进行转移。净额结算制度的产生与国际企业内部交易的增加有关，由于许多国际企业的产品零部件生产分布在不同国家和地区，生产经营活动中会出现大量的企业内部交易，增加国际现金流动的成本，从而降低企业的总利润。净额结算制度的出现避免了对子公司间的每笔业务进行即期计算及支付，而只需定期支付交易净额即可，大大提高了现金管理效率。

国际企业实施现金集中管理的基本程序：

第一，设立现金管理中心，负责现金的管理和调度。该中心必须拥有优秀的财务专家和大量信息情报。通常该中心设立在国际金融中心所在地或避税地，利用当地稳定的政治和经济环境、健全的金融市场机制、自由流动的资本、完备的国际通信设施优势条件。

第二，核定各子公司或分公司的交易性和预防性现金需要量，通常以其编制的现金预算或历史数据作为核定依据。

第三，集中存储。各子公司或分公司只保持满足交易性需要的现金，预防性需要的现金则汇往中央现金总库。

第四，跨国调度。现金管理中心通过各种通信手段迅速获知各子公司或分公司的实际现金余额，将其与各子公司或分公司事先核定的交易需要量进行比较，确定多余和不足。暂时多余的现金划归就近的管理中心，由该中心作出就地投资、调出投资或投至其他子公司的决策，不足的现金由现金管理中心补充。

国际企业的现金集中管理目前已在许多公司中得到推广，其主要作用可归纳如下：

第一，现金集中管理有利于控制国际企业的现金流量，调剂各子公司之间的资金余缺，保证各子公司生产经营活动中对现金的需求。将各子公司的超额现金集中后，现金管理中心将拥有足够应付各种突发情况所需要的现金。而当各地子公司发生资金短缺时，中央现金库即可以电汇的方式融通资金，或经由某一世界性银行在各地的分行对国际企业在当地的子公司进行临时垫付，提高国际企业对现金的控制能力。

第二，现金集中管理能够将整个国际企业的现金持有量降到最低。现金管理中心将各子公司出于预防动机而置存的现金余额进行集中管理，与分开管理现金相比，大大降低了国际企业为应付突发情况而持有的现金总额，从而将更多的现金用于投资，提高企业的投资收益。同时，国际企业资产总额的减少也有利于筹资成本的降低，可以提高国际企业的盈利能力。

第三，现金集中管理能够缩小资金转移规模，降低资金转移成本并有效规避汇率变动风险。国际企业各子公司之间大规模的资金往来结算不仅会产生大量的结算成本，还会面临汇率变动风险。净额结算方式能够在减少汇率变动风险的同时，将原来分散的风险集中由国际企业统一承担，有利于加强风险管理。国际企业的内部交易越多、金额越大就越能体现出现金集中管理的作用。

第四，现金集中管理能为企业提供充足的信息。现金管理中心具有规模大、专业性强的特点，在货币市场中积累了各种操作经验，具有信息优势。在处理有关货币收益率、风险信息、方便执行指令设施等重要问题时，现金管理中心能够从银行、经纪人以及其他金融机构获得更多更好的信息以及更优良的指令执行服务。

第五，现金集中管理有利于企业的宏观调控。国际公司总部管理人员从公司整体经营战略出发，能够发现子公司难以察觉的问题和机会，从而以公司的整体利益为准则作出经营决策。利用现金管理中心统一调拨国际企业的所有资金，在全球范围内选择最佳的资金来源以及闲置资金用途，形成规模效应和整体优势。

【课堂拓展】　　　　促进世界和平与发展，推动构建人类命运共同体

当前，世界之变、时代之变、历史之变正以前所未有的方式展开。一方面，和平、发展、合作、共赢的历史潮流不可阻挡，人心所向、大势所趋决定了人类前途终归光明。另一方面，恃强凌弱、巧取豪夺、零和博弈等霸权霸道霸凌行径危害深重，和平赤字、发展赤字、安全赤字、治理赤字加重，人类社会面临前所未有的挑战。世界又一次站在历史的十字路口，何去何从取决于各国人民的抉择。

中国坚持对外开放的基本国策，坚定奉行互利共赢的开放战略，不断以中国新发展为世界提供新机遇，推动建设开放型世界经济，更好惠及各国人民。中国坚持经济全球化正确方向，推动贸易和投资自由化便利化，推进双边、区域和多边合作，促进国际宏观经济政策协调，共同营造有利于发展的国际环境，共同培育全球发展新动能，反对保护主义，反对“筑墙设垒”“脱钩断链”，反对单边制裁、极限施压。中国愿加大对全球发展合作的资源投入，致力于缩小南北差距，坚定支持和帮助广大发展中国家加快发展。

资料来源：习近平.高举中国特色社会主义伟大旗帜 为全面建设社会主义现代化国家而团结奋斗——在中国共产党第二十次全国代表大会上的报告［R］.2022-10-16.

总结与结论

➢ 国际财务管理注重风险与收益的均衡，旨在通过协调国际企业的资金流，充分利用国际经营机遇，积极应对国际经营风险，来实现企业价值最大化的目的。

➢ 国际财务管理面临着新的环境因素、新的风险来源和新的经济机会。上述三个特点是相互联系的，新的环境因素产生新的经济机会和新的风险来源。机遇和风险是并存的。跨国经营公司只有适应新的环境，善于抓住新的机遇，注意防范新的风险，才能达到提高经济效益的目的。

➢ 汇率代表了某一时点外币的货币价格，与在市场上流通的其他商品一样，外币的货币价格也是由货币的供给与需求的相对关系决定的。在任一时点上，外汇的货币价格都应该是外汇供给等于外汇需求时的价格，即所谓的均衡汇率。

➢ 预测汇率的方法有很多，大体可以分为：技术预测法、基本预测法、市场预测法、混合预测法。

➢ 外汇风险按照其形成原因可以分为：交易风险、经济风险和折算风险。

➢ 交易风险指企业以外币计价的各种交易过程中，由于汇率变动使折算为本币的数额增加或减少的风险。

➢ 经济风险指外汇汇率意外的变动对公司价值或股票价格的影响。

➢ 折算风险是由于汇率变动，报表的不同项目采用不同汇率（现行汇率、历史汇率、平均汇率）折算，而产生损失或利得的风险。

➢ 外汇风险的管理措施包括完全抵补策略、部分抵补策略和完全不抵补策略。

➢ 管理交易风险面临三项任务，第一，测定交易风险的程度；第二，决定是否对该风险套期保值；第三，选择合适的套期保值的方法。

➢ 企业可以选择远期合约套期保值、货币市场套期保值、货币期权套期保值等方法对交易风险进行有效管理。

➢ 经济风险涉及面广，不仅包括财务内容，还涉及市场营销、供应和生产等各个方面，因此，其风险由整个公司管理层承担，而交易风险和折算风险由财务人员承担。

➢ 国际投资是跨国企业等国际投资主体，将其拥有的货币资本或产业资本，通过跨国流动和营运，以实现价值增值为目的的经济行为。国际直接投资是指一国企业或个人在另一国企业中拥有全部或一部分经营管理权的投资，主要包括在国外建立新企业和跨国收购。

➢ 国际融资渠道包括国际股权融资、国际债务融资和国际融资新渠道。

➢ 国际现金管理有集中和分散两种方法可供选择。跨国公司通常会选择高度集中的现金管理体制。

思考题

1. 如何理解国际财务管理？它与国内财务管理有何异同？
2. 国际财务管理有何特点？影响因素有哪些？
3. 如何管理交易风险？
4. 比较经济风险和折算风险？
5. 什么是国际投资？国际投资有何特点？
6. 国际直接投资的主要动机是什么？
7. 国际融资有什么特点？比较不同国际融资来源。
8. 如何理解国际现金集中管理？

练习题

1. 位于中国境内的A跨国公司6个月后将从美国进口一批商品，价值100万美元。预计6个月后的美元即期汇率是1美元=6.7500人民币，A公司签订了期限为6个月的远期合约执行汇率是1美元=6.6400人民币。A公司签订远期合约有什么好处？有什么风险？

2. 中国国内某大型汽车制造商与欧盟成员国签订协议约定，每个月从欧盟进口价值1 000万欧元的发动机零部件。由于欧元涨势凶猛，该公司亏损巨大。为抵消汇率亏损，该公司决定买入三份远期外汇合约，合约规定该公司有权利而非义务，分别在本年度3月1日、4月1日和5月1日以1欧元=1.1300美元的。合约签订后，欧元依然保持增长态势，达到1欧元=1.15美元。

要求：根据上述资料回答：

（1）该公司签订远期外汇合约时希望应对哪类外汇风险？

（2）当即期汇率1欧元=1.15美元时，该公司的三份远期外汇合约预计节约多少美元？当美元兑人民币价格维持在1美元=6.7100人民币该公司预计节约多少人民币？

（3）签订该外汇远期合约会给公司带来哪些风险？如何看待这种风险？

二维码11-1　练习题参考答案

案例分析题

万华收购匈牙利宝思德内外联动实现发展[1]

万华实业集团有限公司，成立于1978年，总部位于山东烟台，是国有控股企业，业

① 贺之杲.中国企业并购欧洲企业的成功案例——烟台万华收购匈牙利宝思德公司［J］.国际融资，2018（11）：47-50.

务涉及化工、石化、化工新材料、煤炭、建筑节能、集成房屋、生态板材领域。2001年，坚持自主创新发展道路的万华公司成功自主开发出大规模异氰酸酯（MDI）生产技术，生产能力迅速提升，一跃成为亚太地区第一、全球第五大异氰酸酯供应商，产品销往亚太、北美、欧洲三大MDI主要消费市场。

匈牙利宝思德公司1949年成立，位于匈牙利东北部的卡辛茨巴茨卡市，主业是生产聚氨酯原料MDI、TDI和PVC塑料原料，是世界八家聚氨酯生产企业之一。2011年，宝思德公司的规模排名匈牙利企业第36位，也是化工行业最大企业，拥有本土员工3 300多人，且在波兰、捷克设有分厂和生产装置，产品主要在欧洲市场销售。进入2009年，国际金融危机持续蔓延，美欧经济萧条，大部分企业处于停产、半停产状态，MDI需求锐减。在国际国内经济环境影响和化工行业不景气的双重压力下，2009年5月，宝思德公司由于生产销售不畅经营陷入困境，财务状况持续恶化，发生了债务危机，股东们决议进行债务重组，但不出让股权。

（一）并购过程

自2002年起，万华就着手制定国际化战略，到2006年开始寻求海外建厂，2008年选择了荷兰北部的一个基地。但适逢发生全球金融危机，万华的美国和匈牙利竞争对手由于高财务杠杆，陷入了财务危机。综合考虑到绿地投资（投资建设新厂）的建设周期较长，开辟销售渠道难度较高、形成营销网络耗资巨大，加之当时国内审批环节多，周期较长，于是万华转而在欧美市场择机实施跨国并购。就是在这样的国际国内背景下，2009年5月，当匈牙利宝思德公司发生债务危机的时候，就给万华提供了以跨国并购方式实施国际化战略的机会。

尽管机遇就在眼前，但万华并购宝思德的过程可谓一波三折、艰难、曲折。宝思德公司原最大股东是英国私募基金公司Permira，实力雄厚，排名欧洲第一。尽管面临财务危机，但股东们只考虑债务重组而不出售股份，更不同意低价将宝思德拱手转让给自己的竞争对手——万华。

2009年8月，当万华的并购团队首次与宝思德管理层接触表达收购意向的时候，遭到对方婉拒，理由是宝思德的债务重组即将完成，欢迎万华几年之后再来商谈。万华不得已背水一战，组成专门团队研究收购策略，决定通过在市场上收购部分高级债和次级债的方式成为宝思德的利益相关方，以求在重组过程中获得话语权。于是万华投资4 000多万欧元从市场上收购宝思德债券，但当被宝思德股东发觉后却遭到来自股东、匈牙利政府、媒体、银行等方方面面的抵制，可谓一石激起千层浪，万华遭遇四面楚歌，既定的收购方案受阻。然而，万华人并没有气馁，而是积极寻求中国驻匈牙利大使馆的支持。经过中国驻匈牙利大使馆经商参处同匈牙利政府的多方沟通斡旋，考虑到万华收购宝思德公司对匈牙利经济复苏及就业的促进作用，匈牙利政府高官终于在政府网站上以接受记者采访的形式，表示支持万华并购，收购取得重大突破。经过艰苦的谈判和努力，万华与对方草签了《意向性框架协议》，取得宝思德公司36%的股权，保证在2013年后以市场价格购买Permira其余股权的期权，也改善了与匈牙利政府、原股东及当地银行的关系。为了规避无法获得经营权的被动局面和投资风险，万华在投资近百亿元人民币后，再次提出全面收购宝思德的意向。尽管欧洲股东们认同万华与宝思德存在市场和技术的协同效应，但依然拒绝将宝思德的控制权转让给万华。在一场历时半年、双方都输不起的谈判中，万华以坚定的国际化方向、内外联动的发展思路、互利共赢的理念和灵活多样的措施，获得宝思德公司管理层及大部分股东支持，最终双方签署了重组协议。2011年1月31日，万华以12.3亿欧元收购宝思德公司96%的股权，终于获得了宝思德的控制权。到2016年，万华再次出资收购宝思德余下4%的股权，宝思德公司成为万华的全资子公司，累计投资约20亿欧元。

（二）内外联动全面整合

1.外部并购，内部托管

为了平衡各方利益，平稳过渡公司经营，并购之初，万华实业以委托经营的方式交给核心控股子公司万华化学进行管理运营，万华化学对受托管理期间的盈亏不承担责任。托管期间，万华采取的具体措施是由万华向宝思德公司提名高级管理人员；在宝思德公司运营状况显著改善后的18个月内，以适当的方式解决与万华业务合并的议案。

2.挖掘协同效应，实现全球销售竞合博弈

万华和宝思德两家地区性供应商合并，成为世界第三大的聚氨酯生产商后，双方既可以利用对方的产能服务各自客户，又可以利用对方的渠道销售自己的产品。双方都获得了在更大的市场空间里配置资源的机会。

3.整合中实现双赢

通过实施以预算为龙头、以KPI目标衡量体系为主要手段的综合绩效管理体系（EPM），引入精益制造体系，实现了宝思德公司生产能力发展，管理水平提高，总体销售收入和盈利能力增长，进而整体提高万华集团和宝思德公司的竞争实力。对于宝思德公司，免于破产，消除了债权人和股东的经济损失；得到了1.4亿欧元的现金注入，流动性得到改善，得以继续完成在建的产能扩张工程；得到万华领先的生产技术，提高本身的盈利能力；经过成功的债务重组，降低了融资成本，资本结构得到优化，为未来发展打好了基础。对于万华，拥有了开拓欧洲市场和维护现有欧洲客户的前沿平台；更高效地利用了本身的自由资本和融资能力，提高了资本使用效率，提升了自身的市场占有率和行业地位；通过与德国巴斯夫、拜耳等跨国公司的生产和销售网络交叉布局，实现了你中有我，我中有你的全球战略制衡。初步消除了后院起火的隐患，并为进一步发展创造了前提。

案例思考题：

1. 常见的企业并购方式包括哪些？万华集团采取的是哪种企业并购方式？

2. 谈谈万华集团海外并购带给我们哪些启示？

二维码11-2　案例分析题提示

附录　系数表

附录1

复利终值系数表

期数	1%	2%	3%	4%	5%	6%	7%	8%	9%	10%	11%	12%	13%	14%	15%	16%	17%	18%	19%	20%	21%	22%	23%	24%	25%	26%	27%	28%	29%	30%
1	1.0100	1.0200	1.0300	1.0400	1.0500	1.0600	1.0700	1.0800	1.0900	1.1000	1.1100	1.1200	1.1300	1.1400	1.1500	1.1600	1.1700	1.1800	1.1900	1.2000	1.2100	1.2200	1.2300	1.2400	1.2500	1.2600	1.2700	1.2800	1.2900	1.3000
2	1.0201	1.0404	1.0609	1.0816	1.1025	1.1236	1.1449	1.1664	1.1881	1.2100	1.2321	1.2544	1.2769	1.2996	1.3225	1.3456	1.3689	1.3924	1.4161	1.4400	1.4641	1.4884	1.5129	1.5376	1.5625	1.5876	1.6129	1.6384	1.6641	1.6900
3	1.0303	1.0612	1.0927	1.1249	1.1576	1.1910	1.2250	1.2597	1.2950	1.3310	1.3676	1.4049	1.4429	1.4815	1.5209	1.5609	1.6016	1.6430	1.6852	1.7280	1.7716	1.8158	1.8609	1.9066	1.9531	2.0004	2.0484	2.0972	2.1467	2.1970
4	1.0406	1.0824	1.1255	1.1699	1.2155	1.2625	1.3108	1.3605	1.4116	1.4641	1.5181	1.5735	1.6305	1.6890	1.7490	1.8106	1.8739	1.9388	2.0053	2.0736	2.1436	2.2153	2.2889	2.3642	2.4414	2.5205	2.6014	2.6844	2.7692	2.8561
5	1.0510	1.1041	1.1593	1.2167	1.2763	1.3382	1.4026	1.4693	1.5386	1.6105	1.6851	1.7623	1.8424	1.9254	2.0114	2.1003	2.1924	2.2878	2.3864	2.4883	2.5937	2.7027	2.8153	2.9316	3.0518	3.1758	3.3038	3.4360	3.5723	3.7129
6	1.0615	1.1262	1.1941	1.2653	1.3401	1.4185	1.5007	1.5869	1.6771	1.7716	1.8704	1.9738	2.0820	2.1950	2.3131	2.4364	2.5652	2.6996	2.8398	2.9860	3.1384	3.2973	3.4628	3.6352	3.8147	4.0015	4.1959	4.3980	4.6083	4.8268
7	1.0721	1.1487	1.2299	1.3159	1.4071	1.5036	1.6058	1.7138	1.8280	1.9487	2.0762	2.2107	2.3526	2.5023	2.6600	2.8262	3.0012	3.1855	3.3793	3.5832	3.7975	4.0227	4.2593	4.5077	4.7684	5.0419	5.3288	5.6295	5.9447	6.2749
8	1.0829	1.1717	1.2668	1.3686	1.4775	1.5938	1.7182	1.8509	1.9926	2.1436	2.3045	2.4760	2.6584	2.8526	3.0590	3.2784	3.5115	3.7589	4.0214	4.2998	4.5950	4.9077	5.2389	5.5895	5.9605	6.3528	6.7675	7.2058	7.6686	8.1573
9	1.0937	1.1951	1.3048	1.4233	1.5513	1.6895	1.8385	1.9990	2.1719	2.3579	2.5580	2.7731	3.0040	3.2519	3.5179	3.8030	4.1084	4.4355	4.7854	5.1598	5.5599	5.9874	6.4439	6.9310	7.4506	8.0045	8.5948	9.2234	9.8925	10.6045
10	1.1046	1.2190	1.3439	1.4802	1.6289	1.7908	1.9672	2.1589	2.3674	2.5937	2.8394	3.1058	3.3946	3.7072	4.0456	4.4114	4.8068	5.2338	5.6947	6.1917	6.7275	7.3046	7.9259	8.5944	9.3132	10.0857	10.9153	11.8059	12.7614	13.7858
11	1.1157	1.2434	1.3842	1.5395	1.7103	1.8983	2.1049	2.3316	2.5804	2.8531	3.1518	3.4786	3.8359	4.2262	4.6524	5.1173	5.6240	6.1759	6.7767	7.4301	8.1403	8.9117	9.7489	10.6571	11.6415	12.7080	13.8625	15.1116	16.4622	17.9216
12	1.1268	1.2682	1.4258	1.6010	1.7959	2.0122	2.2522	2.5182	2.8127	3.1384	3.4985	3.8960	4.3345	4.8179	5.3503	5.9360	6.5801	7.2876	8.0642	8.9161	9.8497	10.8722	11.9912	13.2148	14.5519	16.0120	17.6053	19.3428	21.2362	23.2981
13	1.1381	1.2936	1.4685	1.6651	1.8856	2.1329	2.4098	2.7196	3.0658	3.4523	3.8833	4.3635	4.8980	5.4924	6.1528	6.8858	7.6987	8.5994	9.5964	10.6993	11.9182	13.2641	14.7491	16.3863	18.1899	20.1752	22.3588	24.7588	27.3947	30.2875
14	1.1495	1.3195	1.5126	1.7317	1.9799	2.2609	2.5785	2.9372	3.3417	3.7975	4.3104	4.8871	5.5348	6.2613	7.0757	7.9875	9.0075	10.1472	11.4198	12.8392	14.4210	16.1822	18.1414	20.3191	22.7374	25.4207	28.3957	31.6913	35.3391	39.3738
15	1.1610	1.3459	1.5580	1.8009	2.0789	2.3966	2.7590	3.1722	3.6425	4.1772	4.7846	5.4736	6.2543	7.1379	8.1371	9.2655	10.5387	11.9737	13.5895	15.4070	17.4494	19.7423	22.3140	25.1956	28.4217	32.0301	36.0625	40.5648	45.5875	51.1859
16	1.1726	1.3728	1.6047	1.8730	2.1829	2.5404	2.9522	3.4259	3.9703	4.5950	5.3109	6.1304	7.0673	8.1372	9.3576	10.7480	12.3303	14.1290	16.1715	18.4884	21.1138	24.0856	27.4462	31.2426	35.5271	40.3579	45.7994	51.9230	58.8079	66.5417
17	1.1843	1.4002	1.6528	1.9479	2.2920	2.6928	3.1588	3.7000	4.3276	5.0545	5.8951	6.8660	7.9861	9.2765	10.7613	12.4677	14.4265	16.6722	19.2441	22.1861	25.5477	29.3844	33.7588	38.7408	44.4089	50.8510	58.1652	66.4614	75.8621	86.5042
18	1.1961	1.4282	1.7024	2.0258	2.4066	2.8543	3.3799	3.9960	4.7171	5.5599	6.5436	7.6900	9.0243	10.5752	12.3755	14.4625	16.8790	19.6733	22.9005	26.6233	30.9127	35.8490	41.5233	48.0386	55.5112	64.0722	73.8698	85.0706	97.8622	112.4554
19	1.2081	1.4568	1.7535	2.1068	2.5270	3.0256	3.6165	4.3157	5.1417	6.1159	7.2633	8.6128	10.1974	12.0557	14.2318	16.7765	19.7484	23.2144	27.2516	31.9480	37.4043	43.7358	51.0737	59.5679	69.3889	80.7310	93.8147	108.8904	126.2422	146.1920
20	1.2202	1.4859	1.8061	2.1911	2.6533	3.2071	3.8697	4.6610	5.6044	6.7275	8.0623	9.6463	11.5231	13.7435	16.3665	19.4608	23.1056	27.3930	32.4294	38.3376	45.2593	53.3576	62.8206	73.8641	86.7362	101.7211	119.1446	139.3797	162.8524	190.0496
21	1.2324	1.5157	1.8603	2.2788	2.7860	3.3996	4.1406	5.0338	6.1088	7.4002	8.9492	10.8038	13.0211	15.6676	18.8215	22.5745	27.0336	32.3238	38.5910	46.0051	54.7637	65.0963	77.2694	91.5915	108.4202	128.1685	151.3137	178.4060	210.0796	247.0645
22	1.2447	1.5460	1.9161	2.3699	2.9253	3.6035	4.4304	5.4365	6.6586	8.1403	9.9336	12.1003	14.7138	17.8610	21.6447	26.1864	31.6293	38.1421	45.9233	55.2061	66.2641	79.4175	95.0413	113.5735	135.5253	161.4924	192.1683	228.3596	271.0027	321.1839
23	1.2572	1.5769	1.9736	2.4647	3.0715	3.8197	4.7405	5.8715	7.2579	8.9543	11.0263	13.5523	16.6266	20.3616	24.8915	30.3762	37.0062	45.0076	54.6487	66.2474	80.1795	96.8894	116.9008	140.8312	169.4066	203.4804	244.0538	292.3003	349.5935	417.5391
24	1.2697	1.6084	2.0328	2.5633	3.2251	4.0489	5.0724	6.3412	7.9111	9.8497	12.2392	15.1786	18.7881	23.2122	28.6252	35.2364	43.2973	53.1090	65.0320	79.4968	97.0172	118.2050	143.7880	174.6306	211.7582	256.3853	309.9483	374.1444	450.9756	542.8008
25	1.2824	1.6406	2.0938	2.6658	3.3864	4.2919	5.4274	6.8485	8.6231	10.8347	13.5855	17.0001	21.2305	26.4619	32.9190	40.8742	50.6578	62.6686	77.3881	95.3962	117.3909	144.2101	176.8593	216.5420	264.6978	323.0454	393.6344	478.9049	581.7585	705.6410
26	1.2953	1.6734	2.1566	2.7725	3.5557	4.5494	5.8074	7.3964	9.3992	11.9182	15.0799	19.0401	23.9905	30.1666	37.8568	47.4141	59.2697	73.9490	92.0918	114.4755	142.0429	175.9364	217.5369	268.5121	330.8722	407.0373	499.9157	612.9982	750.4685	917.3333
27	1.3082	1.7069	2.2213	2.8834	3.7335	4.8223	6.2139	7.9881	10.2451	13.1100	16.7387	21.3249	27.1093	34.3899	43.5353	55.0004	69.3455	87.2598	109.5893	137.3706	171.8719	214.6424	267.5704	332.9550	413.5903	512.8670	634.8929	784.6377	968.1044	1192.5333
28	1.3213	1.7410	2.2879	2.9987	3.9201	5.1117	6.6488	8.6271	11.1671	14.4210	18.5799	23.8839	30.6335	39.2045	50.0656	63.8004	81.1342	102.9666	130.4112	164.8447	207.9651	261.8637	329.1115	412.8642	516.9879	646.2124	806.3140	1004.3363	1248.8546	1550.2933
29	1.3345	1.7758	2.3566	3.1187	4.1161	5.4184	7.1143	9.3173	12.1722	15.8631	20.6237	26.7499	34.6158	44.6931	57.5755	74.0085	94.9271	121.5005	155.1893	197.8136	251.6377	319.4737	404.8072	511.9516	646.2349	814.2276	1024.0187	1285.5504	1611.0225	2015.3813
30	1.3478	1.8114	2.4273	3.2434	4.3219	5.7435	7.6123	10.0627	13.2677	17.4494	22.8923	29.9599	39.1159	50.9502	66.2118	85.8499	111.0647	143.3706	184.6753	237.3763	304.4816	389.7579	497.9129	634.8199	807.7936	1025.9267	1300.5038	1645.5046	2078.2190	2619.9956

附录2

复利现值系数表

期数	1%	2%	3%	4%	5%	6%	7%	8%	9%	10%	11%	12%	13%	14%	15%
1	0.9901	0.9804	0.9709	0.9615	0.9524	0.9434	0.9346	0.9259	0.9174	0.9091	0.9009	0.8929	0.885	0.8772	[illegible]
2	0.9803	0.9612	0.9426	0.9246	0.907	0.89	0.8734	0.8573	0.8417	0.8264	0.8116	0.7972	0.7831	0.7695	[illegible]
3	0.9706	0.9423	0.9151	0.889	0.8638	0.8396	0.8163	0.7938	0.7722	0.7513	0.7312	0.7118	0.6931	0.675	[illegible]
4	0.961	0.9238	0.8885	0.8548	0.8227	0.7921	0.7629	0.735	0.7084	0.683	0.6587	0.6355	0.6133	0.5921	[illegible]
5	0.9515	0.9057	0.8626	0.8219	0.7835	0.7473	0.713	0.6806	0.6499	0.6209	0.5935	0.5674	0.5428	0.5194	[illegible]
6	0.942	0.888	0.8375	0.7903	0.7462	0.705	0.6663	0.6302	0.5963	0.5645	0.5346	0.5066	0.4803	0.4556	[illegible]
7	0.9327	0.8706	0.8131	0.7599	0.7107	0.6651	0.6227	0.5835	0.547	0.5132	0.4817	0.4523	0.4251	0.3996	[illegible]
8	0.9235	0.8535	0.7894	0.7307	0.6768	0.6274	0.582	0.5403	0.5019	0.4665	0.4339	0.4039	0.3762	0.3506	[illegible]
9	0.9143	0.8368	0.7664	0.7026	0.6446	0.5919	0.5439	0.5002	0.4604	0.4241	0.3909	0.3606	0.3329	0.3075	[illegible]
10	0.9053	0.8203	0.7441	0.6756	0.6139	0.5584	0.5083	0.4632	0.4224	0.3855	0.3522	0.322	0.2946	0.2697	0.247
11	0.8963	0.8043	0.7224	0.6496	0.5847	0.5268	0.4751	0.4289	0.3875	0.3505	0.3173	0.2875	0.2607	0.2366	0.214
12	0.8874	0.7885	0.7014	0.6246	0.5568	0.497	0.444	0.3971	0.3555	0.3186	0.2858	0.2567	0.2307	0.2076	0.186
13	0.8787	0.773	0.681	0.6006	0.5303	0.4688	0.415	0.3677	0.3262	0.2897	0.2575	0.2292	0.2042	0.1821	0.162
14	0.87	0.7579	0.6611	0.5775	0.5051	0.4423	0.3878	0.3405	0.2992	0.2633	0.232	0.2046	0.1807	0.1597	0.141
15	0.8613	0.743	0.6419	0.5553	0.481	0.4173	0.3624	0.3152	0.2745	0.2394	0.209	0.1827	0.1599	0.1401	[illegible]
16	0.8528	0.7284	0.6232	0.5339	0.4581	0.3936	0.3387	0.2919	0.2519	0.2176	0.1883	0.1631	0.1415	0.1229	[illegible]
17	0.8444	0.7142	0.605	0.5134	0.4363	0.3714	0.3166	0.2703	0.2311	0.1978	0.1696	0.1456	0.1252	0.1078	[illegible]
18	0.836	0.7002	0.5874	0.4936	0.4155	0.3503	0.2959	0.2502	0.212	0.1799	0.1528	0.13	0.1108	0.0946	[illegible]
19	0.8277	0.6864	0.5703	0.4746	0.3957	0.3305	0.2765	0.2317	0.1945	0.1635	0.1377	0.1161	0.0981	0.0829	[illegible]
20	0.8195	0.673	0.5537	0.4564	0.3769	0.3118	0.2584	0.2145	0.1784	0.1486	0.124	0.1037	0.0868	0.0728	[illegible]
21	0.8114	0.6598	0.5375	0.4388	0.3589	0.2942	0.2415	0.1987	0.1637	0.1351	0.1117	0.0926	0.0768	0.0638	[illegible]
22	0.8034	0.6468	0.5219	0.422	0.3418	0.2775	0.2257	0.1839	0.1502	0.1228	0.1007	0.0826	0.068	0.056	[illegible]
23	0.7954	0.6342	0.5067	0.4057	0.3256	0.2618	0.2109	0.1703	0.1378	0.1117	0.0907	0.0738	0.0601	0.0491	[illegible]
24	0.7876	0.6217	0.4919	0.3901	0.3101	0.247	0.1971	0.1577	0.1264	0.1015	0.0817	0.0659	0.0532	0.0431	[illegible]
25	0.7798	0.6095	0.4776	0.3751	0.2953	0.233	0.1842	0.146	0.116	0.0923	0.0736	0.0588	0.0471	0.0378	[illegible]
26	0.772	0.5976	0.4637	0.3607	0.2812	0.2198	0.1722	0.1352	0.1064	0.0839	0.0663	0.0525	0.0417	0.0331	[illegible]
27	0.7644	0.5859	0.4502	0.3468	0.2678	0.2074	0.1609	0.1252	0.0976	0.0763	0.0597	0.0469	0.0369	0.0291	0.023
28	0.7568	0.5744	0.4371	0.3335	0.2551	0.1956	0.1504	0.1159	0.0895	0.0693	0.0538	0.0419	0.0326	0.0255	0.02
29	0.7493	0.5631	0.4243	0.3207	0.2429	0.1846	0.1406	0.1073	0.0822	0.063	0.0485	0.0374	0.0289	0.0224	[illegible]
30	0.7419	0.5521	0.412	0.3083	0.2314	0.1741	0.1314	0.0994	0.0754	0.0573	0.0437	0.0334	0.0256	0.0196	0.0151

期数	16%	17%	18%	19%	20%	21%	22%	23%	24%	25%	26%	27%	28%	29%	30%
1	[illegible]	[illegible]	0.8475	0.8403	0.8333	0.8264	0.8197	0.813	0.8065	0.8	0.7937	0.7874	0.7813	0.7752	0.7692
2	[illegible]	[illegible]	0.7182	0.7062	0.6944	0.683	0.6719	0.661	0.6504	0.64	0.6299	0.62	0.6104	0.6009	0.5917
3	[illegible]	[illegible]	0.6086	0.5934	0.5787	0.5645	0.5507	0.5374	0.5245	0.512	0.4999	0.4882	0.4768	0.4658	0.4552
4	[illegible]	[illegible]	0.5158	0.4987	0.4823	0.4665	0.4514	0.4369	0.423	0.4096	0.3968	0.3844	0.3725	0.3611	0.3501
5	[illegible]	[illegible]	0.4371	0.419	0.4019	0.3855	0.37	0.3552	0.3411	0.3277	0.3149	0.3027	0.291	0.2799	0.2693
6	[illegible]	[illegible]	0.3704	0.3521	0.3349	0.3186	0.3033	0.2888	0.2751	0.2621	0.2499	0.2383	0.2274	0.217	0.2072
7	[illegible]	[illegible]	0.3139	0.2959	0.2791	0.2633	0.2486	0.2348	0.2218	0.2097	0.1983	0.1877	0.1776	0.1682	0.1594
8	[illegible]	[illegible]	0.266	0.2487	0.2326	0.2176	0.2038	0.1909	0.1789	0.1678	0.1574	0.1478	0.1388	0.1304	0.1226
9	[illegible]	[illegible]	0.2255	0.209	0.1938	0.1799	0.167	0.1552	0.1443	0.1342	0.1249	0.1164	0.1084	0.1011	0.0943
10	[illegible]	[illegible]	0.1911	0.1756	0.1615	0.1486	0.1369	0.1262	0.1164	0.1074	0.0992	0.0916	0.0847	0.0784	0.0725
11	[illegible]	[illegible]	0.1619	0.1476	0.1346	0.1228	0.1122	0.1026	0.0938	0.0859	0.0787	0.0721	0.0662	0.0607	0.0558
12	[illegible]	[illegible]	0.1372	0.124	0.1122	0.1015	0.092	0.0834	0.0757	0.0687	0.0625	0.0568	0.0517	0.0471	0.0429
13	[illegible]	[illegible]	0.1163	0.1042	0.0935	0.0839	0.0754	0.0678	0.061	0.055	0.0496	0.0447	0.0404	0.0365	0.033
14	[illegible]	[illegible]	0.0985	0.0876	0.0779	0.0693	0.0618	0.0551	0.0492	0.044	0.0393	0.0352	0.0316	0.0283	0.0254
15	[illegible]	[illegible]	0.0835	0.0736	0.0649	0.0573	0.0507	0.0448	0.0397	0.0352	0.0312	0.0277	0.0247	0.0219	0.0195
16	[illegible]	[illegible]	0.0708	0.0618	0.0541	0.0474	0.0415	0.0364	0.032	0.0281	0.0248	0.0218	0.0193	0.017	0.015
17	[illegible]	[illegible]	0.06	0.052	0.0451	0.0391	0.034	0.0296	0.0258	0.0225	0.0197	0.0172	0.015	0.0132	0.0116
18	[illegible]	[illegible]	0.0508	0.0437	0.0376	0.0323	0.0279	0.0241	0.0208	0.018	0.0156	0.0135	0.0118	0.0102	0.0089
19	[illegible]	[illegible]	0.0431	0.0367	0.0313	0.0267	0.0229	0.0196	0.0168	0.0144	0.0124	0.0107	0.0092	0.0079	0.0068
20	[illegible]	[illegible]	0.0365	0.0308	0.0261	0.0221	0.0187	0.0159	0.0135	0.0115	0.0098	0.0084	0.0072	0.0061	0.0053
21	[illegible]	[illegible]	0.0309	0.0259	0.0217	0.0183	0.0154	0.0129	0.0109	0.0092	0.0078	0.0066	0.0056	0.0048	0.004
22	[illegible]	[illegible]	0.0262	0.0218	0.0181	0.0151	0.0126	0.0105	0.0088	0.0074	0.0062	0.0052	0.0044	0.0037	0.0031
23	[illegible]	[illegible]	0.0222	0.0183	0.0151	0.0125	0.0103	0.0086	0.0071	0.0059	0.0049	0.0041	0.0034	0.0029	0.0024
24	[illegible]	[illegible]	0.0188	0.0154	0.0126	0.0103	0.0085	0.007	0.0057	0.0047	0.0039	0.0032	0.0027	0.0022	0.0018
25	[illegible]	[illegible]	0.016	0.0129	0.0105	0.0085	0.0069	0.0057	0.0046	0.0038	0.0031	0.0025	0.0021	0.0017	0.0014
26	[illegible]	[illegible]	0.0135	0.0109	0.0087	0.007	0.0057	0.0046	0.0037	0.003	0.0025	0.002	0.0016	0.0013	0.0011
27	[illegible]	[illegible]	0.0115	0.0091	0.0073	0.0058	0.0047	0.0037	0.003	0.0024	0.0019	0.0016	0.0013	0.001	0.0008
28	[illegible]	[illegible]	0.0097	0.0077	0.0061	0.0048	0.0038	0.003	0.0024	0.0019	0.0015	0.0012	0.001	0.0008	0.0006
29	[illegible]	[illegible]	0.0082	0.0064	0.0051	0.004	0.0031	0.0025	0.002	0.0015	0.0012	0.001	0.0008	0.0006	0.0005
30	[illegible]	[illegible]	0.007	0.0054	0.0042	0.0033	0.0026	0.002	0.0016	0.0012	0.001	0.0008	0.0006	0.0005	0.0004

附录3

年金终值系数表

期数	1%	2%	3%	4%	5%	6%	7%	8%	9%	10%	11%	12%	13%	14%	15%
1	1.0000	1.0000	1.0000	1.0000	1.0000	1.0000	1.0000	1.0000	1.0000	1.0000	1.0000	1.0000	1.0000	1.0000	1.0000
2	2.0100	2.0200	2.0300	2.0400	2.0500	2.0600	2.0700	2.0800	2.0900	2.1000	2.1100	2.1200	2.1300	2.1400	2.1500
3	3.0301	3.0604	3.0909	3.1216	3.1525	3.1836	3.2149	3.2464	3.2781	3.3100	3.3421	3.3744	3.4069	3.4396	3.4725
4	4.0604	4.1216	4.1836	4.2465	4.3101	4.3746	4.4399	4.5061	4.5731	4.6410	4.7097	4.7793	4.8498	4.9211	4.9934
5	5.1010	5.2040	5.3091	5.4163	5.5256	5.6371	5.7507	5.8666	5.9847	6.1051	6.2278	6.3528	6.4803	6.6101	6.7424
6	6.1520	6.3081	6.4684	6.6330	6.8019	6.9753	7.1533	7.3359	7.5233	7.7156	7.9129	8.1152	8.3227	8.5355	8.7537
7	7.2135	7.4343	7.6625	7.8983	8.1420	8.3938	8.6540	8.9228	9.2004	9.4872	9.7833	10.0890	10.4047	10.7305	11.0668
8	8.2857	8.5830	8.8923	9.2142	9.5491	9.8975	10.2598	10.6366	11.0285	11.4359	11.8594	12.2997	12.7573	13.2328	13.7268
9	9.3685	9.7546	10.1591	10.5828	11.0266	11.4913	11.9780	12.4876	13.0210	13.5795	14.1640	14.7757	15.4157	16.0853	16.7858
10	10.4622	10.9497	11.4639	12.0061	12.5779	13.1808	13.8164	14.4866	15.1929	15.9374	16.7220	17.5487	18.4197	19.3373	20.3037
11	11.5668	12.1687	12.8078	13.4864	14.2068	14.9716	15.7836	16.6455	17.5603	18.5312	19.5614	20.6546	21.8143	23.0445	24.3493
12	12.6825	13.4121	14.1920	15.0258	15.9171	16.8699	17.8885	18.9771	20.1407	21.3843	22.7132	24.1331	25.6502	27.2707	29.0017
13	13.8093	14.6803	15.6178	16.6268	17.7130	18.8821	20.1406	21.4953	22.9534	24.5227	26.2116	28.0291	29.9847	32.0887	34.3519
14	14.9474	15.9739	17.0863	18.2919	19.5986	21.0151	22.5505	24.2149	26.0192	27.9750	30.0949	32.3926	34.8827	37.5811	40.5047
15	16.0969	17.2934	18.5989	20.0236	21.5786	23.2760	25.1290	27.1521	29.3609	31.7725	34.4054	37.2797	40.4175	43.8424	47.5804
16	17.2579	18.6393	20.1569	21.8245	23.6575	25.6725	27.8881	30.3243	33.0034	35.9497	39.1899	42.7533	46.6717	50.9804	55.7175
17	18.4304	20.0121	21.7616	23.6975	25.8404	28.2129	30.8402	33.7502	36.9737	40.5447	44.5008	48.8837	53.7391	59.1176	65.0751
18	19.6147	21.4123	23.4144	25.6454	28.1324	30.9057	33.9990	37.4502	41.3013	45.5992	50.3959	55.7497	61.7251	68.3941	75.8364
19	20.8109	22.8406	25.1169	27.6712	30.5390	33.7600	37.3790	41.4463	46.0185	51.1591	56.9395	63.4397	70.7494	78.9692	88.2118
20	22.0190	24.2974	26.8704	29.7781	33.0660	36.7856	40.9955	45.7620	51.1601	57.2750	64.2028	72.0524	80.9468	91.0249	102.4436
21	23.2392	25.7833	28.6765	31.9692	35.7193	39.9927	44.8652	50.4229	56.7645	64.0025	72.2651	81.6987	92.4699	104.7684	118.8101
22	24.4716	27.2990	30.5368	34.2480	38.5052	43.3923	49.0057	55.4568	62.8733	71.4027	81.2143	92.5026	105.4910	120.4360	137.6316
23	25.7163	28.8450	32.4529	36.6179	41.4305	46.9958	53.4361	60.8933	69.5319	79.5430	91.1479	104.6029	120.2048	138.2970	159.2764
24	26.9735	30.4219	34.4265	39.0826	44.5020	50.8156	58.1767	66.7648	76.7898	88.4973	102.1742	118.1552	136.8315	158.6586	184.1678
25	28.2432	32.0303	36.4593	41.6459	47.7271	54.8645	63.2490	73.1059	84.7009	98.3471	114.4133	133.3339	155.6196	181.8708	212.7930
26	29.5256	33.6709	38.5530	44.3117	51.1135	59.1564	68.6765	79.9544	93.3240	109.1818	127.9988	150.3339	176.8501	208.3327	245.7120
27	30.8209	35.3443	40.7096	47.0842	54.6691	63.7058	74.4838	87.3508	102.7231	121.0999	143.0786	169.3740	200.8406	238.4993	283.5688
28	32.1291	37.0512	42.9309	49.9676	58.4026	68.5281	80.6977	95.3388	112.9682	134.2099	159.8173	190.6989	227.9499	272.8892	327.1041
29	33.4504	38.7922	45.2189	52.9663	62.3227	73.6398	87.3465	103.9659	124.1354	148.6309	178.3972	214.5828	258.5834	312.0937	377.1697
30	34.7849	40.5681	47.5754	56.0849	66.4388	79.0582	94.4608	113.2832	136.3075	164.4940	199.0209	241.3327	293.1992	356.7868	434.7451

期数	16%	17%	18%	19%	20%	21%	22%	23%	24%	25%	26%	27%	28%	29%	30%
1	1.0000	1.0000	1.0000	1.0000	1.0000	1.0000	1.0000	1.0000	1.0000	1.0000	1.0000	1.0000	1.0000	1.0000	1.0000
2	2.1600	2.1700	2.1800	2.1900	2.2000	2.2100	2.2200	2.2300	2.2400	2.2500	2.2600	2.2700	2.2800	2.2900	2.3000
3	3.5056	3.5389	3.5724	3.6061	3.6400	3.6741	3.7084	3.7429	3.7776	3.8125	3.8476	3.8829	3.9184	3.9541	3.9900
4	5.0665	5.1405	5.2154	5.2913	5.3680	5.4457	5.5242	5.6038	5.6842	5.7656	5.8480	5.9313	6.0156	6.1008	6.1870
5	6.8771	7.0144	7.1542	7.2966	7.4416	7.5892	7.7396	7.8926	8.0484	8.2070	8.3684	8.5327	8.6999	8.8700	9.0431
6	8.9775	9.2068	9.4420	9.6830	9.9299	10.1830	10.4423	10.7079	10.9801	11.2588	11.5442	11.8366	12.1359	12.4423	12.7560
7	11.4139	11.7720	12.1415	12.5227	12.9159	13.3214	13.7396	14.1708	14.6153	15.0735	15.5458	16.0324	16.5339	17.0506	17.5828
8	14.2401	14.7733	15.3270	15.9020	16.4991	17.1189	17.7623	18.4300	19.1229	19.8419	20.5876	21.3612	22.1634	22.9953	23.8577
9	17.5185	18.2847	19.0859	19.9234	20.7989	21.7139	22.6700	23.6690	24.7125	25.8023	26.9404	28.1287	29.3692	30.6639	32.0150
10	21.3215	22.3931	23.5213	24.7089	25.9587	27.2738	28.6574	30.1128	31.6434	33.2529	34.9449	36.7235	38.5926	40.5564	42.6195
11	25.7329	27.1999	28.7551	30.4035	32.1504	34.0013	35.9620	38.0388	40.2379	42.5661	45.0306	47.6388	50.3985	53.3178	56.4053
12	30.8502	32.8239	34.9311	37.1802	39.5805	42.1416	44.8737	47.7877	50.8950	54.2077	57.7386	61.5013	65.5100	69.7800	74.3270
13	36.7862	39.4040	42.2187	45.2445	48.4966	51.9913	55.7459	59.7788	64.1097	68.7596	73.7506	79.1066	84.8529	91.0161	97.6250
14	43.6720	47.1027	50.8180	54.8409	59.1959	63.9095	69.0100	74.5280	80.4961	86.9495	93.9258	101.4654	109.6117	118.4108	127.9125
15	51.6595	56.1101	60.9653	66.2607	72.0351	78.3305	85.1922	92.6694	100.8151	109.6868	119.3465	129.8611	141.3029	153.7500	167.2863
16	60.9250	66.6488	72.9390	79.8502	87.4421	95.7799	104.9345	114.9834	126.0108	138.1085	151.3766	165.9236	181.8677	199.3374	218.4722
17	71.6730	78.9792	87.0680	96.0218	105.9306	116.8937	129.0201	142.4295	157.2534	173.6357	191.7345	211.7230	233.7907	258.1453	285.0139
18	84.1407	93.4056	103.7403	115.2659	128.1167	142.4413	158.4045	176.1883	195.9942	218.0446	242.5855	269.8882	300.2521	334.0074	371.5180
19	98.6032	110.2846	123.4135	138.1664	154.7400	173.3540	194.2535	217.7116	244.0328	273.5558	306.6577	343.7580	385.3227	431.8696	483.9734
20	115.3797	130.0329	146.6280	165.4180	186.6880	210.7584	237.9893	268.7853	303.6006	342.9447	387.3887	437.5726	494.2131	558.1118	630.1655
21	134.8405	153.1385	174.0210	197.8474	225.0256	256.0176	291.3469	331.6059	377.4648	429.6809	489.1098	556.7173	633.5927	720.9642	820.2151
22	157.4150	180.1721	206.3448	236.4385	271.0307	310.7813	356.4432	408.8753	469.0563	538.1011	617.2783	708.0309	811.9987	931.0438	1067.2796
23	183.6014	211.8013	244.4868	282.3618	326.2369	377.0454	435.8607	503.9166	582.6298	673.6264	778.7707	900.1993	1040.3583	1202.0465	1388.4635
24	213.9776	248.8076	289.4945	337.0105	392.4842	457.2249	532.7501	620.8174	723.4610	843.0329	982.2511	1144.2531	1332.6586	1551.6400	1806.0026
25	249.2140	292.1049	342.6035	402.0425	471.9811	554.2422	650.9551	764.6054	898.0916	1054.7912	1238.6363	1454.2014	1706.8031	2002.6156	2348.8033
26	290.0883	342.7627	405.2721	479.4306	567.3773	671.6330	795.1653	941.4647	1114.6336	1319.4890	1561.6818	1847.8358	2185.7079	2584.3741	3054.4443
27	337.5024	402.0323	479.2211	571.5224	681.8528	813.6759	971.1016	1159.0016	1383.1457	1650.3612	1968.7191	2347.7515	2798.7061	3334.8426	3971.7776
28	392.5028	471.3778	566.4809	681.1116	819.2233	985.5479	1185.7440	1426.5719	1716.1007	2063.9515	2481.5860	2982.6444	3583.3438	4302.9470	5164.3109
29	456.3032	552.5121	669.4475	811.5228	984.0680	1193.5129	1447.6077	1755.6835	2128.9648	2580.9394	3127.7984	3788.9583	4587.6801	5551.8016	6714.6042
30	530.3117	647.4391	790.9480	966.7122	1181.8816	1445.1507	1767.0813	2160.4907	2640.9164	3227.1743	3942.0260	4812.9771	5873.2306	7162.8241	8729.9855

附录4

年金现值系数表

期数	1%	2%	3%	4%	5%	6%	7%	8%	9%	10%	11%	12%	13%	14%	15%	16%	17%	18%	19%	20%	21%	22%	23%	24%	25%	26%	27%	28%	29%	30%
1	0.9901	0.9804	0.9709	0.9615	0.9524	0.9434	0.9346	0.9259	0.9174	0.9091	0.9009	0.8929	0.885	0.8772	[illegible]	[illegible]	[illegible]	0.8475	0.8403	0.8333	0.8264	0.8197	0.813	0.8065	0.8	0.7937	0.7874	0.7813	0.7752	0.7692
2	1.9704	1.9416	1.9135	1.8861	1.8594	1.8334	1.808	1.7833	1.7591	1.7355	1.7125	1.6901	1.6681	1.6467	1.6257	[illegible]	[illegible]	1.5656	1.5465	1.5278	1.5095	1.4915	1.474	1.4568	1.44	1.4235	1.4074	1.3916	1.3761	1.3609
3	2.941	2.8839	2.8286	2.7751	2.7232	2.673	2.6243	2.5771	2.5313	2.4869	2.4437	2.4018	2.3612	2.3216	2.2832	[illegible]	[illegible]	2.1743	2.1399	2.1065	2.0739	2.0422	2.0114	1.9813	1.952	1.9234	1.8956	1.8684	1.842	1.8161
4	3.902	3.8077	3.7171	3.6299	3.546	3.4651	3.3872	3.3121	3.2397	3.1699	3.1024	3.0373	2.9745	2.9137	2.855	[illegible]	[illegible]	2.6901	2.6386	2.5887	2.5404	2.4936	2.4483	2.4043	2.3616	2.3202	2.28	2.241	2.2031	2.1662
5	4.8534	4.7135	4.5797	4.4518	4.3295	4.2124	4.1002	3.9927	3.8897	3.7908	3.6959	3.6048	3.5172	3.4331	3.3522	[illegible]	[illegible]	3.1272	3.0576	2.9906	2.926	2.8636	2.8035	2.7454	2.6893	2.6351	2.5827	2.532	2.483	2.4356
6	5.7955	5.6014	5.4172	5.2421	5.0757	4.9173	4.7665	4.6229	4.4859	4.3553	4.2305	4.1114	3.9975	3.8887	3.7845	[illegible]	[illegible]	3.4976	3.4098	3.3255	3.2446	3.1669	3.0923	3.0205	2.9514	2.885	2.821	2.7594	2.7	2.6427
7	6.7282	6.472	6.2303	6.0021	5.7864	5.5824	5.3893	5.2064	5.033	4.8684	4.7122	4.5638	4.4226	4.2883	4.1604	[illegible]	[illegible]	3.8115	3.7057	3.6046	3.5079	3.4155	3.327	3.2423	3.1611	3.0833	3.0087	2.937	2.8682	2.8021
8	7.6517	7.3255	7.0197	6.7327	6.4632	6.2098	5.9713	5.7466	5.5348	5.3349	5.1461	4.9676	4.7988	4.6389	4.4873	[illegible]	[illegible]	4.0776	3.9544	3.8372	3.7256	3.6193	3.5179	3.4212	3.3289	3.2407	3.1564	3.0758	2.9986	2.9247
9	8.566	8.1622	7.7861	7.4353	7.1078	6.8017	6.5152	6.2469	5.9952	5.759	5.537	5.3282	5.1317	4.9464	4.7716	[illegible]	[illegible]	4.303	4.1633	4.031	3.9054	3.7863	3.6731	3.5655	3.4631	3.3657	3.2728	3.1842	3.0997	3.019
10	9.4713	8.9826	8.5302	8.1109	7.7217	7.3601	7.0236	6.7101	6.4177	6.1446	5.8892	5.6502	5.4262	5.2161	[illegible]	[illegible]	[illegible]	4.4941	4.3389	4.1925	4.0541	3.9232	3.7993	3.6819	3.5705	3.4648	3.3644	3.2689	3.1781	3.0915
11	10.3676	9.7868	9.2526	8.7605	8.3064	7.8869	7.4987	7.139	6.8052	6.4951	6.2065	5.9377	5.6869	5.4527	[illegible]	[illegible]	[illegible]	4.656	4.4865	4.3271	4.1769	4.0354	3.9018	3.7757	3.6564	3.5435	3.4365	3.3351	3.2388	3.1473
12	11.2551	10.5753	9.954	9.3851	8.8633	8.3838	7.9427	7.5361	7.1607	6.8137	6.4924	6.1944	5.9176	5.6603	[illegible]	[illegible]	[illegible]	4.7932	4.6105	4.4392	4.2784	4.1274	3.9852	3.8514	3.7251	3.6059	3.4933	3.3868	3.2859	3.1903
13	12.1337	11.3484	10.635	9.9856	9.3936	8.8527	8.3577	7.9038	7.4869	7.1034	6.7499	6.4235	6.1218	5.8424	[illegible]	[illegible]	[illegible]	4.9095	4.7147	4.5327	4.3624	4.2028	4.053	3.9124	3.7801	3.6555	3.5381	3.4272	3.3224	3.2233
14	13.0037	12.1062	11.2961	10.5631	9.8986	9.295	8.7455	8.2442	7.7862	7.3667	6.9819	6.6282	6.3025	6.0021	[illegible]	[illegible]	[illegible]	5.0081	4.8023	4.6106	4.4317	4.2646	4.1082	3.9616	3.8241	3.6949	3.5733	3.4587	3.3507	3.2487
15	13.8651	12.8493	11.9379	11.1184	10.3797	9.7122	9.1079	8.5595	8.0607	7.6061	7.1909	6.8109	6.4624	6.1422	[illegible]	[illegible]	[illegible]	5.0916	4.8759	4.6755	4.489	4.3152	4.153	4.0013	3.8593	3.7261	3.601	3.4834	3.3726	3.2682
16	14.7179	13.5777	12.5611	11.6523	10.8378	10.1059	9.4466	8.8514	8.3126	7.8237	7.3792	6.974	6.6039	6.2651	[illegible]	[illegible]	[illegible]	5.1624	4.9377	4.7296	4.5364	4.3567	4.1894	4.0333	3.8874	3.7509	3.6228	3.5026	3.3896	3.2832
17	15.5623	14.2919	13.1661	12.1657	11.2741	10.4773	9.7632	9.1216	8.5436	8.0216	7.5488	7.1196	6.7291	6.3729	[illegible]	[illegible]	[illegible]	5.2223	4.9897	4.7746	4.5755	4.3908	4.219	4.0591	3.9099	3.7705	3.64	3.5177	3.4028	3.2948
18	16.3983	14.992	13.7535	12.6593	11.6896	10.8276	10.0591	9.3719	8.7556	8.2014	7.7016	7.2497	6.8399	6.4674	[illegible]	[illegible]	[illegible]	5.2732	5.0333	4.8122	4.6079	4.4187	4.2431	4.0799	3.9279	3.7861	3.6536	3.5294	3.413	3.3037
19	17.226	15.6785	14.3238	13.1339	12.0853	11.1581	10.3356	9.6036	8.9501	8.3649	7.8393	7.3658	6.938	6.5504	[illegible]	[illegible]	[illegible]	5.3162	5.07	4.8435	4.6346	4.4415	4.2627	4.0967	3.9424	3.7985	3.6642	3.5386	3.421	3.3105
20	18.0456	16.3514	14.8775	13.5903	12.4622	11.4699	10.594	9.8181	9.1285	8.5136	7.9633	7.4694	7.0248	6.6231	[illegible]	[illegible]	[illegible]	5.3527	5.1009	4.8696	4.6567	4.4603	4.2786	4.1103	3.9539	3.8083	3.6726	3.5458	3.4271	3.3158
21	18.857	17.0112	15.415	14.0292	12.8212	11.7641	10.8355	10.0168	9.2922	8.6487	8.0751	7.562	7.1016	6.687	[illegible]	[illegible]	[illegible]	5.3837	5.1268	4.8913	4.675	4.4756	4.2916	4.1212	3.9631	3.8161	3.6792	3.5514	3.4319	3.3198
22	19.6604	17.658	15.9369	14.4511	13.163	12.0416	11.0612	10.2007	9.4424	8.7715	8.1757	7.6446	7.1695	6.7429	[illegible]	[illegible]	[illegible]	5.4099	5.1486	4.9094	4.69	4.4882	4.3021	4.13	3.9705	3.8223	3.6844	3.5558	3.4356	3.323
23	20.4558	18.2922	16.4436	14.8568	13.4886	12.3034	11.2722	10.3711	9.5802	8.8832	8.2664	7.7184	7.2297	6.7921	[illegible]	[illegible]	[illegible]	5.4321	5.1668	4.9245	4.7025	4.4985	4.3106	4.1371	3.9764	3.8273	3.6885	3.5592	3.4384	3.3254
24	21.2434	18.9139	16.9355	15.247	13.7986	12.5504	11.4693	10.5288	9.7066	8.9847	8.3481	7.7843	7.2829	6.8351	[illegible]	[illegible]	[illegible]	5.4509	5.1822	4.9371	4.7128	4.507	4.3176	4.1428	3.9811	3.8312	3.6918	3.5619	3.4406	3.3272
25	22.0232	19.5235	17.4131	15.6221	14.0939	12.7834	11.6536	10.6748	9.8226	9.077	8.4217	7.8431	7.33	6.8729	[illegible]	[illegible]	[illegible]	5.4669	5.1951	4.9476	4.7213	4.5139	4.3232	4.1474	3.9849	3.8342	3.6943	3.564	3.4423	3.3286
26	22.7952	20.121	17.8768	15.9828	14.3752	13.0032	11.8258	10.81	9.929	9.1609	8.4881	7.8957	7.3717	6.9061	[illegible]	[illegible]	[illegible]	5.4804	5.206	4.9563	4.7284	4.5196	4.3278	4.1511	3.9879	3.8367	3.6963	3.5656	3.4437	3.3297
27	23.5596	20.7069	18.327	16.3296	14.643	13.2105	11.9867	10.9352	10.0266	9.2372	8.5478	7.9426	7.4086	6.9352	[illegible]	[illegible]	[illegible]	5.4919	5.2151	4.9636	4.7342	4.5243	4.3316	4.1542	3.9903	3.8387	3.6979	3.5669	3.4447	3.3305
28	24.3164	21.2813	18.7641	16.6631	14.8981	13.4062	12.1371	11.0511	10.1161	9.3066	8.6016	7.9844	7.4412	6.9607	[illegible]	[illegible]	[illegible]	5.5016	5.2228	4.9697	4.739	4.5281	4.3346	4.1566	3.9923	3.8402	3.6991	3.5679	3.4455	3.3312
29	25.0658	21.8444	19.1885	16.9837	15.1411	13.5907	12.2777	11.1584	10.1983	9.3696	8.6501	8.0218	7.4701	6.983	[illegible]	[illegible]	[illegible]	5.5098	5.2292	4.9747	4.743	4.5312	4.3371	4.1585	3.9938	3.8414	3.7001	3.5687	3.4461	3.3317
30	25.8077	22.3965	19.6004	17.292	15.3725	13.7648	12.409	11.2578	10.2737	9.4269	8.6938	8.0552	7.4957	7.0027	[illegible]	[illegible]	[illegible]	5.5168	5.2347	4.9789	4.7463	4.5338	4.3391	4.1601	3.995	3.8424	3.7009	3.5693	3.4466	3.3321